Pierre Motin

BIBLIO 17

Volume 170 · 2006

Suppléments aux *Papers on French Seventeenth Century Literature*

Collection fondée par Wolfgang Leiner
Directeur: Rainer Zaiser

Annegret Baumert

Pierre Motin

Ein Dichter zwischen Petrarkismus und Libertinismus

gn℣ Gunter Narr Verlag Tübingen

Bibliografische Information der Deutschen Bibliothek

Die Deutsche Bibliothek verzeichnet diese Publikation in der Deutschen Na-
tionalbibliographie; detaillierte bibliografische Daten sind im Internet über
<http://dnb.ddb.de> abrufbar.

Umschlaggestaltung unter Verwendung eines Epigramms von Pierre Motin aus *La
Quintessence satyrique.*

© 2006 · Narr Francke Attempto Verlag GmbH + Co. KG
Dischingerweg 5 · D-72015 Tübingen

Internet: http://www.narr.de · E-Mail: info@narr.de

Satz: Informationsdesign D. Fratzke, Kirchentellinsfurt
Gesamtherstellung: Gruner Druck, Erlangen
Printed in Germany

ISSN 1434-6397
ISBN 13: 978-3-8233-6241-8
ISBN 10:   3-8233-6241-0

[...]
N'estoit le reconfort que le plaisir qui passe,
Restant au souvenir ne passe pas du tout.
[...]

Stances, par le Sieur Mottin
« Serez-vous desormais à ma plainte rebelle »

Temple d'Apollon

Vorwort

Ich danke meinem Mann Jörg und meinen Kindern Philipp und Camilla für ihr Verständnis und ihre Unterstützung. Ebenso danke ich meinen Eltern und Schwiegereltern, die mir vielfach Freiräume verschafft haben. Ohne Entlastung von vielen Seiten wäre das Entstehen dieser Arbeit kaum möglich gewesen.

Meinem Doktorvater, Herrn Prof. Dr. R. Klesczewski, danke ich für seine jederzeit geduldige, verständnisvolle, umsichtige und kompetente Begleitung meiner Dissertation.

Die vorliegende Doktorarbeit wurde vom 01.06.1995 bis zum 30.11.1996 von der Universität Düsseldorf im Rahmen des Hochschulsonderprogramms II mit einem Wiedereinstiegsstipendium zur Förderung des weiblichen wissenschaftlichen Nachwuchses unterstützt. Hierfür bedanke ich mich ausdrücklich.

Dem Fachreferenten Dr. Thomas Hilberer von der Universitäts- und Landesbibliothek Düsseldorf bin ich sehr dankbar für seine vielfältige, liebenswürdige und effiziente Unterstützung.

Mein Dank gilt auch den Herren Jehan-Louis Roche, Bibliothèque Municipale de Bourges, und Philippe Goldman, Archives départementales du Cher, die meine Fragen zur Biographie Motins sehr freundlich mit ihrem Detailwissen bereichert haben.

Herrn Dr. Hoyt Rogers danke ich für die Genehmigung zur Einsichtnahme in seine Dissertation.

Dankend erwähnen möchte ich auch das Verdienst meiner Lehrer an Schule und Universität (Düsseldorf und Reims), die mich für die französische Sprache, die Literatur, die Lyrik und schließlich für die Epoche des Barock begeistert haben.

Ettenheim, im August 2006   Annegret Baumert

Inhalt

0 Einleitung

Motin ist ein Vertreter der lange von der Forschung als zweitrangig betrachteten und behandelten Epoche zwischen zwei großen literarischen Strömungen, Renaissance und Klassik. Es handelt sich um die letzten Jahrzehnte des 16. und die ersten Jahrzehnte des 17. Jahrhunderts. Nach heutiger Einschätzung ist aber gerade auch eine solche Zwischenzeit, eine Zeit verschiedenster literarischer Entwicklungen, eine Zeit von Traditionen im Umbruch, besonders interessant.

Problematisch war und ist schon die Benennung dieser Epoche. Der heute zumeist verwendete Terminus „Barock" ist der Kunstgeschichte entlehnt und wurde bis etwa 1950 oft als Ausdruck der Geringschätzung gegenüber der literarischen Produktion dieser Epoche verwendet. Ein Ausdruck wie „préclassicisme"[1] wertet die Dichtung dieser Zeit in anderer Hinsicht ab, indem sie nur den Charakter einer Vorstufe der Klassik als Vollendung der Kunst zugewiesen bekommt. Um eine wertfreie Bezeichnung bemüht sich Lafay, der eine Untersuchung über „la poésie française du premier XVIIᵉ siècle (1598–1630)" vorgelegt hat.[2] Doch diese umschreibende Benennung ist für den häufigen Gebrauch zu sperrig. Ich werde in dieser Arbeit deshalb trotz aller gerade vorgetragenen Bedenken von *barocker* Dichtung sprechen – selbstverständlich ohne jedwede negative Konnotationen – einfach weil es keine prägnante Alternative gibt, und weil diese Bezeichnung sich eingebürgert hat.

Den Anstoß zu dieser Arbeit gab die Überschrift eines Abschnitts in Lafays schon erwähnter umfassender Überblicksarbeit zur Dichtung am Anfang des 17. Jahrhunderts: „Les deux Grands: Malherbe et Pierre Motin".[3] Die dort vorgenommene Charakterisierung von Malherbe wird die Zustimmung aller Romanisten finden, doch wer ist Motin? Er wird in einem Atemzug genannt mit Malherbe, also müßte man ihn eigentlich kennen. Die einmal geweckte wissenschaftliche Neugier wurde weiter geschürt durch die Ausführungen von Lafay:[4]

---

[1] Pierre Sage, *Le préclassicisme: d'après Raoul Morçay*, Paris 1962.
[2] Henri Lafay, *La poésie française du premier XVIIᵉ siècle (1598–1630)*: Esquisse pour un tableau, Paris 1975.
[3] a.a.O., S. 446.
[4] a.a.O., S. 452.

Parmi les poètes injustement méconnus de ce début du XVIIe siècle, le plus
important, non seulement par la place qu'il a occupée dans la production
poétique de son temps, mais aussi par la richesse de son inspiration et de
son style (quoi qu'on en ait dit et quelque difficile que soit la lecture de
ses meilleurs poèmes), est assurément Pierre Motin. Nous savons peu de
choses de sa vie; les renseignements que nous avons ne sont pas sans créer
de graves difficultés.

Somit setzt sich diese Arbeit zum Ziel, zunächst mehr herauszufinden zu
Motins Leben. Dazu gehört auch, seine in den zahlreichen Handschriften
und Anthologien der Epoche verstreut erhaltenen Gedichte zu einem (möglicherweise noch in einer kritischen Ausgabe zu publizierenden) Textkorpus
zusammenzuführen. Sodann gilt es, dieses Korpus unter thematischen und
stilistischen Gesichtspunkten zu untersuchen, um die Vielfalt von Motins
poetischem Schaffen auf eine strukturierte Weise vorzustellen und zugängli-
cher zu machen. Zudem soll durch die ausführliche Analyse von ausgewähl-
ten Gedichten Motins Kunstfertigkeit in der literarischen Gestaltung aufge-
zeigt werden, wobei der Dichter ständig auch im literarhistorischen Kontext
zu sehen ist.

Wieso konnte Motin, anders als Malherbe, derart in Vergessenheit geraten? Der naheliegendste Grund ist, daß keine gesammelten Werke zu Lebzeiten oder kurz nach seinem Tod erschienen sind. Es gab keine Gesamtheit
eines Werkes, auf das man problemlos zugreifen konnte, sondern die Gedichte waren – und sind –, teils unsigniert oder mit anzuzweifelnder Attribuierung, in den zahlreichen Anthologien des 17. Jahrhunderts verstreut.

Warum hielt niemand es für nötig, das Gesamtwerk für die Nachwelt zu
sichern? Es war einerseits nicht so üblich wie in späteren Jahrhunderten,
denn der Publikation in den Anthologien kam schon ein hoher Stellenwert
zu. Andererseits bietet die Ungnade, in die Motin gegen Ende seines Lebens
möglicherweise fiel[5], Anlaß für Spekulationen, aber leider auch nicht mehr.

Später stand die ganze Epoche im Schatten der Klassik. Für die Forschung
des 19. Jahrhunderts, deren Spezialität eigentlich die Edition verschollen
geglaubter Manuskripte war, war Motin durch seine teils freizügigen Verse
moralisch zu bedenklich. Noch 1962 übernimmt Sage die übliche Etikettie-
rung: „On l'accuse d'avoir commis les vers les plus obscènes du temps."[6]

---

[5]   Vgl. unten Kapitel 3 Versuch einer Biographie.
[6]   Sage, a.a.O., S. 37.

1 Stand der Forschung

Als sehr hilfreich für den Zugang zu den Anthologien der Epoche und damit auch zu Motin erweisen sich die sehr sorgfältigen Bibliographien von Lachèvre[1] und ergänzend die Bibliographie von Arbour[2], die sogar die jeweiligen Standorte in den großen Bibliotheken mitliefert.

Eine Untersuchung zum Gesamtwerk Pierre Motins liegt bisher noch nicht vor, ebensowenig eine Gesamtedition. Spätestens für das 19. Jahrhundert wären Arbeiten zu diesem durchaus nicht unbedeutenden Autor zu erwarten gewesen; über die Gründe für die Zurückhaltung der damaligen Forscher läßt sich nur spekulieren. Weiter unten[3] wird darauf noch einzugehen sein.

1.1 Texteditionen

Es gibt bisher nur eine Teiledition von Motins lyrischem Werk. Erst im 19. Jahrhundert hat Paul d'Estrée diese (nicht kritische) Teilsammlung seiner Jugendwerke besorgt[4], die bis auf zwei Sonette und ein Chanson[5] nur im Manuskript *B.N. Ms.fr. 2382* erhalten waren. Allerdings entspricht die Anordnung der Gedichte in der Edition nicht der im Manuskript, was d'Estrée hätte angeben müssen. Er hat sie unter formalen Gesichtspunkten umgruppiert. Nach heutigem Wissenschaftsverständnis unentschuldbar aber ist die Tatsache, daß er ohne jeglichen Hinweis Gedichte unterschlägt und den Leser im Glauben läßt, man habe das gesamte Manuskript vor sich. Insgesamt fehlen elf Gedichte und das *Ballet de la Foire Saint-Germain*, das am Ende der Handschrift steht. Ebenfalls unerwähnt bleiben vier Epigramme auf den hinteren

---

[1] Frédéric Lachèvre, *Bibliographie des recueils collectifs de poésies publiés de 1597 à 1700*, 5 Bde., Paris 1901–22, Nachdruck Genève 1967, und Frédéric Lachèvre, *Les recueils collectifs de poésies libres et satyriques publiés depuis 1600 jusqu'à la mort de Théophile (1626)*, 2 Bde., Paris 1914–22, Nachdruck Genève 1968.

[2] Roméo Arbour, *L'Ere baroque en France. Répertoire chronologique des éditions de textes littéraires, (1585–1643)*, Genève 1977–1985, 4 Bde.

[3] Im Abschnitt 1.2 Sekundärliteratur.

[4] Paul d'Estrée, *Œuvres inédites de Pierre Motin*, Paris 1882.

[5] D'Estrée (S. VII) gibt hingegen an, keines der Gedichte sei bisher in gedruckter Fassung erschienen. Auch Lafay (S. 454) stellt d'Estrées Edition vor.

Einbandseiten[6]. Lachèvre (Sat., S. 550) vermißt nur drei *Quatrains*[7] und das *Ballet*. Schaut man sich die weggelassenen Gedichte näher an, so wird klar, daß hier eine moralisierende (Eigen?-)Zensur am Werke war.

Die moderne Edition einer der großen Anthologien aus Motins Zeit, die des *Cabinet Satyrique* von Fleuret/Perceau[8] ist zwar keine Teiledition von Motins Gedichten, erweist sich durch die hohe Anzahl seiner Beiträge zu dieser Anthologie aber fast als solche. Durch die zahlreichen inhaltlichen Hinweise in den Anmerkungen ist sie zugleich eine wertvolle Quelle für die weitere Analyse.

Fleuret und Perceau äußern sich in ihrem Vorwort zunächst zu den Vermutungen über den möglichen Herausgeber der Sammlung und verwerfen Lachèvres widersprüchliche Hypothesen (Charles de Beauxoncles oder Charles de Besançon aufgrund der Initialen des einleitenden Gedichtes (*quatrain liminaire*)) aus Mangel an Wahrscheinlichkeit. Die Analyse des Briefes an die Leser weist ihrer Meinung nach darauf hin, daß es sich nicht um einen wirklichen Dichter oder jemand aus deren engerem Freundeskreis handelt, da zu viele Gedichte falsch attribuiert sind und grobe Fehler in bezug auf Sprache und dichterische Form zu verzeichnen sind. Sie kommen zu dem Ergebnis, daß man sich damit zufrieden geben solle, aus dem Brief an die Leser zu entnehmen, daß deren Autor gelegentlich selbst Verse schmiedete, ansonsten aber anzuerkennen, daß die Initialen C.D.B. weiterhin ein Geheimnis darstellten. (S. XV)

Unabhängig von diesen Überlegungen zur Identität des Herausgebers beurteilen Fleuret/Perceau die zweite Edition des *Cabinet Satyrique* von 1619 als die verläßlichere. (S. XVI) Sie korrigiere die meisten der fehlerhaften Verse und der Druckfehler und anderer Unregelmäßigkeiten. Deshalb machen sie sie zur Grundlage ihrer Neuausgabe. Varianten der Ausgaben von 1618, 1632 und 1700 nehmen sie zwar zur Kenntnis, führen sie jedoch nur auf, wenn sie wesentlich sinnändernd sind. Wünschenswert wäre zwar ein Verzeichnis aller Varianten, aber auf jeden Fall ist diese Edition gewissenhafter erstellt als

---

[6] Vgl. Tabelle der *Incipits* im Anhang. Diese Epigramme sind zwar von anderer Hand geschrieben als das übrige Manuskript, es handelt sich aber auch um eine Handschrift des 17. Jahrhunderts. Vom Inhalt her passen sie ganz und gar zu den anderen freizügigen Gedichten Motins: Es geht z.B. um Liebesflammen, die, einmal entzündet, nun auch gelöscht werden sollen, Liebe und Religion werden vermischt, und es tritt wieder eine Marie auf. Dies spricht dafür, Motin als Autor anzunehmen.

[7] „Ce gris est la couleur de cendre", „Le prince Daniel a le tripart bien sec" und „Veux-tu que mon amour ne bouge".

[8] Fernand Fleuret, Louis Perceau (Hrsg.), *Le Cabinet Satyrique, D'après l'édition originale de 1618, avec une notice, une bibliographie, un glossaire, des variantes et des notes*, Paris 1924, 2 Bde.

die von d'Estrée. Auch Pläne für eine weitere Teil- und eine Gesamtedition hat es in der ersten Hälfte des 20. Jahrhunderts gegeben: Fleuret/Perceau wollten Motins *Poésies satyriques* herausgeben[9], haben sich jedoch (über diesem Projekt?) zerstritten, so daß es nicht dazu kam.[10]

Über Margaret B. Stephens, aus Belfast, lesen wir bei Rudmose-Brown[11]: „projected in 1929 a complete edition of Motin's works", doch aus unbekannten Gründen ist auch dieses Projekt nicht realisiert worden.

Auch in modernen Anthologien fand Motin Aufnahme:

Olivier[12] kennt nur einen Teil von Motins Werk (47 Gedichte) und bedauert ausdrücklich, die Gedichte aus dem *Cabinet satyrique* nicht abdrucken zu können. Immerhin stellt er „Ce beau sonnet est si parfait" vor, sodann „O que celuy qui va chercher", „Loin des flots indiens et de leur rive more", „Est-ce mon erreur ou ma rage" und „O vous qui passez par la voye", die vier letzten Gedichte allerdings nur in Auszügen, und das ohne jeglichen Hinweis auf die Kürzungen.

Rousset[13] nimmt in verschiedenen Abschnitten seiner thematisch gegliederten Anthologie Gedichte von Motin auf, so unter *L'Inconstance blanche* „Toy qui gouvernes seule & le Ciel & la Terre", allerdings nur die Strophen 5–10, und „Mon Dieu! que le penser est un peintre sçavant!", unter *Le spectacle de la Mort* „Souviens-toy que tu n'es que cendre", sowie „O vous qui passez par la voye", allerdings nur die Strophen 1–3.

Allem[14] schreibt zu Motin: „...; Motin, Sigognes, Berthelot, rimeurs de tavernes, collaborateurs aux recueils licencieux et même graveleux de cette époque et dont nous n'avons pu donner que des extraits qui ne rendent pas l'aspect habituel de leurs productions." (S. 19) Abgedruckt sind dementsprechend drei traditionelle Liebesgedichte aus den Jugendwerken und eine Psalmenparaphrase.[15]

---

[9] Vgl. Lachèvre Sat. S. 550 und Verlagsankündigung in Fleuret/Perceau, *op.cit.*

[10] Pascal Pia, *Les livres de l'Enfer. Bibliographie critique des ouvrages érotiques dans leurs différentes éditions du XVIe siècle à nos jours*, Paris 1978, Bd. I, S. 9.

[11] T.B. Rudmose-Brown, „A French Précieux Lyrist of the Early Seventeenth Century: Pierre Motin", in: *Seventeenth Century Studies Presented to Sir Herbert Grierson*, Oxford 1938, S. 33–46, Zitat S. 34.

[12] Paul Olivier (Hrsg.), *Cent poètes lyriques, précieux ou burlesques du XVIIe siècle*, Paris 1898, Nachdruck Genève 1971, S. 48–52.

[13] Jean Rousset (Hrsg.), *Anthologie de la poésie baroque française*, Paris 1961. Bd. I, S. 72–73, 91; Bd. II, S. 116–118, 140.

[14] Maurice Allem (Hrsg.), *Anthologie poétique française du XVIIe siècle I*, Paris 1965.

[15] „Sur toutes les couleurs j'aime la feuille morte", „Je venais de laisser ma Jeanne qui dépouille", „Allons voir les deux Marguerites," und „Du profond de mon cœur, plein d'amères angoisses,". (S. 93–96).

Auch Chauveau[16] wählt als repräsentativ Liebeslyrik, jedoch stammt nur eines der drei Gedichte dieser Thematik aus den Jugendwerken, die anderen sind später erschienen. Sodann folgt ebenfalls ein religiöses Gedicht sowie ein Sonett über das Hofleben.[17] Interessanterweise fehlt auch hier noch, gegen Ende des 20. Jahrhunderts, der Bereich der Tavernenlyrik völlig, er wird nur erwähnt in den Anmerkungen auf S. 457.

1.2 Sekundärliteratur

Zunächst gilt es, Motin im Urteil seiner Zeitgenossen und der nächsten Generation zu betrachten. Die Nähe dieses Abschnittes zu Gliederungspunkt 4 (Motins Werke im Überblick und deren Erfolg beim Publikum) ist unbestreitbar, eine Trennung dieser beiden Aspekte der Rezeption erscheint jedoch aus Gründen der Übersichtlichkeit erforderlich und gerechtfertigt. Obwohl keine Sekundärliteratur im eigentlichen Sinne, sollen die schriftlich überlieferte Kritik und Stellungnahmen von Motins ersten und späteren Lesern schon hier behandelt werden.

Régnier und Théophile de Viau haben Motin jeweils eine Satire gewidmet.[18] Régnier sagte über seinen Freund: „qu'il estoit Poëte, sans estre fou, & qu'il n'estoit pas de ces Poëtes Sauvages qui offusquoient la nature & l'art de la veritable Poésie par leurs expressions ampoulées".[19] Es gibt auch eine Edition

---

[16] Jean-Pierre Chauveau, (Hrsg.), *Anthologie de la poésie française du XVIIe siècle*, Paris 1987, S. 91–98.

[17] „Cachez-vous à mes yeux, beaux yeux que j'aime tant;", „Je cherche un lieu désert aux mortels inconnu,", „Est-ce mon erreur ou ma rage", „Souviens-toi que tu n'es que cendre", „Desseins au vent jetés, inutiles poursuites".

[18] Régnier seine vierte Satire und Théophile eine Satire im *Parnasse satyrique* (d'Estrée, p. XVIII) D'Estrée kann nur die *Satyre „A Monsieur Motin"*: „Tout ce qu'on a Motin, il est bien vray qu'on l'a," meinen, die erschienen ist in: Pierre Rocolet (Hrsg.), *Le Parnasse des poetes satyriques ou dernier recueil des vers picquans et gaillards de nostre temps. Tirez des œuvres secrettes des autheurs les plus signalez de nostre siecle*, Paris 1622, S. 177–182. Sie ist allerdings nicht signiert. Vgl. zur Zueignung ohne Widmungstext: Wolfgang Leiner, *Der Widmungsbrief in der französischen Literatur (1580–1715)*, Heidelberg 1965, S. 31–37, speziell zu Régnier S. 31, FN 1.

[19] Claude Barbin (Hrsg.), *Recueil des plus belles pieces des poëtes françois, tant anciens que modernes, depuis Villon jusqu'à M. de Benserade*, Paris 1692, Band III, S. 65. Verunstaltetes Zitat bei J. Fr. Michaud, *Biographie universelle ancienne et moderne, ou Histoire, par ordre alphabétique, de la vie publique et privée de tous les hommes qui se sont fait remarquer par leurs écrits, leurs actions, leurs talents, leurs vertus ou leurs crimes.* Nouvelle édition, Paris 1854ff, Nachdruck Graz 1968, S. 422. Nur leicht verändert bei d'Estrée, p. XXIII, und bei Lafay, S. 459, Fußnote 1005.

seiner Werke aus dem 18. Jahrhundert[20], in deren Anhang sich einige Gedichte Motins finden, darunter mehrere, deren Autor bis dahin anonym war. Lachèvre (Sat., S. 550) zögert jedoch, diese Attribuierungen zu akzeptieren, sie scheinen ihm nur der persönlichen Meinung des Herausgebers zu entspringen. Malherbe sprach von Motin als von einem seiner besten Schüler.[21]

Erwähnung findet Motin auch bei Mlle de Gournay: „Motin ne voulait pas 'prêter serment à la nouvelle école'" [d.i. *l'école des satiriques*].[22] Die *Académie française* bezog Motin immerhin in den Kreis der sprachlichen Autoritäten mit ein, deren Zitate als Muster im *Dictionnaire* Aufnahme finden sollten, zumindest gemäß den ersten Planungen[23]: „Pierre Motin serait cité ‚comme un des auteurs sachant le mieux leur langue et dont les exemples auraient force de loi.'"[24]

Weitere Belege für die zunächst positive Einschätzung Motins: Paul Boyer, *Bibliothèque universelle*, 1649, p. 592: „très-excellent Poëte françois"[25]. Colletet lobt ihn in seinem *Discours de l'éloquence et de l'imagination des anciens* (S. 33).[26] Auch Sorel[27] erwähnt ihn als Schüler von Malherbe und im Zusammenhang mit den *Recueils collectifs*.

Vernichtend war dann allerdings das Urteil von Boileau in seiner *Art poétique* von 1674[28]:

J'aime mieux Bergerac et sa burlesque audace
Que ces vers où Motin se morfond et nous glace.

Nach Boyer[29] ist diese Kritik aber wohl auch dadurch beeinflußt, daß Motin mit Régnier befreundet war, dem Boileau ablehnend gegenüberstand. Diese

---

[20] Mathurin Régnier, *Œuvres*, Paris 1780, 2 Bde.

[21] d'Estrée, p. XXIII. Leider liefert der Autor keine Quellenangabe.

[22] Zitiert nach Antoine Adam, *Histoire de la littérature française au XVIIe siècle, Tome I: L'Epoque d'Henri IV et de Louis XIII*, Paris 1956, S. 59. Adam relativiert ihre Aussage jedoch, indem er darauf verweist, dass Motin in den Titeln der Anthologien in einem Atemzug mit den anderen Satirikern genannt wird.

[23] Abbé Claude-Pierre Goujet, *Bibliothèque françoise, ou histoire de la littérature françoise*, Paris 1741–56, Nachdruck Genève 1966, S. 221.

[24] Lachèvre I, S. 265.

[25] Goujet, 221 und d'Estrée, p. XXIV.

[26] Zitiert nach Goujet, 219.

[27] Charles Sorel, *La Bibliothèque françoise, Seconde édition revuë et augmentée*, Paris 1667, Nachdruck Genève 1970, S. 203.

[28] Nicolas Boileau-Despréaux, *Œuvres complètes: Textes établis et annotés par Françoise Esdal* (Bibliothèque de la Pléiade), Paris 1966, S. 181: Art poétique, Chant IV, Vers 38–39.

[29] Hippolyte Boyer, „Motin (Pierre)", in: Hoefer, *Nouvelle biographie générale depuis les temps les plus reculés jusqu'à nos jours, avec les renseignements bibliographiques et*

Erklärung wird jedoch durch die von Rathmann[30] zusammengetragenen
Zitate entkräftet, aufgrund derer er Boileau eine „stille Vorliebe" für Régnier
bescheinigt. Immerhin zeigen Boileaus Verse, daß Motin sechs Jahrzehnte
nach seinem Tod noch bekannt war und gelesen wurde.[31]

Gegen Ende des Jahrhunderts schien folgendes Bild von Motin vorzuherr-
schen, das sich, zusammen mit Boileaus Verdikt, auch in den kommenden
Jahrhunderten hielt: „C'estoit un homme fort sage, qui avoit beaucoup de
flegme, mais trop peu de feu"[32]. Im 18. Jahrhundert bemüht man sich um
ein ausgewogenes, eher positiv gefärbtes Bild von Motin, indem auch die
positiven Stimmen aus dem 17. Jahrhundert zitiert werden. Baillet[33] versucht
Boileaus Kritik von Motin abzuwenden, indem er die Vermutung äußert, der
Meister habe gar nicht Motin, sondern den Abbé Cotin treffen wollen, es
handele sich also letztlich um einen Schreibfehler. Doch schon der Herausgeber der Neuauflage, de la Monnoye, merkt an, daß diese Hypothese jeder
Grundlage entbehrt. Er räumt abschließend immerhin ein, Motins Epigramme seien „assez divertissantes"[34]. Nicerons umfangreiches Werk[35] enthält
demgegenüber keinerlei Eintrag zu Motin.

Goujet[36] sieht Motin durch seine Verbindungen zu Régnier aufgewertet
und zählt mehrere verschiedenartige Werke Motins auf. Wegen der schon
erwähnten Wertung durch Paul Boyer „très-excellent Poëte françois" bezichtigt er diesen jedoch des „mauvais goût". (S. 220).

Die Forscher des 19. Jahrhunderts stießen sich an einem anderen Aspekt
von Motins Werk als Boileau, nämlich an der Tavernenlyrik, die dem moralischen Empfinden ihrer Epoche widersprach. Entweder man äußerte sich
abfällig darüber oder ignorierte diesen ganzen Bereich einfach, schwieg ihn

---

l'indication des sources à consulter, Paris 1861, Nachdruck Copenhague 1968, Bd. 36,
S. 746–747.

[30] Bernd Rathmann, Der Einfluß Boileaus auf die Rezeption der Lyrik des frühen 17. Jahrhunderts in Frankreich, Tübingen, Paris 1979, S. 32.

[31] Vgl. dazu die Ausführungen unter 4 Motins Werke im Überblick und deren Erfolg
beim Publikum.

[32] Recueil Villon Bens. III., S. 65. Das Zitat findet sich auch bei Hippolyte Boyer in
Hoefer, Bd. 36, S. 746 und bei d'Estrée, S. XVII.

[33] Adrien Baillet, Jugemens des savans sur les principaux ouvrages des auteurs, revus,
corrigez, & augmentez par Mr. de la Monnoye, Amsterdam 1725, Nachdruck Hildesheim, New York 1971, Bd. IV, S. 205.

[34] a.a.O.

[35] Jean-Pierre Niceron, Mémoires pour servir à l'histoire des hommes illustres dans la République des Lettres. 22 tomes. Paris 1729–1745. Nachdruck Genève 1971 (3 Bde.).

[36] Abbé Claude-Pierre Goujet, Bibliothèque françoise, ou histoire de la littérature françoise,
Paris 1741–56, Nachdruck Genève 1966, S. 218–221 (S. 180/181 Nachdruck).

tot. So kommt es wohl auch zu Hippolyte Boyers[37] Einschätzung, der sich lobend über Motins Mäßigung äußert. Wie Tavernenlyrik überhaupt, so durfte Motins Tavernenlyrik im 19. Jahrhundert in Frankreich lange nicht gedruckt werden![38]

Doch gegen Ende des Jahrhunderts unternimmt d'Estrée mit seiner schon erwähnten Edition der (bereinigten) Jugendwerke und seiner vorangestellten Untersuchungen zu „Motin – Sa vie et ses œuvres" eine versöhnliche Annäherung an den Dichter. D'Estrées Einleitung ist einerseits eine Fundgrube, andererseits stimmt seine Arbeitsweise ärgerlich: seine biographischen Erkenntnisse sind (absichtlich?) kaum nachvollziehbar, da er bei Bezug auf Gedichte keine *Incipits* gibt, auch zu den Anthologien etc. fehlen genaue Angaben. Für Zitate gibt er oft keine Belegstellen, manchmal haben sie fast den Charakter hingeworfener Aperçus. Hier wurde nur das berücksichtigt, was sich nachprüfen ließ, so daß die Übernahmen auch eine Art Nachbesserung der Arbeit von d'Estrée darstellen (teilweise ist das auch schon diskret von Lachèvre[39] und von Lafay[40] geleistet worden).

In seinen Ausführungen über das Talent von Motin entdeckt d'Estrée eine Seelenverwandtschaft zu Alfred de Musset, nicht nur in bezug auf die Jugendwerke, sondern auch im Hinblick auf ihrer beider Mitarbeit an einem *Parnasse satyrique.*[41]Beipflichten kann man d'Estrées abschließender Wertung, daß Motin zwar die Themen behandelt habe, die zu seiner Zeit Mode waren, seine Originalität aber darin bestehe, solche „banalen" Themen auf erfinderische Weise bearbeitet zu haben.[42]

Fast typisch für das Schicksals Motins in der Forschung des 19. Jahrhunderts ist seine (Nicht-)Erwähnung in der Arbeit Perrens' über die *Libertins*. Motin muß sich mit einer einzigen Erwähnung in Gestalt eines Druckfehlers begnügen.[43]

Zu Beginn des 20. Jahrhunderts widmet Pierre Brun ein Kapitel seiner *Etudes sur le XVIIᵉ siècle* Motin.[44] Angeregt durch die Edition von d'Estrée zieht

---

[37] In: Hoefer, a.a.O., Bd. 36, S. 746.
[38] d'Estrée, S. XVII.
[39] a.a.O.
[40] a.a.O.
[41] d'Estrée, S. III, IV und VII.
[42] d'Estrée, S. XXIII.
[43] François Tommy Perrens, *Les Libertins en France au XVIIᵉ siècle*, Paris 1896, Nachdruck New York 1973, S. 76: „Le Cabinet satyrique contenait, avec des pièces de Sigogne, Regnier, Morin, Berthelot, Maynard, etc., dont plusieurs immorales, indécentes, <indignes d'un chrétien tant en croyance qu'en saletés>, des vers connus pour être de Théophile." [Unterstreichung von mir]
[44] Pierre Brun, *Pupazzi et Statuettes, Etudes sur le XVIIᵉ siècle*, Paris 1908, S. 285–301.

er gegen Boileaus Sentenz zu Felde, lobt Motins Darstellung der Frau und der Natur, zitiert als Beleg verschiedene einzelne Verse und lädt ein, sich nun endlich unvoreingenommen mit Motin zu beschäftigen.

Lachèvre gelingt es in bewundernswerter Weise, zum einen aus seiner moralischen Haltung angesichts der von ihm bibliographisch bearbeiteten libertinen Anthologien kein Hehl zu machen[45], sich aber andererseits davon in seiner sachlichen Beschreibung der *Recueils* und seiner exakten Auflistung aller attribuierten und anonymen Gedichte keinesfalls beeinflussen zu lassen. Auch die bio-bibliographischen Abschnitte zu Motin sind reich an wertvollen Detailinformationen.

Über die auch für die Forschungslage bezüglich Motin erfreuliche Edition des *Cabinet satyrique* von Fleuret/Perceau ist schon weiter oben berichtet worden. Die Herausgeber gehen mit wohltuender wissenschaftlicher Nüchternheit zu Werke, was sich schon in der Wahl des Ausdruckes „poésie libre" (*Préface*, S. VII) äußert. Die *Notice biographique* (S.II, 450–452) fasst die bekannten Daten zu Motins Leben zusammen, verteidigt ihn gegen Boileaus Anschuldigung und bietet eine hilfreiche Auflistung aller *Incipits* von Motins Gedichten in dieser Anthologie.

Auch in Adams Studie zu Théophile de Viau[46] findet Motin Erwähnung, und zwar im Rahmen seiner Besprechung der Publikationsgeschichte des *Parnasse satyrique*, der *Quintessence satyrique* und der *Délices satyriques* (S. 336–339). Sie wurden, laut Adam, der damit die damaligen Anschuldigungen gegen Théophile entkräftet, alle von Colletet herausgegeben. In den *Délices satyriques* finden sich deshalb noch so viele neue Gedichte von Motin, weil Colletet über Bonnet und Mlle Motin noch in enger Verbindung zum Haus Motin stand.

Im Rahmen der Festschrift *Seventeenth Century Studies*[47] zählt T.B. Rudmose-Brown Motins Werk zu denen der „,precious' or ,metaphysical' poets". Oberflächlich erscheinen könnten Motins Gedichte nur auf den ersten Blick. Der Liebeskummer stehe für eine weitergehende, existentielle Hoffnungslosigkeit, wie sie auch typisch sei für den Pessimismus von Racines Tragödien. Auf der Grundlage der unveröffentlichten Transkripte von Margaret B. Stephens (siehe oben) versucht der Autor einen Überblick zu geben über zahlreiche bemerkenswert erscheinende Gedichte Motins. Wertvoll ist der Hinweis auf das *Ms. Condé Chantilly 534*. Angesichts der geringen Seitenzahl des Beitrags muß es leider in den meisten Fällen beim Erwähnen des Gedicht-

---

[45]   „Il nous paraît inutile d'insister, le *Parnasse satyrique* justifiait les poursuites dont il a été l'objet." Lachèvre Sat., S. 65.

[46]   Antoine Adam, *Théophile de Viau et la libre pensée française en 1620*, Paris 1935, Nachdruck Genève 1966.

[47]   T.B. Rudmose-Brown, a.a.O.

titels oder Zitieren einiger Verse bleiben, wobei dem neugierig gewordenen Leser sicher die Suche erleichtert würde, wenn konsequent die Anfangsverse genannt worden wären. Auf etwas weitergehende Anmerkungen zu einzelnen Gedichten wird im Verlauf meiner eigenen Interpretationen Bezug genommen werden. Gänzlich außer acht läßt der Autor die Tavernenlyrik Motins, sie würde zum Bild der „fine verse" wohl auch nicht passen. Dafür werden die Gedichte mit religiöser Thematik hervorgehoben.

Grente[48] sieht Motin einzig als „poète satirique" und tut seine in den Anthologien veröffentlichte Dichtung als „grossier" ab. Es erstaunt ihn, daß Boileau ihn überhaupt eines Urteils für würdig befunden habe.

Fromilhague[49] bespricht ein Gedicht Motins „Philon, où prenez-vous augure" vor dem Hintergrund der Konflikte am Hof und zeigt in der Gegenüberstellung die vielfältigen Bezüge zwischen diesem und Malherbes Stances „Phylis, qui me voit le teint blesme" auf.[50]

Adam[51] sieht Motin als den zweitwichtigsten Satiriker seiner Generation (nach Régnier). Auch er bezeichnet zwar einen Teil von Motins Werk als obszön, liefert jedoch zahlreiche interessante Details zu seiner Biographie und würdigt ihn als „homme de lettres".

Für Sage[52] zählt Motin zu den „Satiriques mineurs". Nichtsdestoweniger lobt er sein Talent und seinen dementsprechenden Erfolg.

Auch im Rahmen von Arbeiten zu bestimmten literarischen Gattungen oder Strömungen des 17. Jahrhunderts findet Motin Erwähnung, so in der umfassenden Untersuchung von McGowan[53]. Ihre Erkenntnisse finden sich weiter unten im entsprechenden Kapitel dieser Dissertation eingearbeitet.

Fukui[54] erwähnt Motin mehrfach und fühlt sich durch diese Tatsache zu einer Rechtfertigung genötigt:

> Encore Motin? Oui, ce poète si négligé d'habitude par les historiens, avait en fait une imagination riche et troublante qui caractérise un aspect de la poésie „baroque". (S. 69)

Der Autor schätzt Motin vor allem als *poète lyrique* (S. 55) und wählt Stellen aus seinen Gedichten für die vergleichende und kontrastierende Analyse mit

---

[48] Cardinal Georges Grente, et al., *Dictionnaire des Lettres Françaises. Le dix-septième siècle*, Paris 1951.

[49] René Fromilhague, „Une parodie méconnue d'une pièce de Malherbe", in: *Annales F.L. Toulouse*, I (1951–52), 49–57. zu: „Philon ou prenez vous augure".

[50] Näheres unter 6.3.5 Rivalitäten zwischen Dichtern.

[51] Antoine Adam, *Histoire de la littérature française au XVIIᵉ siècle, Tome I, L'époque d'Henri IV et de Louis XIII*, Paris 1956, S. 62.

[52] Pierre Sage, *Le préclassicisme*, Paris 1962, S. 37.

[53] Margaret M. McGowan, *L'art du ballet de cour en France, 1581–1643*, Paris 1963.

[54] Yoshio Fukui, *Raffinement précieux dans la poésie française du XVIIᵉ siècle*, Paris 1964.

Beispielen von Zeitgenossen. Er lobt seine reiche Metaphorik und seinen klaren Ausdruck (S. 57; S. 73) in Liebes- und Naturgedichten. Obwohl Motin zeitweise gegen Malherbe opponierte, schreibt er diese Qualitäten von Motins Dichtung dem Einfluß Malherbes zu, da die rivalisierenden Dichtergruppen schließlich einen *modus vivendi* gefunden hätten. (S. 54) Er zieht auch eine Linie zu späteren Gedichten von Théophile de Viau und Saint-Amant (S. 70; S. 80 ff.). Laugier de Porchères muß bei den Gedichtbesprechnungen oft als Gegenpol fungieren, da sein Stil als zu extravagant bezeichnet wird. Motin hingegen sei nur „barock" in bezug auf seine Weltsicht (S. 74). Diese Rehabilitation eines Teils von Motins Werk ist zwar einerseits erfreulich, andererseits würde man sich eine etwas sachlichere Beurteilung seiner Dichterkollegen wünschen.

Jeannerets Arbeit zu Psalmenparaphrasen[55] erweist sich als wertvoll bei der Einordnung Motins in die Tradition dieser speziellen religiösen Dichtung. Auf seine Ergebnisse wird im Kapitel 6.3.7 Religiöse Gedichte näher eingegangen werden. In seiner Untersuchung zur Geschichte der Ode und der Stances erwähnt Janik[56] Motin als Verfasser „realistisch-obszöner Stücke" und würdigt seinen Beitrag zur *Inconstance*-Dichtung.

Im Rahmen von Mathieu [-Castellanis][57] Arbeit zur Liebeslyrik des ausgehenden 16. Jahrhunderts findet auch Motin einige Male Erwähnung. Auf die Ergebnisse der Autorin wird im Kapitel 6.1 Liebeslyrik bei der Besprechung der jeweiligen Gedichte Bezug genommen werden.

Die Studie von Lafay[58]ist trotz ihres bescheidenen Titels unerläßlich als Hintergrund für Untersuchungen über die französische Barocklyrik. Sie bietet biobibliographische Abschnitte zu unzähligen Autoren, so auch zu Motin.[59]

Nach Lafay[60] läßt sich Motins Werk in mehrere Perioden aufgliedern. Die Jugendgedichte, die d'Estrée herausgegeben hat, sind in der Provinz in den Jahren 1584–90[61] entstanden. Sie sind von den petrarkisierenden Tendenzen der Dichtung jener Zeit gekennzeichnet:

---

[55] Michel Jeanneret, *Poésie et tradition biblique au XVIe siècle. Recherches stylistiques sur les paraphrases des psaumes de Marot à Malherbe*, Paris 1969.

[56] Dieter Janik, *Geschichte der Ode und der Stances von Ronsard bis Boileau*, Bad Homburg, Berlin, Zürich 1968, S. 131–132 und S. 135.

[57] Mathieu [-Castellani], Gisèle, *Les thèmes amoureux dans la poésie française 1570–1600*. Thèse présentée devant l'université de Paris IV le 12-5-73, Service de reproduction des thèses, Université de Lille III, 1976.

[58] Henri Lafay, *La poésie française du premier XVIIe siècle (1598–1630): Esquisse pour un tableau*, Paris 1975.

[59] Lafay, S. 452–460.

[60] Lafay, S. 454.

[61] In Lafays Arbeit scheint ein Druckfehler übersehen worden zu sein, dort steht 1684–1690.

thèmes des cheveux, des yeux, de la voix de la Belle; pleurs, soupirs, trépas; subtilités de style, recherche de la surprise, etc.

Aber es finden sich auch schon andere, weniger traditionelle Themen. Diese „traits originaux" sind aber auch nichts Besonderes im Umfeld der Zeitgenossen: Realismus in der Beschreibung und den Bildern; Traum und Vision; Intensität des Liebesleids, Sinnlichkeit, Melancholie; die unberührte ländliche Natur als Refugium; Tod; Satire. Ausführlich bespricht Lafay Motins Elegie „Je cherche un lieu désert aux mortels incognu".[62]

Lafay schließt mit der Feststellung, daß Motin zu Unrecht in Vergessenheit geraten sei, sein vielgestaltiges, reichhaltiges Werk zeuge vielmehr von allem, was einen großen Dichter ausmache.[63] Diese ganz neue, positive Sicht des Lyrikers und die trotz aller wissenschaftlichen Zurückhaltung durchklingende Begeisterung gab schließlich den Anstoß zu der vorliegenden Arbeit.

Die Forschungen von Rogers[64] zu einem Zeitgenossen Motins, Etienne Durand, sind schon deshalb interessant, weil auch jener lange, wenn auch nur wegen vermeintlicher Bedeutungslosigkeit, in Vergessenheit geraten war. Aber es gibt auch einen wichtigen Berührungspunkt mit dem Werk Motins. Durands bekanntestes Gedicht sind seine „Stances à l'Inconstance": „Esprit des beaux esprits, vagabonde Inconstance,", die aber keine originale Schöpfung des Dichters darstellen, sondern eine Neubearbeitung von Motins „Toy qui gouvernes seule et le Ciel et la terre" sind. Rogers (1998, S. 237–270) legt die Ideengeschichte des Themas in der literarischen Gestaltung dar und zeigt in einer genauen stilistischen Analyse die enge Beziehung zwischen Motins Versen und Durands Neuschöpfung auf. Rogers bemerkt eine „relative weakness of certain lines in Motin's poem", schwächt diese Feststellung jedoch wieder ab, indem er einräumt, daß das stellenweise durchaus beabsichtigt sein könnte. Auf Rogers Ergebnisse wird unter 6.3.9.1 *Inconstance* als beherrschendes Weltprinzip bei der Besprechung von Motins Gedicht noch zurückgegriffen werden.

In Floecks[65] Überblick über die Epoche des Barock wird Motin zweimal erwähnt. Auch er verweist auf die Verwandtschaft zwischen Motins und

---

[62] Lafay, S. 199 und 284–288. Siehe unten bei 6.1.8.2 Erzwungene Trennung.

[63] Lafay, S. 459–460.

[64] Hoyt Rogers, *Poetry of Change: Durand and his milieu*, Diss. Oxford 1978. Etienne Durand, *Poésies complètes, Edition critique par Hoyt Rogers et Roy Rosenstein*, Genève 1990. Hoyt Rogers, *The Poetics of Inconstancy: Etienne Durand and the End of Renaissance Verse*, Chapel Hill 1998.

[65] Wilfried Floeck, *Die Literarästhetik des französischen Barock, Entstehung – Entwicklung – Auflösung*, Berlin 1979.

Durands „Stances à l'inconstance" (S. 95), bezieht sich aber nicht auf die
Arbeit von Rogers.

Gaudianis[66] Untersuchung handelt zwar von der Tavernenlyrik Théophile
de Viaus, doch ist sie auch für die vorliegende Arbeit von Bedeutung. Diese
Autorin hat gezeigt, daß man zum einen auch die Tavernenlyrik wie jedes
andere lyrische Genre sachlich analysieren kann, ohne sich moralisch zu
entrüsten, und daß zum anderen diese Lyrik der Analyse durchaus würdig
ist. Auf Gaudianis Ergebnisse wird in Kapitel 6.2 Motins Tavernendichtung
noch mehrfach Bezug genommen werden.

---

[66] Claire Lynn Gaudiani, *The Cabaret Poetry of Théophile de Viau: Texts and Traditions*,
Tübingen 1981.

2 Methodologische Vorüberlegungen

Da noch keine umfassende Arbeit über Motin vorliegt, es aber sinnvoll erscheint, die Erforschung seines Œuvres mit einer Überblicksarbeit zu beginnen, setzt sich diese Dissertation eine Gesamtdarstellung zum Ziel. Dabei sollen auch biographische Fakten mit einbezogen werden, die für einige Werke wichtig sind. Zu bedenken ist jedoch immer, daß die barocke Literatur mehr als andere Dichtung eben keinen Ausdruck der Persönlichkeit zum Ziel hatte, von Bedeutung war vielmehr die Vielfalt der Motive, der Bezug zur Tradition literarischen Schaffens.

2.1 Erkenntnisinteresse

Wie schon in der Einleitung zu dieser Arbeit erwähnt, soll im Anschluß an Lafay, der Motin zusammen mit Malherbe als die beiden Größen der Epoche apostrophiert, die bisher gängige durchweg negative Sicht Motins[1] revidiert werden. Das Werk soll vorurteilsfrei vorgestellt werden. Es soll gezeigt werden, daß der Dichter zu Unrecht in die Schublade „obszön" verbannt worden ist.

2.2 Konsequenzen aus der Ausgangslage

Ein praktischer Grund für den immer noch lückenhaften Forschungsstand in bezug auf Motin ist sicher die Tatsache, daß der Zugriff auf die Gesamtheit seiner Gedichte teilweise schwierig ist. So besteht ein erster zeitaufwendiger Schritt vor Beginn der Analyse zunächst darin, das Textkorpus zu erstellen. Ziel ist dabei, aus Praktikabilitäts- und Kostengründen, zunächst nur ein Arbeitskorpus zu erstellen. Es gilt, jedes Gedicht in mindestens einer Fassung, der am leichtesten zugänglichen, vorliegen zu haben. Falls neuere Teileditionen vorliegen, so werden diese zur Grundlage gemacht. Auf Textvergleiche wird vorerst, außer in unklaren Fällen, weitestgehend verzichtet. Dieses Vorgehen erscheint gerechtfertigt, um angesichts der Textfülle und der Schwierigkeiten bei der Beschaffung einiger Texte überhaupt zu einer Präsentation

---

[1] Vgl. oben, 1.2 Stand der Forschung: Sekundärliteratur.

und Würdigung des Gesamtwerkes zu gelangen. Wie unlängst Rogers für Motins Zeitgenossen Durand[2] plane auch ich, nach Abschluß dieser Arbeit eine historisch-kritische Gesamtausgabe anzugehen.

Auf den Zusatz [sic] wird außer in für extrem erachteten Fällen verzichtet, da manche Zitate sonst schwer lesbar wären. Bei Zitaten sind Zeilennummern nur bei langen Gedichten angegeben, bei Sonetten, Epigrammen etc. wird darauf verzichtet, da die Zahlen den Lesefluß stören und bei kurzen Gedichten eigentlich überflüssig sind.

Im Arbeitskorpus wie auch bei Zitaten bleibt die Graphie möglichst nahe am Text (soweit heutige Standard-Druckmöglichkeiten das zulassen), z.B. wenn „et" durch „&" abgekürzt wird, da dies ein optisches Signal für die Entfernung in der Zeit ist.

Der gesellschaftliche und literarische Kontext, in dem Motin zu sehen ist, soll aus Platzgründen nur so weit wie unbedingt erforderlich dargestellt werden, da umfassende Darstellungen der Epoche bereits vorliegen. Rathmann[3] weist zu Recht darauf hin, daß man bei allem Bemühen, den Erwartungshorizont des damaligen Publikums zu rekonstruieren, diesen rezeptionsästhetischen Ansatz auch nicht verabsolutieren dürfe. Aussagen über die Lesererwartungen vergangener Epochen könnten nicht objektiv sein, da in sie stets Elemente der historischen Situation des Forschers mit einflössen.

Die zeitliche Entfernung vom kulturellen Kontext geht zusammen mit der Entfernung vom Sprachstand des Französischen im 16./17. Jahrhundert. Im konkreten Fall von Motin, der über die Jahrhundertgrenze hinweg gelebt hat, stellt sich das Problem des adäquaten Lexikons. Nicot[4] (gestorben 1600) erfaßt nur die Sprache aus Motins erster Lebenshälfte. So mußten verschiedene andere Wörterbücher hinzugezogen werden: Littré, Richelet, Huguet[5]. Als hilfreich erwies sich oft auch Furetière[6], da er auch ältere Sprachstände

---

2 Etienne Durand, *Poésies complètes, Edition critique par Hoyt Rogers et Roy Rosenstein*, Genève 1990.

3 Bernd Rathmann, *Der Einfluß Boileaus auf die Rezeption der Lyrik des frühen 17. Jahrhunderts in Frankreich*, Tübingen, Paris 1979, S. 129–130.

4 Jean Nicot, *Thresor de la langue françoise tant ancienne que moderne*, Paris 1606, Nachdruck Paris 1960.

5 Edmond Huguet, *Dictionnaire de la langue française du seizième siècle*, Paris 1928, Nachdruck Paris 1967. Emile Littré, *Dictionnaire de la langue française*, Paris 1956. Pierre Richelet, *Dictionnaire françois, contenant les mots et les choses, plusieurs nouvelles remarques sur la langue française*, Genève 1680, Nachdruck Hildesheim, New York 1973.

6 Antoine Furetière, *Dictionaire [sic] universel: contenant généralement tous les mots françois, tant vieux que modernes, et les termes des sciences et des arts, augmenté par Basnage de Beauval, augmenté par Brutel de la Rivière*, La Haye *s.d.*, Nachdruck Paris 1978. 3 Bde.

(mit Zusatz „est un vieux mot", z.B. für eine Spezialbedeutung von *carmes*) aufnimmt, und da einige erfreuliche Funde (z.B. von sprichwörtlichen Wendungen) das Verständnis mancher Stellen vertieften.

2.3 Vorgehen bei der Analyse

Um das Korpus zu gliedern und die Vielzahl der Einzelgedichte griffiger zu machen, bietet sich als naheliegendste Methode eine Gliederung unter inhaltlichen Aspekten an. Dabei wird zunächst rein werkimmanent vorgegangen. Die herausgearbeiteten Themen werden dann in einer sinnvollen Reihenfolge gruppiert, dann auch mit Blick auf die von Motins Dichterkollegen behandelten Inhalte. Anschließend gilt es natürlich, die besondere Gestaltung durchaus gängiger Themen durch Motin herauszuarbeiten.

Angesichts der Menge der Motin zugeschriebenen Gedichte (340)[7] ist es jedoch notwendig, Akzente zu setzen. So wird sowohl versucht werden, einen Gesamtüberblick über Motins Werk zu vermitteln, als dabei auch die in irgendeiner Weise bemerkenswerten Verse durch ausführlichere Analyse hervorzuheben. Verschiedene Auswahlkriterien kommen hierfür in Frage.

2.4 Auswahlkriterien für Gedichte

Um der Vielschichtigkeit des Werkes und des Erkenntnisinteresses gerecht zu werden, kann man kein durchgängiges Prinzip für die Sichtung und Gewichtung des Korpus ansetzen. Damit man das Hauptziel, den Gesamtüberblick, nicht aus den Augen verliert, müssen an erster Stelle Gedichte, die exemplarisch einen wichtigen Themenbereich von Motins Werk vertreten, besprochen werden. Sodann verdienen Gedichte, die für Motins Biographie interessant sind, besondere Beachtung. Höchstes Interesse gilt hierbei zwei Gedichten, die als potentielle Autographen in Frage kommen.[8] Im Rahmen der Dokumentation des Forschungsstandes müssen auch Gedichte, die in der Sekundärliteratur interpretiert werden[9], beziehungsweise solche, die dort, z.T. mehrfach, erwähnt werden, diskutiert werden.

---

[7] Nach meiner Zählung. Vgl. Liste der *Incipits* im Anhang. Die von jeweils zwei Autoren angezweifelten Attribuierungen wurden nicht mitgezählt.

[8] „Si vostre maison n'estoit vuide", *B.N. Ms.fr. Dupuy 843, fol.* 57v°, Besprechung unter 6.2.2.3 Spiel, „De quoy sert à mes yeux le retour de l'aurore", *B.N. Ms.fr. Dupuy 843, fol.* 191r–v°, Besprechung unter 6.1.8.1 Vorübergehende Trennung durch Abwesenheit.

[9] Vgl. oben, 1.2 Stand der Forschung: Sekundärliteratur.

Um den historischen wie auch den aktuellen Höhepunkten in Motins Werk gerecht zu werden, wird das Werk sodann von einem rezeptionsgeschichtlichen Ansatz her betrachtet, um eine weitere Auswahl zu treffen. Zunächst fallen Gedichte auf, die bei den Zeitgenossen Motins sehr erfolgreich waren. Ein Kriterium dieses Erfolges ist die Häufigkeit, mit der ein Stück in den unterschiedlichen Anthologien abgedruckt wurde[10]. Ein anderes mögliches Kriterium wäre die Existenz von Imitationen oder Parodien von Werken Motins, sowie von Repliken auf seine Gedichte.

Schließlich bleibt noch die recht subjektive Annäherung, indem ich als Vertreterin der modernen Leserschaft Gedichte zur Analyse auswähle, die rätselhaft oder ästhetisch reizvoll sind.

---

[10]   Vgl. Liste der *Incipits* im Anhang und auch die Untersuchung von Lafay, auf die unter 4 Motins Werke im Überblick und deren Erfolg beim Publikum eingegangen werden wird.

3 Versuch einer Biographie Pierre Motins[1]

3.1 Schwierige Ausgangslage

Leider muß im Hinblick auf biographische Fakten zu Motin eine dürftige Quellenlage konstatiert werden. Ein Porträt existiert nicht; das lyrische Ich bezieht sich nur einmal auf seine „noire moustache"[2], und in einem anderen Gedicht beschreibt es sich durch die Negation allgemein für schön erachteten Aussehens: keine zarte Haut, kein blondes Haar, nicht die schönen Augen eines Liebhabers, kein schönes Gesicht[3].

Am ausführlichsten ist die Einleitung von d'Estrées Teiledition, in der er alle verfügbaren Fakten zusammenträgt und somit die Hauptquelle der nachfolgenden Ausführungen liefert. D'Estrée neigt allerdings dazu, die von ihm veröffentlichten Jugendwerke als eine Art Tagebuch und willkommene Fundgrube für Informationen zur Biographie des Autors zu betrachten. Er rechtfertigt dieses Vorgehen damit, daß zumindest in einem Fall die Gefühle so unmittelbar seien, daß sie nicht bloß auf Einbildung beruhen könnten.

---

[1] Hierzu wurden ausgewertet:
Abbé Claude-Pierre Goujet, *Bibliothèque françoise, ou histoire de la littérature françoise*, Paris 1741–56, Nachdruck Genève 1966.
J.Fr. Michaud, *Biographie universelle ancienne et moderne, ou Histoire, par ordre alphabétique, de la vie publique et privée de tous les hommes qui se sont fait remarquer par leurs écrits, leurs actions, leurs talents, leurs vertus ou leurs crimes.* Nouvelle édition, Paris 1854 ff, Nachdruck Graz 1968.
H. Royer, „Motin (Pierre)", in: Hoefer, *Nouvelle Biographie Générale depuis les temps les plus reculés jusqu'à nos jours, avec les renseignements bibliographiques et l'indication des sources à consulter*, Paris 1861, Nachdruck Copenhague 1968, Bd. 36, S. 746/47.
Pierre Larousse, *Grand dictionnaire universel du XIXe siècle*, Paris 1874.
d'Estrée, a.a.O.
Frédéric Lachèvre, *Bibliographie des recueils collectifs de poésies publiés de 1597 à 1700*, 5 Bde., Paris 1901–22, Nachdruck Genève 1967.
Cardinal Georges Grente, *u.a., Dictionnaire des Lettres Françaises. Le dix-septième siècle*, Paris 1954.
Lafay, a.a.O.

[2] „Toujours tu seras de ma lire", Ode à un barbier.

[3] „Mais à quoy sert tant de finesse". Zitiert auch von d'Estrée (S. X), allerdings ohne Quellenangabe.

(S. XV–XVI). Man sollte sich jedoch bewußt sein, daß gerade in bezug auf das Liebesleben eines Lyrikers die Grenze zur Spekulation hier schnell überschritten wird. Zudem ist unklar, ob d'Estrée die Reihenfolge der Gedichte nicht etwa im Hinblick auf seine biographisierende Analyse geändert hat, und auch die Ordnung in der Handschrift muß nicht chronologisch sein, umso mehr als sie laut d'Estrée nicht von Motins Hand stammt (V/VI). Immerhin hat d'Estrée einige interessante Details herausgefunden, wobei er leider selten seine zusätzlich herangezogene Quelle angibt. Seine Ergebnisse sollen hier ausführlich mit berücksichtigt werden, teilweise mit der gebotenen Vorsicht in Ermangelung gesicherter Kenntnisse.

3.2   Lebensdaten

Die Autoren älterer Sekundärliteratur machen nur recht vage zeitliche Angaben über Motins Geburtsjahr, erst d'Estrée legt sich ohne weitere Diskussion auf ein Jahr um 1566 fest, und die neueren Autoren übernehmen diese Präzisierung[4].

Als Geburtsort läßt sich hingegen mit großer Wahrscheinlichkeit Bourges annehmen.[5] So ist ein Widmungsgedicht, das einem Werk von Chenu[6] vorangestellt ist, signiert mit „P. Motin, de Bourges". In Motins Jugendwerken[7] finden sich einige Bezüge auf Daten und Orte der lokalen Geschichte (d'Estrée XII), als Beispiele nennt d'Estrée jedoch (S. X) nur die Erwähnung der noch existenten Stadtviertel la Tour, Charlet, Gué aux Dames.[8] In einem

---

[4]   Goujet, S. 220: keine Angabe; Michaud, S. 422: „dans le 16e siècle"; Boyer, S. 745: „2e moitié 16e; Larousse 19e, S. 618: „vers le milieu du XVIe siècle"; d'Estrée, S. VII; Lachèvre, S. I. 265; Grente, S. 529; Lafay, S. 452.

[5]   Goujet, S. 218, 220; Michaud, S. 422; Boyer, S. 745; Larousse 19e, S. 618; d'Estrée, S. VII; Lachèvre, S. I. 265; Grente, S. 529; Lafay, S. 452.

[6]   Jean Chenu, *Recueil de reglemens notables tant generaux que particuliers donnez entre ecclésiastiques [...]*, Paris: Fouet ⁴1611, S. 5 (ohne Zählung).

[7]   Vgl. dazu 4 Motins Werke im Überblick und deren Erfolg beim Publikum.

[8]   „Je venois de laisser ma Jehanne qui despouille". Vgl. d'Estrée, S. 104 mit historischen Details über diesen mächtigen Befestigungsturm, der während der Religionskriege eine Rolle gespielt hat, 1651 allerdings geschleift wurde. Die Fundamente wurden noch beim Bau des neuen Rathauses entdeckt. (Auskunft Bibliothek Bourges) Es existiert ein Stich dieses Bauwerkes von Chastillon, Topograph von Heinrich IV. (Bibliothèque municipale de Bourges, By Est D7).
      „Je m'en vais à Charlet, auprés du quay aux Dames," Vgl. d'Estrée, S. 107: Charlet war ein Stadttor, der Weg führte dann längs des Flusses Yevrette bis zur Furt mit Namen „Gué aux Dames". Zwei Straßen in der Nähe des ehemaligen Stadttores tragen heute noch den Namen „Charlet" und im 19. Jahrhundert gab es dort

Sonett[9] treten die Jesuiten von Bourges als Statisten auf, was eine ungefähre Datierung des Gedichtes erlaubt, da diese Glaubensgemeinschaft nur von der Mitte des 16. Jahrhunderts bis 1594 (Attentat auf Heinrich IV.) in der Stadt waren. Sie kehrte erst 1601 zurück, zu einem Zeitpunkt als Motin schon in Paris war. (d'Estrée 106). Auch ein Trauergedicht für M. le Doyen de Cambray[10], gestorben 1586 (d'Estrée 102), verweist auf Bourges, denn die De Cambrays gehörten zur Familie von Jacques Cœur. Nur kurz erwähnt sei hier das Trauergedicht anläßlich des Todes von Cujas.[11]

Die einzige bisher bekannte Urkunde (im engeren Sinne) zu Motins Familie und Herkunft ist ein Unionsvertrag, der sich als wertvoll erweist bezüglich gesicherter Informationen über die Generation von Motins Vater und über dessen gesellschaftliche Kontakte. Am 18. Mai 1568 unterzeichneten 236 Honoratioren der Stadt Bourges eine Konvention zur Verteidigung der katholischen Kirche (im Vorfeld der *Ligue* von 1576), unter ihnen ein Sieur Motin, wahrscheinlich der Vater von Pierre.[12] D'Estrée sieht seine Vermutung dadurch gestützt, daß die Namen von einigen der anderen Unterzeichner auch in den als Handschriften erhaltenen Werken Motins auftauchen.[13] Man kann mit ihm annehmen, daß die Honoratiorenkinder in ihrer späteren

---

darüberhinaus noch einen Vorort gleichen Namens. Die Ausführungen d'Estrées zu „quay aux Dames" (in der Handschrift lautet es übrigens „guay aux dames") werden ergänzt durch einen freundlichen Hinweis der Herren Jehan-Louis Roche, Bibliothèque Municipale de Bourges, und Philippe Goldman, Archives départementales du Cher. „Gué-aux-Dames" war bis ins 18. Jahrhundert der Name eines Landsitzes, der dann bis zu seinem Abriß um 1930 „Tivoli" hieß. Vgl. hierzu auch: Hippolyte Boyer, Robert Latouche, *Dictionnaire topographique du département du Cher: comprenant les noms de lieu anciens et modernes*, Paris, 1926, S. 193. Ein Bild findet sich in F. Auvity, B. de Roffignac, *Histoire du Grand séminaire*, Paris 1932, Abbildung VII.

9   „J'entens sonner la cloche; allons nous retirer".

10 „D'un Nestor tant sçavant la cendre demeurée".

11 Vgl. etwas weiter unten unter ‚Erste Gedichte'. Ausführlicher wird es behandelt unter 6.3.6 Trauer- und Trostgedichte.

12 d'Estrée, S. VIII. Teilweise sind Motins Gedichte in den Anthologien auch mit „Mottin" gezeichnet, sein Vater unterschreibt jedoch ohne diesen Doppelkonsonanten, und Zeitgenossen wie Chenu, L'Estoille und La Thaumassière wählen auch diese Schreibweise (d'Estrée, S. VII).

13 Namentlich genannt werden von d'Estrée: Vincent de la Croix (101), Claude Genton (103), Bonnet (103), Antoine Fradet (104) und Mareschal (105/106). Deren Töchter oder andere Verwandte finden in Motins Gedichten Erwähnung. Vgl etwas weiter unten (Erste Gedichte). Erwähnt werden kann hier auch die Familie Manceron, die zwar nicht zu den Unterzeichnern gehört, aus deren Reihen aber Bürgermeister und andere hohe Beamte („des conseillers au bailliage et au présidial, des maires et des échevins") stammten. („Manceron, je vous pry, lisez Artemidore";

Laufbahn den Kontakt zu ihresgleichen suchten. Der Dichter würde also dem gehobenen und einflußreichen Bürgertum entstammen, dessen kommunale Ämter durch ein auf Ludwig XI. zurückgehendes Privileg mit dem Adelstitel versehen worden waren (Lafay 452), da Bourges dem König Karl VII. die Treue gehalten hatte.

Durch Gedichte erhalten wir Kenntnis von weiteren Familienmitgliedern. Dem Bruder Jacques, der schon im Alter von 7 Jahren starb, hat Motin ein Trauergedicht gewidmet: „Mon frère que le sort cruellement volage". (d'Estrée XX und 102)

Von der Schwester, Mme Motin, die ebenfalls Dichterin war, sind zwei Gedichte überliefert.[14] In der gleichen Anthologie hat auch deren Mann, le Sieur Bonnet, „frère d'alliance" von Motin, seine Dichtungen veröffentlicht.[15] Ebenso hat Motins Neffe („nepveu d'alliance") Bonnet Verse geschrieben, darunter ein Gedicht auf den Tod seines Onkels[16] und zwei, die seinem Stiefbruder Antoine Brun gewidmet sind.[17]

3.2.1 Ausbildung: Studium in Bourges, erste Gedichte

Ausgehend von den Gedichten der frühen Jahre, die Lafay als „période provinciale"[18] bezeichnet, lassen sich ebenfalls Einzelheiten der Zeit in Bourges rekonstruieren. Demnach war Motin Student der 1466 gegründeten berühmten Universität von Bourges und scheint dort vor allem Jura studiert zu haben, unter anderem bei dem seit 1554[19] dort lehrenden Cujas. Anläßlich des Todes seines Lehrmeisters im Jahre 1590 verfaßte Motin ein Trauergedicht: „Umbre que le destin du corps a séparée" (d'Estrée VIII). Die ältesten erhaltenen Gedichte aus dieser Zeit sind wahrscheinlich in den Jahren 1584–1590 entstanden.[20]

---

d'Estrée 107). Auch die Familie Du Pont ist als Mitglied des lokalen Adels geschichtlich belegt. („Je ne sçay si je faulx en rien,"; d'Estrée 111).

[14] „Cléante que te sert d'eslancer à toute heure" und „Quand du mortel séjour, ton âme fut bannie" in: Les Muses en deuil en faveur du sieur [Antoine] Brun, sous le nom de Cleante, pour la mort de son Alcinde, Paris 1620, S. 15–16. Sie werden weiter unten, bei der Diskussion von Motins Todesjahr, erneut Erwähnung finden. Vgl. Lachèvre I. 268.

[15] d'Estrée, S. XXII. Es handelt sich um zwei Oden in Les Muses en deuil auf den Seiten 32–41.

[16] Goujet 219; d'Estrée, S. XXII;

[17] Lachèvre, I. 133 und 83.

[18] Lafay 454.

[19] Grand Larousse encyclopédique en 10 volumes, Paris 1968, Bd. III.

[20] Näheres dazu findet sich unter 4 Motins Werke im Überblick und deren Erfolg beim Publikum.

Die frühen Liebesgedichte scheinen größtenteils an reale Personen gerichtet zu sein und könnten, mit den eingangs erwähnten Vorbehalten, als Indiz für Motins gesellschaftlichen Umgang gesehen werden. Ungefähr elf Gedichte[21] kreisen explizit um die unglückliche, unerfüllte Liebe zu einer Mlle de la Croix, laut d'Estrée Tochter oder zumindest Verwandte eines Ratsmitgliedes und Mitunterzeichners des Unionsvertrages. (101; S. X zu den wenigen rekonstruierbaren Details dieser Liebe) Sieben Gedichte sind an eine unbekannte Marie (de Mottet)[22] gerichtet, vier an eine unbekannte Jehanne[23], drei Gedichte an eine Magdeleine Mareschal[24], möglicherweise Tochter eines Bürgermeisters von Bourges (105/106), und zwei Gedichte an Catherine Genton[25], Tochter des Bürgermeisters Claude Genton, der mit Motins Vater den Unionsvertrag von 1568 unterzeichnet hatte (103, 105)[26], sowie eines an

---

[21] „Ce bracelet de musq qui le bras m'environne",
„Comment, ô belle Croix, sitost que je vous laisse",
„Elle a medit, superbe, indiscrette, insensée",
„Et tu n'es pas venue après ta foy jurée",
„Fuiant la tirannie aux humains incroiable",
„J'accuse, en accusant une fille infidelle",
„J'aime une belle et simple Croix",
„J'entens sonner la cloche; allons nous retirer",
„Le soleil en tous lieux découvre sa lumière",
„O Croix qui de la croix ton beau surnom retire",
„Rien ne vit de constant, et l'homme fait paroistre".
[22] „Audax qui Mariae vultus effingere tentas",
„Grand Apollon, par tes traictz, par ta lyre",
„L'orgueil suit la beauté comme le frère la seur" (an Marie de Mottet),
„Ma belle et chère feuille morte",
„Qui veult peindre Marie au lieu de ses cheveulx",
„Si Marie ne se contente",
„Vos beaux yeux que l'Amour a choisis pour retraicte".
Als Adressatin des zweiten Gedichtes dieser Gruppe vermutet d'Estrée allerdings Marie de la Croix. (S. X).
[23] „Belle au rebelle cœur, au courage endurcy",
„Je venois de laisser ma Jehanne qui despouille",
„Je vouldrois qu'un heureux daimon",
„Le tiran des humains, Amour, qui tout surprend".
[24] „Ce masque qui celloit tantost vostre beauté",
„Je vis dix mille feux dedans ses yeux reluire",
„Qu'un homme endure doucement".
[25] „Ce poil qui sur un moule arengé se fait voir",
„Cithere qui de nom fais revoir Cythérée",
vgl. auch: „O ciel, des dieux l'hoste et le pere".
[26] Vgl. Jean Chenu, *Recueil des antiquités et privilèges de la ville de Bourges et de plusieurs autres villes capitales du royaume*, Paris 1621, S. 155.

eine Mlle Fradet[27], wahrscheinlich Tochter von Claude Fradet, Junker und zunächst *lieutenant criminel* dann *lieutenant général* (104)[28]. Eine Gruppe von vier Sonetten thematisiert die Beziehung zwischen einer nicht näher bekannten Demoiselle de La Goutte Bernard und einem Sieur de La Roche. Zwei dieser Gedichte sollen von einem gewissen Bridard verfaßt sein, hinter dem d'Estrée den Sohn eines *Lieutenant particulier* namens Claude Bridard vermutet.[29] Motin richtet noch ein weiteres Sonett an Mlle de La Goutte Bernard.[30] In drei Gedichten preist er die Schönheit seiner beiden Cousinen mit Namen Marguerite.[31] Sie könnten der Familie der Bonnets entstammen (103; siehe oben Abschnitt zu Motins Familie). In einem Gedicht spricht er enttäuscht davon, Kapuziner-Mönch werden zu wollen.[32]

3.2.2 Politische Aktivitäten

Wie sein Vater war Motin Anhänger der späteren *Ligue* (d'Estrée, IX). In einem *Cantique*[33] findet sich in der letzten Strophe eine Anspielung auf die Verhandlungen zwischen Heinrich IV. und den Vertretern der *Ligue*. (d'Estrée 109) In einem weiteren Gedicht, in dem ein lyrisches Ich sein Leiden demütig auf sich nimmt und Parallelen zieht zum Leiden Jesu, erwähnt er Gefangenschaft und Folter seiner Eltern und Brüder und an zwei Stellen den Verrat durch Freunde.[34] (d'Estrée, XI) Möglicherweise waren diese Schwierigkeiten der Grund für Motin, Bourges zu verlassen und nach Paris zu gehen. (d'Estrée 110)

Während der Religionskriege scheint er auf das Dichten zeitweise verzichtet zu haben[35]. (d'Estrée, XI; Lafay, 453)

---

27   „J'ay ce plaisir, Fradet, ô plaisir trop vollage".

28   Vgl. Chenu, Antiquités, S. 161.

29   D'Estrée S. 105. Vgl. Chenu, Antiquités, S. 160.

30   „Du beau coral jumeau de ceste belle bouche".

31   „Allons voir les deux Marguerites",
      „Je chante les pacquettes",
      „Je ne m'estonne point de la trouppe indiscrette".

32   „Sans vous mon chair Dupont je me fusse alle rendu" (Ms.fr. 2382, fol. 22v°; von d'Estrée zwar in seiner Einleitung erwähnt, aber nicht ediert, wahrscheinlich wegen des leicht blasphemischen Inhalts). Das Kapuzinerkloster findet sich noch auf einem Stadtplan des 18. Jahrhunderts, es war unweit von der „Grosse Tour" und der „Porte Charlet" gelegen. Vgl. N. de Fer, *Plan de la ville et des fauxbourgs de Bourges*, s.l. 1703 (Bibliothèque municipale de Bourges, By Pl C·5 (double)).

33   „Levez vos yeux, mortels, malencontreuse race".
      Motin treibt sogar zweideutige Spielchen mit seinen politischen Überzeugungen in den Quatrains „J'aime une belle et simple Croix;" und „Madame a bonne affection".

34   „Si ma jeunesse mesprizée".

35   „Je veulx prendre congé de ces belles sorcieres".

3.2.3 Berufliche Laufbahn, die Pariser Zeit

Anfang der neunziger Jahre – der neue König Heinrich IV. und sein Hof waren seit 1594 in den Tuilerien – muß sich Motin als Anwalt in Paris niedergelassen haben, denn als solcher bezeichnet er sich in einem Widmungsgedicht für die 1595 veröffentlichten *Œuvres poétiques* von Louvencourt[36]. (d'Estrée, XIII)

Er gewinnt die Anerkennung als Dichter durch Heinrich IV., der schließlich sogar eine Auftragsarbeit persönlich an Motin vergibt[37]. Dies läßt nach Goujet[38] darauf schließen, daß Motin bei Hofe ein gewisses Ansehen genoß. Nach Grente (529) ist das darauf zurückzuführen, daß er für den Hof *Ballets* verfaßt hat. Neben der damit verbundenen Anerkennung bedeutete dies für ihn natürlich auch die Möglichkeit, von seiner Dichtung zu leben sowie eine längerfristige materielle Sicherheit. (d'Estrée XV)

Er verkehrt mit mehreren hochgestellten Adeligen, so mit dem Comte d'Auvergne, einem unehelichen Sohn König Karls IX. Dieser hitzköpfige junge Adlige hatte am Hofe seines Onkels Heinrich III. gelebt und war von jenem Heinrich IV. auf dem Totenbett anempfohlen worden. Zudem war der Comte d'Auvergne (durch die Mutter) Halbbruder der Henriette d'Entragues, Marquise de Verneuil, der einflußreichen Geliebten des Königs. Deren Familie hatte Heinrich IV. 1599, vor der Eheschließung mit Maria von Medici, sogar ein schriftliches Heiratsversprechen abgerungen. Der Comte d'Auvergne wird Motins Gönner.[39] Aus einem bewußt rätselhaften Gedicht des Comte an Motin ließe sich vielleicht beider enge Beziehung, die möglicherweise homoerotische Faszination, die sie verband, herauslesen. Auf jeden Fall scheint man etwas über Motins vermutliches Aussehen zu erfahren:

> Le hibou de vos yeux que sans cesse i'admire
> Esclaire tellement dans la nuict de mes jours
> Que ie sens r'allumer au froid de mes amours
> Un dessein enflammé que muet ie souspire

---

[36] François de Louvencourt, *Amours et premières œuvres poétiques*, Paris 1595.

[37] Diese königliche Anordnung besitzt auch eine gewisse Aussagekraft für die Diskussion von Motins schwierigen letzten Lebensjahren. Vgl. also etwas weiter unten in diesem Abschnitt.

[38] a.a.O.; vgl. auch Michaud 422; Larousse 19ᵉ 618.

[39] d'Estrée XVI; Lafay 453. Sehr detaillierte Informationen zum höfischen Intrigenspiel, das auch für Motins Karriere von Bedeutung sein wird, bei Madeleine Marie-Louise Saint-René Taillandier, *Heinrich IV. von Frankreich*, [Henri IV avant la messe. L'école d'un roi (Bd. I), Paris 1934, Le cœur du roi. Henri IV après la messe. (Bd. II), Paris 1937, deutsch]. Übers. Hermann Rinn, München 1975, hier besonders S. 318–319 und 397–413. Allerdings handelt es sich bei ihrem Werk mehr um einen historischen Roman als um die streng wissenschaftliche Auswertung historischer Quellen.

Si seul ie pense a vous ce feinct de tirelire
Ce museau basané comme un pruneau de Tours
M'adresse le penser & roulant mille tours
Ie languis dans l'espoir que i'attends sans le dire

Celuy demande bien qui souffre en se taisant
Et qui rend gardien de son desir absent
La Constance et la foy morte davantage

Vous aymer ie le fais, le dire ie ne veux
De le penser celer helas ie ne le peux
Ny moins le desguiser voyant ce beau visage.[40]

Das Gedicht zieht vor allem durch die Evokation eines Nachtvogels gleich zu Beginn das Interesse auf sich. Eigentlich ist dieses Tier nicht unbedingt positiv besetzt, wie z.b. eine Fabel von La Fontaine zeigt, in der auf die außerordentliche Häßlichkeit der Eulenjungen abgehoben wird.[41] Verständlicher wird die Eule in diesem Kontext aber sogleich, wenn man die Vertauschungsfigur im ersten Halbvers auflöst zu: „Vos yeux de hibou". Motiviert wird diese Metapher durch die Tatsache, daß Eulenaugen durch die Struktur ihrer Netzhaut bedingt selbst das geringste Licht noch reflektieren und also im Dunkeln zu leuchten scheinen. Auch eine von Littré erwähnte übertragene Bedeutung paßt zu Motins mutmaßlicher Lebenssituation: „hibou – [...] *Fig. C'est un hibou*, se dit d'un homme mélancolique et qui fuit la société. [...]." Doch Wendungen wie „feinct de tirelire", „museau basané", „pruneau de Tours" stehen in Spannung zum Kontext der Liebessehnsucht und erst recht zu „ce beau visage". Man könnte sie als Ironiesignale verstehen. Der Comte würde sich also mit Motin und mit dem Leser einen Spaß erlaubt haben. Für diese Lesart spricht auch der Abdruck des Gedichtes in zwei Anthologien der Tavernenlyrik.

Aus handschriftlichen Notizen am Rande einiger der in *Recueils* veröffentlichten Gedichte schließt d'Estrée, daß Motin mit den berühmtesten Kurtisanen seiner Zeit liiert war. (d'Estrée XVII/XVIII). In diese Zeit fällt eine unglückliche Affäre mit einer höhergestellten Dame, die unerreichbar bleibt. (d'Estrée XVI; Lafay 453) D'Estrée spekuliert über die Adressatin eines Gedichtes, das er näher zu bezeichnen versäumt. Er zieht die Königin Marguerite oder die Marquise de Verneuil in Betracht. Die Affäre habe für Motin mit Stockschlägen geendet, wie d'Estrée einem nicht weiter spezifizierten

---

[40] *B.N. Ms.fr. 884*, f. 245r, ebenfalls in *Les Délices satyriques* und in *La Quintessence satyrique*.

[41] „L'Aigle et le hibou", in: Jean de la Fontaine, *Œuvres: Sources et postérité d'Esope à l'Oulipo. Edition établie et présentée par André Versaille*, s.l.: Editions Complexe 1995, Buch V, XVIII, S. 615–616.

derben Sonett über genossene Liebesfreuden entnimmt, das in einer leider nicht präzisierten Handschrift mit einer entsprechenden zeitgenössischen Randnotiz versehen sei. Aus einer ähnlich lautenden Fußnote bei Lachèvre läßt sich immerhin rekonstruieren, daß d'Estrée wohl das Sonett „Mon Dieu! qui l'a trouvée? helas! je l'ai perdue," meint, in dem die Parallele Ex-Geliebte – Stute detailfreudig gestaltet wird.[42] Die von Lachèvre wiedergegebene zeitgenössische Randnotiz erwähnt jedoch einen erwachsenen Bruder Motins. Sollte Motin noch einen Bruder gehabt haben? Oder ist das Gedicht nicht von ihm? Sowohl in der Handschrift als auch im „Cabinet satyrique" ist es anonym, die Attribuierung erfolgt erst im Jahre 1733 durch eine Ausgabe der Werke Régniers. Es wäre also möglich, die Autorschaft nicht als gesichert anzusehen, womit auch d'Estrées biographische Spekulationen hinfällig würden. Da das Gedicht sowieso eine literarische Standardkonstellation variiert, die sich schon bei den Troubadours findet, wird diesen Rückschlüssen auf die Biographie schon im Ansatz der Boden entzogen.

Aufgrund des Sonetts „Desseins au vent jettez inutiles poursuittes" nimmt d'Estrée (XIX) für 1609 an, Motin sei am Hofe in Ungnade gefallen und habe sich voll Enttäuschung von dort zurückgezogen. Das Gedicht ist aber erstmals 1607 im *Parnasse* erschienen, so daß man mit d'Estrée diese Krise in Motins beruflicher Laufbahn entsprechend früher ansetzen müßte. Der Comte d'Auvergne habe ihn jedoch kurze Zeit später wieder zurückgeholt. Wahrscheinlich bezieht sich d'Estrée hier auf ein Gedicht des Comte in der Handschrift *B.N. Ms.fr. 884*: „Vous donc qui n'estes plus le protosatyrique" (f. 242) und Motins Antwort „Prince qui sçavez tout si vous ne sçavez pas" (f. 245).

Doch d'Estrée muß sich in der Interpretation dieser Gedichte irren, denn schon 1604 hatte der Comte d'Auvergne selbst die Gunst des Königs verspielt. Voll Stolz auf seine königliche Abstammung hatte der Graf selbst Ansprüche auf den Thron oder zumindest auf eine Regentschaft für den illegitimen Sohn Heinrichs IV. und der Marquise de Verneuil, seiner Schwester, angemeldet. Er trieb sich in den Wäldern der Auvergne herum, ließ wilde Gerüchte ausstreuen, die das Volk gegen den König aufbringen sollten, und nahm heimlich Kontakt mit der spanischen Krone auf, wie kompromittierende chiffrierte Briefe bewiesen. Durch eine List gefangengesetzt, wurde er des Hochverrats angeklagt. Sein Vater, der alte Graf d'Entragues, wurde ebenfalls verhaftet, und beide wurden vom Gericht zum Tode verurteilt. Sogar die Marquise de

---

[42] Die Anmerkung in dem minutiösen Inhaltsverzeichnis des Ms.fr. B.N. 884 lautet: „Note: Que pour ce sonnet il y eut des coups de baston donnez mais au lieu de les donner à l'autheur on les donna à son frère prenant l'un pour l'autre." Frédéric Lachèvre, *Les recueils collectifs de poésies libres et satyriques publiés depuis 1600 jusqu'à la mort de Théophile (1626)*, 2 Bde., Paris 1914–22, Nachdruck Genève 1968, S. I. 478.

Verneuil wurde verhört, da sie der Mitwisserschaft verdächtigt wurde; der König wollte sie jedoch verständlicherweise schonen und erwirkte sogar eine schriftliche Bestätigung ihrer Unschuld von gerichtlicher Seite. Nach der Verurteilung der beiden Männer machte Heinrich von seinem Recht auf Begnadigung Gebrauch und ließ den Vater auf freien Fuß setzen. Den Grafen jedoch, der allgemein als geisteskrank angesehen wurde, begnadigte er nur zu lebenslanger Haft, da er ihm in Freiheit zu unberechenbar und ernsthaft gefährlich zu sein schien. Der Comte d'Auvergne verbüßte die Strafe von 1605 bis 1616 in der Bastille (immerhin mit allerlei Vergünstigungen) und kam dann auf Intervention von Maria von Medici frei.[43] Auch Sigogne, der für Heinrich IV. als Bote in Liebesangelegenheiten fungiert hatte, nahm Schaden bei dieser Affäre. Bei der Marquise waren mehrere ihn belastende Briefe gefunden worden: „[il] la sollicitait de l'aymer avec des tendresses intolérables et pleines de mépris au Roy".[44]

So kann der Comte d'Auvergne also schwerlich Motin an den Hof zurückgeholt haben. Vielmehr ist es wahrscheinlich, daß Motin durch das Schicksal seines Freundes und Gönners selbst in Mißkredit geriet und seit dessen Einkerkerung eine schwere Stellung bei Hofe hatte. Allerdings führt Lachèvre[45] noch zwei auf das Jahr 1607 datierte *Ballets* des Comte d'Auvergne auf, und 1607 erschien auch das „Ballet de la Foire St. Germain", das (in Teilen?) vielleicht von Motin stammt.[46] Des weiteren wurde 1607 eine Übersetzung Motins aus dem Lateinischen publiziert, die sogar ausdrücklich ausgewiesen war als von Heinrich IV. persönlich vergebene Auftragsarbeit.[47] In Anbetracht

---

43   Lachèvre Sat., S. I. 162 und präziser noch bei Taillandier 404 ff.

44   Claude Groulard, zit. nach Fernand Fleuret, Louis Perceau (Hrsg.), *Le Cabinet Satyrique, d'après l'édition originale de 1618, avec une Notice, une Bibliographie, un Glossaire, des Variantes et des Notes*, Paris 1924, 2 Bde., S. II. 468. Lafay 406.

45   Lachèvre Sat., S. I. 162.

46   In: *B.N. Ms.fr. 2382*, f. 36r–44r; *Recueil des masqvarades [sic] et jeu de prix à la course du Sarazin, faits ce karesme-prenant, en la présence de Sa Majesté, à Paris*, Paris 1607, S. 11–55.; Paul Lacroix, Hrsg., *Ballets et mascarades de Cour, de Henri III à Louis XIV (1581–1652), recueillis et publiés d'après les éditions originales*, 6 Bde., Genève 1868–1870, *Nachdruck Genève 1968*, S. 204–223. Zur Diskussion der Autorenschaft vgl. unten, 5.2.2 Mögliche Autographen.

47   Vgl. Jean-Louis Guez de Balzac in einem Brief an Chapelain vom 15.2.1641: Jean Louis Guez de Balzac *Les Œuvres de Monsieur de Balzac*, publ. par Valentin Conrart, Paris 1665, Nachdruck Genève 1971, Bd. I, S. 844 (6. Buch, 5. Brief); Boyer, 746; d'Estrée, XIV; Goujet, 220/1; Michaud, 422. Das betreffende Gedicht, die Übersetzung eines lateinischen Originals des Père Vital Theron („Hymne des Daufins": „En quel lieu du monde humide") erschien mit dem gedruckten Zusatz „Par le commandement du Roy" (*Le Parnasse*. Tome Second, Hrsg. D'Espinelle, Paris 1607, f. 277v). Balzac (a.a.O.) schreibt, daß auch die Übersetzung eines zweiten Gedichts

des ebenfalls 1607 veröffentlichten oben erwähnten Sonetts über die Enttäu-
schungen des Hoflebens ließe sich die Vermutung äußern, daß um diese Zeit
der Bann schon ein wenig gelockert wurde. Zumindest als Ermunterung, sich
in seiner Verbitterung nicht allzu sehr zu verhärten, kann das Gedicht des
Grafen also verstanden werden. Aus der Antwort Motins spricht jedoch noch
die gleiche Enttäuschung wie aus „Desseins au vent jettez ...". Lachèvre[48]
vermutet, die Handschrift *B.N. Ms.fr. 884* sei zwischen 1618 und 1620 erstellt
worden, also zu einem Zeitpunkt, als Motin noch viel gelesen wurde.[49]

Motin verkehrte nicht nur in höfischen Kreisen, er nahm auch regen
Anteil am Leben in den *Cabarets*, wie auch die anderen *poètes satiriques*, darunter Régnier und Berthelot. Mit Sigogne war er verfeindet[50], wohl auch weil
der Comte d'Auvergne diesem seine Rolle in der Beziehung zwischen Heinrich IV. und Mlle de Verneuil vorwarf. (Lafay 453) Andererseits war Sigogne
auch mit Régnier befreundet. (*Cabinet satyr.* II, 468).

3.2.4 Todesjahr: zwischen 1610 und 1614

Am 14.5.1610 wurde Heinrich IV. ermordet. Alle Dichter von Rang verfaßten
aus diesem Anlaß eine Totenklage, nur von Motin schien bisher nichts der-

---

von Teron [sic], „Coronae", bei Motin in Auftrag gegeben wurde. Dieses Gedicht
mit dem Titel „Les Couronnes" ist laut d'Estrée (XIV) nicht auffindbar. In einer
Ausgabe von 1628 ist zwar eine Übersetzung gleichen Titels erhalten, mit dem *Incipit*
„Race des dieux qu'on renomme", diese wird dort allerdings Jean Prevost de Dorat
zugeschrieben. (Vital Theron, *Delphin coronatus*. Ad Augustissimum Principem Ludovicum, christianissimi Regis Henrici IIII Filium, Viennensium Delphinum, Paris:
Sébastien Cramoisy, 1608/1628, S. 55–74 und S. 75 ff). Unter der Voraussetzung, daß
Balzacs Informationen korrekt waren, muß man also davon ausgehen, daß Motins
Übersetzung nicht fertig geworden ist oder, aus welchen Gründen auch immer,
verworfen wurde und ihr diejenige von Prevost de Dorat vorgezogen wurde, womit
d'Estrée recht hätte. Möglich wäre jedoch auch, daß nur die Attribuierung falsch
ist.

[48] Lachèvre Sat., S. I. 472. Gestützt wird diese Datierung durch die Angaben in: Paulin
Paris, *Les manuscrits françois de la Bibliothèque du Roi, leur histoire et celle des textes
allemands, anglois, hollandois, italiens, espagnols de la même collection*, Paris 1848, Bd.
VII S. 95: „des premières années du XVIIe siècle". Eine zeitgenössische Randnotiz
in der Handschrift weist auf die Dialogfunktion der beiden Gedichte hin. Das
zwischen ihnen stehende Sonett des Grafen „Le hibou de vos yeux que sans cesse
j'admire" ist außerdem noch 1620 in den „Délices satyriques" und 1622 in der
„Quintessence satyrique" veröffentlicht worden.

[49] Vgl. dazu: 4 Motins Werke im Überblick und deren Erfolg beim Publikum.

[50] Vgl. die *Satyre* „Combat d'Ursine et de Perrette, aux Augustins" („Ce n'est point des
galands de France") von Sigogne und die Antwort von Motin: „Perrette, la mort aux
Pucelles", in: *Le Cabinet Satyrique*, Bd. II, S. 100–105 und 105–113.

gleichen erhalten zu sein, obwohl er anläßlich früherer Todesfälle durchaus Trauer- und Trostgedichte[51] verfaßt hat. Auch hatte er trotz seiner mutmaßlichen Schwierigkeiten, seine vormalige Stellung bei Hofe zu behaupten, noch 1610 „Le ballet de Monseigneur le Dauphin"[52] gedichtet, das voll des Herrscherlobs für König und Kronprinz ist. So kam d'Estrée zu der Meinung, Motin sei zu diesem Zeitpunkt schon verstorben (oder todkrank?) gewesen, denn ein solches Schweigen von einem Dichter bei Hofe lasse sich sonst nicht erklären.

Nachforschungen in der *Bibliothèque Mazarine* haben erfreulicherweise etwas Klarheit in diese Diskussion bringen können. Von der Existenz des dort aufbewahrten Exemplars der *Oraison funèbre* von Cospeau[53] wußten Cioranescu[54] und Arbour[55]. Nur bei Arbour ist jedoch auch vermerkt, daß dort auch Verse von Motin enthalten sind, und zwar die folgenden:

> Esprit autant heureux, que sage,
> Gardant de soy mesme l'usage,
> A la Perte d'un Roy si grand:
> Ou la voix vous demeure vive,
> Sy l'exces du mal vous en prive,
> Celuy du debvoir vous la rend.
>
> sig. „Motin"

---

[51]   „A la douleur qui vous transporte",
      „D'un Nestor tant sçavant la cendre demeurée",
      „Fallait-il que la Mort, trop soubdaine à te prendre",
      „Je voy ce lieu où de Louvert repose",
      „Mon frère, que le sort cruellement volage",
      „Reprenez un peu vos esprits",
      „Umbre que le destin du corps a séparée,".

[52]   In: *B.N. Ms.fr. 24353, f.* 111r–114v°; Paul Lacroix, Hrsg., *Ballets et mascarades de Cour, de Henri III à Louis XIV (1581–1652), recueillis et publiés d'après les éditions originales,* 6 Bde., Genève 1868–1870, Nachdruck Genève 1968, S. 181–188.

[53]   Philippe Cospeau, dit Cospéan, *Oraison funèbre prononcee dans la grande eglise de Paris aux obseques de Henry le Grand, Roy tres-chrestien de France & de Navarre, par messire P.C., Evesque d'Aire, premier aumosnier & conseiller de la serenissime Reyne Marguerite,* Paris, Barthélemy Macé 1610. „Achevé d'imprimer le 27 d'Aoust 1610." S. 79 (ohne Zählung). Philippe Cospeau, 15.2.1571–8.5.1646. 1607 Bischof von Aire. Vgl. *Historiettes* von Tallemant S. I. 526 und Anmerkung dazu S. I. 1156–1157.

[54]   Alexandre Cioranescu, *Bibliographie de la littérature française du XVIIᵉ siècle,* Paris 1956–1967, 3 Bde., Nr. 21931.

[55]   Roméo Arbour, *L'Ere baroque en France. Répertoire chronologique des éditions de textes littéraires, (1585–1643),* Genève 1977–1980, Bd. 4, Nr. 5680.

A la mort de ce Roy qui fut l'honneur des Roys,
Vous perdiez la constance & n'aviez plus de voix
Pour blasmer de nos iours ce lasche vitupere,
Mais, belle Ame, admirable en vertus & sçavoir,
L'amour vous l'a faict dire, & le mesme devoir;
Fit parler un muet, animé pour son Pere.

sig. „Motin"[56]

Mit der Anrede „vous" ist vermutlich Cospeau gemeint. Den beiden Gedichten ist auf der gleichen Seite ein lateinisches, nicht signiertes Gedicht vorangestellt, das den Namen *Cospaeni* [sic] ausdrücklich erwähnt. Die Gedichte widersprechen sich eigentlich inhaltlich. Das erste, „Esprit autant heureux, que sage,", bewundert den Angeredeten, der trotz seiner übergroßen Trauer zu einer dichterischen Totenklage fähig gewesen sei („Ou la voix vous demeure vive,"). Das zweite, „A la mort de ce Roy qui fut l'honneur des Roys,", beschreibt Cospeau dagegen zunächst als vor Trauer sprachlos geworden: „[...] & n'aviez plus de voix", um dann allerdings relativierend fortzufahren:

[...]
Mais, belle Ame, admirable en vertus & sçavoir,
L'amour vous l'a faict dire, & le mesme devoir;
Fit parler un muet, animé pour son Pere."

Das sind nun immer noch nicht die großen Totenklagen, die man von einem Dichter des Königs erwarten würde. Die Bedeutung solcher inhaltlicher Fragen tritt aber etwas zurück gegenüber der Tatsache, daß diese Gedichte überhaupt existieren. Sie beweisen immerhin, daß Motin die Ermordung Heinrichs IV. noch miterlebt hat. Sein frühestes Todesdatum ist also nach dem Monat Mai 1610 anzusetzen (der Druck der *Oraison funèbre* war am 27. August 1610 vollendet).

Es sind Gedichte an denjenigen, der die Totenrede halten durfte, nicht etwa an Angehörige der Königsfamilie. Warum diese Zurückhaltung? Durch den letzten Vers des zweiten Gedichtes wird auf den verlorenen Sohn angespielt. Ist der Stumme der (aus welchem Anlaß auch immer) zum Schweigen gebrachte, der verstummte Motin?

D'Estrée ist also dahingehend zu korrigieren, daß Motin nicht vor Heinrich IV. gestorben ist. Die Annahme, daß sein Tod dann später im gleichen Jahr anzusetzen ist, wird in gewisser Weise gestützt durch folgenden Eintrag unter der Überschrift „Enfans de Bourges qui ont escrit" in der Tageschronik des Berrichonner Anwalts Chenu:

---

[56] *Oraison funèbre*, S. 79.

> Jean Jacques Motin lun des meilleurs Poëtes François de son temps, si la mort ne l'eust ravy & emporté en la fleur de son aage 1610.[57]

Aber auch dieser Eintrag gibt wieder Rätsel auf: der Vorname stimmt nicht. Handelt es sich, wie d'Estrée (XX) annimmt, um einen Irrtum Chenus, der Pierre mit seinem jung verstorbenen Bruder Jacques (s.o.,) verwechselt? Dann könnte er sich natürlich auch in der Jahreszahl geirrt haben, eine Möglichkeit, die d'Estrée erstaunlicherweise weit von sich weist, da Chenu ja ein guter Freund von Motin gewesen sei. Vielleicht handelt es sich aber auch um eine Eigenmächtigkeit oder einen Irrtum des Setzers.

Oder gab es zwei Dichter mit Namen Motin, so daß die erhaltenen Gedichte von zwei Personen stammen würden und das hier genannte Todesjahr für Pierre irrelevant wäre? Dieser These neigt Lafay[58] zu, ohne zu zögern; sie erscheint mir jedoch die unwahrscheinlichere. Zunächst ist Motin kein Allerweltsname und es erscheint unrealistisch, daß es zur selben Zeit zwei gleichermaßen renommierte Dichter mit identischem Namen gegeben haben sollte. Wäre dieser Fall trotz allem eingetreten, so hätten doch beide Künstler versucht, sich durch Namenszusätze voneinander abzugrenzen, und gleiches hätten die Herausgeber der Anthologien unternommen. Sie verwenden jedoch vielmehr sogar die beiden orthographischen Varianten des Namens nebeneinander, so im *Recueil des cartels et deffis, ..., pour le combat de la Barrière ... (Ms.fr. 24353, fol.* 162r–184v°), in dem zwei *Cartels* signiert sind mit „Mottin", das Inhaltsverzeichnis jedoch „Motin" als Autor aufführt.[59] Auch das von Lafay angeführte Argument, daß noch 1611 in einem anderen Werk von Chenu[60] ein Widmungsgedicht von einem Motin erschienen sei, ist nicht zwingend. Motin kann es ja schon früher, vielleicht sogar schon für eine der vorherigen Ausgaben, verfaßt haben. In gewisser Weise nimmt Lafay sein Urteil dann auch wieder zurück, indem er eingesteht, daß zumindest unter stilistischen Aspekten alle Motin zugeschriebenen Gedichte von nur einem Autor stammen könnten.

Nimmt man also trotz der geschilderten Ungereimtheiten an, daß 1610 als Motins Todesjahr anzusehen ist, so wird diese These wiederum erschüttert durch die 1612 veröffentlichte Ausgabe einer Textsammlung[61], in der die

---

[57] Chenu, *Antiquités*, S. 83.
[58] Ebenso wie Adam, a.a.O., S. 62, Anm. 1.
[59] Vgl. auch d'Estrée VII, Fußnote.
[60] Jean Chenu, *Recueil de reglemens notables tant generaux que particuliers donnez entre ecclésiastiques [...]*, Paris: Fouet ⁴1611.
[61] François de Rosset, *Le Romant des chevaliers de la Gloire, contenant plusieurs hautes et fameuses aventures des princes et de chevaliers qui parurent aux courses faictes à la Place Royale pour la feste des alliances de France et d'Espagne, [...]*, Paris: Vve Pierre Bertault, 1612.

Lebensdaten 45

Hochzeit von Louis XIII mit der Infantin von Spanien gefeiert wird.[62] Rosset schreibt „zwei oder drei"[63] Gedichte Motin zu. Da in den weiteren Ausgaben dieser „Entrée", darunter eine im gleichen Jahr erschienene von Laugier de Porchères[64], diese Attribuierung nicht erscheint, ist sie nach d'Estrée zweifelhaft und zu vernachlässigen, zumal wenn man die damalige Praxis der willkürlichen Zuschreibungen berücksichtige.

Für Lafay (453) hingegen ist diese Anthologie der Grund, Motins Tod für den Zeitraum zwischen 1612 und 1614 anzunehmen, denn 1615 erscheint mit Privileg vom 27. November 1614 ein Gedicht von Bonnet, „nepveu du deffunct Sr Motin"[65]. Neue Gedichte von Motin werden allerdings noch bis ins Jahr 1622 hinein veröffentlicht.

Schließlich finden sich in der bereits im Zusammenhang mit Motins Familie erwähnten Anthologie *Les Muses en deuil* von 1620 zwei Sonette von Motins Schwester, von denen das erste signiert ist mit: „Par Mad. Motin, sœur du feu sieur Motin".[66] Somit liefert diese Anthologie für die Festlegung von Motins Todesjahr einen *terminus post quem non*. Noch 1619 war laut Lachèvre (*Bibliographie* III. 458) ein Gedichtband mit einem Widmungsgedicht von Motin erschienen: Nicolas Renouard, *Les Métamorphoses d'Ovide: De nouveau traduittes en françois. Avec XV. [sic] discours contenans l'explication morale des fables*. Paris: Guillemot, s.d. Mir war in der *Bibliothèque Nationale* nur ein Exemplar zugänglich, dessen *Privilège* vom 15.1.1606 datiert ist. Auch die in der Universitätsbibliothek Freiburg vorhandene Mikroverfilmung einer Ausgabe von 1617 enthielt zwar drei Widmungsgedichte, allerdings je eines signiert mit „Delingendes [sic]", „D. DM." beziehungsweise nicht signiert: „Superbe & vain desir de sçavoir toutes choses,". In aller Regel sind die bibliographischen Angaben des außerordentlich genauen Lachèvre unbedingt

---

62   Eine detaillierte Beschreibung der Feierlichkeiten findet sich bei Emile Magne, *Les fêtes en Europe au XVIIᵉ siècle*, Paris s.d. (1930), S. 17–48.

63   d'Estrée XXI. Es sind exakt drei, vgl. weiter unten: 6.3.6 *Ballets*.

64   Honoré Laugier de Porchères, *Le camp de la Place Royalle, ou relation de ce qui s'est passé les 5ᵉ, 6ᵉ et 7ᵉ jour d'avril 1612, pour la publication des mariages du Roy et de Madame avec l'Infante et le prince d'Espagne. Le tout recueilly par le commandemant de sa Majesté*, Paris 1612. Dafür schreibt Porchères ein anderes, bei Rosset nicht enthaltenes, Gedicht Motin zu. Detailliert dazu vgl. unten: 6.3.3 *Ballets*.

65   Toussainct du Bray, (Hrsg.), *Les Délices de la poésie Françoise ou recueil des plus beaux vers de ce temps*, Paris 1615. Ist Motins Neffe identisch mit jenem Maître Pierre Bonnet, der bei einer Gegenüberstellung in Bourges am 22.11.1624 gegen Théophile de Viau ausgesagt hat? Vgl. Frédéric Lachèvre, *Le procès du poète Théophile de Viau (11 juillet 1623–1ᵉʳ septembre 1625). Publication intégrale des pièces inédites des Archives nationales. Le libertinage au XVIIᵉ siècle Bd. I*, Paris 1909–1928, Nachdruck Genève 1968, S. 469–472.

66   a.a.O., S. 15.

vertrauenswürdig, so daß er eine spätere Ausgabe mit neuen oder neu attri-
buierten Widmungsgedichten in der Hand gehabt haben muß. Auch Lafay
(S. 458) übernimmt dessen Angaben, leider gibt auch er nicht das *Incipit* der
Motin'schen Verse preis.

Andere Autoren vermuten als Todesjahr 1613 oder 1614[67]/ein Datum
vor 1614[68]/den Zeitraum zwischen 1613 und 1615[69]/spätestens das Jahr
1615/[70]das Jahr 1615[71]. Wenn überhaupt Belege für diese Annahmen genannt
werden, dann ist es das bereits erwähnte Bonnet-Gedicht, wobei oft das
Datum des Privilegs nicht gesehen wird.

Noch im Jahre 1633 erscheint ein Epigramm von Isaac du Ryer auf den
Tod eines Mothin. Lachèvre[72] meint dazu:

> M. Paul d'Estrée a appliqué à Motin qui n'aurait bu que de l'eau – ce qui
> est bien invraisemblable – une épigramme des *Heures dérobées* d'Isaac du
> Ryer, 1633; nous croyons qu'elle ne vise pas ce poète, mort vingt ans
> auparavant. La voici:

> Sur la mort de Mothin [*sic*]

> Que t'a servy pauvre Mothin
> D'avoir plus beu d'eau que de vin,
> Puisque la mort qui tout supprime
> En ton aage encor verdelet,
> N'a pas laissé pour ton régime
> De te venir prendre au colet?

Dazu ist folgendes anzumerken. Lachèvre gibt nicht an, wer denn dieser
andere, den Lesern des Epigramms dann ebenso bekannte Mothin sein könnte. Die abweichende Schreibweise des Namens scheint mir hier keine gewich-
tige Rolle zu spielen. Zwar war Motin schon zwanzig Jahre tot, als das (möglicherweise ja auch früher verfaßte) Epigramm erschien, doch war Motin
um 1630 noch keineswegs in Vergessenheit geraten; die Gesamtzahl seiner
in den Anthologien abgedruckten Gedichte lag vielmehr genauso hoch wie
1611, als er vielleicht noch lebte.[73] Ich würde also Lachèvres Urteil hier nicht
zustimmen, sondern dieses Epigramm ebenfalls auf Motin beziehen.

---

[67] Grente, 529.
[68] Lachèvre, I, 265.
[69] Boyer 746.
[70] Michaud 422.
[71] Goujet 219; Larousse 19e 618.
[72] Lachèvre, Sat., S. 309, Anm. 1.
[73] Vgl. unten: 4 Motins Werke im Überblick und deren Erfolg beim Publikum.

4 Motins Werke im Überblick und deren Erfolg beim Publikum

Motins Werke sind, wie im 17. Jahrhundert üblich[1], nicht als Gesamtedition erschienen, sondern fanden von 1597 bis 1620 (und weit darüber hinaus) Aufnahme in diversen gedruckten Anthologien der zeitgenössischen Lyrik. Diese *Recueils* hatten damals die Funktion der *Revues littéraires* des 19. Jahrhunderts.[2] Janik[3] erklärt die Fülle der Anthologien gerade zu dieser Zeit aber auch aus den politischen Verhältnissen nach dem Ende der Religionskriege. Langsam kehrte wieder Frieden ein, und es wurde gesammelt, was während der vorausgegangenen unsicheren Zeiten nicht hatte gedruckt werden können.

Einen Überblick über die Vielzahl der (teils berühmten) Gedichtsammlungen, in die Motins Gedichte Aufnahme fanden, vermitteln die Bibliographie und die Tabelle der Publikationsorte jedes einzelnen Gedichtes im Anhang dieser Arbeit. Schon die Häufigkeit, mit der einzelne Gedichte nachgedruckt wurden, kann als Indiz für den Erfolg dieser Stücke beim Publikum gewertet werden, da kommerzielle Aspekte bei der Zusammenstellung der Anthologien bestimmend waren.[4] Es bestätigt sich die Quintessenz von Lafay: „La faveur de Motin ne se manifeste donc pas uniquement dans les recueils libres et satiriques." (457–458) Petrarkisierende Liebesgedichte sind ebenso beliebt bei den Verlegern[5] wie die derben Gedichte, die man gemeinhin mit Motin assoziiert. Der „Hit" mit neun Abdrucken ist sogar eine recht traditionelle Klage einer liebeskranken Dame: „Qui retarde tes pas enserrez d'une chaisne". Die gesamte Tabelle ist somit in gewisser Weise gleichzeitig ein Spiegel des Publikumsgeschmacks im ausgehenden 16. und frühen 17. Jahrhundert.

---

[1] Es gab allerdings andererseits auch zahlreiche Dichter, deren Werke keine Aufnahme in den Anthologien fanden und deren Gedichte in Einzelpublikationen erhalten sind. Lafay 460 ff.

[2] Larousse 19e, 618.

[3] Dieter Janik, *Geschichte der Ode und der Stances von Ronsard bis Boileau*, Bad Homburg, Berlin, Zürich 1968, S. 127.

[4] Vgl. Bernd Rathmann, *Der Einfluß Boileaus auf die Rezeption der Lyrik des frühen 17. Jahrhunderts in Frankreich*, Tübingen, Paris 1979, S. 116.

[5] Für die meisten *Recueils collectifs* waren die Verleger gleichzeitig auch die Herausgeber. Vgl. Rathmann, a.a.O., S. 118.

Vielfach ist Motin auch in den Werken seiner Dichterkollegen mit Widmungsgedichten vertreten.[6] Diese Tatsache dürfte den Schluß zulassen, daß Motin ein bekannter und von seinen Zeitgenossen geschätzter Lyriker war. Schon 1595 war ein Sonett von „P. Mottin de Bourges" in den Widmungsgedichten der *Amours und premières œuvres poétiques* von François de Louvencourt erschienen[7] und 1613 erschien eine Ode von ihm zu Ehren des Entdeckers Champlain in dessen Reiseberichten[8]. Wichtige Hinweise zur gesellschaftlichen Bedeutung dieser Widmungspraxis finden sich bei Leiner.[9] Die beiden oben erwähnten Widmungsgedichte Motins, ein Sonett und eine Ode, zählen zu den besonders beliebten (Sonett) bzw. häufigen Formen der Verswidmung.[10] Motin lobt hier jeweils den Autor und sein Werk. Zu Beginn seiner Zeit in Paris (1595) war dies auch eine Möglichkeit für den Dichter, der noch mit dem Namenszusatz „de Bourges" versehen wird, dem Hauptstadtpublikum eine Kostprobe seiner Dichtkunst vorzustellen. 1613 ist das Verhältnis zwischen Verfasser und Adressat des Lobgedichtes ausgewogener. Ein Hofdichter lobt einen berühmten Entdecker.[11]

Lafay[12] hat anhand der Zahl der jeweils in den Anthologien eines Jahres veröffentlichten Gedichte sehr eindrucksvoll die „Karriere" von Motin bei seinem zeitgenössischen Publikum nachvollzogen. Es soll hier zusätzlich eine graphische Umsetzung der von Lafay ermittelten Daten versucht werden, ergänzt durch eigene Erhebungen, um mögliche Zusammenhänge zwischen der Kurve der Veröffentlichungen und biographischen Daten augenfällig werden zu lassen. In den Jahren bis 1608 tritt Motin zwar immer wieder in Erscheinung, die Veröffentlichungen sind jedoch noch nicht so zahlreich:

1595: ein Widmungsgedicht als früheste Veröffentlichung[13].
1598: ein Gedicht im *Recueil des Bonfons*[14].
1599: ein Gedicht in vier verschiedenen Anthologien.
1600: zwei Gedichte in zwei verschiedenen Anthologien.
1601: ein Gedicht in den *Fleurs*.

---

[6] Lachèvre, III, 458, vgl. auch Bibliographie der vorliegenden Arbeit.
[7] Paris 1595. Lafay 455.
[8] Samuel de Champlain, *Les Voyages du Sieur de Champlain, [...] divisez en deux livres, ou journal tres fidele des observations faites ès descouvertures de la Nouvelle France, [...]*, Paris 1613, S. IX–XI.
[9] *Op.cit.*
[10] a.a.O., S. 33.
[11] Zur Vielfalt der Widmungsanlässe vgl. Leiner, a.a.O., S. 131–163.
[12] Lafay 457–458.
[13] Vgl. den vorhergehenden Absatz.
[14] Zu den genaueren Angaben der hier nur mit dem Kurztitel genannten Anthologien vgl. die Bibliographie am Ende der Arbeit.

1603: drei Gedichte in den *Muses ralliées*.

1604: ein *Cartel* in zwei Anthologien und eine Übersetzung aus dem Lateinischen.

1605: vier *Cartels* in drei Anthologien.

1607: zwölf Gedichte in beiden Bänden des *Parnasse* und ein *Cartel* in einer Anthologie.

1608: ein Widmungsgedicht in den *Premières Œuvres de Régnier*[15] und eine weitere Übersetzung aus dem Lateinischen.

1609: Die Zahl der veröffentlichten Gedichte steigt plötzlich an, so daß Motin mit insgesamt fünfundvierzig erschienenen Gedichten (42 davon erstmalig) noch vor Du Perron, Lingendes, Sigogne, Bertaut und Malherbe kommt.

1610: zwei neue Gedichte,

1611: siebenunddreißig Gedichte, 6 davon neu, d.h. dritter Platz (hinter Pyard de la Mirande und Bertaut, noch vor Laugier de Porchères und Malherbe).

1612: vier Gedichte von Motin in vier verschiedenen *Recueils de ballets et de carrousels*.

1613: mehrere (Widmungs-) Gedichte im *Second Livre d'Airs de Cour*[16].

1614: elf Gedichte, davon vier neue.

1615: sechsundwanzig Gedichte.

1616: drei Gedichte und *l'Apocalypse*.

1617: fünfunddreißig Gedichte, davon neunundzwanzig neue, das bedeutet an zweiter Stelle nach Sigogne.

1618: zweiundsechzig Gedichte, davon 22 neue, und zusätzlich 26 Stücke in einer nachgedruckten Anthologie.

1619: achtzehn Gedichte und einige Verse von ihm in einer Edition der *Métamorphoses d'Ovide*[17].

1620: einhundertundsechsundsiebzig Gedichte, davon fünfundsechzig neue. Bedeutendstes Jahr für den Erfolg Motins, der mit dieser Zahl die anderen Dichter weit hinter sich ließ.[18]

1622: dreiundvierzig Gedichte, davon fünfzehn neue, das bedeutet an zweiter Stelle nach Théophile.

---

15 Régnier, Mathurin, *Premières Œuvres de Régnier*, Paris 1608.

16 Guedron, P. (Hrsg.), *Second livre d'Airs de Cour: A quatre et cinq parties*, Paris 1613.

17 Renouard, N., *Les Métamorphoses d'Ovide: De nouveau traduittes en françois, avec XV. [sic] discours Contenans [sic] l'explication morale des fables*, Paris 1617.

18 Für die allein 33 Gedichte Motins in den *Délices satyriques* liefert Adam eine Erklärung: Der Herausgeber Colletet habe über Motins Schwester, Mlle Motin, und seinen angeheirateten Neffen, Pierre Bonnet, noch in enger Verbindung zum Hause Motin gestanden. (Adam, *Théophile*, S. 336).

Die Veröffentlichung neuer Gedichte noch lange nach seinem angenommenen Todesjahr sind nach Lafay[19] ein untrügliches Indiz für die Bedeutung, die Motins Gedichte in ihrer Zeit hatten. Nach 1622 finden sich keine neuen Gedichte von Motin mehr, doch nun erscheint sein Name sogar auf dem Titelblatt zweier Auflagen des „*Recueil des plus beaux vers*"[20] zusammen mit den Namen von Malherbe, Racan, Monfuron, Maynard, Boisrobert, L'Estoille und Lingendes. Die Anthologie von 1627 druckt zweiundvierzig Gedichte von Motin ab, die von 1630 immerhin noch siebenunddreißig, womit er an sechster Stelle liegt. 1643 und 1648 wird jeweils noch ein Gedicht von ihm abgedruckt.

Motins Publikationszahlen

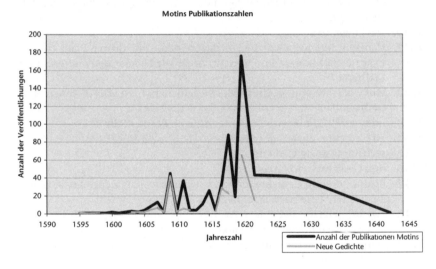

Interessanterweise korrelieren die Minima der Graphen mit den wenigen Eckdaten, die aus Motins späten Lebensjahren bekannt sind:

1605: Verurteilung des Comte d'Auvergne
1610: Tod Heinrich IV.
1614: spätestes wahrscheinliches Todesjahr Motins
1616: Befreiung des Comte d'Auvergne.

[19]   Lafay 458.
[20]   Du Bray, Toussainct (Hrsg.), *Recueil des plus beaux vers de Messieurs de Malherbe, Racan, Monfuron, Maynard, Bois-Robert, L'Estoille, Lingendes, Touvant, Motin, Mareschal. Et autres des plus fameux Esprits de la Cour. Par le commandement de Monseigneur le Comte de Moret*, Paris 1627.

Die obere Kurve zeigt den enormen postumen Ruhm Motins, der sich vielleicht erklären läßt durch die Blüte des Libertinismus zu Beginn des 17. Jahrhunderts. Die *Libertins* konnten sich dann allerdings ab 1623, als Théophile de Viau der Prozeß gemacht wurde, der staatlichen Toleranz nicht mehr sicher sein. Die beträchtliche Zahl von Erstveröffentlichungen nach Motins mutmaßlichem Todesjahr könnte man unter anderem erklären mit einem denkbaren Publikationsinteresse der dichtenden Verwandten. Als Nachlaßverwalter Motins käme aber auch der Comte d'Auvergne in Frage, der nach seiner Freilassung 1616 noch bis 1650 gelebt hat. Man kann sich also voll und ganz dem Urteil von d'Estrée anschließen, der anerkennend schreibt über „la réputation de fameux poète que se fit notre auteur parmi ses contemporains". (S. III)

Allerdings gibt es weder eine Gesamtedition noch zeitgenössische Teileditionen. Trotz der Bedeutung, die der Veröffentlichung in den Anthologien zukam, erstaunt es angesichts von Motins damaligen Ruhm, daß weder zu Lebzeiten noch unmittelbar nach seinem Tode eine Gesamtedition durch die Familie oder Freunde herausgegeben worden ist.[21] Spielten Motins nicht genau bestimmbare aber wohl erhebliche soziale Schwierigkeiten am Ende seines Lebens dabei eine Rolle?

Neben den rund 340 Gedichten, die den Hauptteil von Motins literarischem Schaffen ausmachen, sind noch einige Arbeiten erhalten, die sich durch Inhalt oder Form vom Hauptwerk abheben. So z.B. eine in Verse gefaßte Psalmenübersetzung: *Traduction en vers des sept Psaumes de la pénitence de David* „qui paraît inédite".[22] Da es keine anderweitige Erwähnung einer Paraphrase der biblischen Apokalypse gibt, ist mit der „Apocalypse" 1616[23] wohl das Gedicht „La peur de l'advenir et ses courtiers puniques" gemeint, das mehrere Veröffentlichungen erfahren hat, teilweise mit der Überschrift „Apocalypse".[24]

Auch ein Prosastück von Motin, eine Übersetzung aus dem Lateinischen, ist erhalten: *Traité de la préparation à la mort heureuse et de l'immortalité de*

---

[21] d'Estrée, p. XXII; Lafay, p. 454. Von Régnier z.B. sind immer wieder Werkausgaben erschienen. Aber auch von Sigogne erschien nicht eher als 1911 eine Teiledition seiner Werke: Charles-Timoléon de Beauxoncles de Sigogne, *Les Satyres du sieur de Sigogne extraites des recueils et manuscrits satyriques, choisies et réunies pour la première fois avec une biographie et des notes par Fernand Fleuret*, Paris 1911.

[22] Recueil de Conrart T. XIX, S. 573–596 (*Arsenal Ms. 4124*). Lachèvre, II, 397.

[23] Lachèvre III, 458, der sich auf Ed. Tricotel, *Variétés bibliographiques*, S. 245, beruft.

[24] So z.B. in der Handschrift *B.N. Ms.fr. 25560*: „Visions de Motin qu'on appelle l'Apocalypse, 1606". Durch zeitgenössische Randanmerkungen werden Teile der bizarren Visionen auf reale (?) Personen bezogen. Das Manuskript ist ein Autograph von Pierre de l'Estoille.

l'âme.[25], sowie eine weitere Übersetzung aus dem Lateinischen im Auftrag von Heinrich IV.: „Les daufins du latin du P. Vital Théron"[26]. Des weiteren übersetzte Motin ein lateinisches Gedicht in dem Band *Ducis Aurelianensis Genethliacon Apotelesmatikon ad Margaritam Valesiam Reginam*, par David de Saint-Clair, Paris 1607: „Quelle face du Ciel tous nos sens estonnant". Die Tatsache, daß Motin mit derartigen Auftragsarbeiten aus dem königlichen Umfeld betraut wurde, zeugt von seinem Können und seinem Ruf, der durch solche Veröffentlichungen natürlich wiederum gemehrt wurde.

Die unter Heinrich IV. sehr in Mode gekommenen *Ballets* wurden angeregt durch die italienischen *Ballattette* [*sic*] und die *Canzone à ballo* des 15. Jahrhunderts.[27] Durch den Einfluß Katharina von Medicis im 16. Jahrhundert wurden sie immer beliebter, und die Aufführungen beschränkten sich nicht mehr nur wie zuvor auf die Zeit des Karnevals oder außerordentliche Festlichkeiten. Die *Ballets* entstanden in Zusammenarbeit zwischen Musikern und oft mehreren Dichtern.[28] Es handelt sich um höfische Schauspiele voller mythologischer Bezüge, mit allegorischen, bisweilen burlesken oder auch frivolen Charakteren. Diese Stücke sind durchsetzt mit Anspielungen auf Persönlichkeiten der höchsten Kreise. Die Darsteller, oft Adlige, traten in prunkvollen Kostümen auf, rezitierten die zu diesem Zweck verfaßten Gedichte und tanzten zur speziell komponierten Musik. Dementsprechend waren die gedruckten Vorlagen als Textbücher gedacht. Lacroix schätzt, daß weniger als 50 Prozent der *Ballets* erhalten sind. Er wertet diese Theatergattung als getreues Spiegelbild der privaten Vergnügungen am französischen Hof. Von 1600 an beteiligt sich auch Motin an der Abfassung von *Ballets de Cour*[29], so am 1607 erschienenen *Ballet de la Foire St. Germain*[30], das (in Teilen?) vielleicht von Motin stammt, und am 1610 entstandenen *Le ballet de Monseigneur le Dauphin*[31]. Auch im 1612 veröffentlichten *Camp de la Place Royalle* werden ihm noch Gedichte zugeschrieben.[32]

---

25   Tiré du latin de R.P.F.L. Blosius, p. P. Motin (sans frontispice), *s.l.* 1604. Lachèvre, I, 265/6; Lafay, 456.
26   Die Geschichte dieser und einer möglichen weiteren Auftragsarbeit wurde bereits oben unter 3 Versuch einer Biographie behandelt, wegen derer möglichen Aussagekraft in bezug auf Motins Stellung bei Hofe.
27   Vgl. hierzu den literarhistorischen Überblick von Paul Lacroix in der Einleitung zu seiner Sammlung von *Ballet*-Texten, a.a.O., S. V–XXVI.
28   d'Estrée, S. XVIII–XIX.
29   Lafay 453.
30   *Op.cit.*
31   *Op.cit.* Vgl. auch d'Estrée, S. XX.
32   Honoré Laugier de Porchères (Hrsg.), *Le camp de la place Royalle*, Paris 1612.

5 Korpus

5.1 Beschreibung

Das Korpus der rund 340 Gedichte mußte im ersten Arbeitsschritt dieser Dissertation zunächst zusammengetragen werden. An neueren Teileditionen liegt nur die von d'Estrée vor[1]. Somit besteht das Korpus im wesentlichen aus Motins Beiträgen zu den Anthologien seiner Zeit. Seine Werke sind verstreut in mindestens fünfunddreißig gedruckten Anthologien des ausgehenden 16. und des beginnenden 17. Jahrhunderts (mit zahlreichen Nachdrucken mancher Gedichte) und parallel dazu bzw. teilweise auch ausschließlich in mindestens achtzehn Handschriften.

Tendenziell wurde versucht, möglichst die früheste Fassung eines Gedichtes zur Grundlage der Analyse zu wählen. Dieses Prinzip wurde jedoch aus Praktikabilitätsgründen in einigen Fällen durchbrochen, bei denen die mutmaßliche Erstfassung nur unter großem Aufwand zu beschaffen gewesen wäre. Bei der geplanten Erstellung einer kritischen Ausgabe wird auf möglicherweise bedeutungserhebliche Varianten besonders zu achten sein.

5.2 Handschriften

5.2.1 Anthologien in Manuskriptform

Einige Gedichte (insgesamt bis zu 35, je nach Sicherheit der Attribuierung)[2] sind weiterhin nur in den Handschriften der B.N. bzw. in einem Manuskript des Musée Condé in Chantilly erhalten.[3]

Das **Ms. Chantilly 534** ist sicher für unveröffentlichte Motin-Gedichte die wichtigste Quelle. Das Manuskript stammt aus der Sammlung von Condé, es ist vor dem Tod von Heinrich IV. entstanden[4], also noch zu Lebzeiten Motins. Einige Stücke sind mit seinem Namen signiert, aber Delisle/Macon lösen alle

---

[1] Vgl. oben 1.1 Texteditionen.
[2] Zu deren *Incipits* vgl. die Tabelle am Ende der Arbeit.
[3] Vgl. Lafay 458–459.
[4] Léopold Delisle/Gustave Macon, *Chantilly. Le Cabinet des livres. Manuscrits*, Paris 1900 et 1911, Bd. 2, S. 192–209.

„M."-Signaturen mit „Motin" auf, ohne das näher zu begründen. Es könnten aber auch andere Dichter dafür in Frage kommen, am wahrscheinlichsten François de Maynard, da er Sekretär von Margarete von Valois war und ein Schüler von Malherbe, der auch Beiträge für dieses Manuskript geliefert hat.

Der *Recueil Conrart* des Literaten und Mitbegründers der *Académie Française* Valentin Conrart ist in seiner Gesamtheit eine Fundgrube für vielerlei seltene Texte, darunter in einem Band (*Arsenal Ms. 4124*, t. XIX) die Psalmenparaphrasen Motins.

In folgenden Manuskripten der *Bibliothèque Nationale* finden sich einige Gedichte in ihrer einzigen bekannten Fassung:

Ms.fr. 884,
Ms.fr. 2382 (die Gedichte, die d'Estrée zensiert hat),
Ms.fr. 19145,
Ms.fr. 24353.

5.2.2 Mögliche Autographen

Einige Manuskripte lassen mit mehr oder weniger großer Wahrscheinlichkeit die Vermutung zu, sie könnten von der Hand Motins stammen. Durch die Beschaffenheit des Papiers und aufgrund der Handschrift im *BN Ms.fr. 2382* sieht d'Estrée[5] zwar die Authentizität des Manuskriptes hinreichend bewiesen, jedoch handelt es sich seiner Meinung nach nicht um ein Autograph. Vielmehr sei dies das Werk eines ungeschickten Kopisten, denn der Text sei gespickt mit orthographischen Fehlern. Dies aber passe nicht zu dem studierten, gebildeten Dichter. Da es sich aber um Jugendwerke handelt, könnten sie nicht vielleicht doch vom Dichter selbst abgeschrieben worden sein? Dafür spräche auch, daß fast keines der Gedichte in den Anthologien abgedruckt worden ist. Die Handschrift muß lange Zeit wohl in privater Hand gewesen sein, denn die Buchhändler späterer Jahrzehnte hätten ihre Anthologien doch wahrscheinlich nur zu gern mit Jugendwerken des dann ziemlich berühmten Motin geschmückt. Daneben gebe es aber (so d'Estrée) auch kein erhaltenes Autograph Motins, das zum Handschriftenvergleich herangezogen werden könnte.

Ein Anhaltspunkt für die Datierung der Sammlung sind die Stances auf den Tod von Cujas (1590): „Umbre que le destin du corps a séparée,". D'Estrée[6] nimmt an, daß die Sammlung mit diesem Gedicht beendet wurde, so daß die übrigen Werke vorher, etwa ab 1584 entstanden wären. Seine

---

[5] d'Estrée S. V.
[6] d'Estrée S. XII.

Hypothese wird gestützt durch das Gedicht Adieu aux Muses „Je veulx prendre congé de ces belles sorcières": „J'ai perdu, malheureux, six années entières à façonner des vers" (Lafay, 454).

Im Anhang finden sich Teile des 1606 oder 1607[7] erschienenen *Ballet de la Foire St. Germain*. Inmitten des Textes wechselt die Handschrift, die Tatsache, daß an der Schnittstelle ein *Cartel* doppelt niedergeschrieben ist (von beiden Händen), könnte dafür sprechen, daß es sich um einen gänzlich neuen Schreiber handelt.

Im Jahre 1610 verfaßt Motin *Le ballet de Monseigneur le Dauphin*.[8] Es ist voll des Herrscherlobs für König und Kronprinz. Es handelt sich schon um eine Reinschrift, in kalligraphischem Schriftduktus. Das *Ballet* ist jedoch sehr kurz (nur 120 Zeilen) und wirkt fast wie ein Fragment, es scheint keinen richtigen Schluß zu geben. Warum blieb es unvollendet? Wegen Heinrichs Tod? Unmittelbar im Anschluß findet sich eine Parodie auf Eheverträge, die *Articles de mariage*. Wurde das Papier einfach weiterbenutzt und „fin dung Ballet" sowie die Signatur „Motin" dann irrtümlich unter die *Articles de mariage* geschrieben? Handelt es sich möglicherweise um ein Autograph? Diese Meinung wird von Lacroix gestützt[9].

Im Manuskript *BN Ms.fr. Dupuy 843*, einer Sammlung von teilweise nur als Zetteln zu bezeichnenden Seiten, befinden sich auf zwei ehemals fliegenden Blättern, die an verschiedenen Stellen der Sammmlung eingebunden sind, zwei Gedichte[10] Motins, deren schwungvolle, freie Signatur Autographen vermuten läßt. Nach Auskunft von zwei Konservatorinnen des Handschriftenlesesaals der *Bibliothèque Nationale* könnte es sich in der Tat um eine Originalunterschrift des 17. Jahrhunderts handeln, der Text der Gedichte könnte sowohl von einem Sekretär als auch vom Dichter selbst geschrieben worden sein.

---

[7] d'Estrée, S. VI, nennt 1612. Zur Diskussion des Erscheinungsjahres vgl. unten 6.3.3 *Ballets*.

[8] B.N. Ms.fr. 24353, 111r–116v°, und Paul Lacroix (Hrsg.), *Ballets et mascarades de Cour, de Henri III à Louis XIV (1581–1652), recueillis et publiés d'après les éditions originales*, 6 Bde., *Genève 1868–1870, Nachdruck Genève 1968*, S. I. 183. d'Estrée XX. Die Datierung beruht auf dem Titelblatt des handschriftlichen *Ballets*.

[9] Lacroix, S. 181: „Manuscrit original de l'auteur, Pierre Motin, dans la Collection manuscrite de Ballets et d'Opéras, réunie par le duc de La Vallière ...." Vgl. auch: Henry Prunières, *Le Ballet de cour en France avant Benserade et Lully*, Paris 1914, S. 110. „Publié par Lacroix (I. 183) d'après le Ms. original de l'auteur (Motin) provenant de la Coll. La Vallière."

[10] „Si vostre maison n'estoit vuide", *BN Ms.fr. Dupuy 843*, fol. 57v°, „De quoy sert à mes yeux le retour de l'aurore", *BN Ms.fr. Dupuy 843*, fol. 191r–v°.

5.3   Gedruckte Anthologien

Zur Erstellung des Korpus wurden fünfunddreißig Anthologien konsultiert, die, im seltenen, glücklichsten Falle, entweder in einem modernen Nachdruck vorlagen, in deutschen Bibliotheken mit sehr alten Beständen vorhanden waren oder, und das war der Regelfall, in Verfilmung aus der *Bibliothèque Nationale* beschafft werden bzw. nur dort eingesehen werden konnten.

5.4   Andere Texte

Aus sechs Werkausgaben anderer Dichter bzw. Autoren[11] konnten von Motin verfaßte Widmungsgedichte entnommen werden.

Auch ein Prosawerk Motins ist erhalten, eine Übersetzung aus dem Lateinischen: *Traité de la préparation à la mort heureuse et de l'immortalité de l'âme*, tiré du latin du R.P.F.L. Blosius, Paris 1604. Es wurde hier allerdings nicht berücksichtigt, da es sich ja nicht um Lyrik handelt.

---

[11]   Samuel de Champlain, *Les voyages du sieur de Champlain, [...] divisez en deux livres, ou Journal tres fidele des observations faites ès descouvertures de la Nouvelle France*, [...], Paris 1613. Jean Chenu, *Recueil général des édicts, arrests et règlemens notables concernant les ecclésiastiques, universités, baillifs, séneschaux etc.*, Paris 1630–1631.
      Siméon-Guillaume de la Roque, *Les Premières Œuvres de Siméon Guillaume de La Roque*, hrsg. von Raphaël Du Petit Val, Rouen, 1596.
      La Vallettrye, *Les Œuvres poétiques du sieur de la Valletrye*, Paris 1602.
      François de Louvencourt, *Amours et premières œuvres poétiques*, Paris 1595.
      Mathurin Régnier, *Premières œuvres de Régnier*, Paris 1608.

6 Zentrale Themen des lyrischen Werkes – Analyse ausgewählter Gedichte und Bildfelder[1]

6.1 Liebe

In diesem Unterkapitel sollen zunächst die Liebesgedichte behandelt werden, die in der Tradition der petrarkisierenden Liebeslyrik stehen.

6.1.1 Der Petrarkismus – Versuch einer Begriffsbestimmung

6.1.1.1 Einleitung

Im Gegensatz zu der Bewunderung, die Petrarcas Dichtung erfuhr und noch erfährt, wurde der Petrarkismus selbst lange verächtlich behandelt.[2] Er wurde sogar bezeichnet als „una malattia cronica della letteratura italiana"[3]. Diese ‚Krankheitsmetaphorik' findet sich noch bei H. Friedrich, und zwar durch die Wahl von Begriffen wie „Metaphernwucherung", „manieristisches Dichten".[4]

Dagegen steht aber z.B. die Sicht von Pyritz, der den Petrarkismus apostrophiert als „zweites erotisches System von internationaler Geltung nach dem Minnesang."[5]. Indem das Leidmoment stärker betont und herausgearbeitet werde, entstehe ein neuer Reiz in der ewigen Spannung zwischen Leid- und Lusterfahrung. Ebenso positiv ist die Wertung von Forster: „the second great international system of conventional love, between the chivalric love

---

[1] Die Zuordnung erfolgt nach Schwerpunkten und mag sicher gelegentlich anfechtbar erscheinen, da manche Gedichte mehrere Themen behandeln.

[2] Gerhard Hoffmeister, *Petrarkistische Lyrik*, Stuttgart 1973, S. I.

[3] A. Graf, „Petrarchismo ed antipetrarchismo", in: ders., *Attraverso il Cinquecento*, Torino 1926, S. 3, zitiert nach Klaus W. Hempfer, „Probleme der Bestimmung des Petrarkismus: Überlegungen zum Forschungsstand", in: Wolf-Dieter Stempel, Karlheinz Stierle (Hrsg.) *Die Pluralität der Welten: Aspekte der Renaissance in der Romania*, München 1987, S. 254.

[4] Hugo Friedrich, *Epochen der italienischen Lyrik*, Frankfurt/Main 1964, S. 314.

[5] H. Pyritz, „Petrarca und die deutsche Liebeslyrik des 17. Jahrhunderts", in: ders., *Schriften zur deutschen Literaturgeschichte*, Köln 1962, S. 60, zitiert nach Hempfer, S. 258.

of the middle ages and the romantic love of the eighteenth and nineteenth centuries."[6]
Vor allem im 19. Jahrhundert und im 20. Jahrhundert bis in die 50er Jahre hinein wurde dem Petrarkismus wegen des ihm zugrunde liegenden *imitatio*-Prinzips der Vorwurf der Unaufrichtigkeit gemacht, d.h. es gehe nur noch um formale Spielereien, es würden keine echten Gefühle vermittelt. Eine Auf- bzw. Umwertung erfolgte – parallel zum Barock – ungefähr seit den 40er, besonders seit den 60er Jahren. Dem „Unaufrichtigkeitstopos" der Petrarkismuskritik lässt sich zum einen entgegenhalten, dass es im Petrarkismus eben eine spezifische Beziehung von Literatur und Leben gibt[7], zum anderen muss man sich der Sicht von Forster anschließen: „European Petrarchism as Training in Poetic Diction."[8] Es geht den Dichtern um ein „Wetzen des Verstandes" an der Imitation der Stilfiguren"[9]. Schon 1909 erkennt Vianey dem französischen Petrarkismus seinen eigenen Wert zu.[10]

Zunächst einmal lässt sich mit Hoffmeister eine zeitliche Abgrenzung vornehmen:

> Der Petrarkismus beginnt in Italien im frühen 15. Jh. und erlebt mehrere Blütezeiten, bis er in den Marinismus übergeht; in dieser Zeitspanne wirkt er in unterschiedlichem Maße auf die Liebeslyrik der europäischen Nationalliteraturen ein, zuerst auf Spanien (1526), zuletzt auf Deutschland.[11]

Hoffmeister unterscheidet in der italienischen Dichtung verschiedene Stadien der Nachfolge Petrarcas:

 ≀ Den *Primo Petrarchismo* mit der Lieblingsform *Strambotto*, einem epigrammatischen Achtzeiler.[12] Inhaltlich dominiert das Spiel mit der Tradition. Diesen Petrarkismus vor Bembo bezeichnet Praz als *scuola flamboyante*.[13]

---

[6]   Leonard W. Forster, *The Icy Fire – Five Studies in European Petrarchism*, Cambridge 1969, S. 2, zitiert nach Hempfer, S. 271, Anm. 33.

[7]   Hempfer, S. 255.

[8]   Forster, S. 61, zitiert nach Hempfer, S. 268.

[9]   M. Opitz, *Teutsche Poemata*, hrsg. von G. Witkowksi, *s.l.* 1902, zitiert nach Hoffmeister, S. 32.

[10] „Cependant on aurait tort de refuser au pétrarquisme français toute originalité ou toute valeur, [...]". Joseph Vianey, *Le Pétrarquisme en France au XVIe siècle*, Montpellier, Paris 1909, Nachdruck Genève 1969, S. 371.

[11] Hoffmeister, S. 6.

[12] „Le *strambotto* était une courte pièce de huit vers sur deux rimes quatre fois alternées, [...].", Vianey, S. 20.

[13] Mario Praz, „Petrarchismo", in: *Enciclopedia di scienze, lettere e d'arte*, Rom 1935–1943, Bd. 27, S. 23, zitiert nach Hempfer, S. 254.

Sodann den *Secondo Petrarchismo*, eingeleitet von Bembo, daher auch *Bembismo*. Er sucht den Anschluß an den Neuplatonismus, es ist ein strenger Petrarkismus voller Ernst und Würde. Aber Bembo wird zum sklavischen Nachahmer Petrarcas, was mit zur Ausbildung des *Anti-Petrarchismo* von Berni und Aretino beiträgt.

Schließlich den *Terzo Petrarchismo*, gekennzeichnet von einer Entwicklung im Zeichen des *manierismo petrarchista* hin zu Marino, eine Mischung aus „Intellektualismus und Sensualismus."[14]

Die französische Literatur wird dann vor allem von den italienischen Petrarkisten beeinflußt, eher als direkt von Petrarca. Ein Problem für die Forschung ergibt sich daraus, dass ab Mitte des 16. Jahrhunderts im Grunde jede kunstvoll stilistisch ausgefeilte Liebeslyrik als petrarkistisch bezeichnet wurde.[15]

So ist Ronsard aus mehreren Gründen nicht wirklich als ein petrarkistischer Dichter zu bezeichnen. Es fehlt bei ihm an *accidia*[16], und auch sonst ist die Haltung des Liebenden eine andere:

L'amant pétrarquiste paie pour la durée (son amour ne mourra pas) alors que l'amant ronsardien, ne compte guère que sur l'instant.[17]

Hélène ist anders als Laura: „un type nouveau de femme", „une femme de chair et de sang. Il a choisi d'aimer H. volontairement."[18] Zudem nimmt die Liebe einen ganz anderen Ausgang: „Un autre souhait de vengeance; qu' elle viellisse."[19]

6.1.1.2 Themen

6.1.1.2.1 Liebeskonzeption

Allgemein gesprochen handelt es sich in Petrarcas *Canzoniere* und in den Anthologien seiner Nachahmer um Liebesdichtung. Doch es treten auch andere thematische Bereiche auf, denen eine besondere Funktion zukommt, wie noch zu zeigen sein wird.

---

[14] F. Neubert, „Zum Problem des Petrarkismus", in: *Französische Literaturprobleme* 1962, S. 458, zitiert nach Hoffmeister, S. 22.

[15] Yvonne Bellenger, „Pétrarquisme et contr'amours", in: Klaus W. Hempfer, Gerhard Regn, (Hrsg.) *Der petrarkistische Diskurs: Spielräume und Grenzen*, Stuttgart 1993, S. 353.

[16] Bellenger, S. 355. Ähnlich François Rigolot, „Pétrarquisme et antipétrarquisme", in: ders., *Poésie et Renaissance*, Paris 2002, S. 194, S. 196 und S. 199.

[17] Bellenger, S. 367.

[18] Bellenger, S. 368–369.

[19] Bellenger, S. 372.

„Die erotische Situation wird als antinomisches Verhältnis gesehen und oft mit dem Topos des Liebeskriegs (Belagerung, Verwundung, Gefangenschaft beschrieben."[20] Es ist eine „bittersüße Schmerzensliebe" bis hin zum Weltschmerz.[21]

Die elegische Stimmung entspricht dem Motivbereich des „dulce malum" der ovidischen Liebesklage.[22]

Wie für Hoffmeister ist auch für Hempfer das petrarkistische System entscheidend über seine Liebeskonzeption charakterisiert.[23]

Die weiteren Ausführungen halten sich eng an die Arbeit von Regn[24], dessen Ziel eine genauere Petrarkismus-Definition ist. Die petrarkistische Affektstruktur ist eine Schmerzliebe.[25] Der Schmerz entsteht aus der Distanz zur Dame, die sich entweder versagt (innere Distanzvergrößerung) oder die durch räumliche Trennung unerreichbar ist (äußere Distanzvergrößerung). Diese Distanz veranlasst den Liebenden zum „Denken an die Dame".[26]

Das liebende Ich ist von einer Schmerzsüchtigkeit gekennzeichnet.[27] Es repräsentiert den Typus des Liebesmelancholikers.[28] Komplementär zu den dominanten *affetti dogliosi* haben aber auch die *affetti lieti* in einem petrarkistischen Gedichtzyklus ihren Platz[29], und sei es nur in Form der Erinnerung an die Dame und als Hoffnung auf Erfüllung des wie immer gearteten Liebesverlangens[30]. Diese antinomisch-paradoxale Affektstruktur findet sich auch schon in der Renaissance.

6.1.1.2.2 Wandlung der Gefühle

Das innere Geschehen entspricht einer „zirkulären Grundfigur", in der gegensätzliche Seelenregungen aufeinander folgen.[31] Das lyrische Ich ist

---

20 Hoffmeister, S. 25.
21 Hoffmeister, S. 26.
22 Hoffmeister, S. 14.
23 Hempfer, S. 264–265.
24 Gerhard Regn, „Typische Merkmale des petrarkistischen Systems im Cinquecento", in: ders., *Torquato Tassos zyklische Liebeslyrik und die petrarkistische Tradition*, Tübingen 1987, S. 21–56.
25 Regn, S. 25.
26 Regn, S. 28.
27 Regn, S. 26.
28 Regn, S. 27.
29 Regn, S. 27.
30 Regn, S. 28.
31 Regn, S. 36.

dabei in einem Konflikt zwischen Normen und Affekt gefangen[32], d.h. beispielsweise zwischen gesellschaftlichen Normen und Gefühlen.

Durch die Rückbesinnung auf Verhaltensnormen gelingt es dem liebenden Ich schließlich, aus der Zirkularität auszubrechen in eine Linearität und das Leiden an der Liebe hinzuführen entweder zur Distanzierung von der Dame oder zu einer Transformation der Beziehung, so z.B. im Sinne einer Spiritualisierung.[33]

6.1.1.2.3 Petrarkistische Liebe und platonisch fundierte Systematisierungen der Liebe: *amore contemplativo, amore morale/onesto, amore lascivo*

Der *amore contemplativo*[34] wird weniger mit dem Petrarkismus in Verbindung gebracht, da er von den platonischen Systematisierungsvarianten der reinen *vita contemplativa* zugeordnet wird.

Der *amore onesto* beschränkt sich auf den visuellen und auditiv-verbalen Kontakt mit der Dame, er gründet wesentlich auf den seelischen Werten der Frau. Im Sinne der platonisierenden Liebeskonzeptionen ist die letztliche Bestimmung des *amore onesto*, dass durch ihn die Liebe zu Gott geweckt wird. Durch die Verehrung der tugendhaften Dame erahnt der Liebende etwas von der Vollkommenheit des höheren Wesens.

Die platonische Liebeskonzeption hat zwar die petrarkistischen Sammlungen geprägt, doch Regn zeigt auch die Grenzen der Vereinbarkeit beider Liebesauffassungen auf.[35] Der Konflikt zwischen Affekt und Norm fehlt in der platonisierenden Liebeskonzeption, ebenfalls das Sich-Verweigern der Dame. Der platonisch Liebende wird vielmehr wiedergeliebt, wodurch die Liebeserfahrung einen viel positiveren Charakter erhält.

Aber auch der *amore lascivo* ist dem Petrarkismus nicht gänzlich fremd. Sinnliches Begehren ist durchaus denkbar, es wird aber durch die Sittsamkeit der Dame und durch ihre Unerreichbarkeit in systemkompatible Bahnen zurückgelenkt.[36]

---

[32] Regn, S. 37.
[33] Regn, S. 57.
[34] „... l'amore del contemplativo saglie dal vedere al contemplare; ..." Benedetto Varchi, „Frammento di una Lezione sopra il sonetto del Petrarca, ,Orso', è non furon mai fiumi né stagni'", in: ders., *Lezioni sul Dante e Prose varie. La maggior parte inedite. A cura di G. Aiazzi e L. Arbib*, Firenze 1841, Bd. II, S. 10. Zitiert nach Regn, S. 39.
[35] Regn, S. 41/42.
[36] Regn, S. 44/45.

6.1.1.3 *Strukturen*

6.1.1.3.1 Narrativer Charakter[37]

Wesentlich ist, dass die Gedichte nicht vereinzelt nebeneinander stehen, sondern der Dichter erzählt eine rudimentäre Geschichte und bindet so die Einzeltexte zu einem Gedichtzyklus zusammen.[38] Es handelt sich um eine Ich-Erzählung, für die die Opposition erzählendes und erlebendes Ich konstitutiv ist. Das narrative Substrat dient der Vermittlung einer bestimmten Liebeserfahrung, nämlich derjenigen des erzählenden Subjektes.[39]

Der Protagonist der Geschichte benennt als lyrisches Ich idealerweise im Einleitungsgedicht seine Liebeserfahrung und präsentiert sie dem Leser im Verlaufe der Gedichtsammlung als Rückblick. Dem dichtenden Liebenden/ liebenden Dichter (Ich) geht es dabei nicht um die Vorstellung einer „Realität", sondern um die Gestaltung einer Liebesgeschichte. Die Ich-Instanz des Einleitungsgedichtes bindet also die Einzel-Texte der Gedichte, die entweder narrativ oder nicht-narrativ, d.h. im „direkten" Erleben vermittelt werden, zu dem übergeordneten „Text der Geschichte"[40] zusammen. Während es nur einen Liebenden gibt, kann die Liebeserfahrung durchaus auf mehrere Geliebte bezogen sein. Hier hat der Petrarkismus einen größeren Spielraum gegenüber Petrarca. Nach Hempfer haben sogar die Erfahrungen anderer Liebender ihren Platz in einem *Canzoniere*, sie sind aber nicht distinktiv.[41]

6.1.1.3.2 Besonderheiten der Geschichte

Den Anfang dieser chronologisch dargebotenen Geschichte bildet das *innamoramento*, das Ende die Abkehr von dieser Liebeserfahrung oder die Hinwendung zu etwas anderem.[42]

Der Zeitverlauf wird deutlich markiert, und es gibt ein fragmentarisches äußeres Geschehen.[43] Absenz und Präsenz der Dame und/oder des Liebenden wechseln sich ab: typisch hierfür ist die Reisethematik, oder auch Krankheit der Dame, der gegebenenfalls der Tod droht.

Auch im Hinblick auf die lokale Dimension lassen sich gewisse Konstanten feststellen: Die typische Szenerie ist der idyllische Landschaftsraum, der den Topos des *locus amoenus* aufgreift und der durch den *locus horridus*

---

[37] Auch hier folgt die Darstellung im wesentlichen Regn.

[38] Regn, S. 32.

[39] Hempfer, S. 266.

[40] Regn, S. 32; FN 70 S. 61.

[41] Hempfer, S. 266:

[42] Regn, S. 34.

[43] Regn, S. 34.

kontrastiert werden kann. Die Klage wird oft in idyllischer Umgebung vorgebracht und rechnet einerseits mit dem Mitgefühl alles Natürlichen (Natursympathie), andererseits erhält sie durch das Echo der Umwelt kosmische Ausmaße.[44] Auch Stadt- und Interieur-Räume werden gestaltet.[45]

Die Geschichte der Liebeserfahrung hat autobiographischen Charakter, und dieser wird für die (zeitgenössischen) Leser bewusst unterstrichen durch eingestreute Referenzen auf Personen und Dinge der realen Welt, die zum Teil „fiktional überformt" werden. Auch bei Motin lassen sich zahlreiche dieser absichtlich eingefügten Indizien für die „Echtheit" seiner Liebesgeschichten nachweisen, wie jeweils an den einzelnen Beispielen zu zeigen sein wird.

Die Realität der Liebeserfahrung ist allerdings eine poetische, und so schreibt Hoffmeister[46] auch schon zu Petrarca, die Frage, ob Laura real sei, sei von untergeordneter Bedeutung, denn der autobiographische Ansatz[47] führe bei der Analyse von Petrarcas Dichtung nicht weiter. Vielmehr „gibt Laura dem Dichter bzw. lyrischen Ich die Möglichkeit, seine Seelenzustände an ihr widerzuspiegeln und die Geschichte der eigenen Seele zu schreiben, die sich im Zwiegespräch mit sich selbst belauscht."[48]

> Petrarcas Größe besteht darin, dass er die überkommenen Motive mit seinem eigenen Seelenleben durchdringt und dadurch die starken Einschläge der Tradition umformt." Ein Grund für seinen Erfolg ist, „[...], dass er antikes und mittelalterliches Gut in seiner Liebeslyrik miteinand]er verbindet und zugleich am Beginn einer neuen Zeit seine eigene Seele psychologisch zu erfassen sucht, und zwar in seiner Muttersprache [...][49]

Es handelt sich um Dokumente der Selbstanalyse von epochaler Bedeutung. Charakteristisch ist die Erinnerungsperspektive, der „memorial tunnel".[50]

Aber der *Canzoniere* hat nicht eigentlich die Liebesklage zum Thema, sondern er gestaltet „die Fiktion einer Liebe um eines Kunstwerkes willen."

Dies gilt umso mehr für die Petrarkisten, die sich von Petrarca inspirieren ließen:

---

44 Hoffmeister, S. 27.
45 So bei Motin z.B. die Evozierung des *Gué aux dames* und einer Kirche.
46 Hoffmeister, S. 12–13.
47 Verteten z.B. von: Henri Chamard, *Les Origines de la poésie française de la Renaissance*, Paris 1920, Nachdruck Genève 1973, insbesondere S. 205–206.
48 Ebenso Bellenger: „[...] femme-prétexte qui permet à l'amant de se chercher et de mieux se connaitre.", S. 356.
49 Hoffmeister, S. 14.
50 F.J. Jones, *The Development of Petrarchism as the Modern Italian Lyric: An Inaugural Lecture*, Cardiff 1969, S. 13. Zitiert nach Hoffmeister, S. 13.

Toutefois, on peut rappeler que ces poètes ne prétendirent jamais se confier à leur public: ils prétendaient même „imiter", ce qui est bien différent. Ils avaient beaucoup lu, ils respectaient un nombre non négligeable de conventions.[51]

Systemkonstitutiv ist die Unerreichbarkeit der Dame.[52] „Das ausdrückliche Verlangen nach physischer *jouissance* und die Darstellung deren erfolgreicher Realisation" stellt dementsprechend die Grenze des petrarkistischen Diskurses dar.[53]

Regn weist darauf hin, dass die petrarkistische Geschichte keinesfalls nach Art eines Epos erzählt wird. Es erfolgt nur eine „höchst diskontinuierliche Vermittlung der zugrundeliegenden Geschichte"[54] zudem ist ein solcher Gedichtzyklus von einer auffälligen Redundanz gekennzeichnet, die aus der „variierenden Wiederholung"[55] resultiert. Durch diese „Hervorkehrung der sprachartifiziellen Dimension"[56] erfolgt gleichzeitig eine „Suspension des Ereignisfortgangs"[57].

6.1.1.3.3 Schilderung der Dame

Im Gegensatz zum Liebenden wird die Dame auch mit ihren sinnlich wahrnehmbaren Attributen geschildert, bis hin zu Objekten, mit denen sie sich umgibt.[58]

Es erfolgt eine Auflösung der Schönen in einzelne Elemente mit dem Resultat der „synthetischen Dame"[59]. Eine besondere Spezialität der Franzosen sind in diesem Zusammenhang die *Blasons du corps féminin*.

Zusätzlich zur reinen Schönheitsbeschreibung werden folgende Objekte häufig hervorgehoben. Die Juwelen erhalten erst durch die Dame den Glanz (Pretiosen-Motivik), der Liebende ist eifersüchtig auf den Spiegel der Dame (Spiegel-Motivik), und der Namenssymbolik/dem Namensspiel kommt eine besondere Bedeutung zu.[60]

Aber auch die Schönheit der Dame ist vergänglich, sie gewinnt durch die Verse des Liebenden Unsterblichkeit: ein weiterer, gern gebrauchter Topos.

---

[51] Yvonne Bellenger, *La Pléiade*, Paris 1978, S. 35.

[52] Regn, S. 23.

[53] Hempfer, Probleme, S. 264.

[54] Regn, S. 53.

[55] Regn, S. 54.

[56] Regn, S. 55.

[57] Regn, S. 54.

[58] Regn, S. 34.

[59] A.H. Schutz, „Ronsards Amours XXXII and the Tradition of the Synthetic Lady", in: *Romance Philology* I (1947–48), S. 125–135. Zitiert nach Hoffmeister, S. 25.

[60] Hoffmeister, S. 26. Vgl. Motins Spiel mit den Namen Marguerite und La Croix.

6.1.1.3.4 Petrarkistische Stilfiguren[61]

Charakteristisch ist die Antithese, sie gerät bei Petrarcas Nachfolgern allerdings oft zur Formel. Eine Sonderform stellt das Oxymoron dar, das häufig gebraucht wird.

Typisch ist ebenfalls die Korrelation, die „gliedweise Korrespondenz zwischen mehreren aufeinanderfolgenden Begriffsketten".[62] Unterbegriffe hierzu bilden die *versus rapportati* und das Summationsschema. Verwandt mit diesen ist das Adynaton: es „veranschaulicht den Topos der ‚verkehrten Welt' durch die Reihung von *impossibilia; es g*eht bis auf Archilochos zurück."[63]

Im Bereich der bildlichen Gestaltung dominieren Metaphern und Bilder aus der Natur. So eignet sich z.b. die Lichtmetaphorik besonders zur antithetischen Gestaltung.

Mythologische Bezüge werden vielfach verwendet, dabei besonders die Amor- und Venus-Allegorie.

6.1.1.3.5 Petrarkistische Gedichtformen

Die bevorzugte Gedichtform des Petrarkismus ist das Sonett (mit spürbarer Zäsur nach dem zweitem Quartett), doch ebenfalls häufig sind Kanzone, Sestine, Ballade und Madrigal.

Später werden Strambotto und Madrigal die Favoriten. Alle sind gekennzeichnet von „conceptistischer Pointierungstechnik"[64]. Die Auswechselbarkeit der lyrischen Gattungen ist ein Indiz für eine zunehmende Barockisierungstendenz im Petrarkismus.[65]

Eine beliebte Form der antipetrarkistischen Fauensatire ist der durch Marot bekannt gewordene „Coq a l'asne".[66]

6.1.1.4 Petrarkismus als System

Höfner betont die Konzeption des Petrarkismus als System und interessiert sich besonders für dessen Grenzen.[67]

---

[61] Dieser Überblick bezieht sich auf Hoffmeister, S. 28–31.

[62] Hoffmeister, S. 29.

[63] Hoffmeister, S. 29. Vgl. Ernst Robert Curtius, *Europäische Literatur und lateinisches Mittelalter*, Bern 1948, ⁷1969, S. 103.

[64] Hoffmeister, S. 31.

[65] Hoffmeister, S. 31.

[66] Hoffmeister, S. 31. Auch bei Motin findet sich eine „Prophetie en Coq a l'asne": „Peuples, malheur sur vous …." mit Elementen der Frauensatire.

[67] Eckhard Höfner, „Modellierungen erotischer Diskurse und Canzoniere-Form im weiblichen italienischen Petrarkismus", in: Hempfer, Klaus W., Regn, Gerhard (Hrsg.) *Der petrarkistische Diskurs: Spielräume und Grenzen*, Stuttgart 1993, S. 115–145.

Jedes sinnvoll (re-)konstruierte System kennt Grenzwerte verschiedenen
Status: solche, deren Infraktion ausgeglichen werden kann – Modell der
auto-réglage – und solche, die absoluten Grenzcharakter besitzen, deren
Infraktion durch Systemtransformationen intern nicht mehr auffangbar
ist.[68]

Das Gesamtsystem Petrarkismus hat dabei durchaus topologisch-semantische
Transformationsmöglichkeiten.[69]

Dem petrarkistischen Liebenden bieten sich drei mögliche Lösungen, von
denen die ersten beiden Petrarkismus-konform sind:

Absage an die weltliche Liebe[70],

Iter spirituale: Gottesliebe,

Iter saeculare: Wendung zum Sakrament der Ehe.[71] Hier stellt sich die Frage
nach der Systemkonformität.

Der prinzipielle Regelverstoß Ehemann/Liebesvollzug kann jedoch ausgeglichen werden durch eine Verlagerung in die Vergangenheit (Tod) und durch
Betonung der spirituellen Verbindung.[72] Auch durch die Akzentuierung der
Bedeutung des Sakraments oder die Darstellung der ehelichen Erotik als
sekundär wird diese Lösung homolog zur sanktionierten Traum- und Visions-
erotik. Somit erfolgt eine Kompensation und Verschleierung der Systemtran-
szendierung. [73]

Weitere Grenzbereiche schätzt Höfner folgendermaßen ein:

Reziprozität der Liebe ist kaum als petrarkistisch anzusehen.[74]

Die Hochzeit des Geliebten mit einer anderen *donna* ist metaphorisch als
innerweltlicher Tod zu interpretieren.[75]

Partnerwechsel tangiert im Petrarkismus stark die Systemgrenzen.[76] Dieses
Phänomen ist zwar a-petrarkesk aber nicht gänzlich a-petrarkistisch.

Die Untersuchung der weiblichen Petrarkisten, die ja viele zustimmende
Korrespondenzdichtungen hatten, hat gezeigt: es ist sinnvoll, von einem

---

[68] Höfner, S. 120.
[69] Höfner, S. 120.
[70] Höfner, S. 134.
[71] Höfner, S. 136.
[72] Höfner, S. 122.
[73] Höfner, S. 140.
[74] Höfner, S. 131.
[75] Höfner, S. 134.
[76] Höfner, S. 134 Anm. 51 und S. 135. So findet es sich bei Tasso.

dynamischen System auszugehen, mit Transformations-Option. Aber auch für ein solches System ist zunächst die Erstellung eines Invarianten-Satzes erforderlich. „Problem der Grenze, der Liminalwerte bleibt bestehen."[77]

Aber Systeme sind durch einen hohen Grad von (Re-) Stabilisierungsanstrengungen gekennzeichnet und gesichert.[78] Also ist der weibliche Petrarkismus noch nicht systemsprengend.

6.1.1.5 Zusammenfassende Definitionsversuche

Indem man die Versuche der Autoren, ihre Erkenntnisse in einer mehr oder weniger „griffigen" Definition zusammenzufassen, nebeneinander stellt, ist es möglich, sich die Vielschichtigkeit dieses literaturgeschichtlichen Begriffes vor Augen zu führen. Für Hoffmeister ist Petrarkismus die direkte oder indirekte Nachahmung des *Canzoniere*, vor allem die Übernahme des Motivbestandes (z.b. Erinnerungsrahmen und Traumcharakter) und typischer Stilfiguren (z.b. Bildersprache Petrarcas).[79]

Diese Definition lässt sich mit Hempfer präzisieren. Der Autor nimmt „als distinktives Merkmal des petrarkistischen Systems ein bestimmtes, im Grundsätzlichen auf Petrarca zurückgehendes Liebeskonzept an [...]."[80] Dann lassen sich in dieses Konzept auch die in bisherigen Erklärungsversuchen angeführten „typisch petrarkistischen Themen, Motive und Stilfiguren" eingliedern, z.B. die Antithese „als Stilfigur die sprachliche Realisation des antinomischen Liebeskonzepts."

Allerdings sind nicht alle „Motive und Stileme, über die sich petrarkistisches Dichten realisiert, unmittelbar funktional auf die antinomische Liebesthematik zu beziehen." So z.B. Metrik, Gedichtform, Stilfiguren wie Anapher, Parallelismus, idylllisches Vokabular. Sie sind nicht systemdifferenzierend, da durchaus auch in anderen Systemen auftretend, wenn auch häufig in petrarkistischen Texten. Bestimmte Bildbereiche können aufgrund der Imitationspraxis immerhin als „Petrarkismus-Signal" fungieren, ebenso wie „durch Imitationsprozeß stereotypisierte Elemente und/oder Strukturen."[81]

Auch Bellengers deskriptive Definition der inhaltlich-formalen Konstanten ist hilfreich, um vor allem den thematischen Bereich deutlicher werden zu lassen:

---

[77] Höfner, S. 142.
[78] Höfner, S. 142/3.
[79] Hoffmeister, S. 4. „Indirekt" bedeutet: Die Nachfolger kopieren sich untereinander.
[80] Hempfer, S. 264.
[81] Hempfer, S. 265.

> Avec les variantes que le génie de chaque auteur imprime aux recueils, on retrouve toujours l'*acédie* d'un esprit tourmenté, hésitant, en proie aux pires conflits intérieurs – et aux antithèses, rhétoriques, quelquefois dans les mots mêmes de Pétrarque ou de ses imitateurs –, l'adoration pour une femme qui est une figure plus qu'un personnage, et l'histoire d'une âme, son itinéraire sentimental et spirituel, son ascèse, ses obsessions (la dame absente ou cruelle,la jalousie, la découverte de soi à l'épreuve de la douleur, la hantise du temps, parfois la mort).[82]

Gegen Ende seines Kapitels über die petrarkistische Liebesauffassung liefert Regn eine umfassende Definition, die wiederum den narrativen Charakter betont und somit die zuvor zitierten Begriffsklärungen um einen zentralen Aspekt ergänzt.

Eine idealtypische petrarkistische Geschichte des italienischen *Cinquecento* wird in einem Gedichtzyklus wiedergegeben. Die Geschichte nimmt mehr oder minder explizit Bezug auf Geschehnisse der Außenwelt, die im lyrischen Ich ein „antinomisch-paradoxal strukturiertes affektisches Geschehen" hervorrufen. Das lyrische Ich fühlt sich gleichzeitig einer „wertattribuierenden, normativen Instanz" unterworfen. Daraus resultiert ein Konflikt zwischen Norm und Affekt, der seine „Lösung in der Aufhebung oder in der Transformation des konfliktträchtigen Affektverhaltens findet – eine Lösung, die gleichzeitig das Ende der petrarkistischen Geschichte mit sich bringt."[83]

6.1.1.6   BN Ms.fr. 2382 als petrarkistische Anthologie?

Nimmt man im Lichte dieser theoretischen Ausführungen nun die einzige, wahrscheinlich Motin zuzuschreibende Anthologie, das BN Ms.fr. 2382, in Augenschein, so lassen sich in auffälliger Weise etliche Elemente einer typischen petrarkistischen Anthologie auffinden, auch wenn es sich nicht gerade um eine mustergültige Sammlung handelt, es fehlt die Geschlossenheit. D'Estrée lehnt es ohne ausdrückliche Begründung ab, das Manuskript als Autograph anzusehen[84], möglicherweise weil ihn die freizügigen Gedichte in diesem petrarkistischen Kontext stören. Selbige hat er dann in seiner Edition konsequenterweise weggelassen, und auch die Reihenfolge der übrigen Gedichte geändert, indem er sie überwiegend nach formalen Kriterien geordnet hat. Um eine eventuelle rudimentäre Geschichte aufzuspüren, muss man also auf das Original-Manuskript zurückgreifen, das 36 Blatt umfasst. Zu bedenken ist dabei, „dass die bloße Anreicherung von Texten mit petrarkisch legitimierbaren Wendungen nicht schon für sich allein die Ausbildung eines

---

[82]   Bellenger, S. 357.
[83]   Regn, S. 52.
[84]   Vgl. 5.2.2 Mögliche Autographen.

authentischen petrarkistischen Diskurses zu bewerkstelligen vermag, sondern nur im Verband mit dem, was hier als die allgemeine, die elementare Merkmalskomplexion des Cinquecento-Petrarkismus herausgearbeitet wurde."[85]

6.1.1.6.1 Adressatinnen der Liebesgedichte

Motin schreibt nacheinander über die Liebe zu neun Frauen (Mlle de la Croix, Marie de Mottet, seine beiden Cousinen Marguerite, Mlle de la Goutte, eine unbekannte Jehanne, Magdeleine Mareschal, Catherine Genton, Mlle Fradet), jedoch ohne dass eine explizite Absage an eine der verehrten Frauen erfolgt. Zwei Gedichte über La Croix und eines über Marie finden sich auch noch gegen Ende der Anthologie. Der Symbolgehalt der Namen ist offensichtlich. Allerdings lassen sich fast alle Namen auch auf Zeitgenossinnen Motins beziehen.[86] Da an jede Adressatin jeweils mehrere Gedichte gerichtet sind, lässt sich in Ansätzen für jede dieser Liebesgeschichten ein narratives Substrat extrahieren. Der Dichter bedient sich auch des petrarkischen Topos vom Netz der Haare, in dem sich der Liebende verfängt.[87]

6.1.1.6.2 Referenzen auf die reale Welt

Petrarkistische Sammlungen enthalten in der Regel einen beträchtlichen Anteil von Gedichten, in denen die Liebe keine Rolle spielt. Solche Gedichte stellen zum einen einfach ein Element der Abwechslung dar, zum anderen dienen sie dazu, den autobiographischen Bezug glaubhaft zu machen. Die Häufigkeit dieser Gedichte mit anderer Thematik nimmt gegen Ende der Anthologien oft zu, entsprechend der Abwendung des lyrischen Ichs von der Liebesthematik, die oft mit einer explizit formulierten Absage an die Liebe einhergeht.[88]

6.1.1.6.2.1 Trauer- und Trostgedichte

Im ersten Drittel der Sammlung finden sich fünf Trauergedichte, eines über de Louvert, eines über Cujas, eines über M. le Doyen de Cambray und eines über den Tod von Motins jung gestorbenen Bruder Jacques, sowie eines über einen ganz jung verstorbenen Knaben.[89]

---

[85] Regn, S. 48.
[86] Vgl. weiter unten in diesem Kapitel bei der Analyse der jeweiligen Gedichte.
[87] Vgl. Regn, S. 50. Vgl. unten 6.1.2.2 Haare.
[88] Vgl. Regn, S. 37.
[89] Vgl. 6.3.6 Trauer- und Trostgedichte.

6.1.1.6.2.2   Erwähnung von Personen aus anderen Lebensbereichen[90],
               Erwähnung von realen Orten

Auch in anderen Kontexten werden Personen aus dem realen Lebensumfeld
erwähnt, so z.b. Fradet[91], ein Barbier[92], Gayault[93], Dupont[94], Manceron[95].
Einige politische Anspielungen beziehen sich auf die Rolle von Motins Familie in der *Ligue*. Eine ausführliche Besprechung findet sich oben unter 3.2.2
Politische Aktivitäten.

In zwei Gedichten[96] finden sich schließlich die Namen konkreter Örtlichkeiten aus Motins Heimatstadt Bourges, die sich auch heute noch auffinden
lassen.

6.1.1.6.3   Religiöse Gedichte[97]

Bei den religiös oder kirchlich geprägten Gedichten gilt es zu unterscheiden:
Manchmal dient der kirchliche Kontext nur zur Gestaltung einer bestimmten
Liebessituation: die Messe als einzige Gelegenheit, die Geliebte zu sehen[98],
oder auch Elemente aus dem kirchlichen Zusammenhang, die herangezogen
werden zu willkommenen Wortspielen mit dem Namen der Angebeteten La
Croix.[99] Daneben gibt es ernste religiöse Gedichte, deren Gruppe von der
Psalmenparaphrase „Du profond de mon coeur plein d'ameres angoisses"
(f 29*v°*) eingeleitet wird.

6.1.1.6.4   Absage an die Musen und Absage an die Liebe

Gleich zu Beginn des Manuskripts findet man eine traditionelle Absage an
die Musen.[100]
    Keine Absage an die Liebe im allgemeinen, aber der Bruch mit einer nicht
namentlich genannten Adressatin erfolgt sodann gegen Ende der Anthologie
(„Vostre amour est vagabonde", *fol.* 34r–35v°). Philosophisch verbrämt (eine

---

90   „Enkomia hochstehender oder dem Dichter freundschaftlich verbundener Personen",
     Regn, S. 37.
91   „Jeu ce plaisir Fradet o plaisir trop vollage" (f 14*v°*)
92   „Tousiours tu seras de ma lire" (f 14*v°*)
93   „Cest a toy mon Gayault que j'adresse ma plainte" (f 20r)
94   „Sans vous mon chair Dupont je me fusse alle rendu" (f 22*v°*)
95   „Manceron je vous prie lisez Artemidore" (f 26*v°*)
96   „Je m'en vois a Charlet aupres du guay aux Dames" (f 29r) „Je venais de laisser ma Je-
     hanne qui despouille" (f 14*v°*) (Vgl. oben 3.2 Lebensdaten).
97   „Meditations- und Gebetsgedichte" Regn, S. 37.
98   z.B. „J'entens sonner la cloche allons nous retirer" (f 25*v°*)
99   z.B. „La Croix qui doibt estre premiere" (f 1*v°*)
100 „Je veulx prendre conge de ces belles sorcieres" (f 5r)

ganze Strophe gestaltet die u.a. schon von Ronsard und Malherbe bekannte Analogie Rose – Schönheit der Frau) wägt das lyrische Ich ab, ob man „es" tun solle oder nicht, im Angesicht der Untreue, des zweifelhaften Rufes und des Verfalls der Dame. Ein solches Gedicht in solch einer Sammlung an dieser Stelle bekommt schon fast den Charakter einer Parodie. Gleichzeitig zeugt es vom Einfluss der *Libertins*, der sich in Motins späteren Werken in Gestalt der Tavernenlyrik noch deutlicher zeigen wird.

Zusammenfassend lässt sich also festhalten, dass Motin wie so viele andere nicht streng in Petrarcas Nachfolge steht, sondern seine traditionelle Liebesdichtung nur mehr oder weniger geprägt ist von Elementen des Petrarkismus. Gleichzeitig zeigen sich schon zahlreiche andere literarische Einflüsse, z.B. derjenige der Tavernenlyrik. War *B.N. Ms.fr. 2382* vielleicht Motins „training in poetic diction" und wurde deshalb nie gedruckt?

6.1.2 Das idealisierte Porträt einer Geliebten in Motins Lyrik

Aus den Gedichten, die sich auf das Aussehen der Angebeteten konzentrieren, soll versucht werden, das Idealbild der Frau herauszukristallisieren. Der Kunstgriff, die weibliche Schönheit zu preisen, indem der Dichter einzelne Körperteile besingt, geht zurück auf Marots *Blasons du corps féminin*[101] und die dadurch ausgelöste literarische Mode.[102]

6.1.2.1 Augen

Die Bedeutungen, die Motin petrarkisierend in die Augen einer Frau hineinlegt, finden sich gesammelt in der „Hymne des beaux yeux de *": „Beaux yeux du monde l'ornement"[103]. Wie die Liebe selbst werden die Augen als zwiespältig empfunden und mit Gegensatzpaaren charakterisiert:

> De nos yeux le contentement
> Et de nostre cœur le martyre
> Demon de joye & de douleur,

---

[101] Clément Marot, *Blasons anatomiques des parties du corps féminin, invention de plusieurs poètes françois contemporains*, Lyon 1536 (ou 1537). Diese Ausgabe ist leider verschollen. Vgl. Claude Albert Mayer, *Bibliographie des œuvres de Clément Marot*, Genève 1954, Bd. II, S. 80, Nr. 247.

[102] Vgl. die überblicksartige Darstellung der Geschichte der *Blasons* und *Contreblasons* bei Reinhard Klesczewski, „*Les blasons du corps féminin* und die Liebeslyrik Giovan Battista Marinos", in: Winklehner, Brigitte (Hrsg.), *Italienisch-europäische Kulturbeziehungen im Zeitalter des Barock*, Tübingen 1991, S. 253–266.

[103] *Délices*, S. 585–588.

In der zweiten Strophe werden sie mit den Attributen der Sonne belegt, ohne daß der Name des Himmelskörpers ausgesprochen würde:

> Lampes d'eternelle clarté,
> Rayons de la divinité,
> Dont la lumiere ardante & belle
> Produit les desirs comme fleurs,
> Et dont l'Amour seche son aisle
> Quand ie la mouille de mes pleurs.[104]

In Strophe 4 werden die Augen auch noch mit Planeten und Kometen verglichen, in Strophe 7 werden sie als „Astres" angeredet, deren Sonne Amor ist, und in Strophe 8 werden sie als „les deux Ourses" bezeichnet. Die Strophen 9 und 10 beginnen im Gefolge jeweils mit der Apostrophe „Soleils". Die Augen können todbringend sein,[105] ähnlich wie die ungefilterte Sonne in Afrika die Erde verbrennt. So wie die Sonne die Jahreszeiten der Natur beeinflußt, regieren die Augen die Jahreszeiten der seelischen Verfassung des Liebenden. Nach einem kalten Winter mag es zwar einen Frühling geben und auch einen Sommer, doch: „Et iamais d'Automne & de fruict."

Eine weitere Vergleichsebene ist die Welt des Adels. Die Augen werden bezeichnet als: „Arcs de triomphe glorieux/Palais superbe & curieux,", „Trosnes", „un Monarque indomptable", der selbst noch Jupiter übertrifft in seiner Fähigkeit, Blitze zu schleudern. Nach zehn Strophen des Lobes besinnt sich das lyrische Ich darauf, daß es vor Verzauberung ja eigentlich gar nicht sprechen könne: „Ie vous adore en me taisant," (Strophe 11) und sich stumm anbetend vor diesen Augen niederwerfen wolle. In den drei letzten Versen der letzten Strophe (Strophe 12) widerspricht sich der Liebende dann jedoch selbst:

> C'est vous loüer que souspirer,
> C'est vous admirer que se taire
> Et parler que vous adorer.

Der letzte Vers würde ohne die Inversion lauten: „C'est vous adorer que parler." und würde damit im Widerspruch stehen zu Strophe 11. Aufgrund des satzbaulichen Kunstgriffes ist dieses Dementi zum einen nicht grammatisch offensichtlich und bekommt zum anderen durch den Bruch in der Syntax eine besondere Eindringlichkeit. Es kann zudem stehen als Spiegelung der Liebesverwirrtheit. Die Steigerung von „loüer" über „admirer" zu „adorer"

---

104 Das Bild Amors, dessen Flügel tränennaß sind von den Tränen des Liebhabers, findet sich auch in dem Sonett „Au moins si dans mon cœur tu chosis ta demeure" (Œuvres inédites, S. 46).

105 Vgl. auch Strophe 4: „Quand vous nous presagez la mort".

lenkt einerseits die Ausdrucksmöglichkeiten von „souspirer" über „se taire" hin zu „parler" und andererseits ist auch jeder Vers für sich aussagekräftig: wie auch immer der Liebhaber sich verhält, es gereicht alles der Angebeteten zum Lobe.

In dem Sonett „Beaux yeulx, sorciers et doux, mes uniques flambeaux,"[106] findet sich auch schon die Thematik der Augen als Himmelskörper, und der Vergleich der Augen mit dem Sternbild Zwilling fällt zu ihren Gunsten aus. Zudem sind die Augen Brennspiegel, die das lyrische Ich entflammen. Ihre Besonderheit ist jedoch, daß sie für ihre Wirkung noch nicht einmal der Sonne bedürfen, sie sind Sonne und Brennspiegel zugleich.

Die Gleichsetzung der Augen mit der Sonne findet sich auch in „Cachez-vous à mes yeux, beaux yeux que j'ayme tant;"[107]. Ein störendes Moment „ceste vieille ingrate", möglicherweise die Tante aus „Mes pensers sont pareils aux chandelles de cyre"[108], versucht jedoch, zwischen den Liebenden und seine Sonne zu treten.

Ein Unglücksfall, der die Geliebte fast ein Auge gekostet hätte, ist Anlaß für eine Ode: „Ceste petite emplastre noire,"[109]. Das lyrische Ich möchte den Unfall fast als die gerechte Strafe für dieses grausame Auge sehen, das ihm soviel Leid zugefügt hat („O bel œil, mon cher adversaire:"), doch in den beiden letzten Strophen ruft es sich selbst zur Raison. Schon das Oxymoron „cher adversaire" zeigte, daß der Liebende zwischen zwei Gefühlen schwankte. Wenn sie ein Augenlicht verloren hätte, wäre doch auch ihm das Licht seines Lebens geraubt worden. Die Ode schließt mit ironischer Distanz:

Voyez que je suis charitablo
Je prie pour mon ennemy.

Auch die Augen in dem Sonett an eine Marie „Vos beaux yeux, que l'Amour a choisis pour retraicte,"[110] werden als „astres" bezeichnet. Des weiteren wird die traditionelle Vorstellung von den Augen als Wohnstatt Amors, der von dort seine Pfeile verschießt, ausgemalt. Das Gedicht schließt mit einem Verweis auf die Unerbittlichkeit der geliebten Augen.

In dem Sonett „Je vis dix mille feux dedans ses yeux reluire"[111] geht es sowohl um den Zauber der Augen als auch um den der Haare. Amor selbst wohnt in den Haaren der Magdeleine Mareschal, der das Gedicht durch den

---

[106] Œuvres inédites, S. 48.
[107] Œuvres inédites, S. 51.
[108] Œuvres inédites, S. 42.
[109] Œuvres inédites, S. 62–63.
[110] Œuvres inédites, S. 12.
[111] Œuvres inédites, S. 36.

Titel gewidmet wird. Die Wirkung ihrer Augen faßt wortspielerisch (*figura etymologica*) der erste Vers des zweiten Quartetts zusammen: „Son œil, qui tire au cœur et qui le cœur retire". Selbst wenn man diese Augen maskieren würde, um den Liebenden vor ihrer Wirkung zu schützen, würde der Anblick ihres schönen blonden Zopfes schon ausreichen, zehntausend Männer in ihren Bann zu schlagen. Diese „dix mille hommes domptez" des letzten Terzetts knüpfen an die in einer dreifachen Anapher kraftvoll dargebotenen Hyperbeln des ersten Quartetts an:

> Je vis dix mille feux dedans ses yeux reluire;
> Je vis dix mille attraitz sur son front attachés;
> Je vis dix mille amours dans ses cheveux cachés;

Die Wirkung der weiblichen Haare wird als naturgegeben hingestellt: auch Cupido habe schließlich verbundene Augen.

Als charakteristisch für Motins Darstellung der Augen läßt sich somit der häufige Vergleich mit der Sonne festhalten sowie der zwiespältige Charakter des weiblichen Blickes: wohltuend, aber auch vernichtend, beides Attribute, die auch ins Bild der Sonne passen. Diese metaphorischen Topoi finden sich schon bei Mellin de Saint-Gellais, und sie werden zum Beispiel auch von Motins Zeitgenossen Marino in kunstvoller und origineller Weise aufgenommen und neugestaltet.[112]

6.1.2.2 Haare

Das Gedicht „Pour des cheveux": „Blonds cheveux filets redoutables"[113] feiert die Haare der Geliebten. Das Bild des Gefangenseins in ihrem Netz wird weiter ausgesponnen und mit barocken Schlüsselwörtern wie „vent" und „vanité" verknüpft:

> Rets subtils où se pourroient prendre
> Le vent mesme, & la vanité.

Auch die Haare werden mit einem Himmelskörper verglichen, sie ähneln einem Kometenschweif, der durch seine Leuchtkraft gefährlich werden könne. Des weiteren stellt das verliebte Ich Bezüge zur Mythologie her. Es sieht sich in direkter Nachfolge von Iason und dem Goldenen Vlies. Das könnte bedeuten, daß auch dieser Liebende die Dame einem König raubte, so wie Iason das Goldene Vlies dem König Aietes.

Am Schluß erfährt dieses petrarkisierende Gedicht doch noch eine unerwartete Wendung ins Kecke:

---

[112] Vgl. Klesczewski, a.a.O.
[113] *Sec. livre des délices*, S. 392–394.

Prens cœur mon espoir, & peut-estre
Que la belle un iour à loisir
D'un autre poil me fera maistre
Qu'on ne void que par le desir.

Das Bild von den Haaren als Netz, in dem sich der Liebende verfängt, findet sich auch schon in dem Sonett „O belles chesnes d'or, mes liens honnorables,"[114]. Die schicksalhafte Bedeutung dieses Netzes wird ebenfalls durch einen Rückbezug auf die Mythologie erklärt: „Fillet filé des mains des Parques effroyables!" (figura etymologica). Dieser letzte Vers des ersten Quartetts wird als letzter Vers der zweiten Strophe variiert: „Filletz fillés des mains des Graces agréables". Durch die Übereinstimmung der beiden Verse in Alliteration und Satzbau wird die ambivalente Einstellung den Haaren und damit ihrer Trägerin gegenüber dem Leser eindringlich vermittelt. Das erste Terzett nimmt Bezug auf eine historische Persönlichkeit, die die Herzen durch den Klang ihrer Stimme bezauberte. Sodann werden damit die Haare kontrastiert, die die Herzen durch ihren Anblick in ihren Bann ziehen.[115] Unklar ist, auf welche Person Motin mit der Umschreibung „Herculle françois" (für den Sänger) hier anspielt, auch d'Estrée (S. 106) kann nur anmerken, daß ein späterer Beiname Heinrichs IV. „Hercule gaulois" war. Näheres dazu findet sich bei Marc-René Jung[116]. Das Bild des Hercule gaulois knüpft zwar an den antiken Mythos an, ist aber eine derartig umfassende Neuinterpretation, daß Jung sogar von einer Neuschaffung durch die Humanisten spricht. Dieser Herkules ist ein Sinnbild der Beredsamkeit: ein alter Mann mit durchbohrter Zunge, an der dünne Gold- und Bernsteinketten hängen, deren anderes Ende jeweils an den Ohren einer dem Alten folgenden Menschenmenge befestigt ist. Sowohl Franz I., als auch Heinrich II., Karl IX., Heinrich III. und Heinrich IV. erhielten den Beinamen Hercule, so daß diese Auszeichnung schließlich nur noch die Ausdruckskraft eines ganz und gar gängigen Epithetons hatte.

Das Sonett „Ce poil qui sur un moule arengé se fait voir"[117] scheint, wie man mit d'Estrée (S. 105) annehmen kann, erneut von Catherine Genton zu handeln, deren Namen Motin schon in „Cithere, qui de nom fais revoir Cytherée,"[118] anagrammatisiert hatte zu „Cithere gent a nom". Anlaß für

---

[114] Œuvres inédites, S. 40.
[115] Die Verse 11 und 14 sind fast identisch: „Attiroit tous les cœurs, et tousjours par l'oreille;" und „Vous attirez nos cœurs et tousjours par nos yeux.".
[116] Marc-René Jung, Hercule dans la littérature française du XVIe siècle: De l'Hercule courtois à l'Hercule baroque, Genève 1966, S. 74–75 und S. 159–179. Vgl. auch Arthur Henkel, Albrecht Schöne (Hrsg.), Emblemata, Handbuch zur Sinnbildkunst des XVI. und XVII. Jahrhunderts, Stuttgart, Weimar 1996, S. 1651–1652.
[117] Œuvres inédites, S. 21.
[118] Œuvres inédites, S. 16.

dieses Gedicht ist Cytheres Haartracht (vgl. d'Estrée, S. 104). Die Haare scheinen über der Stirn gebauscht zu sein. Vor allem fasziniert das lyrische Ich die Haarfarbe:

> [Ce poil] Semble au poil de Venus, des delices la mere,
> Noir et blond tout ensemble, et n'est ny blond, ny noir.
>
> Il est d'une couleur que je ne puis sçavoir:
> Je ne la sçaurois dire et ne la sçaurois taire.
> Dis la moy, Cupidon, car c'est ton propre affaire:
> Tu t'en sers quand tu veulx les ames decevoir.

Warum diese Farbe so mystifiziert wird, ist ein wenig rätselhaft. Die Haarfarbe soll eine Mischung aus schwarz und blond sein. Ist es aschblond oder gar grau? Dem Grau kommt ja bei einigen Dichtern der Epoche eine besondere Bedeutung zu, wie etliche „Stances du gris" beweisen.[119] Die Haare werden bewacht von den Blitze verschleudernden Augen, die das um sein Leben oder zumindest um seine Freiheit fürchtende lyrische Ich in die Flucht schlagen.

Als beherrschend für Motins Bild von den weiblichen Haaren ist abschließend die Metapher des Netzes festzuhalten, ein Netz, in dem der Mann sich gern verfängt, das aber auch ins Verderben ziehen kann.

6.1.2.3 Stimme

Die folgenden Gedichte bereichern das Porträt der Frau um ein akustisches Element. Motin feiert nicht die viuselle Schönheit des Mundes, sondern die Erotik der Stimme.

So in dem Sonett „Seraine belle et doulce, à la voix doulce et belle,"[120]. Das lyrische Ich ist verzaubert vom Klang des weiblichen Gesangs und kann keinen klaren Gedanken fassen. Diese Seelenverfassung gibt der Dichter in den beiden Quartetten wieder durch häufige Wiederholungen, teilweise verknüpft mit den Stilmitteln des Chiasmus und der figura etymologica:[121]

---

[119] Vgl. Motin selbst: „La beauté des beautéz, mon bien-aimé tourment" (Œuvres inédites, S. 68), und: „Le gris est la couleur de cendre" B.N. Ms.fr. 2382, f. 5v°. Außerdem Abraham de Vermeil, „L'Amour est un beau feu que l'Eternité saincte", in: Poésies: édition critique avec une introduction et des notes par Henri Lafay, Genève – Paris 1976, S. 112–114, und le Sieur de la Roque, „Couleur, qui tesmoignez la peine qui me tuë", in: Les Muses ralliées, Blatt 285r–285v°.

[120] Œuvres inédites, S. 4.

[121] Diese Technik erinnert an Abraham de Vermeils Sonett „Un jour mon beau Soleil miroit sa tresse blonde". Vgl. Poésies, S. 42.

Seraine belle et doulce, à la voix doulce et belle,
De beautez et de chantz, de chantz et de beautez,
Mon Dieu, que vous chantez et que vous enchantez,
Enchantez et chantez d'une façon nouvelle!

Vostre voix tellement mes esprits ensorcelle
D'une force sans force heureusement domptez
Que j'estime pecher les tenant arrestez
A penser d'aultre chose et ne penser en elle.

Diese Wirkung läßt an den Gesang der griechischen Sirenen denken. In den beiden Terzetten wird der himmlische Charakter der Stimme herausgehoben, was schon vorbereitet wurde durch Vers 3. Hier heißt es nun:

Belle voix angelique, object de mon penser,
Maistresse de mes sens, tu me fais ballancer,
Ores guay, ores triste, ô voix magicienne!

Tu fais, comme le Ciel, me rendant soubz ta loy,
Tantost plein d'une joye et tantost d'un esmoy!

Die Zwiespältigkeit der Gefühle wird durch Antithese betont: „Ores guay, ores triste," und „Tantost plein d'une joye et tantost d'un esmoy!"

Der letzte Vers erklärt diese wundersame Wirkung der Stimme dadurch, daß sie ein getreues Abbild der himmlischen Harmonie sei: „Ouy, car ton harmonie est semblable à la sienne."

Einige Elemente dieses Gedichtes finden sich auch in dem Sonett „La douceur de vos chantz et celle de vos yeux"[122] Auch hier ist der Liebende so verzaubert, daß er über Augen und Gesang sagt:

Vous me semblez un ciel beau, luisant, gratieux:
Vostre belle harmonie à la sienne est pareille;.

Damit nimmt er den Schlußvers des soeben besprochenen Sonetts im zweiten Quartett in leicht abgewandelter Form wieder auf. Neu ist hier das gleichzeitige Lob der schönen Augen, die, wie schon in anderen Gedichten, heller leuchten als die Himmelskörper. Das Gedicht schließt mit dem Wunsch nach hundert Ohren, Augen und Zungen:

Cent oreilles pour mieux, ô beaux chants, vous comprendre;
Cent yeux pour mieux vous voir, ô beaux yeux, mon soucy,
Et cent langues pour mieux vos honneurs faire entendre.

---

[122] *Œuvres inédites*, S. 49.

Die Zauberkraft der Stimme von Mlle de la Goutte Bernard[123] wird in dem
Sonett „Du beau coral jumeau de ceste belle bouche"[124] sogar gleichgesetzt
mit derjenigen von Orpheus. Wie jener kann die Frau wilde Tiere („ours",
„tygre"), Felsen („une roche insensible") und Pflanzen („une massive sou-
che,/Les arbres et les fleurs privez de sentiment") betören. Auch die Aus-
dehnung des Lobes auf das Großartige des Universums fehlt nicht: „Si je
te chante, ô chant, par ce grand univers,". Zusätzliche Betonung erfährt es
durch die *figura etymologica*. Motin thematisiert sodann seinen Dichterberuf
und setzt die Inspirationskraft der angebeteten Frau noch über diejenige der
neun Musen, wobei er den Namen der Angebeteten wieder zu einem pointenhaften Wortspiel mit dem Bach der Musen nutzt:

> Je ne veux pas chercher, pour composer des vers,
> Ceste eau qui du sommet du Parnasse degoutte.

> Pour devenir poete et charmer tous les cœurs,
> Sans demeurer aupres du ruisseau des neuf Sœurs,
> Il suffit seulement d'estre auprès d'une Goutte.

An der Stimme der Frau ist somit wesentlich die dem Sirenengesang ähnliche
betörende Kraft, die jedoch überwiegend positiv gesehen wird.

6.1.2.4 Busen

Eine naiv-unschuldige Liebesszene wird in dem Sonett „Je le voyois se lever et
baisser"[125] skizziert. Das lyrische Ich erliegt den Verlockungen des Dekolletés
der Frau, möchte ihren wogenden Busen berühren. Dabei sticht es sich an
einer Nadel, Cupido erscheint ihm und belehrt ihn:

> Sais-tu pas bien que de rose est son sein,
> Et qu'une rose a tousjours des espines?

Das Dekolleté spielt auch eine Rolle in „Que de douleurs pour une absence".[126]
Der unter der Trennung leidende Liebhaber ruft sich in poetischen Bildern
vor Augen, was er sah und doch nicht wirklich sehen durfte:

---

[123] Der Name einer Mlle de la Goutte Bernard findet sich schon in drei weiteren
Gedichten dieser Handschrift (S. 29–31). Über eine geschichtliche Person dieses Namens konnte d'Estrée jedoch keine Informationen ausfindig machen (vgl. S. 105).
Möglicherweise sind auch die anderen beiden Gedichte zu diesem Themenkomplex
von dieser Sängerin inspiriert, das müssen aber Vermutungen bleiben, die letztlich
auch nebensächlich sind.

[124] *Œuvres inédites*, S. 54.

[125] *Œuvres inédites*, S. 39.

[126] *Délices*, S. 607–608. Vgl unten unter 6.1.8.1 Vorübergehende Trennung durch Abwesenheit.

Belles petites boules rondes
Mon souvenir delicieux,
[...]
Vallons ou mon desir s'egare
Unique berceau des Amours,
Faut-il qu'une blancheur si rare
Noircisse le fil de mes iours.
[...]
Heureux si dans ses fleurs escloses
Mes pensers sont ensevelis
Ils auront un tombeau de roses
Semé de perles & de lys.

Der Busen ist weiß, rein, birgt aber gleichzeitig wie die perfekte Schönheit der Rose für den Liebenden die Gefahr, sich zu verletzen, oder sogar, wie die Liebe überhaupt, die Gefahr seines Untergangs:

Rocher blanc couronné d'espines
Heureux qui pourroit t'approcher,
Et comme les poulpes marines
Mourir colé sur ce rocher.

Mais le Ciel tout noircy de rage
Desrobe à mon cœur ce pouvoir,
Et me contraint faire naufrage
Contre un bel escueil sans le voir.

Auch durch die Gestaltung dieses Aspekts des weiblichen Porträts knüpft Motin an eine lange literarische Tradition an. Die von den Dichtern der „Pléiade" vielfältig gestalteten Bilder zum Themenkreis „la belle poitrine" gehen zurück auf Ariost.[127] Kunstvolle Fortführung erfährt das Motiv bei Marino.[128]

6.1.2.5 Das graue Kleid/STANCES DU GRIS

Die *Stances* „La beauté des beautéz, mon bien-aimé tourment"[129] feiern das graue Gewand der Geliebten und das Grau als Farbe. Wie Abraham de Vermeil in seinen „Stances, sur le Gris": „L'Amour est un beau feu que l'Eternité saincte"[130] definiert Motin es als die Farbe der Mitte:

---

[127] Vgl. Henri Weber, *La création poétique au XVIᵉ siècle en France, de Maurice Scève à Agrippa d'Aubigné*, Paris 1956, Bd. I, S. 286–290: „Le sonnet blason: La belle poitrine".

[128] Vgl. Klesczewski, a.a.O.

[129] *Œuvres inédites*, S. 68.

[130] *Poésies*, S. 112–114.

> Comme estant le milieu: c'est le gris amoureux,
> Filz de la coulleur blanche et de la coulleur noire.

Bei Vermeil heißt es: „Le Gris est le milieu de deux couleurs extresmes,"
(S. 113). Dort wird aus der (goldenen) Mitte die Tugendhaftigkeit des Grau
abgeleitet, und auch Motin spricht der Farbe moralische Qualitäten zu,
indem er sie von der Farbensymbolik des Schwarz und Weiß abgrenzt. Interessanterweise steht Weiß hier nicht für Unberührtheit, Makellosigkeit:

> Jamais n'ayma le blanc, subject au changement,
> Qui, facille à souiller, trop tost se decolore.
>
> Jamais aussy du noir elle n'a faict de cas,
> Car le noir est temoing d'une amere tristesse,
> Allors que nous pleurons d'un amy le trespas.
> Ceste couleur n'est propre à sa belle jeunesse.

Bei Vermeil führen die philosophischen Überlegungen zum Wert des Grau in
Natur und Mythologie zu einem indirekten Herrscherlob:

> Qui te peut honorer par des loüanges dignes,
> Beau Gris, le favori du grand Roi des François,
> Il a conjoinct à toi tant de Palmes insignes,
> Que je perds t'admirant et l'esprit et la voix.[131]

Motins *Stances* hingegen enden überraschend mit einem erotischen
Wunsch:

> O Dieux! si le pouvez, je vous pry, changez-moy
> En la couleur de gris pour couvrir ma maistresse.

Das Epigramm „Le gris est la couleur de cendre"[132] greift diesen Gedanken auf
und zieht das petrarkisierende Bild vom Grau als Farbe der Asche und somit
Symbol für das, was übrig- und ewig bleibt (le Sieur de la Roque) in den Kontext der Tavernenlyrik:

> Le gris est la couleur de cendre
> Le feu a la cendre est conioint
> Ce manteau gris ne couvre il point
> Le feu qui fait le vit estendre.

---

[131] Diese Vorliebe Heinrichs IV. für Grau (vgl. Lafays Anmerkung, S. 112) erklärt,
warum sich auch noch andere Dichter veranlaßt sahen, über das Grau zu schreiben.
So z.B. noch le Sieur de la Roque, „Couleur, qui tesmoignez la peine qui me tuë", in:
Les Muses ralliées, Blatt 285r–285v°.

[132] *B.N. Ms.fr. 2382*, f. 5v°. Eines der von d'Estrée nicht edierten Gedichte.

Aufgrund der moralischen Qualitäten der Farbe könnte man sich Motins ideale Geliebte also in Grau gekleidet vorstellen, wobei er dieses Ideal durch das zweite Gedicht schon wieder ironisiert.

6.1.2.6 Bildnis der Geliebten

Der Vierzeiler „Peintre qui de ta main découvre un million"[133], ein Lob auf die Schönheit der Geliebten, findet zu seiner hyperbolischen Aussage, indem er den Maler warnt, sich nicht wie Pygmalion in das Kunstwerk zu verlieben. Den gleichen Gedanken faßt Motin in den lateinischen Zweizeiler:

Audax, qui Mariae vultus effingere tentas,[134]
Siste, tuo ne sis crimine Pygmalion.

Das Motiv des für den Maler gefährlichen Porträts findet sich auch in Vermeils Sonett: „Peintre qui veux avoir une œuvre façonnée"[135].

Bewunderung für die Kunstfertigkeit und Standhaftigkeit des Malers drückt das lyrische Ich aus in dem Gedicht „Sur un portrait": „Que je l'estime audacieux"[136].

Diese Gedichte können als eine Art Resümee gesehen werden für die bisher zu diesem Aspekt besprochenen unterschiedlichen Teile eines Porträts: die idealen Elemente, zu einem Bildnis vereint, rauben den Verstand.

6.1.2.7 Die Frau als Blume

Da also ein getreues Abbild der idealen Geliebten verhängnisvoll sein kann, wählt der Dichter stattdessen manchmal die zentrale Metapher der Blume.

Das Sonett „Je ne m'estonne point de la trouppe indiscrette"[137] verteidigt die Ehre einer Marguerite gegen „crapaux odieux", die diese zarte Frühlingspflanze verderben wollten.

Das Gedicht „Je chante les pacquettes"[138] wird durch die Widmung und die Namensnennung in Strophe acht ausdrücklich Motins Cousine Marguerite zugeordnet. Die Margeriten werden, botanisch nicht ganz korrekt, mit Gänseblümchen gleichgesetzt und als Frühlingsboten gefeiert. Durch das Frühlingssternbild des Widders wird die Verbindung zur Mythologie geknüpft, indem Motin assoziativ den Bogen zum goldenen Vlies und der

---

[133] Œuvres inédites, S. 99.
[134] Œuvres inédites, S. 98.
[135] a.a.O., S. 43.
[136] Délices, S. 614–616, Besprechung unter 6.1.8.1 Vorübergehende Trennung durch Abwesenheit.
[137] Œuvres inédites, S. 17. Vgl. unten unter 6.1.2 Die tugendhafte, schöne Geliebte.
[138] Œuvres inédites, S. 69–71.

verhängnisvollen Liebe von Iason und Medea schlägt.[139] Es treten noch Cupido, Mars, Cypris[140] und Zephir auf. Neben der weißen Farbe der Margerite
wird auch ihr Duft gerühmt. Schon durch diese Vorzüge sticht sie alle anderen Pflanzen aus, so auch die „violette de Mars".[141] Die der Pflanze fälschlicherweise (d'Estrée, S. 109) zugeschriebenen Heilkräfte gegen Brustentzün-
dungen und Fieber dienen wohl nur als Vorwand, die guten Kräfte der
Pflanze im Hinblick auf eine zukünftig möglicherweise erforderliche Heilung
einer „poictrine amoureuse" Margueritens zu beschwören. Die Tatsache, daß
Marguerite noch nichts weiß von den Leiden der Liebe, scheint darauf hinzu-
deuten, daß sie noch ein Kind ist. Dafür spricht auch die Frühlingsszene vom
Anfang. Die beiden Schlußstrophen greifen das barocke Lieblingsthema der
Vergänglichkeit auf. Hierin unterscheiden sich Blüte und Mädchen. Während
die Blüte verwelken muß, braucht Marguerites Anmut das Wirken der Zeit
nicht zu fürchten. Wenn man die verbreiteten, auch von Motin verfaßten,
Gedichte über die häßliche Alte betrachtet, kann diese Aussage jedoch nur als
frommer Wunsch angesichts der erblühenden Schönheit betrachtet werden.
In der letzten Strophe charakterisiert das lyrische Ich sich als „constant" und
gesteht seine Liebe:

> Je chéris d'amitié pareille,
> Sinon que j'ay l'une à l'oreille,
> Et que l'aultre je l'ay au cœur.

In der Ode „Allons voir les deux Marguerites"[142] werden die Blumen als ide-
ales Abbild der beiden hier besungenen Mädchen gesehen. Es soll sich um
Motins Cousinen handeln, die beide den Namen Marguerite tragen (d'Estrée,
S. IX):

> Vierges chastes, saintes et belles
> Dieu vous gard', fleurettes nouvelles:

---

[139] Dieses Motiv aus der Mythologie findet sich auch in „Blonds cheveux filets redoutables", *Sec. livre des délices*, S. 392–394.
[140] Ein anderer Name für Venus, die mit ihrem Liebhaber Mars drei Kinder hatte. Vgl.
Robert von Ranke-Graves, *Griechische Mythologie: Quellen und Deutung*, übersetzt
von Hugo Seinfeld, Reinbek bei Hamburg [13]2000, S. 56–57. So werden in die vordergründig unschuldige Verehrung des jungen, blumengleichen Mädchens wie
beiläufig Anspielungen auf die körperliche Liebe eingeflochten.
[141] Den Bezug zu dieser Blume stellt auch Passerat her in „La France courageuse, & l'Espagne animée," in: Jean Passerat, *Recueil des Œuvres poétiques de Ian Passerat, lecteur
et interprète du Roy: Augmenté de plus de la moitié, outre les precedantes impressions*,
hrsg. von Claude Morel, Paris 1606, S. 259.
[142] *Œuvres inédites*, S. 74–75. Der erste Vers knüpft durch die Wortwahl an Ronsards
berühmtes Gedicht „Mignonne, allons voir si la rose" (A Cassandre) an.

Aber auch hier haben die Mädchen den Blüten eines voraus:

> Ces deux belles jeunes Charites,
> Dont l'honneur, la beauté, le teint,
> Et le beau nom qui toujours dure,
> Ne craint pas de se voir atteint
> Ny du chaud ny de la froydure.

Diese Ode könnte inspiriert sein von Jean Passerats Marguerite-*Quatrains*: „Quatrains. Des trois Marguerites, pour reciter sur la Lyre": „Les trois Lis blancs iamais ne flestriront,"[143]. Die zunächst rätselhaften drei Margeriten werden hier aufgelöst als „Perles de Valois", von himmlischer Herkunft und Bestimmung. Es sind die Schwestern von Franz I. [d.i. Margarete von Navarra], Heinrich II. [d.i. Margarete von Frankreich und Karl IX. [d.i. Margarete von Valois].[144] Sowohl bei Passerat als auch bei Motin werden die Margareten apostrophiert als Grazien („Charites") und beide Dichter setzen sie in Beziehung zur Sonne.

Die *Quatrains* scheinen auch den Schlüssel zu liefern für die drei französischen Prinzessinnen gleichen Namens in dem Sonett „Vision des trois Marguerites": „Au milieu d'un beau pré ie vei trois belles fleurs;"[145]. Noch in einem weiteren Sonett wird explizit der Bezug zur Herrscherfamilie hergestellt: „Des deux Marguerites, sœur & tante du Roy."[146]. Als Schwester der beiden Könige Karl IX. und Heinrich III. ist Margarete von Valois gemeint, die Tante ist Margarete von Frankreich.

Wenn auch Motins Marguerite-Gedichte über die Schönheit, Tugendhaftigkeit und Heilkraft der Blume/Frau zunächst durch seine eigenen Verwandten motiviert scheinen, so hatte er möglicherweise auch Kenntnis von den Gedichten Jean Passerats und wurde wie dieser vom Wunsch getrieben, durch literarische Ehrerbietung gegenüber der Herrscherfamilie Aufmerksamkeit zu erregen, sowie Anerkennung (und möglichst Belohnung) zu finden. Damit käme ihnen auch ein wenig der Charakter von Lobgedichten zu.

Doch die Tradition der Margeriten-Gedichte reicht noch weiter zurück. Jean Froissarts Ballade „Sus toutes flours tient on la rose à belle"[147] singt ein Loblied auf die Margerite, die zu jeder Jahreszeit schön sei und das

---

[143] *Œuvres Passerat*, S. 185–187.

[144] Margarete von Valois ist auch gemeint in „En tous combats dangereus", *Œuvres Passerat*, S. 309, wo Passerat mit den Bedeutungen von „Marguerite" und „Palme" spielt.

[145] *Œuvres Passerat*, S. 232–233.

[146] *Œuvres Passerat*, S. 259.

[147] Jean Froissart, *Ballades et rondeaux: édition avec introduction, notes et glossaire*, Paris, Genève 1978, S. 13–15.

Liebeswerben eines jungen Paares günstig beeinflusse. Seine Überzeugung fasst der Dichter in den Refrain „Sus toutes flours j'aime la margherite". Möglich ist natürlich auch, daß „Marguerite" von Motin nur in seiner etymologischen Bedeutung „Perle" als ehrenvoller, poetischer Name verwendet wird. Margarete von Navarra hatte 1547 selbst eine Anthologie mit dem Titel *Les Marguerites de la Marguerite des Princesses* veröffentlicht.[148] Auch ein Einfluß des Dichterkreises um die Königin Margarete von Valois ist denkbar.

6.1.3 Die tugendhafte, schöne Geliebte

In drei Sonetten der *Œuvres inédites* wird die tugendhafte, schöne Geliebte besungen. „Je ne m'estonne point de la troupe indiscrette" (S. 17) nimmt den Namen der Cousine Motins[149] zum Anlaß, diese Marguerite mit der Reinheit und Tugendhaftigkeit einer Blume zu vergleichen. In „Elle a medit, superbe, indiscrette, insensée" (S. 33) wird die Tugend einer anderen, wie d'Estrée (S. 101) meint, realen Geliebten Motins (Mlle de la Croix) gegen die Anwürfe einer eifersüchtigen Rivalin verteidigt, wobei der Familienname auch hier Anlaß bietet zu Anspielungen auf das christliche Kreuz. Das dritte Gedicht „L'orgueil suit la beauté, comm' le frère la seur;" (S. 37) ist an eine Marie de Mottet[150] gerichtet und besingt ihre vollkommene seelische und körperliche Schönheit.

6.1.4 Liebesfreuden

Schon die Zahl der Gedichte zu diesem Themenkomplex ist verschwindend gering im Vergleich mit den mehr den Aspekt des Leidens an der Liebe betonenden Versen.

In den *Stances* „Que le soleil naisse ou meure sous l'onde"[151] jubiliert ein unbändig verliebtes lyrisches Ich sein Glück hinaus. Geradezu entrückt von den irdischen Sorgen, empfindet der Liebende überirdisches Glück und fragt sich, ob er sich nicht etwa in einem Traum befinde. Die Geliebte gewinnt

---

[148] Vgl. Heinrich Morf, *Geschichte der französischen Literatur im Zeitalter der Renaissance*, Straßburg ²1914, S. 65, sowie ebenfalls Raoul Morçay, Armand Müller, *La Renaissance. Histoire de la littérature française 2*, Paris 1960, S. 201, die den Titel der Anthologie allerdings fälschlicherweise als „La Marguerite de la Marguerite [...]" zitieren.

[149] Vgl. d'Estrée, S. 103.

[150] Diese Frau ist laut d'Estrée, S. 106, biographisch nicht nachzuweisen.

[151] *Les Délices de la poésie Françoise, ou Recueil des plus beaux vers de ce temps*, Paris: Toussainct du Bray, 1615, S. 576–579.

sogar den Vergleich mit der Sonne.[152] Den Vers „Que de beautez de graces
& de charmes," der 6. Strophe zitiert Motin im *Incipit* der Elegie „Que de
grâces, d'attraicts et de jeunes beautez"[153] und er taucht auch noch einmal
auf in „Leve, bel arbre, au Ciel la teste,"[154]: „Le ieu, la grace, & les attraits,".
Der Liebhaber sieht sich umschwebt von Amoretten, die ihm engelsgleich
das Paradies verheißen. Er hat das Gefühl, vor der Erfahrung dieses höchsten Glückes nicht wirklich gelebt zu haben. Nach diesem Höhepunkt des
Gefühlsrausches bringt die achte Strophe eine überraschende Wendung: das
lyrische Ich entschließt sich zu schweigen, damit der „excez de son aise"
nicht bekannt werde. Eine Liebe, von der man bei Hofe[155] wisse, sei dem
Untergang geweiht. So entschließt der Liebende sich, sie zu hüten wie einen
Schatz und sie sich durch nichts entlocken zu lassen. Das Adjektiv „contents"
des letzten Verses nimmt das „contentement" der ersten Strophe wieder
auf.

Dagegen mutet das Sonett eines nach längerer Werbung erhörten Liebhabers, „Je ne sçay quel demon qui preside aux amours"[156], trotz der Ich-Form
geradezu unbeteiligt an. Handwerklich gekonnt werden Schlüsselbegriffe
traditioneller Liebeslyrik variiert, um die Zeit des Liebeswerbens zu charak-
terisieren: „attente (2x), tourment/tourmenter, maux, peine". Nun hat das
lyrische Ich erreicht, was es ersehnte: „un bien, heureuse faveur, bonheur,
faveurs secretes". Die Umworbene hat ihren Widerstand früher aufgegeben
als der Liebende es zu hoffen wagte: „avant le temps". Die Liebe wird als
Geschäft gesehen (im übertragenen Sinne): „payer vos debtes", und durch
die zweimalige Wiederholung des Verbs wird das besondere Glück, die Steigerung der Liebesseligkeit unterstrichen:

Ainsi j'auray l'honneur de vos faveurs secretes,
Et vous aurez l'honneur de bien payer vos debtes:
Payer avant le temps, c'est payer doublement.

---

[152] In kunstvoller Vollendung findet sich dieses Motiv bei Motins Zeitgenossen
Abraham de Vermeil: „Un jour mon beau soleil miroit sa tresse blonde" in: Abraham
de Vermeil, *Poésies, édition critique avec une introduction et des notes par Henri Lafay*,
Genève, Paris: Droz 1976, S. 42. Vgl. zu „La belle matineuse", ein Thema, das auf
die italienischen Petrarkisten zurückgeht, Weber, a.a.O., Bd. I, S. 304–307. Weitere
Beispiele aus dem 17. Jahrhundert finden sich bei Jean-Pierre Chauveau (Hrsg.),
Anthologie de la poésie française du XVIIᵉ siècle, Paris 1987, S. 244 und 453 (Malleville)
sowie S. 254 und 485 (Voiture).
[153] *Délices*, S. 570–576.
[154] *Délices*, S. 592–594.
[155] Vgl. unten die Gedichte gegen das Hofleben, Gliederungspunkt 6.3.4.
[156] *Œuvres inédites*, S. 34.

In anderer Weise zwiespältig ist auch das Chanson „Qu'un homme endure doucement"[157]. Das lyrische Ich genießt das süße Liebesleid, das der Dichter durch mehrere Oxymora wiedergibt, aber auch den Trost, den ihm die traditionellen Attribute der Angebeteten vermitteln: „bel œil, son ris, cheveux". Der Titel „Sur l'anagramme de X... – Digne charme à l'amant"[158] weist dem als Refrain wiederkehrenden Vers mit diesem Ausdruck einen besonderen Stellenwert zu. Das Gedicht lebt von der immer wieder aufs Neue zu leistenden Stilübung, ein *Quatrain* zu verfassen, das in diesen Vers mündet.

Der in den *Stances* „Leve, bel arbre, au Ciel la teste,"[159] verherrlichte Baum entpuppt sich als Requisit eines Schäferstündchens. Ein neutraler Beobachter beschreibt, poetisch verbrämt, die Liebesszene, die sich im Schatten dieses Baumes abgespielt hat. Es findet sich die Feuer-Metaphorik: „braise, esteint-allumé, ardeurs, feux", das Thema des Leidens an den Augen der Geliebten („Au mal qu'un bel œil faict sentir") und der Vergleich mit der dem Menschen so vielfältig nützlichen Palme[160]. Da der die Liebenden beschützende Baum Amor so gastlich gesinnt sei[161], sollten aus seinem Holz jedoch dereinst die Liebespfeile geschnitzt werden.

In den *Stances* „O qu'il pleuvoit ce iour là"[162] durchzieht das Motiv des Gewitterregens alle sieben Strophen. Der Regen ermöglicht erst das Zusammensein mit der Geliebten (Verse 5/6, 22/23/24, 6. Strophe, in der ein weiterer Verehrer erwähnt wird, dessen Tränen den Regen steigern). Die antithetische Spannung („Ie benis l'effet si doux/D'une si fascheuse cause", Verse 5/6) zwischen den Unbilden der Natur und dem Glück, mit der Angebeteten, die

---

[157] *Œuvres inédites*, S. 95–96.
[158] D'Estrée hat dieses Anagramm dankenswerterweise entschlüsselt als zu dem Namen Magdeleine Mareschal gehörig. *Œuvres inédites*, S. 111. Zur Person dieser Geliebten vgl. oben unter Versuch einer Biographie. In den Jugendwerken findet sich ein weiteres Anagramm-Gedicht: „Cithere, qui de nom fais revoir Cytherée,", das schon die Überschrift ausweist als „Anagramme sur le nom de Damoiselle Catherine Genton: Cithere gent a nom" (S. 16). Vgl. unten 6.1.5.1 Verzehrende Liebe und oben 3 Versuch einer Biographie.
[159] *Délices*, S. 592–594.
[160] On parle de l'arbre fort rare
      D'une Isle heureuse l'ornement,
      Qui sert à la troupe barbare,
      De couverture & d'aliment. *Délices*, S. 593.
[161] „Sur toy vole Amour & sa troupe
      Le ieu, la grace, & les attraits," *Délices*, S. 593.
[162] *Sec. livre des délices*, S. 443–444. Es geht in diesem Gedicht zwar ganz eindeutig um körperliche Liebe, da die Dinge aber nicht beim Namen genannt werden, handelt es sich in diesem Fall nicht um Tavernendichtung.

schon durch ihre Schönheit (2. Strophe), aber auch durch ihre Blicke (Vers 19 u. 25) das Verlangen des Liebhabers steigert, allein sein zu dürfen, wird mit immer neuen Facetten durchgeführt bis hin zu der typisch barocken paradoxen metaphorischen Pointe „Pensant me sauver de l'eau/Me vient jetter dans la flame" (Verse 41/42).

Die Motin zugeschriebenen *Stances* „Une trouppe de Damoiselles" sind nur im *Cabinet satyrique* signiert, laut Fleuret/Perceau sind sie schon 1598 erschienen, signiert mit „Chaulvet".[163] Das Gedicht könnte von Motin sein, da z.b. das lyrische Ich sehr präsent ist, er hätte die Situation eines Pfänderspiels mit jungen Damen aber vielleicht für eine weniger „süßliche" Schilderung genutzt. Somit würde ich auch die Erstattribuierung für die wahrscheinlichere halten.

6.1.5 Liebesgefängnis

Auf das Bild des Liebesgefängnisses wird in dem Sonett „Je venois de laisser ma Jehanne qui despouille"[164] mit leichter Feder Bezug genommen. Dem Leser wird – vor allem dank der wörtlichen Rede – sehr lebhaft eine nächtliche Straßenszene vor Augen geführt, bei der das lyrische Ich auf dem Rückweg von der Geliebten in eine Kontrolle durch Gendarmen gerät. Auch auf Lokalkolorit wird nicht verzichtet, durch die Erwähnung von „la Tour", einem der Hauptverteidigungsbauwerke der Stadt,[165] wird die Szene eindeutig in Bourges angesiedelt. Mit einem humorvollen Hinweis auf das Liebesgefängnis begründet das lyrische Ich seine Flucht vor der Verhaftung durch die weltliche Macht.

6.1.6 Liebesleid

Das Paradox des Liebesglücks und gleichzeitigen Liebesleids ist spätestens seit Petrarca ein sehr gängiger Topos. In der Generation vor Motin hat Louise Labé das Motiv in dem Sonett „Je vis, je meurs: je me brule et me noye" in eindringlichen Bildern gefaßt.[166]

---

163 *Le Cabinet satyrique*, S. 345–347. Fußnote S. 345. verweist auf Bonfons, Nicolas et Pierre (Hrsg.), *Recueil de plusieurs diverses poésies tant de M. du Perron que des Sieurs de Bertaud, de Porchères et autres*, Paris 1598, leider ohne Seitenangabe.
164 *Œuvres inédites*, S. 19.
165 Vgl. d'Estrée, S. 104.
166 Louise Labé, *Œuvres complètes*, éd. par Enzo Giudici, Genève 1981, Sonett VIII, S. 148.

6.1.6.1   Verzehrende Liebe

Von den 24 Gedichten, die sich diesem Themenschwerpunkt zuordnen lassen, entstammen 14 der von d'Estrée edierten Handschrift *B.N. Ms.fr. 2382*. Laut d'Estrée (Widmung) handelt es sich um Motins Jugendwerke. Dies würde bedeuten, daß Motin sich als junger Dichter noch stärker an petrarkisierenden Vorbildern orientiert hätte und in späteren Werken diese Themen zugunsten anderer etwas zurückgestellt hätte.

Der Liebhaber in „Je veulx, mon cœur, maulgré ce populaire"[167] weiht sich dem Feuer der geliebten Augen und bekräftigt diesen Schwur ewiger Treue mit einem treffenden Vergleich:

> Helas! Je suis au phœnix comparable:
> J'allume un feu qui me doibt consumer.

Allerdings bedeutet dieses den Phönix verzehrende Feuer ja gleichzeitig auch Selbsterneuerung, so daß durch diesen Vergleich noch metaphysische Dimensionen eröffnet werden, die über den reinen Treueschwur hinausreichen.

Das lyrische Ich in dem Sonett „Seul & divin subject de mes contentements"[168] ist glücklich über die Leiden und die den Liebenden verzehrende Liebesglut. Das Gedicht schließt mit einem schönen Paradoxon: Der beste Beweis für die Festigkeit der Liebe sind die Seufzer aus Luft. Der Schlußpunkt dieses Liebesschwurs ist das barocke Schlüsselwort „vent"[169].

In den *Stances* „Permettez-moy que je souspire"[170] geht es nur um die Seufzer als Sprache des sich in Liebe verzehrenden Herzens, dem es von der Gelieben untersagt ist, sich laut zu beklagen.

Auch der leidende Liebhaber in den *Stances* „Deserts tesmoings de mes pensées"[171] kann sich nur der Wildnis des Waldes anvertrauen.[172] Die Beschreibung der Frau wird in traditioneller Weise beschränkt auf ihre Augen und das durch sie entzündete Liebesfeuer. Das abschließende Versprechen ewiger Liebe wird bekräftigt mit einer Reihung von drei Adynata, die aus dem Bereich der Natur gewählt sind und zugleich topische Motive der Liebeslyrik neu aufnehmen:

---

[167]   *Œuvres inédites*, S. 27.
[168]   *Sec. livre des délices*, S. 391.
[169]   Vgl. „J'ay de vuide le cerveau", in: *La Quintessence satyrique*, S. 47, und die Besprechung unter 6.3.2 Gedicht als Geschenk.
[170]   *Temple*, S. 15.
[171]   *Sec. livre des délices*, S. 413–414.
[172]   Dieses Thema der Zwiesprache mit der Natur findet sich auch in den *Stances* „Que je te hay penser trop arresté" (*Sec. livre des délices*, S. 404–406).

Le Soleil sera sans couronne,
Et le iour d'estoilles paré,
Premier que i'en sois separé,
Et que iamais ie l'abandonne;
Lors que ie vivray sans l'aymer,
Les Mirthes croistront dans la Mer.

In der Gausserie „Beauté qui sur mon cœur exercez vostre Empire,"[173] wird die Lyrik der verzehrenden Liebe ins Lächerliche gezogen. Die „Beauté" der ersten Strophe wird in der zweiten entlarvt als das Medusenhaupt, das sich auf Waffen fand. In den Strophen vier und fünf entzieht ihr das lyrische Ich gar sein Interesse, und die Anrede richtet sich fortan an die Titanen. Im Sinne einer literarischen Spielerei wird eine Vielzahl von ausgefallenen mythologischen Gestalten versammelt, die sich für den heutigen Leser mit Hilfe von Spezialenzyklopädien entschlüsseln lassen, in ihrer Bedeutung für die Gesamtaussage des Gedichtes aber geradezu austauschbar erscheinen. Mehrfach erwähnt werden einzig die Titanen, sie motivieren die Nennung anderer mythologischer Namen, so daß das Tableau in sich durchaus stimmig wirkt.[174] Ziel der zur Schau gestellten Belesenheit ist eine Parodie auf die petrarkisierende Liebeslyrik, die mit gelehrten Vergleichen arbeitet, denn

---

[173] *Sec. livre des délices*, S. 441–442.

[174] Korybanten: dämon. Begleiter der Kybele, orgiast. Tänze vollführend (*Brockhaus*, Bd. 12. S. 390) Mit „Coribant Archer" könnte in grotesk übertreibender Apostrophe einfach Amor gemeint sein.
Clitias: berühmter griechischer Vasenmaler, auf dessen Hauptwerk u.a. die Szene von Perseus Kampf mit den Gorgonen erscheint. Vgl. *Grand Larousse encyclopédique en dix volumes*, 1960, Bd. 1.
Melas: Es könnte Melas von Chios gemeint sein, Stammvater einer berühmten Bildhauerfamilie. Vgl. *Paulys Realencyclopädie der classischen Altertumswissenschaft* XV, 1, 1965, S. 441.
Denkbar wäre auch folgende Bedeutungsspielerei Motins: Clitias (Bildhauer, Gorgonen) – Melas (Bildhauer, gleichzeitig, in Verbindung mit dem sonst unerklärten „l'escu", liegt, auch lautlich, die Assoziation „l'écu de Pallas" nahe, was die „armes Gorgontées" des nächsten Verses vorbereiten würde.)
Arimaspoi: ein Volk von Einäugigen im Norden Europas, das das von den Greifen bewachte Gold raubte. Vgl. *Paulys Realencyclopädie der classischen Altertumswissenschaft* II, 1, 1965, S. 826.
Titan ist der Sohn des ersten Herrschers Uranos und seiner Frau Hestia, die auf Panchaïa lebten. Vgl. *La Grande Encyclopédie*, Bd. 16, S. 889. (Deshalb erwähnt Motin die „Panchaïques fleurs". Die Großnichte von Titan, Athene, trug das Gorgoneion auf ihrem Schild).
Panchaïa: erdichtete Insel im Indischen Ozean, ein fabelhaftes Weihrauch- und Gewürzland, ein Idealland. Vgl. *Paulys Realencyclopädie der classischen Altertumswissenschaft* XVIII, 3, 1965, S. 493–494.

letztlich wird hier einer vorgeblichen Schönheit nur in poetisch äußerst ver-
brämter Form gesagt, sie sei ein Monster.

Mit dem Sonett „Ces pas en vain espars affin que je te visse"[175] beschreibt
Motin die innere Zerrissenheit des sich verzehrenden Liebhabers und das fun-
damentale Paradoxon, das er lebt: jede denkbare Möglichkeit des Verhaltens
seiner Geliebten läßt ihn nur aufs neue leiden. Diese Verhaltensalternativen
werden einander sprachlich gegenübergestellt, oft in paralleler Konstruktion bis hin zum bemerkenswerten *Distichon* der Pointe mit fast identischer
sprachlicher Fassung der beiden Verse:

> Aussi, en te voyant, je debvois estre en feu,
> Aussi, ne te voyant, je debvois estre en flame.

Der unglückliche Liebhaber in den *Stances* „Mon Dieu! que le penser est un
peintre sçavant!"[176] führt sein Leiden auf die Macht der ihn in Sehnsucht
verzehrenden Gedanken („penser inconstant") zurück, die seinem Verlangen entspringen. Der Verstand führt einen aussichtslosen Kampf gegen den
Gedanken, das Kind der Seele. Die fatale Wirkung der verzehrenden Leidenschaft wird mit zwei Vergleichen aus der Natur verdeutlicht:

> Tu ressemble [sic] à ce ver qui naist dans une pomme,
> Fait la guerre à sa mere, et la mange à la fin.

> Je ne sçaurois aussy de moy te deschasser,
> Si je ne voy bientost que mon ame te face
> De mesme que le singe, amoureux de sa race,
> Qui meurtrit ses petits pensant les caresser.

Auch das *Chanson* „Contre l'espoir": „De tous les tourmens amoureux"[177] ist
den Qualen der Liebessehnsucht gewidmet. Das Bild des Gemarterten, dem
der Henker Wasser reicht, um seine Qualen zu verlängern (Strophe 4), findet
sich auch als Vergleich in Strophe 6 in dem *Chanson* „Ma belle et chere fueille
morte," (S. 88–90).[178] Der abschließende Vergleich zwischen Traum und Hoffnung führt zu dem Schluß:

Drïaden: Waldnymphen.

Thermodon: Fluß in Kleinasien, an dessen Ufern die Amazonen lebten. Vgl. *Grand
Larousse encyclopédique en dix volumes*, 1964, Bd. 10.

[175]　*Œuvres inédites*, S. 45.

[176]　*Œuvres inédites*, S. 66–67.

[177]　*Œuvres inédites*, S. 86–87.

[178]　L'espoir fait l'amour eternel;　　　　L'esperance est d'Amour nourrice:
　　　　C'est un bourreau plein de furie,　　Elle ressemble à l'eau que boit
　　　　Qui donne à boire au criminel　　　Un criminel, sur le supplice,
　　　　Pour croistre son mal et sa vie.　　Qui sa vie et son mal accroist.

Et l'esperance est proprement
Le songe d'un homme qui veille.

Die anderen Sonette und Chansons aus den Œuvres inédites wirken auf den heutigen Leser ein wenig wie petrarkisierende Stilübungen. Das lyrische Ich in „Ma bouche est tout en feu: je sens par ma chemise" (S. 44) beschreibt die physischen Auswirkungen der Anspannung vor einem Rendezvous. Wieder wird die Macht der Augen der Schönen gegen die der Sonne ausgespielt. Der Liebhaber, zunächst hin- und hergerissen zwischen dem Wunsch, von den Strahlen der geliebten Augen verschont zu bleiben, sehnt sich dann doch diesen Tod herbei. In „Je m'en vais à Charlet, auprès du quay aux Dames," (S. 53)[179] benutzt Motin den Vergleich mit der Sonne, um zu zeigen, daß man sich anders als vor ihren Strahlen vor den Pfeilen Amors nicht schützen kann. In dem Sonett „Au moins si dans mon cœur tu choisis ta demeure" (S. 46) droht Amor, der im Herzen des lyrischen Ichs wohnt, dieses zu verbrennen, doch auch verjagen kann es ihn nicht, denn Amors Flügel sind tränennaß. Das Sonett „Cithere, qui de nom fais revoir Cytherée" (S. 16) baut auf einem Anagramm des Namens Catherine Genton auf: „Cithere gent a nom"[180]. Selbstverständlich gewinnt die Angeredete den Vergleich mit Venus.

Das Sonett „Grand Apollon, par tes traicts, par ta lyre" (S. 13) ist betitelt „Lorsque le voisin de Marie mourut de peste" und gibt somit als Anlaß für das Gedicht eine Pestepidemie vor.[181] Das lyrische Ich ruft Apollo an[182] und bittet ihn, mit seinen Pfeilen, seiner Leier, seinen Lichtstrahlen und seinem Lorbeer die Krankheit abzuwenden, und sei es nur Amor zuliebe, der ja in Marie eine Wohnung gefunden habe.

Das Motiv des verliebten Dichters wird thematisiert in „Que vous estes heureux, si vous pouvez connoistre"[183]. Den Versen des lyrischen Ichs, das sich nach der Angebeteten verzehrt, ist in einer Art Stellvertreterfunktion alles das möglich, was dem Liebenden verwehrt bleibt: der Kontakt mit Augen, Hand, Busen. Doch so wie Herz und Seele des Mannes in Sehnsucht verbrennen, droht auch seinem Gedicht, in einem Anflug von weiblichem

[179] Zu den beiden Ortsbezeichnungen vgl. d'Estrée S. 107 und oben Kapitel 3 zur Biographie Motins.
[180] Zur Familie Genton vgl. d'Estrée S. 103 und oben Kapitel 3 zur Biographie Motins.
[181] Der Schwerpunkt liegt jedoch auf dem Aspekt der Liebesqualen, es werden nicht etwa die körperlichen Auswirkungen der Krankheit geschildert. Deshalb wurde auf die Einrichtung eines gesonderten Gliederungspunktes „Krankheit" verzichtet.
[182] Apollo sandte Pest und Tod ins Lager der Griechen vor Troia. Vgl. Herbert Hunger, *Lexikon der griechischen und römischen Mythologie: mit Hinweisen auf das Fortwirken antiker Stoffe und Motive in der bildenden Kunst, Literatur und Musik des Abendlandes bis zur Gegenwart*, Wien ⁸1988, S. 55.
[183] Œuvres inédites, S. 26.

Unmut ins Feuer geworfen zu werden. So schließt sich in der Pointe der Kreis des Liebesleids erneut.

Zwei Sonette, „Le soleil en tous lieux decouvre sa lumière" (S. 1–2) und „O Croix, qui de la croix ton beau surnom retire" (S. 24) nehmen den Familiennamen des geliebten Mädchens[184] zum Anlaß für Spekulationen über die Zukunft dieser Liebe, indem mit den Konnotationen des christlichen Kreuzes gespielt wird. Wie dieses verheißt auch die Frau Leiden und schließlich Erlösung.

Auch das Sonett „Fuyant la tirannie aux humains incroiable"[185] baut seine Pointe auf der Spannung zwischen dem christlichen Kreuz und dem Namen La Croix auf. Der Liebhaber zieht der Liebestyrannei die Flucht in eine unwirtliche Natur vor („Parmy la triste horreur du desert effroyable")[186].

Zwei weitere Gedichte, ein Sonett an Mlle de la Croix und eine Ode „à ma commere Jeanne" entwerfen konkrete Szenen in der Kirche, als eine der seltenen Gelegenheiten, die jungen Mädchen in der Öffentlichkeit zu sehen: „J'entens sonner la cloche, allons nous retirer;" und „Je vouldrois qu'un heureux daimon"[187]. Die geistliche Andacht tritt hier natürlich in den Hintergrund, und aus diesen unpassenden Gefühlen und deren drohender Entdeckung (durch einen „gros sacristain" bzw. den „pere Bernard") wird eine Spannung aufgebaut, die am Schluß der Gedichte jeweils pointenhaft aufgelöst wird.

In dem Sonett „Si le soleil vous brusle, o gentilles fleurettes" (S. 3) zitiert sich Motin mit dem Halbvers „chrystal de mes pleurs" selbst, den er schon in „Le soleil en tous lieux decouvre sa lumière" (S. 1–2) verwendet hat. Das Gedicht entwirft die Szene eines lyrischen Ichs im Gespräch mit Blumen. Der leidende Liebhaber kommt zu dem Schluß, daß ihn das Auge der Angebeteten derart verzehrt habe, daß noch nicht einmal genug von ihm übrigblieb,

---

[184] Zu dieser Mlle de la Croix vgl. d'Estrée, S. 101.

[185] Œuvres inédites, S. 28.

[186] Diesen Vers zitiert auch Lafay, S. 454, im Rahmen seiner Beschreibung der für Motin charakteristischen Merkmale: „la recherche de la solitude champêtre sauvage". Die Wildnis als Refugium des unglücklich Liebenden findet sich auch in „Deserts tesmoings de mes pensées, (Sec. livre des délices, S. 413–414.). Petrarca gestaltet dieses Motiv in dem Sonett „Solo et pensoso i più deserti campi" (Canzoniere XXXV), in: Francesco Petrarca, Canzoniere: Testo critico e introduzione di Gianfranco Contini, annotazioni di Daniele Ponchiroli, Torino 1964, S. 49.

[187] Œuvres inédites, S. 43 und S. 72–73. In „J'entens sonner la cloche, allons nous retirer;" gibt es allerdings zunächst auch den trennenden Aspekt des Kirchgangs: das lyrische Ich glaubt, la Croix nicht folgen zu können, da sie zu den Jesuiten geht. In „Mes pensers sont pareils aux chandelles de cyre," (Œuvres inédites, S. 42) ist es die Tante, die das Mädchen zur Kirche abholt und so gleichzeitig als Sittenwächterin fungiert.

um daraus eine Blume als Symbol für durchlittenes Liebesleid entstehen zu lassen.

In „Sur toutes les coulleurs j'ayme la feuille morte" (S. 7)[188] verbindet Motin Natur- und Farbensymbolik mit dem Bild des verzehrenden Liebesfeuers bis zu dem Schlußvers: „Vous monstre qu'un bois sec brusle mieux que le vert."

Das *Chanson* „Que ne t'enflames-tu, toi qui peux enflamer" (S. 85–86) benutzt die Metaphorik des Liebesfeuers. Die Augen der Geliebten versprühen es, und der Liebhaber trägt es als ihn verzehrendes Feuer im Herzen.

Das beherrschende Bild in dem *Chanson* „Ma belle et chere fueille morte," (S. 88–90) mit dem Titel „De la fueille morte, à Madame Marie"[189] ist das welke Blatt, das, von der Sonne getrocknet, sein Grün verliert, so wie der Liebhaber von den Flammen der geliebten Augen ausgezehrt wird. Der Vergleich mit einem Gemarterten in Strophe 6 findet sich auch als Bild in Strophe 4 des *Chansons* „Contre l'espoir": „De tous les tourmens amoureux" (S. 86–87)[190].

Die *Stances* „O nuict tant de fois desirée,"[191] sind in fünf verschiedenen Anthologien erschienen, entweder unsigniert oder dem Comte de Cramail zugeschrieben. Es handelt sich um eine Hymne an die Nacht, die den Liebenden Schutz bietet. Das Gedicht lebt von dem Kontrast zwischen der dunklen Nacht und dem sonnengleichen Licht der vom lyrischen Ich empfundenen Liebe, das die Nacht erhellt. Der Vergleich zwischen den Augen der Geliebten und der Sonne gehört zum Standard-Bildrepertoire petrarkisierender Liebeslyrik, auch bei Motin.[192] Das Gedicht könnte also sowohl von Motin als auch von Cramail sein. Unklar ist, worauf Lachèvre eigentlich seine Attribuierung an Motin gründet.

Ein weiteres Gedicht aus diesem Themenkomplex mit unsicherer Attribuierung sind die *Stances* „Au milieu des ennuis dont mon ame est la proye,"[193], die in zwei Anthologien Berthelot zugeschrieben werden und in

---

[188] Dieses Gedicht zitiert Lafay, S. 454, als Beispiel für „l'intensité de la souffrance amoureuse, la sensualité, la mélancolie". Es gibt aber meiner Meinung nach noch gelungenere Gedichte, auch in den Jugendwerken.

[189] Vgl. auch „Sur toutes les coulleurs j'ayme la feuille morte" (*Œuvres inédites*, S. 7).

[190] Siehe oben, Anmerkung 178.

[191] *Séjour Muses*, S. 110–112.

[192] Vgl. z.B. „Ma bouche est tout en feu: je sens par ma chemise" *Œuvres inédites*, S. 44. „Je m'en vais à Charlet, auprès du quay aux Dames," *Œuvres inédites*, S. 53. „Ma belle et chere fueille morte," *Œuvres inédites*, S. 88–90. „Que le soleil naisse ou meure sous l'onde", *Délices*, S. 576–579. „Quelle infortune a le pouvoir", *Sec. livre des délices*, S. 415–417.

[193] *Délices satyriques*, S. 72–73.

einer Handschrift mit „M." signiert sind, was ebensogut für Malherbe stehen könnte.[194] Die erste Strophe erinnert allerdings etwas an die *Etrennes* „J'ay de vuide le cerveau"[195]. „Le premier jour de May," korrespondiert mit „cest an nouveau" und auch der Unmöglichkeitstopos, etwas zu versenden, das man selber nicht hat, findet sich. „Chaud souspir" in der dritten Strophe könnte dem „vent" der *Etrennes* entsprechen, „cœur" findet sich in beiden Gedichten und die Bedeutung von „mon penser" hat Motin auch gestaltet. Allerdings sind dies nur vage Entsprechungen, so daß die Frage der Autorschaft offenbleiben muß. Die drei letzten Strophen sind Überlegungen über die Zeit gewidmet, da das lyrische Ich sich auf eine lange Wartezeit bis zur Erfüllung seiner Sehnsucht einrichtet. Die Gefahr von „desirs inconstans" weist er weit von sich, aufgrund der philosophisch-theologischen Erkenntnis:

> Car le nombre des ans, inventions humaines,
> Ne sont que des momens à la divinité.

Für Motin untypisch wäre jedoch der Schluß:

> C'est la cour seulement que l'amour represente;
> Ce ne sont pas les yeux, car l'amour n'en a point.

In zahlreichen Gedichten zeigen sich Motins Liebhaber ja geradezu besessen von der Macht der geliebten Augen. So scheinen mir diese *Stances* eher nicht von Motin zu stammen.

6.1.6.2   Die gesellschaftlich unmögliche Liebe

Ein weiterer Grund für das Leiden an der Liebe sind gesellschaftliche Hindernisse, die den Liebenden zwingen, sich mit Tagträumen zu begnügen. In dem Sonett „Mes pensers sont pareils aux chandelles de cyre"[196] ist es eine Tante, in den *Stances* „Temeraire grandeur, trop superbe et trop haulte"[197] ist es der hohe gesellschaftliche Rang der Angebeteten, die der Realisierung der Liebe im Wege stehen. Die *Stances* spielen mit der Vorstellung der Blitze, die die geliebten Augen aussenden, und nehmen, nicht ohne Eigenlob, wie d'Estrée (S. 108) anmerkt, Bezug auf den Dichterlorbeer, der Schlimmeres in Form von Existenzbedrohung durch ein hochherrschaftliches Unwetter abwendet. Ähnlichkeiten bestehen mit der Lage des Liebhabers in den Gedichten über die erzwungene Trennung (6.1.8.2), nur daß in jenen das Hindernis nicht von vornherein bestand.

---

[194] Vgl. Delisle/Macon, S. 194.
[195] *Quintessence satyrique*, S. 47, vgl. unten unter 6.3.2 Gedicht als Geschenk/*Etrennes*
[196] *Œuvres inédites*, S. 42.
[197] *Œuvres inédites*, S. 58–60.

6.1.6.3 Die unbeständige Geliebte

Die Unbeständigkeit der Frauen („esprit leger,/Bizarre, fantastic, volage et mensonger") wird dem lyrischen Ich bewußt, als er von La Croix bei einem Rendezvous versetzt wird. Das Sonett „Et tu n'es pas venue, après ta foy jurée"[198] sucht nach Gründen für das Fernbleiben. Die Sonne und ihre Hitze bzw. ihre dem Teint schadenden Strahlen sind kein hinreichender Grund, doch eine Erklärung bietet der Mond, unter dessen Einfluß die Geliebte am Montag stehe.

Auch in den Stances „J'accuse, en accusant une fille infidelle,"[199] ist es La Croix, die den Liebhaber enttäuscht hat. Erklärungen bieten ihm die (vermeintlichen) Gesetzmäßigkeiten der Natur:

> Au vent d'estre leger, aux filles de changer,
> Aux oyseaux de voller, c'est chose naturelle.

Immerhin wird diese Gleichsetzung in der folgenden Strophe schon relativiert:

> Mais aux filles d'avoir une infidelité
> Ce n'est un naturel, mais c'est une coustume.

Auch der Name des Mädchens bietet erneut Anlaß zu einer Gedankenspielerei in die gleiche Richtung:

> Car dessus les clochers on met tousjours des croix,
> Et sur les croix tousjours on met des giroüettes.

Da er nicht von ihr lassen kann, richtet er eine bewußt umstandlich formulierte flehentliche Bitte um Treue an die Frau:

> Puissay-je à l'advenir, si mon courroux augmente,
> Mentir en t'accusant d'une infidelité!
> Empesche moy tousjours de dire verité ...
> Fi de la verité! – je te pry que je mente.

In dem Sonett „Manceron, je vous pry, lisez Artemidore"[200] wird der Bericht von der Untreue der Geliebten in einen Traum verpackt, um dessen Deutung das lyrische Ich seinen Freund Manceron unter Zuhilfenahme des Traumbuches von Artemidor bittet.[201] In dem Traum hat sich die Dame in seinen

---

[198] Œuvres inédites, S. 41.
[199] Œuvres inédites, S. 56–58.
[200] Œuvres inédites, S. 47.
[201] Vgl. d'Estrée, S. 107 mit Erläuterungen zur urkundlich belegten Familie Manceron und zu dem antiken Autor Artemidor.

Fechtpartner verliebt und den Mann für ihn verlassen. Charakterisiert wird der andere im wesentlichen über die Herstellung von mythologischen Bezügen: „Son bras estoit d'un Mars, et ses yeulx d'une Aurore." und „Suyvit cest Adonis, parjure, detestable." Die Erwähnung von Mars läßt vermuten, daß es sich bei dem Rivalen um einen Soldaten handelt[202], und somit wäre auch ein Bezug hergestellt zu dem Sonett „Les soldatz sont trompeurs: ceux qui suivent la guerre"[203]. Nebenbei thematisiert Motin in diesem Gedicht seine Kunst; er spricht von seinen Versen und spielt im letzten Terzett etwas selbstgefällig auf seine Lorbeeren an.

Der erste Vers der *Stanses* „Soleil cache ta tresse blonde"[204] verweist auf Abraham de Vermeils berühmtes Sonett „Un jour mon beau Soleil miroit sa tresse blonde"[205], das allerdings vollkommenes Liebesglück beschreibt. Auch bei Motin wird die Geliebte als Sonne bezeichnet, der Vergleich wird jedoch nicht fortgeführt. Motins lyrisches Ich beklagt sich in traditionellen Wendungen nach Jahren treuer Gefolgschaft über die Untreue der Geliebten. Sie ist „ingratte", „infidelle", ihr Verhalten, von „ingratitude" gekennzeichnet, ein „crime/Que personne n'excuse, & nul ne punit.". Wieder sind es seine Gedanken („penser"), die ihm ihre Schönheit vor Augen führen und ihn quälen.[206] Sein Leiden ist schlimmer als der Tod, denn „ie meurs de ne pouvoir mourir". Dieses auf einer Paronomasie aufbauende Paradoxon des letzten Verses benutzt Motin auch in „Mon ame est de dueil poursuivie".[207]

In der Ode „Que sont devenus vos serments"[208] betrachtet der enttäuschte Liebhaber sich im Spiegel, was Anlaß zu einem Wortspiel mit „glace" gibt:

Ie cherche en la glace pourquoy
Vous estes de glace pour moy.

Ein neues Element ist der Aspekt der Rache an der flatterhaften („une legere humeur", „l'humeur volage") Geliebten, die dem Mann offenbar „[des] plaisirs regrettables" gewährt hat:

---

202 Das vermutet auch d'Estrée, S. 107.
203 *Œuvres inédites*, S. 25. Vgl. unten unter 6.1.10 Affären, Rivalen.
204 *Sec. livre des délices*, S. 409–410.
205 Vgl. Abraham de Vermeil, *Poésies, édition critique avec une introduction et des notes par Henri Lafay*, Genève – Paris 1976, S. 42.
206 Vgl. „Mon Dieu! que le penser est un peintre sçavant!", *Œuvres inédites*, S. 66–67. Besprechung oben unter 6.1.6.1 Verzehrende Liebe.
207 *Quintessence satyrique*, S. 5. Besprechung s. unten unter 6.1.9.1. Vorübergehende Trennung durch Abwesenheit.
208 *Rec. MM*, S. 706–708.

Combien de fois ay-ie pensé
[...]
De l'aller dire à tout le monde,
Et manquer de discretion
A qui manque d'affection.

Eine andere mögliche Reaktion auf die Enttäuschung wäre die Trennung. Die Ode „Il est donc vray qu'Amour a fait place à la haine"[209] ist durchdrungen von dem Gedanken der weiblichen *Inconstance*. Die zentrale Aussage: „Son cœur de l'inconstance est un vivant tableau" wird gestützt durch Ausdrücke wie „cét [sic] esprit plein de legereté", „ce courage leger" und das Bild eines stürmischen Meeres. Zweimal versucht das lyrische Ich, sich mit Hilfe des Verstandes („O fragille raison", „avec raison") von seinen Ketten zu befreien, und es nimmt sich vor:

Disons un prompt adieu, montrons qu'à son exemple
Nous sçavons bien changer.

Doch trotz des Rivalen, der derzeit das Herz der Dame erobert hat, wird dem lyrischen Ich in der letzten Strophe bewußt, daß es den endgültigen Bruch nicht vollziehen kann.

Der leidende Liebhaber in „Sacrifice au Desdain": „Ie dresse au desdain sacrifice"[210] klagt die Schöne der „Inconstance" und des „Amour si volage" an. Sie ist „infidelle", ihr Verhalten von „changement" gekennzeichnet. Gerne würde es ihr gleichtun, doch dazu hat er nicht den Mut. Er will der Verachtung, die sie ihm entgegenbringt, ein Opfer bringen und sich aus seiner Liebesknechtschaft befreien, doch auch sein Leiden ist „leger & muable" und das Liebesfeuer gewinnt wieder die Oberhand. Er unterwirft sich erneut der Macht ihrer schönen Augen und erinnert sie abschließend an die allgemeine moralische Maxime, daß es mehr wert sei, Freunde zu bewahren als neue zu gewinnen.

Auch das Verhalten der „Ingratte" in den *Stanses* „Qui n'eut creu sa bouche & ses yeux"[211] hat sich als „inconstant" erwiesen. Selbst die mahnende Stimme der Vernunft wäre wie Kassandra-Rufe verhallt, da das lyrische Ich durch seine „Vaine asseurance, faux penser," geblendet war:

Moy qui la tenois pour un Ange,
Croire qu'un Ange fut trompeur[?][212]

---

[209] *Sec. livre des délices*, S. 411–412.
[210] *Parnasse 1*, fol. 130r–130v°.
[211] *Sec. livre des délices*, S. 382–384.
[212] Das Fragezeichen wurde zur Verdeutlichung von mir gesetzt, da das Verspaar aus dem Fragekontext der ganzen Strophe herausgenommen wurde.

Ja, ihr nicht zu glauben wurde durch ein gedankliches Paradoxon gleichsam verhindert:

> Plutost ie me fusse accusé
> D'avoir en l'aymant trop osé,
> Que par une audace nouvelle
> Demantir sa divinité,
> Qu'on n'eut peu sans estre infidelle
> Soupçonner d'infidelité.

In die Klagen über die arglistige Täuschung (die Schöne liebt entgegen ihren Schwüren einen anderen) mischt sich die allgemeine Erkenntnis:

> Que plus une chose on desire
> Plus on l'a difficillement.

Es gelingt dem Liebenden, alle Erinnerungen und möglichen Argumente zugunsten der Frau beiseitezuschieben und den Bruch mit ihrem „Esprit du change possedé" zu vollziehen:

> N'ayez plus pour moy de memoire,
> Ie seray pour vous sans desir.

Die *Plainte* „O siècle d'injustice, & d'infidelité"[213] beginnt wie eine lebensphilosophische Klage über die Schlechtigkeit der Zeit und schmückt sich gar mit einem für die damalige Zeit fast ketzerischen, zumindest libertinen Vers: „Dieux [sic] est-il veritable, où [sic] l'a t'on inventé,". Doch dann wird der Grund für die Klage enthüllt. Die Angebetete hat seine Seele mit einem „coup de femme"[214] verraten. Die Haltung ironischer Distanziertheit zum eigenen Liebesleid führt das lyrische Ich fort, indem es die Topoi der Göttlichkeit der Geliebten und ihrer sonnengleichen Augen zitiert, ihr wegen ihrer Untreue jedoch „la lune à la cervelle" attestiert, wobei der Mond steht für das Dunkle, Irrationale und für die Unbeständigkeit der Frauen.[215] In der Schlußstrophe zieht der Liebhaber seine Anklage gegen die Götter zurück und kommt zu dem typisch barocken Schluß:

> Voire on la doit iuger à l'humeur vagabonde
> La plus femme du monde.[216]

---

213 *Rec. MM*, S. 770–771.
214 Der Ausdruck ist als solcher nicht lexikalisiert, handelt es sich um eine originelle Neubildung? Vgl. Furetière, Bd. 1, *s.v. coup*: „[...] Coup, signifie quelquefois, Tour subtil, adresse, promptitude à faire quelque chose. Voilà un coup d'un fin matois, d'un chicaneur. Ce coupeur de bourses a eu bientost fait son coup. Cet homme vous a trompé, ce sont de ses tours, de ses coups ordinaires."
215 Vgl. oben „Et tu n'es pas venue, après ta foy jurée", *Œuvres inédites*, S. 41.
216 Vgl. weiter unten (Gliederungspunkt 6.3.9.2) die Gedichte zur „*Inconstance* in der Liebe".

6.1.6.4 Die grausame Geliebte

Dieses traditionelle Thema der petrarkisierenden Dichtung ist ausführlich gestaltet in den *Stances* „Serez-vous désormais à ma plainte rebelle"[217]. Es handelt sich um neun Vierzeiler aus Alexandrinern. Gleich in der ersten Strophe wird die Adressatin der im Gedicht vorgebrachten Klagen, die „belle" (Vers 3) genannt. Sie verschließt sich der Klage des Mannes, zieht sich in ihre „desdains" zurück, zum einen um ihn zu quälen, zum anderen aber auch um ihr bisheriges Verhalten zurückzunehmen. Zwischen beiden scheint etwas vorgefallen zu sein, was sie nun bereut, doch er ermahnt sie, sich nicht durch Reue das positiv Erlebte zunichte zu machen: „c'est perdre un bien fait que de s'en repentir".

Das lyrische Ich möchte die Erinnerung an die genossenen „plaisirs" jedoch in seinem Herzen lebendig halten. Um das Schweigen der Geliebten zu durchbrechen, beteuert der Liebhaber wortreich seine Unschuld und bittet flehentlich wenigstens um eine mitleidige Gelegenheit zur Verteidigung, wie man sie doch selbst einem Verbrecher gewähre.

Der Entzug ihrer „faveurs" könnte den Tod des Liebenden bedeuten, aber wenigstens gilt für ihn:

> N'estoit le reconfort que le plaisir qui passe,
> Restant au souvenir ne passe pas du tout.

Vordergründig nehmen diese Zeilen die zweite Strophe wieder auf und sind als erneuter „Stachel" gegen die Adressatin des Gedichtes gerichtet, die ihn doch gebeten hatte, das Vorgefallene zu vergessen ("malgré vostre ordonnance"). Neben der Aussage im Kontext des Gedichtes könnten diese Zeilen aber auch als Motto über weiten Teilen von Motins Dichtung stehen, über traditionellen Liebesgedichten wie über den Werken der Tavernendichtung.

Der Ton der letzten beiden Strophen ist erstaunlich gefaßt, das lyrische Ich wirkt wie getröstet durch seine Erkenntnisse über den „plaisir". Abschließend verleiht der Liebhaber seiner Hoffnung Ausdruck, daß die Frau durch das Wirken der Zeit zur Einsicht in seine Unschuld gelangen möge und dann wahrscheinlich ihre rigide Haltung bedauern werde.

6.1.6.5 Eifersucht

Eifersucht ist das Thema eines Chansons und wird dort mit Leichtigkeit behandelt: „Un amant n'est jamais seur;"[218]. Der Eindruck der letztendlichen Unbesorgtheit entsteht zum einen durch den Refrain „L'on ha toujours quel-

---

[217] *Temple d'Apollon*, S. 25–26. *Chantilly Ms. 534*, S. 240–242.
[218] *Œuvres inédites*, S. 90–93.

que peur/Quand on ayme de bon cœur.", der aus der ersten Strophe entwik-
kelt wird:

> Un amant n'est jamais seur;
> Tousjours en sa fantaisie
> Logent le frere et la seur:
> L'amour et la jalousie.

Die Eifersucht wird somit als quasi naturgegeben akzeptiert. Im Einklang mit
dieser Konzeption werden als Objekte der Eifersucht allgemein Dinge aus
der Umgebung der Frau genannt und insbesondere der Wind, der verspielt
personifiziert wird. Er kann sich all das erlauben, was einem ehrenhaften
Liebhaber verwehrt bleibt: er hebt ihren Rock, er küßt ihr Busen, Augen und
Mund. Natürlich wird auch der barocke Symbolgehalt des Windes vom Dichter genutzt:

> O vent, ton cœur inconstant
> En amours est trop vollage.

Diese Charakterisierung wird elegant auf die Frau übertragen:

> Helas! Ce qui plus me nuit
> C'est que Madame est muable:
> Le vent aussy la poursuit,
> Comme chacun son semblable.

Das Lied schließt mit einer an die Frau gerichteten Bitte um Treue:

> Madame, accusez ma voix
> Qui legere vous appelle;
> Faites que menteur je sois,
> Et que vous soiez fidelle.[219]

Die Angst vor dem Rivalen wird humorvoll gefaßt in folgendem Epigramm:[220]

> Dem.   Pourquoy ne me veux tu donner sans ialousie
> De ta feme un portraict pour soulager mon mal.
>
> Resp.   De peur qu'ayant receu de moy cette copie
> Tu ne voulusse apres avoir l'original.

Durch den dialogischen Aufbau wird der Eindruck von Lebensnähe vermittelt, und der Pointe wird so besondere Würze verliehen.

---

[219] Diese Bitte an die Frau, sein Mißtrauen Lügen zu strafen, findet sich auch in den
Stances „J'accuse, en accusant une fille infidelle.", in: Œuvres inédites, S. 56–58.
[220] *Parnasse satyrique*, S. 95.

6.1.6.6   Klage der treuen Geliebten[221]

Als beispielhaft sind zu nennen die *Stances*: „Qui retarde tes pas enserrez d'une chaisne"[222]. Nimmt man die Anzahl der Anthologien als Anhaltspunkt, in die dieses Gedicht Aufnahme fand (ohne Neuauflagen mit gleichlautendem Titel)[223], so ist es eines derjenigen gewesen, die bei den Zeitgenossen Motins am erfolgreichsten waren, und verdient deshalb aus rezeptionsästhetischem Interesse eine ausführlichere Betrachtung.

Diese „Complainte pour une Dame"[224] trägt in den *Muses ralliées* den Titel „Plaincte d'une dame pour l'infidélité de son serviteur, qui luy avoit mancqué de promesse" und enthält die Liebesklage der treuen Frau, die dem Geliebten trotz des Geschehenen noch verfallen ist, sie hofft noch und ist unfähig sich zu rächen.[225]

Die Klage ist gefaßt in *Quatrains* aus Alexandrinern. Stilistisch ist das Gedicht geprägt von Paradoxa[226]. Lafay (S. 455) würdigt den Stil „très concret qui ne manque pas de force".

Das Gedicht beginnt mit einer rhetorischen Frage, die an den „infidele trompeur" gerichtet ist. Sie läßt vermuten, daß er schon mit einer neuen Liebesfessel gebunden ist. Weitere rhetorische Fragen folgen, die der eindringlichen Schilderung des Liebesleids dienen (Leidendes Opfer und auch Genießen des eigenen Leidens). Die dritte Strophe setzt den Fragen mit einem entschiedenen „Non" ein Ende. Die Klagende ist sich bewußt, daß der Mann nur Gefallen findet an ihrem Leid[227]. Der Geliebte ist eine „ame rebelle", charakterisiert durch einen „courage infidele", ein „perfide", ein „ingrat" mit einer „ame parjure" und einem „cœur endurcy", einem „esprit inhumain", er ist ein „mocqueur". Die Dame hingegen bezeichnet sich selbst als „fille credule".

Sie redet den abwesenden Geliebten direkt an, wendet sich aber auch, auf der Suche nach einem greifbaren Ansprechpartner, an den Diamanten, den er ihr als Beweis seines Liebesschwurs („serment", „conjurer") zum Geschenk

---

[221] Das weibliche lyrische Ich in mehreren Gedichten Motins paßt zu Janiks Beobachtung für die Zeit von 1597 bis 1610: „Gedichte, in denen weibliche Personen sprechen, werden immer häufiger." a.a.O., S. 130.

[222] *Parnasse 1*, S. 137v°–138v°.

[223] Vgl. die Korpustabelle im Anhang.

[224] *Recueil Bonfons*, 1598.

[225] Vgl. Lafay, S. 455: „[...]; les regrets, les tourments, les rancœurs, l'impossible révolte de l'amoureuse délaissée [...]."

[226] Z.B. „mon doute est asseuree".

[227] „Qui fait de mes maux ses esbats". Auch vorher schon: „retirer un plaisir de ma peine".

gemacht hat. Durch den Bruch des Liebesschwurs sollte eigentlich auch der Diamant zerbrechen, aber die Härte des Steines ist der des Geliebten gleich. Auch Gott wird durch die zweimalige Verwendung der Formel „Pl(e)ust à Dieu" in die Klage mit einbezogen. Könnte Gott ihr nur dazu verhelfen, daß sie den Treulosen so schnell verlassen könnte wie sie ihm damals geglaubt hat. (Vgl. „fille crédule") Hätte Gott sie nur ihr Unglück erahnen lassen, indem sie mehr auf das Beispiel anderer geachtet hätte. Oder könnte sie doch, durch dieses „faux malheur" zu spät weise geworden, sich wenigstens so ändern wie er. Hier konstatiert also einmal ausnahmsweise eine Frau *Inconstance* bei einem Mann.

Ebenso klagt sie seine Liebesbriefe an, die sie nicht einmal zu verbrennen wagt, so sehr nährt deren Charme noch ihr „traistre souvenir" und ihre Hoffnungen. Eine ausdrucksstarke Metapher in einer Apposition verdeutlicht das Ausmaß des Liebesleids: „Souvenir importun, cauthere qui me brusle,". Er ist nicht davor zurückgeschreckt, seinen Liebesschwur durch die Anrufung der höchsten Götter zu bekräftigen, so daß der Himmel wenn nicht seine „inconstance" (Vgl. „rien de constant que ne l'estre iamais") dann seine Gottlosigkeit („impieté") bestrafen müßte.

Sonettähnlich schließt das Gedicht mit der paradoxen Quintessenz, daß sie die Rache gegen sich selbst lenken müsse, da ihr Herz trotz ihrer Rachegefühle noch das Bildnis des Geliebten in sich trägt.

6.1.7 Liebeskampf

Das traditionelle Bildfeld des Liebeskampfes bearbeitet Motin in einem Sonett in seinen Jugendwerken: „Le tiran des humains, Amour, qui tout surprend"[228], in dem detailreich die Analogie zwischen der kriegerischen Eroberung einer Festung und der Erstürmung seines Herzens durch Amor ausgeführt wird. In dem Vierzeiler „Je ne sçay si je faulx en rien"[229] nimmt das lyrische Ich sich die Zähmung einer Widerspenstigen vor.

6.1.8 Liebestod

Mit einer eindringlichen, atmosphärisch dichten Szenerie bringen die *Stances* „Est-ce mon erreur ou ma rage"[230] die Verzweiflung und Todessehnsucht eines unglücklich Liebenden zum Ausdruck. Schon die erste Strophe nennt den Grund für den Gefühlsaufruhr: „époint d'amour". Das lyrische Ich befindet sich auf einem Friedhof und ist wie die Toten bar jeder Hoffnung. Die Atmo-

---

228 *Œuvres inédites*, S. 18.
229 *Œuvres inédites*, S. 100.
230 *Délices*, S. 604–605.

sphäre des Friedhofs wird durch Aufzählung der unheilvollen Requisiten evoziert: „seiour des morts, demeures pales,/Croix, ossements, tombes fatales/,
corbeau" und die Stimmung ist düster und kalt: „ombrage, froides tenebres,
noir flambeau (Oxymoron), sinistre". Passend zur Szenerie erscheint ihm die
Liebe in Gestalt eines Raben, und nicht, wie üblich, als Taube.[231] Die „monstres incroyables" und „fantosmes effroiables" mit ihrer „caverne profonde"
(Strophe 3) sind das Verbindungsglied zwischen Aufenthaltsort des lyrischen
Ichs und seiner inneren Welt, da sie zu beidem gehören können. Das Ich
wird von Gefühlen dominiert wie „ma rage, une de ces fureurs celebres,
la colere". Diese Dreiheit nimmt Bezug auf die drei Furien oder Erinnyen
(Tisiphone, Allekto und Megaira), die oft mit Fackeln dargestellt werden[232],
ebenso wie zwei der drei Gestalten in diesem Gedicht. Sie scheinen jedoch
nicht wie im antiken Mythos als Rachegöttinnen aufzutreten, sondern als
unheilschwangere „Hüterinnen göttl[icher] und menschl[icher] Lebensord-
nung"[233]. Die Bestimmung des Liebenden ist klar: „Mais le Ciel me reserve
au monde/Moins pour vivre que pour souffrir". Dieses Leiden bekommt die
Dimensionen einer kriegerischen Weltuntergangsvision: „Le Ciel pour moy
s'est fait de cuivre,/L'eau de sang, la Terre de fer/La clarté tousiours éclipsée,"
und gipfelt in der Vorstellung eines Lebens in der Hölle, die jedoch in geradezu moderner Weise nicht grauenhaft ausgemalt, sondern ins Innenleben
verlegt wird: „Et portant par tout m'a [richtig: ma] pensée/Par tout ie porte
mon enfer." Schließlich blickt das lyrische Ich der personifizierten Verzweiflung ins Gesicht, huldigt ihrer Allmacht, doch bevor er sich ihr ergibt, bittet
er noch um einen Aufschub, denn die Geliebte hat eine ebenso große Macht

---

[231] Der Rabe, aber auch andere Elemente des Gedichtes lassen Théophiles berühmte
Ode „Un corbeau devant moy croasse" anklingen (Théophile de Viau, Œuvres
poétiques, édition critique avec introduction et commentaire par Jeanne Streicher, Genève
1967, Bd. I, S. 164–165.). Die Parallelen sind jedoch nicht absolut zwingend.
Motin: „rage", „une de ces fureurs celebres", „colere" – Théophile: „haut mal"
(épilepsie)
Motin: „O que de monstres incroyables,/Que de fantosmes effroiables/A mes
yeux se viennent offrir/M'ouvrans leur caverne profonde", „mon enfer" – Théophile: „J'oy Charon qui m'apelle à soy,/Je voy le centre de la terre."
Motin: „De mes maux le sanglant ministre", „L'eau de sang" – Théophile: „Le
sang coule de ce rocher"
Motin: „La clarté tousiours éclipsée," – Théophile: „Le Soleil est devenu noir,"
[232] Herbert Hunger, Lexikon der griechischen und römischen Mythologie: mit Hinweisen auf
das Fortwirken antiker Stoffe und Motive in der bildenden Kunst, Literatur und Musik des
Abendlandes bis zur Gegenwart, Wien 8/1988, S. 155. Vgl. auch die Furie in „Quand
verras-tu finir le cours", Rec. MM, S. 746.
[233] Brockhaus, Bd. 6, S. 524.

über sein Schicksal: „Mais attends que Madame entende/Que ma douleur estoit trop grande/Pour vivre sans elle ou sans toy."[234]

Im „Testament d'un amoureux": „Si pour vous estre trop fidelle"[235] stellt sich das lyrische Ich den Begräbniszug nach seinem Liebestod vor. Die erste Strophe ironisiert die folgenden bedeutungsbeladenen Vorausverfügungen und ihren getragenen Ton:

> Si pour vous estre trop fidelle
> Il faut mourir en vous aymant,
> Au moins permettez moy la belle
> Que ie face mon testament.

Dieser Leichenzug der Liebe und das Personal der Begräbniszeremonie werden gebildet von personifizierten Gefühlen und typischen Verhaltensweisen des Liebeswerbens: „plaisirs & regrets, ses desdains & son humeur fiere, rigueur, ennuy & sans mercy, deux regards, beau parler".

Durch die geduldig konsequente Fortführung des Bildes bekommt dieser Trauerzug auch burleske Züge:

> Que l'eau beniste soit de larmes
> Dont i'allois mes feux arrousant:
> Et l'asperges soit fait des armes
> De Cupidon le pauvre enfant.

und:

> Des amoureux toute la bande
> Et les devoirs en vain rendus,
> Luy offrent pour funeste offrande
> Le souvenir des pas perdus.[236]

Typographisch hervorgehoben werden zwei lateinische Gebete: „Libera me domine" und „Requiescant in pace". Möglicherweise wären sie in der Lage, im Herzen der grausamen Geliebten Mitgefühl zu erwecken. Der „dame compassion" wird aufgetragen, das Epitaph der letzten Strophe auf dem Grab anzubringen, als warnendes Beispiel für zukünftige Generationen.

---

[234] Vgl. auch die Besprechung durch G. Mathieu [-Castellani], die besonders den Aspekt „La descente aux Enfers" hervorhebt: Gisèle Mathieu, *Les thèmes amoureux dans la poésie française 1570–1600*. Thèse présentée devant l'université de Paris IV le 12-5-73, Service de reproduction des thèses, Université de Lille III, 1976, S. 431.

[235] *Parnasse satyrique*, S. 155–158. Schon der Veröffentlichungsort ist ein Ironiesignal.

[236] Vgl. „Ces pas epars affin que je te visse" (*Œuvres inédites*, S. 45) und „Desseins au vent iettez inutiles poursuittes" (*Le Cabinet satyrique*, S. II. 12).

Celuy qui gist soubs cette l'ame[237]
D'un brave desir allumé
Servant une cruelle dame
Mourut pour n'estre point aymé.

Die *Stances* „O vous qui passez par la voye,"[238] sind überschrieben: „Méditation sur un crucifix mourant", erweisen sich aber eigentlich als ein Gedicht über die Parallele zwischen Jesu Tod am Kreuz und dem Liebestod. Die erste Strophe ist geprägt vom Liebesvokabular und endet mit einem typisch barocken Oxymoron „inhumaine humanité" (*figura etymologica*). Die zweite Strophe dann handelt nur vom Kruzifix, aber erst durch „sang" wird eindeutig der Bezug zum Gekreuzigten hergestellt. Die dritte Strophe beginnt mit einer vorangestellten Apposition, deren Bezug zunächst unklar bleibt und so dem Gedanken den Charakter eines *Concettos* verleiht. Die kunstvolle, geradezu preziöse Rhetorik läßt sich auflösen zu der Feststellung, daß gerade erblühte Rosen sich schämen müßten angesichts der zarten Röte des Mundes Christi/des Liebhabers. Das Wortfeld der Religion wird durch den Vergleich mit „lampes eternelles" wachgehalten:

Deshonneur des roses nouvelles,
Bouche que les Anges servoient,
Beaux yeux où tant de feux vivoient
Comme en des lampes eternelles,
L'Amour qui vous avoit charmez,
Luy-mesme außi vous a fermez.

In der vierten Strophe bleibt absichtlich unklar, wer angesprochen wird, Christus oder der unglückliche Liebende:

O le plus beau des belles choses,
Pour toy seul és-tu sans pitié,
Et pour montrer ton amitié
Faut-il qu'à la mort tu t'exposes?
L'ingrat subjet de ton trespas
N'en croit rien, ou n'y pense pas.

Durch die Anrede „Seigneur" in der 5. Strophe erfolgt wieder die Anbindung an den religiösen Kontext. Die Formulierung „L'ingrat subjet de ton trespas" aus der 4. Strophe wird fortgeführt durch den „reprouvé" und durch die beiden letzten Zeilen der 5. Strophe:

---

[237] Wohl zu lesen als „lame".
[238] *Rec. MM*, S. 740–743.

Veux-tu mourir pour secourir
L'iniuste qui te fait mourir?

Wiederaufgenommen wird dies in der 6. Strophe mit „L'aveugle mortel", dessen Verblendung durch die sich in einer barocken Weltuntergangsvision verdunkelnde Sonne noch verdoppelt wird. In der achten Strophe tritt ein lyrisches Ich auf, das mit der Madonna aus der siebten Strophe spricht. Es huldigt ihrer „constance" und ihrem Glauben. Der letzte Vers ist betont durch Polyptoton und Alliteration: „[Ton cœur] Pleure ceux qui ne pleurent point." Angesichts dieses Vorbildes richtet das lyrische Ich in der neunten Strophe eine Ermahnung an sich selbst, „Mon ame", den Tod des Herrn am Kreuz mit tugendhaftem Verhalten zu beantworten. Auch die letzten drei Strophen behandeln die Beziehung des lyrischen Ichs zu Jesus, das Motiv des Liebestodes wird hier ganz verdrängt von theologischen Überlegungen. In der zehnten Strophe spricht das Ich „mon cœur" an, das zumindest durch Tränen seine Reue zeigen soll.[239] Die beiden letzten Strophen variieren noch einmal die beiden zentralen Gedanken dieser religiösen Ausführungen: Ermahnung zur Umkehr, damit das Blut Christi nicht umsonst vergossen worden sei und geduldiges Hinnehmen aller Widrigkeiten des Schicksals als nützliche Belehrung.

Ungewöhnlich ist die Verknüpfung zweier gegensätzlich scheinender Bereiche wie Sinnlichkeit und exaltierter Religiosität. Dieses Thema findet sich nicht bei Petrarca. Dem Lebensgefühl des Barocks entspricht die Zerrissenheit zwischen Weltsucht und Weltflucht. Auch Subjektivismus und Vergänglichkeitsbewußtsein sind typisch für die Epoche und ihre literarischen Moden.

6.1.9 Trennung

6.1.9.1 Vorübergehende Trennung durch Abwesenheit

Mehrere Gedichte gestalten das traditionelle Thema der Leiden, die die Abwesenheit der Geliebten verursacht.

Konzis faßt das Epigramm „Mon ame est de dueil poursuivie,"[240] die zu diesem Thema immer wieder von Motin variierten Elemente zusammen: die Wirkung, die von den Augen der Frau ausgeht, die Todessehnsucht, gefaßt in einem ausdrucksstarken, durch Paronomasie entstandenen, Paradoxon:

---

[239] Der Vergleich mit der biblischen Szene nimmt Bezug auf 2. Mose 17.4–7 und 4. Mose 20.7–11. („Fends-toy mon cœur, par le milieu,/Iette une fontaine de larmes:/Mais, Seigneur tu le dois toucher/Comme le Iuif fit le rocher.")

[240] *Quintessence satyrique*, S. 5.

„Je meurs de ne pouvoir mourir,"[241] und die Perspektive auf einen Lebensrest voller Qual. Erst der letzte Vers gibt die Ursache all der beschriebenen seelischen Leiden preis: es ist überraschenderweise (allerdings vorbereitet durch den zweiten Vers) nur „vostre esloignement".[242].

In den *Stances* „Que je te hay penser trop arresté"[243] stehen wieder die Augen stellvertretend für die Geliebte. In den ersten vier Strophen treten zu den Gefühlen der Sehnsucht auch Zweifel an der Tugend der Geliebten und Eifersucht. (Strophen 1–4) Um seine Zweifel zu zerstreuen, flüchtet das lyrische Ich in den Wald und hält dort Zwiesprache mit den Nymphen.[244] (Strophen 5–7) In den folgenden drei Strophen gelangt das lyrische Ich zu philosophischen Einsichten, die seine Zweifel zwar nicht zu zerstreuen vermögen, die aber den Gefühlsaufruhr der ersten vier Strophen etwas dämpfen. Beispielhaft barock ist das Credo „rien n'est perdurable", das an der Vergänglichkeit des Glücks exemplifiziert wird:

C'est une fleur que la felicité
C'est un beau iour qu'un long hiver nous donne
C'est comme une pluye en Esté
Où comme une feuille en Automne.

Die nächste Strophe relativiert diese Aussage schon wieder, wobei wortspielerisch an die vorhergehenden Verse angeknüpft wird: „Ces vains discours ne sont point de saison,". Diese Überlegungen würden sowieso niemanden

---

[241] Dieser Vers findet sich auch in „Soleil cache ta tresse blonde", *Sec. livre des délices*, S. 410: „Mais sçache que ie meurs de ne pouvoir mourir.".

[242] Dieses Gedicht findet sich in Gaudianis Sammlung von zeitgenössischen Texten unter der Rubrik „Poems against women" (S. 157). Diese Zuordnung ist schwerlich nachzuvollziehen. Das Epigramm scheint mir nicht ironisch gemeint zu sein. Eventuell handelt es sich hier aber auch nur um einen drucktechnischen Irrtum von Gaudiani. So fehlt die Quellenangabe, die bei allen anderen Gedichten gegeben wird und jegliche Fußnote, die die nicht offensichtliche Frauenfeindlichkeit augenfällig machen würde:
Mon ame est de dueil poursuivie,
Vostre œil seul me pourroit guarir,
Je meurs de ne pouvoir mourir,
Et ce qui me reste de vie,
N'est que pour sentir le tourment
Que i'ay de vostre esloignement.

[243] *Sec. livre des délices*, S. 404–406.

[244] Dieses traditionelle Motiv der idyllischen Landschaft als Spiegel der Liebe wird auch von Théophile gestaltet in seiner berühmten Ode „Dans ce val solitaire et sombre,", Streicher I.16–23. Zu den Parallelen mit dem „Adieu": „Puis-ie vivre & m'en separer?" in bezug auf das Motiv des Winterschlafs der Natur und der Seele vgl. etwas weiter unten in diesem Unterkapitel.

interessieren und er habe den Verstand verloren. Die letzte Strophe enthält die religiös klingende Bitte an die Augen, ihn zu erlösen von seinem Übel und dieses Übel aber auch niemand anderem zuzufügen.

Die Eifersucht wird ausgesprochen in „Ne verray-ie iamais le temps"[245]. Ein treuer Geliebter verzehrt sich nach seiner abwesenden Angebeteten, ist eifersüchtig, zweifelt an ihrer Beständigkeit.

Der Liebhaber in den *Stances* „Puissante accoustumance à qui rien ne resiste,"[246] sieht den Trennungsschmerz mit der Dauer der Trennung zu- statt abnehmen, eifersüchtigen Gedanken gegenüber jedoch bleibt er standhaft und fühlt, daß sie seine Liebe eher wachsen lassen. Der traditionelle Vergleich der Unerreichbaren mit der Sonne könnte bedeuten, daß die Trennung aus gesellschaftlichen Gründen erfolgen mußte:

> Desdaigneuse, imitant le grand flambeau des Cieux
> Qui dans les creux vallons allume plus de flame,
> Qu'à la cime des monts qui sont prez de ses yeux.

Der barocke Gedanke an „le temps avecq'qui tout s'envole" konnte dem lyrischen Ich nur seinen Seelenfrieden rauben. Trost bietet wiederum der Gedanke an den eigenen Tod: der wird seinem Leiden ein Ende bereiten können.

In den *Stances* mit dem Titel „Regrets sur une absence": „Pleurs le sang distillant de ma playe amoureuse"[247] hingegen ist sich das lyrische Ich der Geliebten sicher. In traditioneller Weise wird die Liebessehnsucht festgemacht an Augen, Gesicht, Blicken, Stimme, Seufzern, diamantenen Tränen der Geliebten, und es wird die Bedeutung der Erinnerung des Liebenden hervorgehoben, die ihr Bild in seinem Herzen bewahrt. Wie sehr die Existenz des Liebenden von der Anwesenheit der Frau bestimmt wurde, erhellt aus dem eigentlich schlichten, aber durch das Polyptoton sehr ausdrucksstarken letzten Vers des dritten *Quatrains*:

> O lieux qu'elle animoit de l'air de son visage,
> Où sont ces doux mespris & ce petit refus,
> Et ses regards parlans d'un amoureux langage,
> C'est ici que ie suis, c'est ici que ie fus.[248]

---

[245] *Délices*, S. 582–584.

[246] *Temple*, S. 13–14.

[247] Guillemot, Mathieu (Hrsg.), *Le Parnasse*. Tome second, Paris 1607, S. 238r–238v°. Tränen, die aus einer Liebeswunde quellen, finden sich auch in „Ce corps loin de vos yeux traîne encore sa vie" (*Temple*, S. 10).

[248] D.h. seine Existenz ist nichts mehr ohne sie. Der Vers wird leider entschärft durch die Korrektur in der *Délices*-Version: „Est-ce icy que je suis, est-ce icy que je fus?" (S. 613). Da der *Parnasse* jedoch eher erschienen ist, ist die vorliegende Fassung als die originale anzusehen.

In „Que de douleurs pour une absence"[249] kokettiert das lyrische Ich zunächst mit der Erinnerung an das Dékolleté der Angebeteten, die ihm, dem Soldaten („Je verse du sang et des feux") den Verstand raubt und ihm süße Leiden verursacht. In den letzten vier Strophen jedoch befällt ihn die düstere Ahnung des Liebestodes, und die Frau wird als „rocher" und „escueil" gesehen, an denen er zerschellt.

Der Dialog mit einem Porträt der abwesenden Geliebten bestärkt die Erinnerung wie in „Que je l'estime audacieux"[250]. Das lyrische Ich preist besonders die Darstellung der Augen: „Que rien fors ma seule memoire/Ne les pouvoit mieux figurer". Doch auch Zweifel kommen auf über „son ame au change asservie". Diese unterdrückt der Liebhaber in der letzten Strophe, indem er sich wieder auf das Bildnis besinnt, wo er sie „aussi constante quelle est belle" findet.

Eine Ode an die Erinnerung ist „Souvenir, ange de ma vie"[251]. Das durch liebende Vorstellungskraft wachgerufene Feuer der Augen, das innere Bild des Mundes, die Erinnerung an die Haare vermögen „les loix de l'esloignement" zu besiegen.

In dem „Adieu": „Puis-ie vivre & m'en separer?"[252] gestaltet der Dichter den Topos der Unmöglichkeit eines Weiterlebens ohne die Geliebte. Das Leiden wird in den folgenden Strophen jeweils hyperbolisch apostrophiert: „tourment, douleur plus qu'inhumaine" oder durch Gegensatzpaare umschrieben: „Avoir un peu de patience/C'est n'avoir point d'affection, peine – souvenir, espoir – regret, espoir – peine". Diese Gegensätze krönt der Vergleich in Strophe 5: Das lyrische Ich bezeichnet sich als „mort & vif ensemble,/Comme les plantes en Hyver,".[253]

---

[249] *Délices*, S. 607–608.

[250] *Délices*, S. 614–616.

[251] *Chantilly Ms. 534*, S. 82–84. Zur Macht der Erinnerung an vergangenes Liebesglück vgl. auch „Cheres et fidelles pensées" (*Muses gaillardes*, S. 266–267). Auch der unglückliche Liebhaber in „Mes pensers sont pareils aux chandelles de cyre," (*Œuvres inédites*, S. 42) flüchtet sich in die Gedankenwelt.

[252] *Délices*, S. 617–618.

[253] Ähnlich auch einige Verse aus „Que je te hay penser trop arresté", *Sec. livre des délices*, S. 405:
Nymphes, disois-ie, estant parmy les mors,
Comme ie suis sans couleur, & sans force
Mon ame demeure en mon corps,
Comme vous dessoubs une escorce,
Vous vivez au Printemps amoureux
Durant l'Hiver vostre verdure est morte,
Des faveurs me rendent heureux,

Die geliebte Frau wird als „beauté supresme" beschrieben, die von ihren Augen als *pars pro toto* vertreten wird (Strophe 4). Das Thema der Augen wird in den folgenden Strophen wachgehalten durch „reluysant", „luire" und „voyant". In der letzten Strophe schließlich bekommt die Verehrung noch religiöse Züge durch Wörter wie „Ciel" und „foy". Das Gedicht gipfelt in der Vorstellung der Verschmelzung der beiden Liebenden: „Revenez encore vous-mesme/Vous-mesme c'est à dire moy.". Durch diese Pointe wird noch einmal das Ausmaß der Leidenschaft betont.

Auch das Sonett „Si jamais un amant remply d'impatience"[254] faßt die mit der Trennung verbundenen Leiden eindrucksvoll zusammen. Das erste Quartett hat die Funktion einer Einleitung. Mit dem ersten Vers ordnet sich das lyrische Ich auf einer Skala der leidenschaftlichen Liebhaber ein. Sein Leiden und sein innerer Aufruhr rühren von der Ungeduld, mit der er die einzig Geliebte wiederzusehen ersehnt. Im zweiten Quartett beschreibt er sich als einen leblosen Körper, der von einem Dämon beseelt zum Leben erwacht. Die gleiche Macht üben ihre Augen über ihn aus: fern von Ihnen verliert er das Bewußtsein, und er spürt eine Trennung von Körper und Seele. Dieser Gedanke der in seinem Selbst erfahrenen Trennung wird in den Terzetten fortgeführt, durch die syntaktischen Parallelismen nach dem Muster „L'un ... l'autre" wird die Zerrissenheit zwischen Geist und Körper besonders eindringlich gezeigt: „esprit" („ne vous peut quitter", „vaincu d'amour") und „corps" („ne vous peut voir", „vaincu du debvoir"[255]) haben nur eines gemeinsam: „une eternelle flamme". Im ersten Vers des letzten Terzetts sind zwei Wortpaarungen ineinander verschränkt, erstes und drittes Wort („desir" und „yeux") sowie zweites und viertes („respect" und „soings") entsprechen sich. Diese Paare sind mit dem zweiten Vers zu einem komplizierten Chiasmus verbunden: „respect" und „soings" „me retiennent le corps", „desir" und „yeux" „m'en separent l'ame". Der Grad der Liebesverwirrtheit gipfelt im letzten Vers:

> Le desir, le respect & vos yeux & mes soings,
> Me retiennent le corps & m'en separent l'ame.
> Et les lieux où je suis, c'est où je suis le moings.[256]

Um das traditionelle Motiv des heimlichen Liebhabers, der die Geliebte stets bei Tagesanbruch verlassen muß, ranken die *Stances* „De quoy sert à mes yeux le retour de l'aurore"[257]. Hier nimmt Motin die Troubadour-Tradition der *alba*

---

254 *Quintessence satyrique*, S. 70.
255 Der Körper scheint hier auch die Stimme der Vernunft zu vertreten.
256 Vgl. „C'est ici que ie suis, c'est ici que ie fus." in: „Pleurs le sang distillant de ma playe amoureuse".
257 *Nouveau recueil*, S. 230–232.

(*aube, aubade*, Tagelied) auf. Interessant ist, daß hier ein weibliches lyrisches Ich spricht. Die Frau äußert sich voller Bewunderung über die militärischen und politischen Verdienste ihres Liebhabers, der, so kann man folgern, von hohem gesellschaftlichem Rang zu sein scheint. Während er die sehnsuchtsvolle Geliebte allein läßt, gibt er sich exzessiv der Jagd hin. Die Frau beneidet die Tiere und ist bereit, sich auch als Jagdbeute darzubieten.

6.1.9.2 Erzwungene Trennung (durch Eltern, „tyran")

Das Sonett „J'ay ce plaisir, Fradet, o plaisir trop vollage!"[258] nennt sogar eine historische Persönlichkeit, Claude Fradet,[259], die dem enttäuschten Liebhaber zuerst erlaubt hat, seiner Tochter den Hof zu machen, und ihm nun diesen Kontakt untersagt. Das lyrische Ich bleibt zurück zerrissen zwischen Liebe und Haß.

Die *Plainte* „Faut-il donc, ô cruel effort,"[260] gibt in der ersten und der letzten Strophe vage „la contrainte" bzw. „la neceßité" als Trennungsgrund an, und vergleicht das unstatthafte Werben des lyrischen Ichs hyperbolisch mit einem Majestätsverbrechen:

> Mais seulement la volonté
> Rend mon offence inexcusable,
> Comme au crime de Maiesté
> Ou le vouloir fait le coupable.

Auch die Elegie „Ie cherche un lieu desert aux mortels incognu"[261] spricht von „l'austere loy de la neceßité" und einem „Tyran de nature sauvage", der seit sechs Jahren seine Geliebte als Leibeigene halte. Der leidende Liebhaber träumt davon, an einem düsteren, unwirtlichen Ort in der Natur eine Einsiedelei mit einem Altar für seine Liebe zu errichten. In seiner meisterhaften Analyse dieser Elegie zeigt Lafay[262], daß sie sich durch die eindringliche Gestaltung des Leidens in seiner Absolutheit aus den zahlreichen thematisch verwandten Gedichten von Motins Zeitgenossen heraushebt. Motin findet für alles Bilder des Absoluten: für die Einsamkeit des Liebenden, seinen seelischen Schmerz und die religiöse Überhöhung seines Weiterlebens, das die einzige Sinngebung im nahen Liebestod ersehnt. Das lyrische Ich wird zum wahren Märtyrer der Liebe, und diese Exemplarität seines Leidens wird unter-

---

[258] *Œuvres inédites*, S. 20.

[259] Vgl. dazu die Anmerkung von d'Estrée, *Œuvres inédites*, S. 104.

[260] *Délices*, S. 637–638.

[261] *Délices*, S. 596–599.

[262] a.a.O., S. 284–288. Vgl. auch Jean-Pierre Chauveau, „Les avatars de l'élégie au XVIIe siècle", in Christian Wentzlaff-Eggebert (Hrsg.), *Le langage littéraire au XVIIe siècle, de la rhétorique à la littérature*, Tübingen 1991, S. 209–222.

stützt durch die in die Zukunft weisenden Verbformen am Ende sowie durch den Entwurf einer Grabinschrift für den aus Liebe Gestorbenen, mit der das Gedicht schließt.[263]

Das Chanson „Cheres et fidelles pensées"[264] nennt ebenfalls einen „[...] tyran dont la loy barbare,/Pour certain sujet m'en [d.i.: „de ma dame"] separe", als Urheber der Trennung. Doch das lyrische Ich tritt hier trotziger auf und ist entschlossen, den Tod zu suchen, um ein Zeichen zu setzen, daß er als Lebender nicht auf die Geliebte verzichten kann.

Die konventionellen Bilder der verbrennenden Macht der weiblichen Augen und der besser als Worte für den Liebhaber sprechenden Tränen und Seufzer verwenden auch die *Stanses* [sic] „Quelle infortune a le pouvoir"[265]. Die bevorstehende Trennung muß die Frau mit „rigueur" durchsetzen, doch scheint auch sie sich einem höheren Willen unterwerfen zu müssen:

> Elle par ses afflictions
> Doit conserver mes paßions,

In der *Plainte* „Que l'espoir est lasche & trompeur"[266] schildert ein lyrisches Ich den klassischen Fall einer Liebe, die von einem geizigen Vater verhindert werden soll. In der letzten Strophe wird die Frau angeredet und aufgefordert, entweder Mut zur Liebe oder zum Tod zu beweisen.

Der verzweifelte Liebhaber in der *Plainte* „Quand verras-tu finir le cours"[267] hofft, seine Seele durch den Tod von ihrem Liebesleid erlöst zu sehen. Doch befürchtet das lyrische Ich, daß nicht nur die Seele, sondern auch ihr Leid unsterblich sei. Strophe 5 nennt den Grund für sein Unglück: eine „tyrannique pouvoir", von der im weiteren nur allgemein als „esprits à ma perte arrestez" die Rede ist. Schön barock gefaßt ist das Leiden des zum Schweigen verdammten Liebenden in den Versen der Strophe 10 mit ihrem doppelten Paradoxon:

> Et combien ce m'est de malheur
> De n'avoir rien que le silence
> Pour vous exprimer ma douleur."

---

[263] Zum Trost, den ein leidender Liebhaber in der rauhen Natur findet, vgl. auch „Deserts tesmoings de mes pensées" (*Sec. livre des délices*, S. 413–414) und „Fuyant la tirannie aux humains incroiable", (*Œuvres inédites*, S. 28), s. oben, unter 6.1.5.1 Verzehrende Liebe. Zur Tradition dieses Themas, das auf die Antike zurückgeht, vgl. Weber, a.a.O., Bd. I, S. 307–333: „L'amoureux au sein de la nature".

[264] *Muses gaillardes*, S. 266–267.

[265] *Sec. livre des délices*, S. 415–417.

[266] *Sec. livre des délices*, S. 380–381.

[267] *Délices*, S. 639–642.

Das lyrische Ich darf allein durch Schweigen sprechen, durch ebendiese Zeilen bricht es aber das Sprechverbot. Was dem Liebhaber bleibt, ist die Welt der Gedanken und der Tod.

Ganz anders tritt das lyrische Ich in „Beaux jours du monde les delices"[268] auf. Die frühlingshafte Natur steht in krassem Gegensatz zu seinen winterlichen Gefühlen. Hier sind es „quelques mortels ignorans mon pouvoir", die ihm verbieten wollen, die Angebetete zu sehen. In geradezu kämpferischem Ton[269] beschließt es, seiner Klage Gehör zu verschaffen, sich aufzulehnen („changer ma plainte en colere", Strophe 12, S. 429) und ihre Augen wiederzusehen. Eines Tages erhofft der liebende Dichter sich gekrönt zu sehen „D'un Laurier triomphant de Mirthe environné". (Strophe 18, S. 430)

Die Stances „Elle a donc changé ceste fois,"[270] spielen mit dem Phänomen der inconstance der Frauen, der Täuschung und deren Bewertung. Die „ingratte" hat einen anderen Liebhaber genommen, doch anstatt das lyrische Ich damit zu hintergehen, hat sie sich selbst getäuscht[271], da sie ihn mit ihrer neuen, wenig vernünftigen Wahl geradewegs gerächt hat. Doch sogleich mildert der enttäuschte Liebende sein hartes Urteil und empfindet Mitleid ob der Erkenntnis, daß sie ihn nur deshalb verraten hat, weil sie dem Willen ihrer Eltern gehorchen mußte. Als Gegenentwurf zum Konzept des „faux honneur" der Eltern evoziert das lyrische Ich das ungezwungene Wirken des Liebestriebs bei den Tieren. Doch schon steigt wieder Mißtrauen in ihm auf, und es stellt sich vor, wie die Frau Geheimnisse ihrer beider Liebesgeschichte an den neuen Verehrer verrät. Der Liebende klagt in seiner Not Amor an, der den Liebhaber an seinen unglücklichen Gedanken zugrundegehen lassen will. Doch in der letzten Strophe lehnt er sich gegen diese Bestimmung und den personifizierten „Penser", den „Demon sollitaire" auf und triumphiert:

> Et que le penser a pouvoir
> De faire le sort blanc ou noir.

---

[268] Sec. livre des délices, S. 427–430. Die bildliche Verknüpfung zwischen Natur und aufblühender Kraft der Liebe findet sich auch in: „Que je te hay penser trop arresté", Sec. livre des délices, S. 404–406.

[269] Vgl. die Ausdrücke aus dem Wortfeld „Kampf": „pouvoir, le fer barbare, (colere), mon fer le plus doux, (le fiel de mon courroux), qu' [...] On triomphe de moy?, un si lasche crime, combat, mon courage indompté, puissance, (un Laurier triomphant)."

[270] Sec. livre des délices, S. 395–398.

[271] Vgl. den gleichen Gedanken in „Celle qui cause mon trespas": „Trompé tout ensemble & trompeur," Sec. livre des délices, S. 401, Strophe 4. Siehe oben unter 6.1.5.4 Die grausame Geliebte.

Ob diese Gedichte über die erzwungene Trennung von einer gesellschaftlich höhergestellten Dame sich alle auf ein konkretes persönliches Drama Motins beziehen, wie es d'Estrée (S. XVI) und auch Lafay (S. 453) annehmen, muß offenbleiben. Es kann sich ebenso gut um ein poetisches Konstrukt handeln.

6.1.9.3 Bruch mit der Geliebten

Das Gedicht „Fille du ciel et de l'année"[272] ist durch alles das, was offenbar nicht gesagt wird, mehr oder minder rätselhaft; dem Leser, besonders dem heutigen Leser, ist unklar, was eigentlich vorgefallen ist, und er muß sich aus den Andeutungen das Geschehene rekonstruieren.

Das Gedicht beginnt mit einer Apostrophe an die Wahrheit, die als „Fille du Ciel et de l'année" angeredet wird. Sie hat lange am Grunde eines Brunnens liegen müssen, ein Engel sorgt nun dafür, daß das lyrische Ich sie in einem Spalt trifft.[273]

Mit Beginn der zweiten Strophe wird präzisiert: es handelt sich um einen Türspalt, der personifiziert wird. Augenschein, Vernunft und das Gerede zahlreicher Frauen hatten den Liebenden nicht glauben machen können, was er nun glauben muß – wenn man das glauben muß, was man sieht.

Erst in der dritten Strophe wird das Objekt der Neugierde genannt. Es ist Nays, die sein Urteilsvermögen mit der Macht ihrer Augen und ihrer Zauberei getrübt hat. Ihr Hauptcharakteristikum ist Kälte:

> Nays dont la froideur honneste
> Avoit produit selon ma teste
> Le froid du grand hyver paßé.

Durch die *figura etymologica* gewinnt die metaphorische Hyperbel besondere Intensität. Hinzukommt die ungewöhnliche Wortstellung im letzten Vers; normal wäre „grand froid de l'hyver paßé". Durch diese Enallage erhält *grand* eine zentrale Stellung im Vers und wird dadurch ebenso wie durch seine scheinbare Unmotiviertheit als Eigenschaft von *hyver paßé* besonders betont.

Die nächsten vier Strophen geben nun vor, das Geheimnis zu lüften, indem sie von dem Gesehenen berichten. Sie alle enthalten im ersten oder zweiten Vers die Formulierungen „J'ay veu Nays", „ie la vy bien" oder „Ie

---

[272] *Sec. livre des délices*, S. 445–448.
[273] Nicht verschwiegen werden soll die sexuelle Konnotation von „le pertuis" = „le sexe féminin" in: Marcel Béalu, *La poésie érotique de langue française*, Paris 1971, S. 13. „Le Pertuis" ist im *Sec. livre des délices* (1620) auch Titel des Gedichtes, während es im *Le Cabinet satyrique* (1618) noch betitelt ist: „Stances – Contre une dame qui se fardoit". Vgl. das Sonett von Ronsard „Je te salue, ô vermeillette fente,", *Le Cabinet satyrique*, S. 61–62.

l'ay veuë". Nays, die sich unbeobachtet glaubte, war zunächst dabei, sich zu schminken. Dabei entdeckte das lyrische Ich konsterniert die Spuren, die das Alter schon auf ihrem Gesicht hinterlassen hatte. Auch die weiteren Schritte der Körperpflege „rendurcir son sein avalé" und „se frotter dessous l'aisselle de Litarge, & d'Alun bruslé" waren ein einziger Affront der verliebten Augen.[274] Nichtsdestotrotz ist die heftige Reaktion auf das Gesehene überraschend. (Strophe 8) Der Liebhaber fürchtet um den guten Ruf der Frau („renommée"), spricht davon, daß er Zeuge eines Verbrechens, einer Gotteslästerung, einer tiefen Verirrung geworden sei. Das Wort „blaspheme" wirkt zu stark, es läßt sich erklären im Zusammenhang mit „quelque Dieu" als Schmähung Amors, von dem Standpunkt des vorher noch Liebenden aus gesehen.

Dieses Erlebnis totaler Desillusionierung hat den Voyeur von seiner Liebe geheilt. Er macht der Frau Vorwürfe über ihr mangelndes Schuldbewußtsein und erweist statt ihrer in der letzten Strophe voller Dankbarkeit dem Türspalt seine Ehre, indem er ihn mit den Erdspalten alter Orakel gleichsetzt.

6.1.10 Affären, Rivalen

Die Satire mit dem Titel „Contre un qui faisoit le Philosophe": „Après tant d'amoureux ennuis,"[275] ist gerichtet an eine „ingrate beauté". Der Liebhaber beklagt sich, daß die ihm gebührenden Zärtlichkeiten nun einem anderen, einem „hypocrite"[276], einem „Hermite" gewährt werden. Dieser andere wird als immer groteskere Person geschildert. Es ist ein Geistlicher („patenostres, chapelet"), der gar nicht mehr fähig scheint, neue Sünden zu begehen, wie süffisant angemerkt wird. Die vorgebliche Gelehrsamkeit des „Philosophe" entlarven die Verse:

> Il ne discourt point par raison
> Il n'est que Philosophe en rime.[277]

---

[274] Das Motiv der Verlogenheit des Schminkens findet sich auch schon in einem Sonett aus den Jugendwerken: „Je n'ayme point à voir cette idole admirée", Œuvres inédites, S. 14. Vgl. zur Ausgestaltung dieses Motivs auch bei Motins Zeitgenossen Mathieu [-Castellani], Thèmes, S. 463–467.

[275] Quintessence sat., S. 188–190.

[276] Sowohl „hypocrite" als auch „philosophe" verweisen auf zwei Komödien Pietro Aretinos „Il Filosofo" (1546) und „Lo hipocrito" (1542), Kindlers Literaturlexikon im dtv, München 1974, S. 3521 und 4455–4456.

[277] Hier wird wohl angespielt auf den Ausdruck „Cela n'a ni rime ni raison". Vgl. Le Grand Robert de la langue française: deuxième édition dirigée par Alain Rey du Dictionnaire alphabétique et analogique de la langue française de Paul Robert, Paris 2001, s.v. „rime", Bd. 5, S. 2176: „[...] 3 (XVIIᵉ; il n'y a rime ne raison, fin XIVᵉ) [...] Cela n'a ni rime ni raison, aucun sens."

Der Rivale wird weiter als lächerliche Gestalt dargestellt, indem er mit Typen aus den *Ballets* gleichgesetzt wird: „Astrologue, composeur d'Almanachs, faux Prophète, Docteur". Auch als Statist auf dem Pont Neuf ist er für das lyrische Ich vorstellbar, „Pour vendre aux passans quelque drogue". Schließlich gibt der Liebende vor, sich zu fügen, und gestattet die Küsse, aber nur damit der falsche Philosoph die Bibel in Verse fassen könne, zu nichts anderem. Mit diesem letzten Seitenhieb karikiert Motin die Mode der Psalmenparaphrasen und damit auch sich selbst.

In dem Sonett „Les soldatz sont trompeurs: ceux qui suivent la guerre"[278] mit seinen warnenden Ratschlägen scheint es zunächst vorrangig darum zu gehen, eine junge Frau vor Schaden zu bewahren und nicht etwa ihr einen potentiellen Rivalen auszureden. Die Soldaten werden als Beispiele männlicher *Inconstance* charakterisiert: sie haben im Herzen „ni foy ni loyauté", „Leur esprit est remply de toute vanité;", ihre Liebe ist „indiscret". Mit einem solchen hat die angeredete Frau sich eingelassen, und der rühmt sich nun, ihre Keuschheit besiegt zu haben. Der Vergleich mit dem ehebrecherischen Liebespaar der Mythologie, Venus und Mars, dient vorgeblich nur dazu, den Soldaten in ein schlechtes Licht zu rücken, doch hat er natürlich auch Auswirkungen auf die Darstellung der Frau und deren „sainct honneur de vostre chasteté", die wie Venus „l'infamie eternelle" riskiert. Der Schluß bringt dann allerdings eine kecke Wendung (und schlägt den Bogen zu thematisch ähnlichen, direkteren Gedichten der Tavernenlyrik[279]):

> Si vostre cœur est tant aux amours adonné,
> Choisissez un amant et secret et fidelle,
> Car un peché secret est demy pardonné.[280]

Einige der in den letzten Abschnitten besprochenen Gedichte, in denen die negative Seite der Liebe thematisiert wird, stellen im Grunde so etwas wie eine Schnittstelle zu der nun anschließend besprochenen großen Gruppe der Tavernenlyrik dar. Durch das Stilmittel der Ironie schlägt die Sicht der Liebe und der Frau bisweilen um von petrarkisierender Idealisierung in derben Realismus und Anzüglichkeiten, was zur Aufnahme solcher Gedichte in die Anthologien der *Poésie satyrique* führte.

---

[278] *Œuvres inédites*, S. 25.
[279] Vgl. Kapitel 6.2 dieser Arbeit.
[280] Dieser (traditionelle) Gedanke findet sich auch in „Combien de souspirs esclatans" (*Le Cabinet satyrique*, S. I. 94). Vgl. unten unter 6.2.2.7 Lebensweisheit aus sexuellen Ausschweifungen.

6.2   Motins Tavernendichtung[281]

6.2.1   Traditionen der libertinistischen Dichtung

Der lange – recht unwissenschaftlich – belächelten bis tabuisierten Tavernendichtung soll ein ausführlicher literarhistorischer Exkurs gewidmet werden.
Als sehr hilfreich zum Verständnis und zur Aufarbeitung von Motins *poésies
satyriques* (Themenkreis Sexualität, Trinklieder), erwies sich die Arbeit von
Gaudiani[282], die Théophile de Viaus Gedichte gleicher Thematik sachlich
abhandelt, ohne sich moralisch zu entrüsten. Sie gelangt als erste zu einer
angemessenen Würdigung dieser Gedichte Théophiles[283] und somit indirekt
auch derjenigen seiner Zeitgenossen. Die Art ihrer nüchternen Analyse läßt
sich auch auf die thematisch verwandten Arbeiten Motins übertragen. Ihre
sehr klare Darstellung der Traditionen soll Grundlage der nachfolgenden
Ausführungen sein, wobei natürlich auch andere Sekundärliteratur gewürdigt
werden wird. So findet sich eine erschöpfende Darstellung des Libertinismus
bei Pintard[284], der sehr ausführlich die vielfältigen sozialen, ideengeschichtli-
chen und philosophischen Quellen dieser Geisteshaltung darlegt, die in den
ersten Jahrzehnten des 17. Jahrhunderts zum „libertinage flamboyant"[285]
anwachsen konnte.

Gaudiani arbeitet einige Charakteristika der Tavernendichtung heraus,
die sie als Untergruppe von anderen Familien der Dichtkunst abheben.
(S. 17) Wesentlich für diese Dichtungen ist das Eingeständnis der „overwhel-
ming dominance of sexuality in human experience". (a.a.O.) Die Darstellung
konzentriert sich auf die handgreiflichen Aspekte des Sexuallebens: physischer Genuß, aber auch die andere Seite der Medaille: Geschlechtskrankhei-
ten, Impotenz, Isolation, Tod. Die Gedichte sind geprägt von „segments of
the generation-decomposition-regeneration cycle" (a.a.O.). Gaudiani sieht in
der Darstellungsweise der Sexualität metaphorische Qualitäten für die Sicht

---

[281]   Unter den zahlreichen möglichen Bezeichnungen für diese Gruppe von Motins
Dichtung habe ich mich, angeregt durch die Arbeit von Gaudiani (vgl. oben unter
1.2 Stand der Forschung: Sekundärliteratur und den von ihr gewählten Begriff
„cabaret poetry", für diesen Ausdruck entschieden, da er diese Gedichte unterschiedlicher Thematik wertfrei nach dem Ort ihrer wahrscheinlichen Entstehung
und Rezitation zusammenfaßt.

[282]   Claire Lynn Gaudiani, *The cabaret poetry of Théophile de Viau: texts and traditions*,
Tübingen 1981.

[283]   Vgl. das Vorwort von Jean Marmier in Gaudiani, S. 12.

[284]   René Pintard, *Le Libertinage érudit dans la première moitié du XVIIe siècle, Nouvelle
édition augmentée d'un avant-propos et de notes et réflexions sur les problèmes de l'histoire
du libertinage*, Paris 1943, Nachdruck Genf 1983.

[285]   a.a.O., S. 33. Der Ausdruck wurde geprägt von H. Bremond.

der allgemeinen Erfahrung der Welt: „Sexuality becomes the metaphor for the speaker's view of the human experience". (a.a.O.) Und weiter heißt es:

> Sexuality is the metaphor through which he [„the speaker"] toys uneasily with two terrible suspicions: that man is indeed alone and doomed; and that the passions of the flesh through which we hope to escape our solitude converge on an ecstatic moment of climax followed by years of ulcerous sores, gradual decomposition and death. (S. 19)

Das Bewußtsein von der Kürze der dem Menschen zugemessenen Zeit, die Angst vor Verfall und Tod würde die Trostsuche im christlichen Glauben nahelegen, doch Gott hat in diesem Weltbild keine wirkliche Macht. Er erscheint höchstens einmal als Statist. Auch Halt gebende Gefühle wie Liebe und Respekt werden oft ins Lächerliche gezogen. Dazu paßt die Gestaltung der männlichen und weiblichen Charaktere, deren Verhaltensweisen meist stereotypen Mustern folgen. Beide werden als beherrscht von ihren sexuellen Instinkten dargestellt. Zum Hahnrei, der alten Prostituierten, der lüsternen Frau und dem alternden Lüstling aus klassischen Zeiten gesellen sich der laszive Mönch und die lüsterne Nonne des christlichen Zeitalters. Sowohl die Männer als auch die Frauen werden entpersönlicht, erstere meist indem sie hauptsächlich über die Größe und Leistungsfähigkeit ihrer Genitalien definiert werden, letztere, indem sie oft wie Tiere gezeigt werden, als dumm und/oder sexbesessen. Diese Misogynie hat eine lange Tradition, die sich nach Gaudiani teilweise als Ablehnung der Glorifizierung der Frau in der „offiziellen" literarischen Produktion [Petrarkismus] erklären läßt. (S. 18) Zwischen beiden Geschlechtern herrscht in der Regel Feindschaft. Dem steht ein Geist männlicher Kameraderie gegenüber, der zwischen Sprecher und männlichem Leser/Zuhörer vorherrscht.

Ein weiterer Themenkomplex dieser Gedichte ist der Wein und das Trinken, was das Milieu des *Cabaret* nahelegt. Diese Themen finden sich schon bei Anakreon und Catull. Der Themenbereich muß zwar an Bedeutung weit hinter dem Themenkreis der Sexualität zurückstehen, und dementsprechend geht Gaudiani auch nicht weiter darauf ein; unter dem Vorwand exzessiven Trinkens sind jedoch die gedanklichen und sprachlichen Obszönitäten erst veröffentlichungsfähig: „Wine is the key". (S. 18) Der tatsächliche wie der vorgeschobene Alkoholgenuß entbinden den Sprecher von sozialen und linguistischen Einschränkungen. (S. 19)

Typisch für die Tavernendichtung ist weiterhin die sprachliche Gestaltung. Die Wortwahl ist direkt, konkret und bevorzugt das obszöne Register – wohl auch in der Absicht zu schockieren. Die Syntax ist in der Regel einfach, und selbst die Metaphern sind meistens gängig und leicht verständlich. Der Eindruck einer unmittelbaren, zwangslosen, ja intimen Kommunikation wird verstärkt durch die häufige Gestaltung einer Dialogsituation oder zumindest durch die Verwendung der direkten Anrede an den Leser/Zuhörer. (S. 19)

Ausführlich geht Gaudiani auch auf die *Cabarets* selbst ein und vermittelt ein gutes Bild der dort herrschenden Atmosphäre.[286] Diese Tavernen waren ein bedeutender Ort freidenkerischer Diskussionen, literarischer Inspiration und literarischen Schaffens.[287] In Anbetracht der freizügigen Gedichte betont Gaudiani jedoch: „Prostitution, and in fact sexual contacts of any type, were not ordinarily pursued in the cabarets." Allerdings nennt sie keine zeitgenössischen Belege für diese dem allgemein verbreiteten Bild widersprechende Ansicht. Sie bezieht sich nur auf Fournel, der schreibt:

> Mais il convient dès à présent d'avertir que le mot du temps <faire la débauche> s'entendait seulement de boire avec plus ou moins d'excès en disputant sur des sujets sérieux, égayés d'indécences, d'ordures qui ne risquaient pas d'offenser de pieuses ou chastes oreilles.[288]

Moralisch entrüstet fügt Fournel hinzu, daß man die Freudenmädchen vor allem außerhalb der Stadt getroffen hätte, in den Hinterzimmern der Konditoren und der Schieber.

Als literarische Vorläufer sind Petronius und Martial zu nennen, sie sind auch für Motin relevant. Bei beiden ist ebenfalls die Sexualität ein Hauptthema, aber ihre Gedichte enthalten auch soziale und politische Kommentare, und sie thematisieren das Bewußtsein von der Vergänglichkeit des menschlichen Lebens. (Gaudiani, S. 24). Wie Motin und Théophile geht es den lateinischen Dichtern nicht darum, die Welt zu verbessern, sondern sie wollen primär unterhalten. Loblieder auf den unverfälschten heterosexuellen Genuß finden sich vor allem in Martials Epigrammen. Sowohl bei Martial als auch bei Petronius findet sich der Typus der lüsternen Frau, wobei sie von Petronius besonders negativ dargestellt wird. Ihre Begierde hat aggressive Züge, sie benutzt die Männer als Objekt und sieht die Sexualität sowohl als Mittel zu ihrem eigenen Lustgewinn als auch als Instrument der Macht über die Männer. Verbreitet ist in der satirischen Tradition auch das Motiv der scheinheiligen, lüsternen Frau. Insgesamt überwiegt bei Martial und Petronius schon der verächtliche Blick auf die heterosexuelle Liebe und die Frauen (S. 25). Auch unbarmherzige, haßerfüllte Gedichte über alte Frauen gehen

---

[286] S. 19–22. Vgl. auch die Darstellung bei Emile Magne, *Les fêtes en Europe au XVIIe siècle*, Paris s.d. (1930), S. 253–264 (Bild S. 261).

[287] „The cabaret was to seventeenth-century France what the café was to the eighteenth century and the „cercle" to the nineteenth." S. 19.

[288] Fournel, Victor, *La littérature indépendante et les écrivains oubliés au XVIIe siècle*, s.l., s.a., S. 74.

auf Martial und Petronius zurück, die gnadenlos waren in ihrer Verhöhnung
der Alten, vor allem der alten Frau, die noch Interesse an Sexualität zeigt.
Ebenso war Homosexualität in der römischen Literatur ein oft behandeltes Thema. (Gaudiani, S. 26) Sowohl Petronius als auch Martial haben sie in
ihren Gedichten gestaltet. Allerdings werden bei Petronius sowohl die hetero- als auch die homosexuellen Beziehungen eher negativ gesehen. Martial,
der insgesamt der Sexualität positiver gegenübersteht als Petronius, mißbilligt trotzdem homosexuelle Liebe.

Auch unter rein formalen Gesichtspunkten ist vor allem Martial von
Bedeutung für die Tradition der Tavernendichtung, da er das Epigramm für
dieses Genre zur Vollendung geführt hat.

Im folgenden Kapitel widmet Gaudiani sich den literarischen Traditionen
des Mittelalters und der Renaissance, in denen die Tavernendichtung wurzelt.
(S. 28–36) Folgende thematische Verbindungen sieht Gaudiani: „Blasphemy,
anticlericalism, the sinfulness of sensuality, and the morbid concentration
on disease and decomposition grow from the Christian age" (S. 28).

Die gebildeten Vaganten/Scholaren des Mittelalters belebten die klassischen Themen der Tavernendichtung in der christlich geprägten Kultur wieder neu. Hinzu kamen durch sie Antiklerikalismus und Blasphemie, wobei
letztere oft nur ein Mittel war, das Erhabene von seinem hohen Sockel herunterzuholen. (Gaudiani, S. 29) Ein charakteristisches Stilmittel der mittelalterlichen Tavernenlyrik ist auch das Arbeiten mit typisierten Gestalten. Dies
war noch anders bei Petronius und Martial, deren Figuren im Dialog oder
durch Aufzählung von Eigenschaften persönliche Züge entwickeln konnten.

Im 15. Jahrhundert benutzt Villon jedoch wieder ein personalisiertes lyrisches Ich. (Gaudiani, S. 30). Das „Ich" beschreibt nicht aus einer satirischen
Distanz heraus mehr oder weniger interessiert die burlesken oder obszönen
Szenen und schmückt sich mit didaktischen Kommentaren wie der Erzähler
früherer Zeiten, sondern es ist involviert, steht mitten im Geschehen, ist
Berichterstatter und Beteiligter zugleich. Dementsprechend zeigt dieses „Ich"
auch durchaus Mitleid mit Charakteren der Gedichte.

Auch die Dichter aus Villons Umfeld haben obszöne Verse verfaßt,
bekannt wurde eine Sammlung dieser Gedichte unter dem Titel *Le Parnasse
satyrique du XVᵉ siècle*[289]. Auch sie thematisieren überwiegend die Sexualität,
oft im Stil der *Carmina burana*. Männer wie Frauen werden häufig auf ihre
Sexualorgane reduziert. Wenn die Männer auch meist Zufriedenheit über
ihre Ausstattung bekunden, so bleibt doch die allgemeine Sicht der Sexualität
insgesamt eher negativ.

---

[289]　Marcel Schwob (Hrsg.), *Le Parnasse satyrique du XVᵉ siècle*, Paris 1905, Nachdruck
Genève 1969.

Im sechzehnten Jahrhundert sind Rabelais, Marot und vor allem Aretino von Bedeutung für den Fortbestand und die Weiterentwicklung der Tavernendichtung. Aretinos Einfluß liegt besonders begründet in seiner „uncompromising joy in the sensual side of life and utter frankness of vocabulary resisting all euphemisms." (S. 33) Sexualität spielt in seinen Gedichten immer eine Rolle, von Liebe hingegen ist jedoch nie die Rede. Interessanterweise sind seine Sonette frei von Misogynie, es wird überhaupt keiner der Partner ins Lächerliche gezogen. Hinderlichen moralischen Fesseln entledigt sollen Mann und Frau ihren natürlichen Begierden folgen. Aretino benutzt Alltagssprache und kleidet seine Ausführungen häufig in Dialogform. Seine Sprache ist konkret, direkt und obszön. Rabelais' Gedichte aus dem Tavernenmilieu sind sehr der Tradition verhaftet: „His low and pessimistic views of women and clergy and reliance on male comradeship place his tavern verses close to the wandering students and to Villon's contemporaries." (Gaudiani, S. 34) Marot hat sowohl Gedichte Martials übersetzt als auch im Anschluß daran eigene Epigramme verfaßt. Sie nehmen die klassischen und mittelalterlichen Themen wieder auf, sind allerdings in der Benennung der Sexualität weniger direkt als die Gedichte Martials oder Aretinos. Der Grundtenor ist eher positiv und weniger beißend als bei Martial.

Auch Ronsards „Folastries" gefallen sich in praller Sinnlichkeit, sie sind jedoch durch die kunstvolle dichterische Gestaltung und durch die zahlreichen Imitationen klassischer und französischer Vorläufer viel literarischer, ja gelehrter als die Tavernendichtung der Zeitgenossen.

Im vierten Kapitel über die *poésie de cabaret* von Théophiles Zeitgenossen (S. 37–41), einer aus Platzgründen bewußt knapp gehaltenen Darstellung (S. 37), findet auch Motin seinen Platz.[290] Die tolerante Atmosphäre zu Beginn des 17. Jahrhunderts begünstigte ein Aufblühen der Traditionen, die in den vorhergehenden Jahrhunderten schon bestanden hatten, so daß fast alle Dichter dieser Zeit auch Gedichte schrieben, die in der feinen Gesellschaft als inakzeptabel galten. Über die Grunde für diese Periode der Toleranz läßt sich laut Gaudiani nur spekulieren. Eine Rolle gespielt haben könnten:

> The unstable political situation in France during these years and the liberal Italian presence at court probably contributed to a more permissive atmosphere. While the end of the religious wars proved only temporary, it did create a lively Epicurean spirit among many writers. Increased scepticism about religion, fueled perhaps by reactions to developments in science, also may have played a role. (S. 37).

---

[290] Vgl. hierzu auch Arnold Rothe, *Französische Lyrik im Zeitalter des Barock*, Berlin 1974, S. 51–53, der in diesem Zusammenhang außerdem Théophiles pantheistisches Weltbild erläutert.

Die Dichter des beginnenden 17. Jahrhunderts bringen dem Genre der Tavernendichtung keine Innovationen; Bisheriges wird fortgeführt und einzelne
Themen und Charaktere werden intensiviert oder erhalten einen anderen
Stellenwert. Die Sexualität ist auch bei Théophiles Zeitgenossen weiterhin
das beherrschende Thema der Tavernendichtung, jedoch stellt Gaudiani im
Gegensatz zur bisherigen Tradition oft einen anderen Grundtenor fest, den sie
so charakterisiert: „[...], the attitudes expressed by the speakers often reveal a
more biting, satiric quality, a less jovial aspect, [...]. (S. 38). Die Männer werden ausschließlich über die Größe und Leistungsfähigkeit ihres Sexualorgans
charakterisiert und beurteilt. Diese schon vorher aufgetretene Entpersönlichung der Charaktere wird zu dieser Zeit nun die Regel. Diese „penis preoccupation" (S. 38) findet Gaudiani besonders bei Berthelot und Motin, wobei Berthelot gesehen wird als mehr von den positiven Aspekten der Sexualität über-
zeugt und Motin als eher von deren negativen Aspekten beherrscht. (S. 38)
    Die Sicht der Frau ist ebenfalls wenig differenziert. Besonders Motin
und Sigogne sind durchgängig ablehnend. Die Frauen werden assoziiert mit
außergewöhnlicher Dummheit, mit Alter und Tod. Oft sind sie Typen, so „die
Witwe", „die Hexe", „die (alte) Hure", ständig auf der Suche nach sexueller
Befriedigung, und das oft noch über den Tod hinaus. Auch die anderen Zeitgenossen halten in ihren Gedichten an diesem Leitbild der Frau fest, wenn
auch in individueller Ausprägung, besonders im Hinblick auf den Grad der
höhnischen Verbitterung.
    Interessant ist in diesem Zusammenhang noch Saint-Pavin, der neben
Heterosexualität und Blasphemie ganz offen Bisexualität sowie männliche
und weibliche Homosexualität thematisiert. Alle Charaktere seiner Gedichte
gehören einer hohen sozialen Schicht an, die Frauen sind alle jung und werden von Liebenden verfolgt, die Männer sind jeweils umtriebig in Liebesangelegenheiten. (S. 39)
    Die Ära, die derart freizügige Literatur hatte entstehen lassen, ging mit
der *Ordonnance* von 1617 zu Ende. Nicht ohne Auswirkungen blieben die
Prozesse und Hinrichtungen des italienischen Philosophen Vanini, der
Gebrüder Siti und des Dichters Etienne Durand. Auch nach Théophiles Exil
von 1619–1620 und seinem Prozeß (1623–25), der großes Aufsehen erregte,
bestanden die *Cabarets* weiter, und es wurden auch noch Anthologien mit
poésies satyriques veröffentlicht, aber die Autoren hüteten sich nun doch vor
extremem Libertinismus. (S. 41)[291]

---

[291] Zur sich im Laufe des 17. Jahrhunderts wandelnden Sicht der Sexualität sowie zu den
    entsprechenden literarischen Zeugnissen vgl. u.a.: Herbert de Ley, „<Dans les reigles
    du plaisir...>: Transformation of sexual knowledge in seventeenth-century France",
    in: Wolfgang Leiner (Hrsg.), *Onze nouvelles études sur l'image de la femme dans la littéra-
    ture française du dix-septième siècle*, Tübingen, Paris 1984, S. 25–32.

Gaudiani ordnet 29 Gedichte Théophiles dem Genre der *Cabaret poetry* zu. (S. 54) Demgegenüber hat Motin sehr viel mehr dieser Gedichte geschrieben, bzw. es sind sehr viel mehr davon erhalten. Unter inhaltlichen Aspekten lassen sich aus den 99 Gedichten Motins, die mehr oder minder ausschließlich die Sexualität thematisieren, wiederum mehrere Themenkreise herauskristallisieren.

Bezüglich der Untersuchungshaltung läßt sich vorab sagen, daß es bei manchen Gedichten dieser Gruppe schwieriger ist als sonst, sich subjektiver Wertungen zu enthalten. Es führt meines Erachtens jedoch nicht weiter, sich hier moralisch oder feministisch zu entrüsten und sich so den Blick zu verstellen auf manchen witzigen Einfall oder auf gelungene Pointen. Ähnlich wie Gaudiani werde ich versuchen, das Vorgefundene nüchtern analysierend zu beschreiben. Allerdings muß man sich auch darüber im klaren sein, daß eine gewisse Wertung der sexuellen Gedichte schon durch die thematische Gliederung erfolgt.

6.2.2 Darstellung der Sexualität bei Motin

In den Gedichten dieser Gruppe wird mehr oder weniger direkt auf den Vollzug der körperlichen Liebe angespielt. Seine grundlegende Haltung legt das lyrische Ich sehr selbstbewußt dar in „Je voy maint amant qui s'enflamme"[292]. Der Mann kann sich keinesfalls damit zufriedengeben, eine Dame nur anzubeten, ohne auch an weiteres zu denken. Wenn er liebt, verlangt er auch die körperliche Liebe.

6.2.2.1 Phallische Motive[293]

Diese Gedichte reduzieren die sexuelle Begegnung auf den Vollzug des Beischlafs. Typisch ist, daß die wesentlichen Körperteile hier gerne beim Namen genannt werden, wenn auch meist in abgekürzter Form (*V.* und *C.*).

In „Philidor (Polidor) amoureux d'une beauté sauvage"[294] spinnt Motin die alte Vorstellung vom Liebesgefängnis weiter und ironisiert sie, indem er den Penis als Schlüssel zu eben diesem Gefängnis entdeckt. „Je n'entends point ces beaux discours"[295] zeugt dann von frühem *machismo*. Das lyrische Ich verläßt sich auf die Beredsamkeit seines *V.* Ohne Umschweife kommt auch der Sprecher in „En retirant vostre main blanche,"[296] zum Kern der Dinge. Er hat etwas zu bieten, das genauso wärmt wie ein Muff. Durch „main

---

[292] *La Quintessence satyrique*, S. 237.
[293] „Penis preoccupation" bei Gaudiani, S. 38.
[294] *Le Cabinet satyrique*, S. I. 60.
[295] *Le Cabinet satyrique*, S. II. 206.
[296] *La Quintessence satyrique*, S. 111.

blanche" und „manchon" wird eine vornehme Adressatin kreiert, die kraß mit „cochon"[297] und „manche"[298] kontrastiert. Die Pointe besticht durch die Paronomasie „manche"-„manchon". Ebenso geradlinig verfährt das Epigramm „Vostre beauté sans seconde"[299]: Die Frau ist eine Perle, die man „auffädeln" muß.

Das Lügengedicht „Je tire les dents de la bouche"[300] ist Bestandteil zweier *Ballets*.[301] Die Selbstanpreisung des „Arracheur de dents"[302], gipfelt in der Lobpreisung des ganz speziellen „Instruments"[303]. Besonders interessiert sich das lyrische Ich für den „Mund ohne Zähne"[304] der Damen, und der Zahnausreißer bietet sich auch an, die Hörner der Hahnreie zu ziehen.

In „Jacquette (Pasquette), quand vous me contez"[305] thematisiert Motin das Schreiben und vermischt den Topos des durch ein Gedicht verewigten Ruhmes mit dem sexuellen Kontext. Jacquette solle dem lyrischen Ich nur

---

[297] cochon (être): baiser fort et longtemps. Roger G. Bougard, *Erotisme et amour physique dans la littérature française du XVIIᵉ siècle*, Paris 1986, S. 203.

[298] *Manche* ist lexikalisiert für „les parties nobles de l'homme". Bougard, S. 200.

[299] *Le Cabinet satyrique*, S. I. 81.

[300] *Le Cabinet satyrique*, S. I. 359–360.

[301] *B.N. Ms.fr. 2382*, Ohne Titel, S. 36r–44vᵒ. Gedicht S. 42r–42vᵒ. *Recueil des masquarades et jeu de prix a la course du Sarazin, faits ce karesme-prenant, en la présence de sa Majesté, à Paris*, Paris 1607, Gedicht S. 20–21. Ein Gedicht ganz ähnlichen Inhalts und gleicher Form findet sich auf S. 33 „Si d'entre vous quelque fillette". Es ist nicht signiert und muß trotz oder wegen der geradezu paraphrasenhaften Wirkung nicht zwingend auch von Motin stammen, da die *Ballets* in der Regel ja Gemeinschaftsarbeiten waren. Vgl. oben unter 4 Motins Werke im Überblick. Im *Ballet* des *Ms. fr. 2382* ist es nicht enthalten. Auch in: *Ballet de la Foire Saint-Germain* in: Paul Lacroix (Hrsg.), *Ballets et mascarades de Cour, de Henri III à Louis XIV (1581–1652), recueillis et publiés d'après les éditions originales, Genève 1868–1870, Nachdruck Genève 1968*, Band I, S. 204–235. Gedicht S. 219. Zweites Gedicht S. 231.

[302] „Arracheur, euse. [...] Prov. *Mentir (cit. 7) comme un arracheur de dents*: mentir effrontément." Leider ohne Jahresangabe. Paul Robert, *Le Grand Robert de la langue française: Dictionnaire alphabétique et analogique de la langue française*, deuxième édition entièrement revue et enrichie par Alain Rey, Paris 1985, Bd. 1, S. 550. „Dent, se dit proverbialement en plusieurs phrases. [...] On dit aussi, Arracher une dent à quelqu'un, pour dire, Tirer de luy quelque argent, ou autre chose qu'il est contraint de donner malgré luy." Furetière, a.a.O., Bd. I, *s.v.* „dent". Diese Sprichwort-Bedeutungen können hier durchaus mit gemeint sein.

[303] *Instrument* auch in „A celuy qui la cageole". Vgl. unten unter 6.2.2.3.1 Kampf, Rache.

[304] Vgl. auch „le visage sans nez" in „Experts guides d'amour, maquereaux secourables", *Le Cabinet satyrique*, S. II. 290–291. Besprechung unter 6.2.2.4 Bordell, Prostituierte, Zuhälter.

[305] *Le Cabinet satyrique*, S. I. 81–82.

auch die letzte Gunst erweisen, dann wird es ihre Verdienste besingen. In bezug auf das Besingen – aber stillschweigend natürlich auch mit Bezug auf das übrige – vergleicht sich der Mann dabei mit dem Hahn. Durch die Anspielung auf Trompeten, die vor dem Angriff geblasen werden, ist erneut das Bildfeld „Kampf" vertreten. In „J'estime fort vostre doctrine,"[306] bezeichnet sich das lyrische Ich selbst als Esel, dem es ungeachtet aller sonstigen Werte allein auf das Eine ankomme. „Asne" steht dabei einerseits, im Kontrast zu „bel esprit" für „Dummheit", andererseits aber auch, im Licht des folgenden Verses, für animalische Potenz. Selbst gegenüber der für ihre Gelehrsamkeit berühmten, jedoch unkeuschen Päpstin Johanna[307] würde er nicht anders urteilen.

Zwei Gedichte spielen mit der Mehrdeutigkeit von „donner le fouet à qn.": „Ce penitent qui carressoit"[308] und „Si vostre confesseur vous tence"[309]. Der kirchliche Kontext („penitent; confesseur, penitence") wird gestört durch die Anwesenheit der Frau, die die „Hiebe" empfängt. Originell sind diese *Quatrains* insofern als „fouet" in dieser Bedeutung nicht lexikalisiert ist.[310] Die Verknüpfung von sexuellem und religiösem Kontext gestaltet auch Théophile in dem Epigramm „Mes couilles, quand mon vit se dresse," (vgl. Gaudiani, S. 67).

Religion und Sexualität durchdringen sich ganz in dem Sonett „Vous voulez dites-vous estre religieuse,"[311]. Es spielt mit durch Konnotationen aufgebauten Erwartungen, die enttäuscht werden. Durch die erste Zeile, die wie eine Anrede an eine Frau, die den Schleier nehmen will, gestaltet ist, wird eine Dialogsituation geschaffen. Der religiöse Kontext wird sogleich gestört durch die zweite Zeile: „Et je veux avec vous estre religieux,". Dann folgen klassische Liebesversprechen, unter Fortführung des religiösen Begriffsapparates auch im zweiten Quartett. Es kommen pantheistische Vorstellungen hinzu: „Pour cloistre nous aurons la terre spacieuse/Pour temple nous aurons un pré delicieux," wobei durch die Wiese auch ein bukolisches Element hinzutritt. Auch auf die neuplatonische Vorstellung von Schönheit als den Weg zur Göttlichkeit wird angespielt: „Moy voyant vos beautez ie benirois les Cieux".

---

[306] *Le Parnasse satyrique*, S. 65.
[307] Zu dieser Legendengestalt, bzw. möglicherweise historischen Person, vgl. z.B. Giovanni Boccaccio, *De claris mulieribus/Die großen Frauen*, Stuttgart 1995, S. 216–19.
[308] D'Estrée, S. 98.
[309] D'Estrée, S. 99.
[310] Weder im Glossar von Bougard, *op.cit.*, S. 199–208, noch in demjenigen von Marcel Béalu, *La poésie érotique de langue française*, Paris 1971, S. 12–14, findet sie sich.
[311] *La Quintessence satyrique*, S. 7.

Im letzten Terzett unterschiebt der Sprecher der Geliebten eine Rede. Sie beichtet, daß sie ihn einst zurückgewiesen habe. Die im epigrammatischen Schlußvers vorgeschlagene Buße bringt den radikalen Bruch der Lesererwartungen. Es wird klar, daß es sich hier um eine konkrete, wenig subtile Werbung handelte:

> Mon pere i'ay peché mesmement en ce point,
> C'est que quand vous m'aymiez ie ne vous aymois point,
> Et ie vous ... teray pour vostre penitence.

6.2.2.1.1 Anatomie

Eine Untergruppe von Gedichten ist geprägt von der Sorge um die Größe und Beschaffenheit des Penis.

In „Jeanne, qui s'adonnoit souvent à la vertu," macht eine Frau mit lockerem Lebenswandel[312] einen mangelhaft ausgestatteten Mann lächerlich. Das dabei benutzte grotesk untertreibende Bild (Strohhalm – Bernstein) zeugt von physikalischem Sachverstand Motins.[313]

Beide Geschlechter sind mit Mängeln behaftet in „Elle vous ayme bien, mais quoy!"[314]: „Car elle n'a que trop dequoy,/Et vous avez trop peu de chose."

Das Epigramm „Le medecin n'est qu'un railleur"[315] preist Sexualität als Heilmittel, und zwar muß es dafür ein „viedaze"[316] sein. Als Bindeglied zwischen ärztlicher Kunst und derber Erotik dient das Wortspiel mit „Eselsmilch".

6.2.2.1.2 Potenz

Auch zur Illustration der Potenz ist der Vergleich mit Tieren willkommen.

---

[312] Der erste Vers, mit dem sie charakterisiert wird, muß wohl ironisch verstanden werden.

[313] „paille, se dit proverbialement en ces phrases. [...] On dit aussi d'une chose excellente qu'on veut loüer, qu'elle leve la paille, par une allusion qu'on fait avec l'ambre qui a la vertu de lever la paille." „ambre, [...] C'est le propre de l'ambre, d'attirer la paille quand il est échauffé, pourvû qu'il ne soit pas huilé." Beide Zitate bei Furetière, Band III und I, *s.v.* „paille", *s.v.* „ambre".

[314] *Le Cabinet satyrique*, S. II. 212.

[315] *La Quintessence satyrique*, S. 111.

[316] viedaze: vit d'âne. Fleuret/Perceau, Glossaire, S. II. 503. Der Vergleich mit der Ausstattung eines Esels/Maulesels findet sich auch in „J'estime fort vostre doctrine" (s.o.) und bei Théophile „Mes couilles, quand mon vit se dresse,", zitiert nach Gaudiani, S. 67. Ebenso in dem anonymen Epigramm „Un basteleur plein de cautelle,", *Le Cabinet satyrique*, S. I. 51–52.

In „Si tost que je voy ma Maistresse"[317] lobt das lyrische Ich seine Potenz und zieht Parallelen zwischen einer Schnecke und seinem Penis, welche von der Sonne/den schönen Augen der Geliebten hervorgelockt werden, aber durch sie auch vertrocknen. Durch diese kühne Metapher wird der Topos der schönen Augen, nach denen sich der Liebhaber verzehrt, ins Lächerliche gezogen. In „Faictes venir icy Nicole,"[318] gesellt sich ein Kater zur Menagerie der zum Vergleich herangezogenen Tiere. Es heißt dort:

Mais dès que son bel œil m'esclaire
Je fais ce qu'aux chats on void faire
Alors qu'on leur frotte le dos.

In „Mais à quoy sert tant de finesse"[319] singt das lyrische Ich ein bild- und detailreiches Loblied auf seinen Penis und vergleicht ihn mit einem springenden Ball und einem Hengst. Die drei zusätzlichen Strophen im Ms.fr. 884 betrachten Fleuret/Perceau[320] als nicht authentisch, da die letzte von ihnen in zwei Anthologien auch separat veröffentlicht worden ist, im Cabinet Satyrique Maynard zugeschrieben und im Petit Cabinet de Priape anonym. Auch in der Version der Muses gaillardes[321], die Fleuret/Perceau nicht erwähnen, umfaßt das Gedicht nur die fünf Strophen des Cabinet Satyrique. Da diese Anthologie die älteste der drei zur Diskussion stehenden ist, erscheint es berechtigt, die kurze Fassung als die originale anzusehen. Inhaltlich spricht für diese Sicht, daß das Gedicht durch die Pointe am Ende der fünften Strophe durchaus abgeschlossen wirkt. Andererseits könnten auch die drei weiteren Strophen unter inhaltlichen Aspekten von Motin stammen. Es findet sich wieder die Bezeichnung „instrument"[322] im Vergleich mit der Ausstattung eines „mulct"[323] und die Sorge um die Paßform der weiblichen Genitalien. Allerdings ist das eine sehr gängige Bildhaftigkeit. Somit können die fraglichen Strophen nicht mit Sicherheit als nicht authentisch abgelehnt werden und müssen berücksichtigt werden. Immerhin könnten ja zwei Versionen erster Hand existiert haben. Falls Motin sich in dem lyrischen Ich porträtiert, fänden sich hier die Hinweise auf sein Aussehen, die d'Estrée (S. X) ohne genaue Quellenangabe zitiert.[324]

---

[317]　Le Cabinet satyrique, S. I. 58.
[318]　Les Délices satyriques, S. 24.
[319]　Le Cabinet satyrique, S. II. 204–205.
[320]　Fn. 3, S. II. 204.
[321]　Benutzt wurde der nicht kritische Nachdruck aus dem 19. Jahrhundert: Anthoine du Brueil (Hrsg.), Les Muses gaillardes recueillies des plus beaux esprits de ce temps, Paris 1609, Réimpression Paris 1864.
[322]　Vgl. „A celuy qui la cageole" und „Je tire les dents de la bouche".
[323]　Vgl. „viedaze" in: „Le medecin n'est qu'un railleur".
[324]　„Je n'ay point la peau delicate,/Le poil blond, ny l'œil d'un Amant". Vgl. oben unter 3 Versuch einer Biographie.

Das zum Schein um seine Potenz besorgte lyrische Ich in „Madame je ne puis, tant ma force est petite"[325] erhält von der Dialogpartnerin die Bestätigung, daß die bisher vorgeführte Frequenz schon mehr als außergewöhnlich sei.

6.2.2.2 Weibliche Sexualität

6.2.2.2.1 Anatomie

Beherrschend für die Charakterisierung der Frauen in einigen Gedichten Motins ist die Weite ihrer Vagina, d.h. sie werden durch ihre Gebrauchsfähigkeit im Hinblick auf den Penis definiert. So setzt sich also die unter 6.2.2.1.1 diagnostizierte Sorge um die Beschaffenheit des Penis konsequent in der Gestaltung der Frauenfiguren fort. Die für die Tavernendichtung laut Gaudiani (S. 17) typische Entpersönlichung der Charaktere vollzieht sich bei Motin wie bei Théophile über die Tendenz zur Reduzierung der Männer auf ihren Penis, die Frauen hingegen werden zwar einerseits wie bei den anderen Dichtern auch in die Nähe von Tieren gestellt und dadurch entpersönlicht[326] andererseits aber auch, analog zu den Männern, durch die Fokussierung auf die Paßform der Vagina ihrer Persönlichkeit beraubt.

Nach dem Lob der Schönheit Maries in den beiden Quartetten des Sonetts „Marie à vray dire tu es la plus galante"[327], das sie sogar höherstellt als die ihre Freier mordende Atalante des griechischen Mythos, bringen die Terzette den Bruch sowohl im Inhalt wie im Ton: ihre Geschlechtsorgane weisen verschiedene Mängel auf. So ist sie also keine perfekte Schönheit. In „Jamais Fredegonde ne cesse"[328] wird die liebestolle Frau, die ihren Mann mit dem lyrischen Ich zum Hahnrei macht, durch den Verweis auf ihre anatomische Beschaffenheit lächerlich gemacht. Die Pointe beruht auf zwei möglichen Bedeutungen von „grand":

> Jamais Fredegonde ne cesse,
> Voulant augmenter mon ardeur,
> De me dire que sa grandeur
> Luy fait tenir rang de Princesse.
> Pour croire un discours si nouveau
> Il faudroit estre Jean le Veau

---

[325] *La Quintessence satyrique*, S. 120.
[326] Vgl. „En retirant vostre main blanche/Vous grondez ainsi qu'un cochon" (s.o.) und „Mon Dieu qui l'a trouvée", „Quel horrible Demon vous a l'ame tentee" („La femme est comparable au cheval fort en bride") (s.u.).
[327] *Le Parnasse satyrique*, S. 144.
[328] *Le Cabinet satyrique*, S. I. 66. Fredegonde auch in „Et quoy Madame Fredegonde", *Le Cabinet satyrique*, S. II. 213.

Et n'avoir aucune cervelle,
Puis que ny moy ny son cocu
Ne trouvons rien de grand en elle
Que la fente d'aupres le cu.

Die *Stances* „Ces petits C. dont l'on faict feste"[329] kommen in ihrem beharr-
lichen Lob des Gegenteils der üblichen anatomischen Wunschvorstellung[330]
als eine Art Gegengedicht daher, durch die groteske Bildlichkeit wird die Aussage jedoch wiederum ins Gegenteil verkehrt. In „Ton chose, ce me dis-tu"[331]
wird das die Anatomie betreffende Eigenlob einer Frau dementiert durch Verweis auf die unglaublichen Ausmaße des ehelichen Gegenstücks. Das Epitaph
„Soubs ce tombeau gist une femme"[332] wirkt trotz des Vergleiches mit dem
Spiel „Trou Madame"[333] grimmig in der grosteken Überzeichnung der Größe
der Vagina.

Dann gibt es aber auch die im Ton so ganz andere zarte, poetische
Beschreibung der weiblichen Geschlechtsorgane, verbunden mit der Aufforderung, diese auch zu benutzen: „Doux antre, où mon ame guidee"[334].

---

[329] *Le Cabinet satyrique*, S. I. 67.
[330] Vgl. die Gedichte anderer Autoren im *Le Cabinet Satyrique*, S. 60 ff und 68 ff, wobei
       das Gedicht von Sigogne („Ces grands C. dont vous faites feste") eine Antwort auf
       Motin zu sein scheint.
[331] *Le Cabinet satyrique*, S. I. 71.
[332] *La Quintessence satyrique*, S. 180.
[333] *Trou-madame.* [...] „Anciennt. Jeu d'adresse, consistant à faire rouler treize petites
       boules sous des arcades numerotées. Par ext. La table à arcades où l'on joue. [...]".
       Grand Robert 2001, Bd. 6, S. 1541, *s.v. Trou-madame*. Als Jahr des Erstbelegs gibt das
       Lexikon 1611 an, für die Bedeutung „arcade de ce jeu" allerdings schon 1571. Ein
       solches Spiel vom Ende des 17. Jahrhunderts ist noch erhalten, sogar unter den alten
       Bezeichnung, im *Musée suisse du jeu* in La Tour-de-Peilz, am Ufer des Genfer Sees. Eine
       Abbildung findet sich auch in: Alain Duchesne, Thierry Leguay, *l'Obsolète: Diction-
       naire des mots perdus*, Paris 1988, S. 267. Die moderne Version findet sich als „Mur-
       melburg" gestaltet in Spielzeugkatalogen. Auch eine der befremdlichen Visionen
       in „La peur de l'advenir donc le soucy me picque" (*Le Parnasse satyrique*, S. 95–99)
       dreht sich um ein *Trou-madame* (a.a.O., S. 99; vgl. unten im Abschnitt 6.3.4 Hof-
       leben). „Jouer à trou madame" ist bei Béalu, S. 13 verzeichnet als „désignant l'acte
       sexuel". Das gleiche Bild findet sich auch in Raoul Forniers Stances „Le jeu du Trou
       Madame" (*Le Cabinet satyrique*, S. I. 340–342), die zuerst 1603 erschienen sind, also
       vor den beiden Gedichten von Motin, in: Claude Le Villain (Hrsg.), *Le Second Livre
       de la muse folastre: Recherchée des plus beaux esprits de ce temps: De nouveau reveu,
       corrigé et augmenté*, Rouen 1603. Vgl. Strien-Bourmer, S. 32.
[334] *Le Cabinet satyrique*, S. I. 63–64. „Antre" ist bei Béalu, S. 13 lexikalisiert als Synonym
       für „le sexe féminin". Ganz ähnlich in der Grundhaltung ein Sonett von Ronsard:
       „Je te salue, ô vermeillette fente,", a.a.O., S. I. 61–62.

6.2.2.2.2 Sexualverhalten

Die sexuellen Aktivitäten von Frauen werden überwiegend negativ gesehen. Ungeahnte sexuelle Erfahrenheit eines für schüchtern gehaltenen Mädchens überrascht jedoch angenehm in „Penseriez vous que dans un lit"[335]. In „Desormais, ny sage ny sotte"[336] gibt ein lyrisches Ich vor, von den Frauen allgemein enttäuscht Abschied zu nehmen. Die Frauen werden definiert über ihre Sexualmoral und ihre Verfügbarkeit für den Mann. Nichtsdestotrotz wirkt die Pointe auf den heutigen Leser eher harmlos und durchaus geistreich:

> Epigramme
>
> Desormais, ny sage ny sotte
> N'auront en mon ame de part:
> L'une leve trop tost sa cotte
> Et l'autre la leve trop tard.

In „Jeanne cageolant ma franchise"[337] beschreibt das lyrische Ich seinen Idealzustand. Die Geliebte ist ganz fixiert auf seinen Phallus:

> Jeanne, cageolant ma franchise,
> Discourt des humeurs d'un chacun,
> Et, tranchant de la bien apprise,
> Fait deux morceaux d'une cerise,
> Mais d'un V. elle n'en faict qu'un.

Ein allzu stürmischer Liebhaber wird in „Un jeune amant, plain d'amoureuse flame,"[338] von einer selbstbewußten, auch auf ihr eigenes sexuelles Vergnügen bedachten, Frau mit einem koketten Wortspiel abgewiesen. Fleuret/Perceau (Le Cabinet satyrique, S. I. 64) schreiben dieses Epigramm einem nicht genannten Dichter des 16. Jahrhunderts zu, allerdings ohne Angabe von Gründen. Da Lachèvre keine Zweifel an der Attribuierung für Motin zu hegen scheint, belasse ich das Gedicht im Korpus bis zum Vorliegen weiterer Hinweise.

---

[335] La Quintessence satyrique, S. 128.
[336] Le Cabinet satyrique, S. I. 239.
[337] Le Cabinet satyrique, S. I. 107. Den etwas unklaren vierten Vers erhellen zwei Einträge unter dem Stichwort „cerise: Faire d'une cerise trois morceaux. – Il ne rend que monosyllabes. Je croy qu'il feroit d'une cerize trois morceaux. Rabelais, V, 27. [...] Le plat aux cerises. La syphilis – Les cirons en coque et le plat aux cerises. Anc. Poés. franç., IV, 270." Edmond Huguet, Dictionnaire de la langue française du seizième siècle, Paris 1967, Band II. S. 157. Maßgeblich scheint mir hier die erste Bedeutung zu sein, wobei die zweite als irritierende Konnotation mitschwingen könnte.
[338] Le Cabinet satyrique, S. I. 64.

Aber auch als zu enthaltsam scheinen die Frauen erlebt zu werden. Um ihre Zurückhaltung aufzubrechen, wird dann zu Epigrammen gegriffen wie „Lucresse et Didon comme on sçait"[339]. Lucretia nahm sich, durch eine Vergewaltigung entehrt, das Leben, und die zu einer zweiten Ehe überlistete keusche Witwe Dido tötete sich aus Verzweiflung selbst.[340] Diese großen Frauengestalten der Antike werden bemüht, um die banale Aufforderung an eine Frau, „es" nun endlich zu tun, mit einem „Argument" aus der Antike zu untermauern. Die beiden vorbildlichen Frauen hätten sich immerhin erst nach dem Akt entleibt, während die Angeredete Gefahr laufe, bald zu sterben, ohne je die körperliche Liebe erfahren zu haben.

Die ehebrecherische Frau aus „Les serpens ne vont que du ventre"[341] wiederum, die sich jedem hingibt, ist noch geringer zu achten als die Schlange.[342] Trotz der im Grunde gelungenen Pointe äußert sich in diesem Epigramm eine sehr verächtliche Grundhaltung:

Les Serpens [sic] ne vont que du ventre,
Mais ceste femme en [sic] chacun antre,
Et qui fait son mary cocu,
Ne va que du dos & du cu [sic].

In dem Sonett „Mon Dieu! qui l'a trouvée? helas! je l'ai perdue,"[343] geht es um eine verlassene Geliebte. Detailreich und abschätzig wird der Vergleich Frau-Stute durchgeführt, der auf Martial zurückgeht.[344] Auch das Epigramm „Nostre voisine qui desbauche"[345] spielt mit der doppelten Bedeutung

---

[339] Le Cabinet satyrique, S. I. 76.

[340] Sowohl Lucretia als auch Dido hat Boccaccio ebenfalls ein Kapitel in De claris mulieribus, a.a.O. gewidmet.

[341] La Quintessence satyrique, S. 111.

[342] Unvermeidlich verweisen Frau und Schlange auch in diesem Kontext auf Eva und das Paradies.

[343] Le Cabinet satyrique, S. I. 98.

[344] „Castora de Polluce Gabinia fecit Achillan:
Pyxagathos fuerat, nunc erit Hippodamus."
„Gabinia has made Achillas a Castor out of a Pollux.
Pyxagathos he has been: now he will be Hippodamus."
Anmerkung dazu: „i.e. she has made a pugilist a knight. The reference is to Hom. Il. iiii. 237, where Pyxagathos [...] is the epithet of Pollux, the boxer, and Hippodamus [...] that of Castor, the horseman. There is probably an obscene jest here: cf. Shak., Henry V., III. vii. 47–49."
in: Martial, Epigrams, with an English Translation by Walter C.A. Kerr, two vols., Cambridge (Massachusetts), London 1979, S. I. 462–463 (Buch VII, Epigramm LVII).

[345] La Quintessence satyrique, S. 111.

von „chevaucher" und vermittelt ein negatives Bild der sexbesessenen Frau.[346]

Als widerwärtig wird die Frau dargestellt in „Jeanneton, sçais tu point pourquoy,"[347]. Unter Zuhilfenahme von barocken Übertreibungen („foudre, tonne") wird der Geschlechtsakt um eine anale Komponente erweitert. Dasselbe Thema findet sich auch bei einem anderen Autor: „Cupidon, voulant m'enflamer", betitelt „Métamorphose d'Amour en pets".[348]

Auf Analverkehr spielt das Epigramm „Plus inconstante qu'un fuseau"[349] an, was dieser erste Vers mit dem barocken Schlüsselwort „inconstante" und der bei „fuseau" naheliegenden Konnotation „Parzen" noch nicht ahnen läßt. Doch das Rezept gegen die „inconstance" des angeredeten Mädchens wäre „Vous mettre au cul une cheville", wobei „cheville" als „Penis" lexikalisiert ist.[350]

Auch vor dem Tabu des Todes macht Motin nicht halt. Er unterstellt der Leiche eine unverminderte Lüsternheit. So geschieht es auf der Grabinschrift einer liebestollen Frau, die beim Geschlechtsakt verstorben ist:

Epigramme.[351]

Icy gist une pauvre femme,
Qui voulant esteindre sa flamme,
Mourut ... tant entre deux draps,
Si charité vit dans tes chausses,
Passant quand tu retourneras,
Viens ... tre un coup dessus sa fosse.

Ein ganz ähnliches, anonymes Gedicht findet sich in den *Délices satyriques*[352].

---

346   Vgl. den ersten Vers in einer *Plainte* Théophiles über sein hartes Schicksal: „On m'a dit que ma sœur chevauche;", Gaudiani, S. 84.
347   *Le Cabinet satyrique*, S. II. 254. Jeanneton tritt auch auf in „A ce toton ta main sçavante", vgl. unten bei 6.2.2.3.2 Spiel.
348   *Les Muses gaillardes*, S. 76 ff., unsigniert.
349   *Le Cabinet satyrique*, S. I. 78.
350   Bougard, a.a.O., S. 199.
351   *La Quintessence satyrique*, S. 112.
352   Tombeau
          Cy gist l'amoureuse Isabeau,
          Morte en l'amoureuse meslée:
          Passant, foullez bien son tombeau,
          Puisqu'elle aymoit d'estre foullée! (a.a.O., S. 55)

6.2.2.3 Verhältnis der Geschlechter

6.2.2.3.1 Kampf, Rache

Das traditionelle Motiv des Liebeskampfes hat Motin in seinen petrarkisierenden Jugendwerken verwendet. Der „Kampf" im Tavernenmilieu wird entweder konkret auf die Sexualität bezogen oder verbal ausgefochten. So wird der Beischlaf mit Metaphern des Kampfes beschrieben in „A celuy qui la cageole,"[353]: *instrument, coups de piques*[354], *pistolet* und *corcelet*, wobei bei *corcelet* noch zusätzlich die lexikalisierte Bedeutung „Mieder"[355] mit hineinspielt. Den *picques* hält die Frau noch stand, nicht aber dem *pistolet*.

Aus Rache scheint das *Quatrain* „Je voy bien à vostre mine"[356] entstanden zu sein. Sie läßt ihn zwar angewidert abblitzen, doch könnte er preisgeben, mit wem sie es treibt.

Auch das Epigramm „J'ay soustenu son honneur et son fait,"[357] ist ein Rachegedicht. Indirekt und dadurch umso nachhaltiger muß die Frau hier eine Beleidigung und Verleumdung erdulden. Auch wenn das lyrische Ich sich der Lüge bezichtigt, triumphiert es durch die geistreiche Verkehrung der Aussage des ersten Verses in ihr genaues Gegenteil und schließt so mit einer gelungenen Pointe, die mit der Spannung zwischen Wahrheit und Lüge spielt:

> J'ay soustenu son honneur et son fait,
> Et, au contraire, elle blasme le mien:
> D'où vient cela? certes, je n'en sçay rien,
> Fors qu'elle veut mentir comme j'ay fait.

Von einem spielerischen Kampf berichtet die Ode „Elle mesdit de moy vrayement"[358] mit dem Titel „Contre une jeune courtisanne". Wie schon im ersten Vers festgeschrieben, springt die Rede hin und her zwischen „médisance" und „dire la vérité", ist damit sozusagen „inconstant" und läßt den Leser bewußt im Unklaren, was nun eigentlich wahr ist und was von beider Liebesschwüren zu halten ist. Die Verunglimpfungen gehen nicht über verliebte, wenn auch derbe, Zänkereien hinaus; am Ende siegt die sexuelle Anziehungskraft der Frau. In der pointenhaften letzten Strophe legt das lyrische Ich fest, worauf es ihm eigentlich ankommt, wenn auch durch Bilder aus

---

353 *La Quintessence satyrique*, S. 97.
354 picque: membre virile, Gaudiani, Glossary, ohne S. (vorgeheftet)
355 Vgl. Huguet, Band II, S. 566.
356 *Le Parnasse satyrique*, S. 53.
357 *Le Cabinet satyrique*, S. I. 98.
358 *La Quintessence satyrique*, S. 245–246.

dem musikalischen Bereich verbrämt, die aber beide lexikalisierte Metaphern sind.[359]:

Ie voudrois ma belle brunette;
Voyant vostre sein rondelet,
Ioüer dessus de l'Espinette [sic],
Et au dessous du flageolet.

Schwankt der Ton hier also noch zwischen Aggression und Anziehung, so zeigt sich in den Gedichten der nächsten Gruppe eine lockere, gutgelaunte Grundhaltung.

6.2.2.3.2 Spiel

Eine entspannte Haltung der Sexualität gegenüber (und, unvermeidlich, dezentes Eigenlob) spricht aus „Alize, ma chère merveille"[360]. Falls sie ihm nicht glaubt, daß er vor Sehnsucht nach ihren Reizen nicht schlafen kann, solle sie nur ruhig eine Nacht mit ihm verbringen.

Unbeschwerte Freude am Liebesgenuß spricht aus: „Que j'ayme ces petits rivages"[361]. Wie ein Konzentrat aus diesem *Chanson* wirkt ein Epigramm von Théophile:

A une jeune dame

Vostre fraise toute foulée,
Vostre perruque ainsi meslée,
Le front confus, l'œil abbatu,
Le vermeillon sur le visage,
Qu'avez-vous faict? Ma foy! je gage,
Margot, que vous avez foutu.[362]

---

[359]   „Epinette": Penis (Béalu, S. 12), „flageolet: Penis (Béalu, S. 12; Bougard, S. 200), auch in „Je tire les dents de la bouche" (s.o. S. 124) und im anonymen „Un basteleur plein de cautelle,", *Le Cabinet satyrique*, S. I. 51.

[360]   *Le Cabinet satyrique*, S. I. 81.

[361]   *Le Cabinet Satyrique* (1618), S. I. 201–202. Zuvor ist es schon erschienen im *Trésor des plus excellentes chansons amoureuses et airs de court recueillies des plus insignes poetes de ce temps. Avec plusieurs autres Chansons, tant amoureuses que plaisantes.* Rouen: Nicolas Angot, 1614, S. 361–362. Allerdings sind dort nur die Strophen 1–3, 5 und 7 abgedruckt. So fehlt vor allem der pikante Schluß, die Aufforderung, nun mit dem lyrischen Ich mitzugehen.

[362]   Zitiert nach Gaudiani, S. 66. Erstveröffentlichung in den *Délices satyriques*, 1620. Nach Gaudiani, S. 29, erinnert dieses Gedicht durch die pastorale Szene und das derbe Vokabular an zahlreiche Liebeslieder der *Carmina Burana*. Neu ist, daß Théophile statt der üblichen Einladung zur Liebe ein „,aperçu' after the fact" schreibt. Auf Motins Version bezogen heißt das, daß er noch mehr der Tradition

Folgende inhaltliche Entsprechungen lassen sich aufzeigen:

„Vostre fraise toute foulée" – „Aux plis rompus de vostre fraize,"[363]
„Vostre perruque ainsi meslée" – „Vos cheveux sont mal attournez:"
„Le front confus, l'œil abbatu," – „A voir vostre mine confuse,/Vostre œil qui son regard refuse,"
„Le vermeillon sur le visage," – „Vostre front rouge comme braize"
„Qu'avez-vous faict? Ma foy! je gage,/Margot, que vous avez foutu." – „Je le cognois, vous en venez". (Refrain)

Die letzte Entsprechung ist am schwächsten, obwohl denotativ das gleiche ausgesagt wird. Der Unterschied im Ton läßt sich möglicherweise aus den beiden unterschiedlichen Gedichtformen erklären. Motins Vers wird verfänglich und anzüglich vor allem durch seine neunmalige Wiederholung als Refrain des Chansons, während Théophiles Doppelvers, den Gepflogenheiten des Epigramms entsprechend, als Pointe mit einer drastisch formulierten Schlußfolgerung auftrumpft. Bedingt durch seine Kürze enthält das Epigramm nur einen Ausschnitt der Szene, die Motin evoziert. Es beschränkt sich auf das Gesicht der Dame, während Motin noch Kleid und Gang der Frau, sowie den Ort des Geschehens, ein Naturidyll, hinzunimmt. Auch das Chanson schließt mit einer unerwarteten Wendung: zum Glück ist die Frau auf das lyrische Ich getroffen, das nichts verraten wird. Deshalb lädt er sie ein/nötigt er sie, nun mit ihm an besagtes Seeufer zu gehen.

Das Jahr der Erstveröffentlichung von Théophiles Epigramm ist 1620, Motins Gedicht ist erstmals 1609 erschienen. Das Thema ist nun nicht so originell, daß eine direkte Paraphrase durch Théophile zu vermuten wäre, aber es könnte immerhin sein, daß er sein Epigramm in Kenntnis dieses *Chansons* verfaßt hat.[364] Zumindest die Fassung von 1614 im *Trésor* dürfte relativ verbreitet gewesen sein.

---

verhaftet ist, da er der Schilderung seiner Beobachtungen wiederum eine Aufforderung folgen läßt.

[363] Kröse, Fräse, Medicikragen. Das andere Bedeutungsfeld mit einer besonderen Konnotation spielt hier sicher noch eine Rolle: „*fraise* s.f.: Petit fruit rouge ou blanc, qui croist dans les jardins & dans les bois. Il ressemble au bout des mammelles des nourrices. [...]." Furetière, a.a.O., Band II, *s.v.* „fraise". [Unterstreichung von mir.] Gaudiani (Glossary, ohne S. (vorgeheftet)) gibt nur diese letzte Bedeutung an, was mir nicht zutreffend erscheint.

[364] Gaudiani, S. 66, rechnet dieses Epigramm Théophiles zur Gruppe der „Poems of undisputed authenticity" und hat die Parallelen zu Motins Chanson nicht gesehen.

In „A ce toton, ta main sçavante"[365] wird die Analogie Spiel mit dem Kreisel[366] und Liebesspiel konsequent und detailliert durchgeführt. Die lateinischen Imperative in Kapitälchen „accipe, pone, demitte"[367] sind vordergründig Fachausdrücke des Spiels, werden hier aber auch und vor allem in ihrer sexuellen Bedeutung verwandt. Die doppelte Funktion von *toton d'yvoire*[368] und *table d'albatre* wird gleich in der ersten Strophe durch *amour* nahegelegt. Mann und Frau sind gleichberechtigte Partner, die jeder ihr „Spiel" genießen.

In „Si les esprits sont amusez"[369] wird die Analogie zwischen Kegel- und Liebesspiel gestaltet.[370] Der Kegel repräsentiert den Phallus, die weiblichen Brüste die Kugeln. Doch anders als im tatsächlichen Kegelspiel würden die Kugeln den Kegel hier nicht umwerfen, im Gegenteil. Der Beischlaf wird auch in „Si vostre maison estoit vuide"[371] als Spiel bezeichnet. Das Epigramm zitiert den Namen Ovids, aber nur weil er, unter Auslassung des ersten und des letzten Buchstabens, für das Wortspiel der Pointe gebraucht wird.[372]

> Si vostre maison estoit vuide,
> Quelqu'un vous retenoit au jeu
> Où l'on ne monstre rien d'Ovide,
> Que la syllabe du milieu.

6.2.2.4 Bordell, Prostituierte, Zuhälter

Auch die käufliche Liebe wird von Motin ausführlich dargestellt. In diesem Zusammenhang ist Gaudianis Hinweis von Interesse, daß Prostitution oder sexuelle Kontakte anderer Art in den *Cabarets* selbst nicht üblich waren. Vielmehr wurden Verabredungen getroffen, um sich dazu anderswo zu treffen. (S. 21)

---

[365] *Le Cabinet Satyrique*, S. I. 315–316.
[366] „*toton* s.m.: Jeu d'enfans [sic] qui se fait avec une piroüette, laquelle tombant sur une face marquée de certaines lettres, fait gagner, ou perdre. Quand elle tombe sur le T, elle marque qu'il faut prendre tout ce qui est au jeu. C'est de là que le jeu & la piroüette ont pris leur nom." Furetière, a.a.O., Band III, *s.v.* „toton".
[367] Zu übersetzen ungefähr: „Nimm, lege ab, lasse sinken". Gedichte, in denen zwei Sprachen kombiniert werden, finden sich schon bei Martial und sind Allgemeingut in der satirischen Tradition. Gaudiani, S. 24.
[368] Konnotation: weiß, unbefleckt und wertvoll, wie *table d'albatre*, aber auch: Stoßzahn.
[369] *Le Cabinet satyrique*, S. I. 91.
[370] „jouer aux quilles": l'acte sexuel. Bougard, S. 205.
[371] *Les Délices satyriques*, S. 28.
[372] Zum Gedanken des Liebesspiels vgl. auch Le Jeu aux Dames „Celle qui tient les belles ames", in: *Les Muses gaillardes*, S. 174 ff., unsigniert.

Motins Sicht der Prostituierten ist überwiegend negativ. Das äußert sich schon darin, daß Frauen, die den Liebhaber wechseln, gleich unterstellt wird, sie seien Huren. Diese Verdächtigung führt das lyrische Ich auch oft als Grund für den Bruch mit der Geliebten an. So in „Pour m'esloigner, mais dites-moy,"[373], in „Vous avez bon temps de me dire"[374] (über Wortspiele mit „public" und „lieu commun"), in „L'on ne s'enquiert jamais d'une chose certaine"[375] und in „Alix je suis hors de servage"[376]. Als zusätzlich noch etwas dümmlich wird die Frau in „Lisette jure asseurement"[377] dargestellt und in „Vous voulez que je vous saluë"[378] wird die (vermeintliche) Prostituierte als des Grußes unwürdig verhöhnt. Derartige Gedichte scheinen nicht zu den geradezu philosophischen Erkenntnissen über die Relativität des Ehrbegriffes zu passen. Während das lyrische Ich hier moralische Empörung zur Schau trägt, distanziert sich der Dichter an anderer Stelle von der Konzeption der Ehre einer Frau als einer unumstößlichen, wohl definierten Wahrheit.[379]

Die „Satyre contre une dame": „Par charité garce trop grasse"[380] richtet sich gegen eine alte Prostituierte und Zuhälterin. Voll Abscheu erstellt das lyrische Ich ein detailliertes Portrait der Frau und verwendet besonders viel Sorgfalt auf das Gesicht. Nicht nur, daß sie alt und häßlich ist, sie ist dick und fettglänzend, sie ist von Ungeziefer bevölkert und stinkt. Durch den Vergleich mit „courtaux de chasse" und „sanglier" wird sie in die Nähe von verachtenswerten Tieren gestellt. Ihr Gesicht und ihre Zähne sind schwarz und über den Vergleich ihrer Augen mit Luzifer und der Hölle wird sie schließlich im vorletzten Vers mit dem Teufel gleichgesetzt.

Etwas versöhnlicher wird die käufliche Liebe gesehen in „Je ne voy rien si beau comme elle"[381]. Das lyrische Ich redet quasi von Mann zu Mann mit

---

[373] „Vous voulez servir au public?/Et bien, Catin, je vous y laisse!" *Le Cabinet satyrique*, S. I. 102. Catin war schon bei Ronsard der Name für eine Hexe und Kupplerin, vgl. Strien-Bourmer, S. 34.

[374] „Et qui faictes de vostre lict/Le lieu commun de tout le monde." *Le Cabinet satyrique*, S. I. 100–101.

[375] Mais je ne m'enquiers pas si vous estes putain." *Le Cabinet satyrique*, S. I. 114.

[376] „Qu'on ne m'estime point vollage/Pour n'aller plus en ta maison./[...]/C'est que i'ay promis et confesse/De n'aller iamais au bordeau." *Le Parnasse satyrique*, S. 64.

[377] *Le Cabinet satyrique*, S. I. 114.

[378] *Le Cabinet satyrique*, S. II. 211.

[379] Vgl. unten „Combien des souspirs esclatans", unter 6.2.2.7 Lebensweisheit aus sexuellen Ausschweifungen.

[380] *La Quintessence satyrique*, S. 102–105. Ein berühmtes Beispiel dieser traditionellen Thematik ist François Villons Ballade „Les Regrets de la belle Heaulmiere": „Advis m'est que j'oy regrecter", in: François Villon, *Le Testament Villon*, édité par Jean Rychner et Albert Henry, Genève 1974, Bd. I, S. 52–57.

[381] *Le Cabinet satyrique*, S. I. 124.

Jupiter. Der Liebhaber preist seine Geliebte an, die schöner sei als Danae, Leda und Semele. Außerdem brauche er sich für ein Stelldichein mit ihr in keiner Weise anzustrengen oder sich gar zu verwandeln, wie Jupiter es mußte. Vier *Ecus* reichten da völlig aus. Der Dichter schafft hier eine mehrschichtige Komik: Er stellt sich auf eine Stufe mit dem höchsten der Götter und wählt einen schlüpfrigen Gesprächsgegenstand. Er schreibt den vornehmen antiken Figuren die gleiche Rolle zu wie der (hübschen) französischen Dirne des beginnenden 17. Jahrhunderts.

Eine komische Bettszene wird dem Leser in „Colin, à beaux deniers comptans"[382] vor Augen geführt. Colin, der für teures Geld ein Zimmermädchen verführt hat, beklagt sich, daß er für das viele Geld nicht ein längeres Vergnügen geboten bekommt.

Der Beruf des Zuhälters wird in ironischer Weise glorifiziert in den *Stances* mit dem Titel „Louange du Maquerellage": „Experts guides d'amour, maquereaux secourables,"[383], die an die burlesken Dichtungen von Berni erinnern. Diejenigen, die die Zuhälterei kritisieren, werden als „monstres de nature" bezeichnet. Als Garanten für die Ehrbarkeit des Berufes werden möglichst viele Götter zitiert, die selbst von den Diensten der Kuppler profitierten oder selbst Kuppeldienste leisten wie Cupido. Das Gedicht kommt zu dem Schluß, daß es ohne die Zuhälter um die körperliche Liebe schlecht bestellt wäre. So wie Herkules das Universum hält, sind sie die Stütze der Welt.

Auch die *Tombeaux* zweier Prostituierter reduzieren die Frauen noch auf ihre Nützlichkeit für den Beischlaf. In dem grotesken Epigramm „Cy gist une putain feconde"[384] ist die Tote nicht etwa von dieser Welt verschieden, um den ewigen Frieden zu finden, sondern sie ist nun mit den „vits immortels" vereint. Das Epigramm auf den Tod einer jungen Kurtisane „Denise, d'un chacun ploree"[385] zeigt ein Stück Lebensrealität des 17. Jahrhunderts. Es heißt dort: „Elle commença dès huict ans,". Sie war so geschickt, daß ihr früher Tod bedauert wird.

6.2.2.5 Homosexualität

Homosexualität wird thematisiert in „Alix ne peut appaiser"[386]. Eine Mutter versucht, die Empörung ihrer Tochter, die mit ihrem sexuellen Angebot abgeblitzt war, durch den Hinweis auf die homosexuellen Neigungen des betreffenden Mannes zu beschwichtigen. Laut Gaudiani (S. 39) ist Homose-

---

[382] *Le Cabinet satyrique*, S. I. 196.
[383] *Le Cabinet satyrique*, S. II. 290–291.
[384] *Les Délices satyriques*, S. 4.
[385] *Le Cabinet satyrique*, S. II. 272.
[386] *Le Parnasse satyrique*, S. 63.

xualität nichts Ungewöhnliches in der Tavernendichtung, so z.B. auch bei Théophile und Saint-Pavin.[387] Schon von Ronsard, Vauquelin des Yveteaux und Aubigné gab es sogar ausgesprochene Homosexuellensatiren, die sich gegen die *mignons* von Heinrich III. richteten[388].

6.2.2.6   Verhöhnen des Hahnreis

Die Gedichte über den gehörnten Ehemann greifen eine reiche alte Tradition auf. Schadenfroh verhöhnt wird der Hahnrei in dem Vierzeiler „Il fait bien le froid et le sage"[389]: „mais il fait bien mieux le cocu".

Wie eine auf die Spitze getriebene intellektuelle Gedankenspielerei, die zum burlesken Spaß wird, muten die „Stances contre un cocu jaloux": „Quel horrible Demon vous a l'ame tentee"[390] an. Die Argumentation führt von einer der Beschwichtigung dienenden Leugnung des Tatbestandes über zahlreiche absurde Trostversuche voller Hohn schließlich in der Pointe zum Eingeständnis des Hahnreitums, verbunden mit dem Rat eines (Pseudo-) Philosophen bzw. Psychologen, diese Tatsache als gegeben zu akzeptieren und die eigene Lage nicht etwa zu verschlimmern, indem man viele Gedanken daran verschwendet:

> Bien, vous estes cocu, mais ne pensez pas l'estre
> Car l'estre et le penser c'est l'estre doublement.

Explizit sowie auch nur durch die Wortwahl („demon, mauvais ange, chrestien") stellt Motin zu Anfang die Verbindung zum religiösen Kontext her. Die Untreue der Frau wird zunächst als vom Teufel eingegebene Sinnestäuschung bezeichnet. Durch den Vergleich des Klage führenden Ehemannes mit Pentheus, der Dionysos gefangennehmen wollte und deshalb sterben mußte[391], wird die Tendenz der folgenden Argumentation vorbereitet (1. und 2. Strophe). Das eigentliche Verhängnis sind die zu exorzierenden Gedanken („esprit" 3. Strophe und „pensers" 4. Strophe) an den vermeintlichen Betrug („imposture" 4. Strophe bzw. „mensonge" 3. Strophe). Sie gilt es zu vertrei-

---

[387]   Vgl. auch Jacqueline Boucher, „L'amour à la cour d'Henri III et d'Henri IV" in: *Les visages de l'amour au XVIIe siècle. 13ème Colloque du Centre Méridional de Rencontres sur le XVIIème Siècle, Toulouse, 28–30 janvier 1983*, Université de Toulouse-Le Mirail, 1984, S. 15–23, hier besonders S. 22.

[388]   Vgl. Petra Strien-Bourmer, *Mathurin Régnier und die Verssatire seit der Pléiade*, Biblio 17, Papers on French Seventeenth Century Literature, Paris, Seattle, Tübingen 1992, S. 84f.

[389]   *La Quintessence satyrique*, S. 179.

[390]   *Le Cabinet satyrique*, S. I. 301–304.

[391]   Ranke-Graves, S. 92.

ben, wobei „exorcise" wieder an den religiösen Kontext anknüpft. Durch den
Reim von „vérité" mit „crédulité" wird die „chaste nature" der Frau indirekt
in Frage gestellt. Der erste der historischen Präzedenzfälle stammt aus der
Bibel, es ist der „gehörnte" Mose. Bei Neher[392] finden sich zahlreiche Beispiele derartiger Moses-Darstellungen, die von seitlichen Strahlenbündeln, über
abstehende Haarbüschel bis zu tatsächlichen Hörnern reichen. Durch einen
Übersetzungsfehler war aus einer „facies coronata" eine „facies cornuta"
geworden, was der Physiognomie von Moses bisweilen einen satanischen
Zug verlieh. (a.a.O., S. 10).

Die Argumentation der 5. und 6. Strophe bleibt weiter im religiösen
Umfeld. Die Bestimmtheit, mit der anfänglich der Tatbestand des Ehebruchs
geleugnet wurde, bröckelt jetzt völlig und wird aufgefangen durch halbher-
zige religiöse Argumente. Für den Fall, daß der Ehebruch nun doch stattge-
funden hat, ist folgendes zu bedenken: Jeder ist nur für seine eigenen Sünden
verantwortlich, und durch eure Eifersucht sündigt ihr selbst, denn indem ihr
eifersüchtig seid, seid ihr ehrgeizig.

In der 7.–10. Strophe wird eine weltliche historische Größe mit gleichem
Schicksal vorgestellt, vorgeblich zum Trost und als gutes Beispiel in bezug
auf die Verschwiegenheit. Geschichtlich verbürgte Informationen über den
Hahnrei Cäsar gibt es nicht, es könnte nur sein, daß Motin hier anspielt auf
entsprechenden zeitgenössischen Klatsch.[393] Die schadenfrohe Schilderung
der Diskrepanz zwischen Cäsars politischem Erfolg und seinem privaten
Mißerfolg[394] gipfelt in den antithetisch formulierten Vorwürfen an den betro-
genen Ehemann, sein Verhalten sei dumm und feige.[395]

Voller Hohn und Spott sind die beiden nächsten Strophen (11. und
12. Strophe): Seid doch glücklich über die schöne Frau. So muß sie die Liebhaber wenigstens nicht noch für ihre Dienste kaufen. Sie hat nur Affären,
um euren Körper zu schonen. In den Versen der beiden folgenden Strophen
(13. und 14. Strophe) werden jeweils Gegensatzpaare gebildet, um so den

---

[392] André Neher, *Moïse et la vocation juive: Maîtres spirituels*, Paris 1956.
[393] So wie das 16. Jahrhundert sich erzählte (u.a. bei Castiglione), Cäsar habe nur des-
       halb (oft) einen Lorbeerkranz getragen und sich stets damit abbilden lassen, weil er
       sich seiner Kahlköpfigkeit schämte. Diese Vorstellung läßt sich leicht dahingehend
       weiterspinnen, daß der Lorbeer auch dazu gedient habe, Hörner zu kaschieren,
       so daß erneut eine Verbindung zwischen „facies coronata" und „facies cornuta"
       geschaffen wäre.
[394] „Encore que sous luy fussent la terre et l'onde,
       Sa femme n'y fut pas, car il estoit cocu."
[395] „Vous avez moins de cœur, il eust plus de courage
       Et ne fut moins cocu, mais vous estes plus sot".

Kontrast zwischen der Schönheit der Frau und dem schmählichen Verhalten des Ehemannes ihr gegenüber zu übersteigern.[396]

Die vier bzw. fünf letzten Strophen warten nun mit Ratschlägen auf: Die Frau ist wie ein Pferd, man darf sie nicht zu hart an die Kandare nehmen. Als wünschenswerte, moderne Einstellung wird die Überzeugung empfohlen, daß die Liebe Allgemeingut ist. (15.–16. Strophe) Dieser Gedanke wird durch die nur im *Ms.fr. 884* enthaltene 17. Strophe ausgebaut: Die eheliche Untreue sei sogar wünschenswert, da sich danach der Liebesgenuß für den Hahnrei erhöhe. Das Spiel mit dem vorgeblichen Kontrast zwischen altmodischer und moderner Moral wird in Strophe 18 und 19 fortgeführt. Eifersüchtig zu sein ist altmodisch. Wurde dem Hahnrei in Strophe 5 noch vorgeworfen „En prenant tout au pis comme on faict aujourd'huy" so soll er sich nun zu folgender Haltung entwickeln: „Suyvez la destinee et prenez tout au mieux". Hier kommt nun auch noch das Schicksal ins Spiel: Warum solle sich das Schicksal nach eurem Willen richten, wo doch der Mensch sich den Göttern unterzuordnen habe. *Cocu* sein und sich dessen auch noch bewußt sein, bedeutet, daß man es doppelt ist.

Zwischen Inhalt und dichterischer Form: 18 bzw. 19 *Stances, Quatrains* aus Alexandrinern, besteht eine gewollte Spannung. Nach Colletet sollen die *Stances* eher traurigen Inhalten vorbehalten sein[397] und der Alexandriner gilt seit der Pléiade als das vornehmste Versmaß.[398] Auch die inhaltliche Verknüpfung der meisten Strophen zu Paaren scheint im Widerspruch zu stehen zur Entzweiung durch den Ehebruch, könnte aber auch (ironisch) als Unterstützung der vorgeblichen Beschwichtigungsversuche gestaltet sein.[399]

---

[396] „Sa douceur, au contraire, allume vostre audace,
La couleur de son teint vous rend pale et défait;
La grace de ses yeux vous oste toute grace,
Et ses perfections vous rendent imparfaict.

Vous devenez bourreau, pour un mary fidelle;
Vous la payez d'injure et non pas d'amitié;
La beauté, don du Ciel, est un malheur en elle:
Elle vous sert d'esclave et non d'une moitié."

[397] Guillaume Colletet, *Le Parnasse François ou l'Escole des Muses: dans laquelle sont enseignées toutes les regles qui concernent la poësie françoise*, Paris 1664, Nachdruck Genf 1970, S. 48.

[398] W. Theodor Elwert, *Französische Metrik*, München 1961, S. 122.

[399] Auch Chrysalde in Molières *Ecole des femmes* hält dem um seinen Ruf besorgten Arnolphe einen ironischen Vortrag ähnlichen Inhalts über das Hahnreitum und die Auswirkungen auf die männliche Ehre. Molière (Jean-Baptiste Poquelin), *L'Ecole des femmes: édition présentée, annotée et commentée par Myriam Boucharenc*, Paris 1998, Akt IV. 8, S. 127–130.

6.2.2.7 Lebensweisheit aus sexuellen Ausschweifungen

Die soeben in den „Stances contre un cocu jaloux" entworfene verkehrte Welt wird vervollkommnet in „Soit l'ignorance ou la malice"[400]. Schon der Titel ist ein Paradoxon: „L'Hymne du Maquerellage". Motin hat sich mit diesem Gedicht zum Ziel gesetzt, nachzuweisen, daß die Zuhälterei so etwas wie ein weltentragendes kosmisches Prinzip sei, und das gelingt ihm – so man sich auf die Gedankenspielerei einläßt – auf amüsante Weise in 26 Strophen, die von einem unerschöpflichen Ideenreichtum gekennzeichnet sind. Die Zuhälterei findet sich demnach schon bei den antiken Göttern, bei den antiken Helden und den römischen Kaisern. Viele tragen durch ihr Tun unwillentlich zur Kuppelei bei: „Font le mal sans le penser faire." Da sind z.b. die Herrschaften, die für ihre Untergebenen Beziehungen knüpfen, die Rechtsgelehrten, die über das Vergehen unterrichten, die Ärzte[401], deren Mittelchen zur Erhöhung der weiblichen Reize beitragen, sogar die Prediger in der Kirche, da die Verliebten die Messe zum Vorwand nehmen, sich verliebte Blicke zuwerfen zu können[402]. Sodann die Astrologen, die den Verliebten günstige Augenblicke mitteilen und der Alchimist („Qui parle de multiplier;"). Die Künste des Geschichtenerzählers, des Aktmalers und des Musikers sind alle dazu geeignet, ein Herz zu gewinnen, und somit der Kuppelei dienlich. Ebenso die Werke verschiedener Handwerker: die Parfümeriehändler, die Perückenmacher, die Goldschmiede, die Spiegelhersteller, die Emaillierer, die Handschuhmacher, die Friseure, die Sticker, die Schneider, sie alle stellen sich in den Dienst der menschlichen Gelüste. Mehr noch: der Himmel selbst, der die Nacht für die Liebenden geschaffen hat, sogar die Elemente Feuer, Luft und Wasser tragen das ihre zur Förderung der körperlichen Liebe bei. Die Erde schließlich stellt den Liebenden ihre Verstecke zur Verfügung. Als „logische" Schlußfolgerung drängt sich auf:

> Et s'il est, ainsi que l'on dit,
> Qu'une Ame gouverne le monde,
> Qui le vivifie et l'enflame,
> Le Macquerellage est ceste ame.

Die folgende Strophe setzt der verkehrten Welt die Krone auf:

---

[400] *Le Cabinet satyrique*, S. I. 14–20.
[401] Eine traditionell beliebte Zielscheibe des Spotts, vgl. „Le médecin n'est qu'un railleur".
[402] Vgl. zu diesem Motiv „Liebe und Kirchgang" die Gedichte „J'entens sonner la cloche; allons nous retirer", „Je vouldrois qu'un heureux daimon" und „Mes pensers sont pareils aux chandelles de cire", alle in den Jugendwerken.

La Vertu, Deesse advouée
Par tout le terrestre sejour,
La Vertu provoque à l'amour:
Quand une femme est bien loüée,
La Vertu, qui la rend aymable,
Est sa macquerelle estimable.

Das Gedicht schließt mit einem Seitenhieb auf die Höflinge und holt sich so selbst aus seinen pseudo-philosophischen Höhen herunter:

Qu'au front la couleur ne te monte,
Toy qui lis ces vers mesdisans,
Car je les donne aux Courtisans,
Qui, sans foy, sans ame et sans honte,
Du maquerellage font gloire,
Comme les Allemans de boire.

Der erste Vers des „Dialogue de Venus et de Bacchus, pour les desbauchez": „Je suis le plaisir et la vie"[403], gesprochen von Venus, enthält eine blasphemische Anspielung auf die Worte Jesu „Ich bin die Wahrheit und das Leben"[404]. Dieser Dialog könnte für ein *Ballet* bestimmt gewesen sein. Dafür spricht die Illusion zweier tatsächlicher Gesprächspartner, die sich in Zweizeilern einem imaginären Publikum vorstellen. Die Selbstcharakterisierung der beiden Gottheiten ist eher diffus, oft paraphrasieren sie sich gegenseitig, z.B.

Venus: „J'esleve les baßes personnes
           Je rends leurs esprits esclaircis"
Bacchus: „Aux miens ie donne des couronnes,
           Et leur fais bannir le soucy,"

Allein Bacchus gelingt es, sich als den idealen Vertreiber der Sorgen darzustellen. Zu diesem Zweck wird „soucy" in jeder seiner Äußerungen wiederholt. Eine Pointe im eigentlichen Sinne fehlt. Im letzten Zweizeiler verkündet Bacchus zwar, daß ihm auch die Vergnügungen der Liebe bekannt seien, diese aber leider die Gefahr von Sorgen mit sich brächten. Der wenig geistreiche Schluß verstärkt den Eindruck, daß man es mit einem Fragment zu tun hat. Für ein originäres *Cabaret*-Gedicht fehlt es diesen Zeilen insgesamt an „Biß". Immerhin befanden es die Zeitgenossen aber doch für würdig, in eine der großen Anthologien der Tavernendichtung aufgenommen zu werden.

In „Dictes-vous que l'amour parfaict"[405] wird eine vorgeblich erstaunte Bilanz gezogen aus den Erfahrungen mit der Sexualität, indem mit der all-

---

[403] *La Quintessence satyrique*, S. 181–182.
[404] Johannes XIV, 6.
[405] *La Quintessence satyrique*, S. 47.

gemeinen und der speziell sexuellen Bedeutung von „faire" bzw. „le faire" gespielt wird: soviel man sich auch um den Liebesakt kümmere, man sei doch nie fertig damit, es bleibe doch immer noch etwas zu tun.[406] Ins Lächerliche gezogen wird die weibliche Sorge um die Ehre in „Pourquoy me dites vous, quand je suis en humeur,"[407], indem der Liebhaber sich naiv stellt und beruhigend einwendet, er werde ihr das Loch, durch das die Ehre entweichen könnte, schon zustöpseln. Interessant ist hier die groteske Verdinglichung der Ehre, auf die man wie auf eine Flüssigkeit oder ein Gas (Anklang an Blähung) aufpassen müsse. Die Stances „Et bien? on dit que je vous f..."[408] sind ein an eine Frau gerichteter Monolog, in dem das lyrische Ich sich empört über gesellschaftliche Vorurteile und, biologisch und mythologisch[409] argumentierend, zu dem Schluß kommt, „es" sei schließlich die natürlichste Sache der Welt. Deshalb bräuchte sich die Angeredete nicht länger vor dem Sprecher zu zieren. Die beiden zusätzlichen Strophen aus dem *Ms.fr.* 884[410] bringen noch weitere pikante Argumente. Die Empörung des lyrischen Ichs über die ihm zugemutete Beschränkung gipfelt in der Aussage „J'ayme mieux me couper le vit". Das lustbetonte Leben als Antwort auf das Postulat der Tugend weise gleichzeitig die Mißgunst der anderen in die Schranken.[411] Zum Abschluß trägt das lyrische Ich ein biologisches Argument vor, das als solches natürlich nicht zu widerlegen ist, hier nun aber zur Rechtfertigung einer zügellosen Sexualität herhalten muß: „Que nous ne serions pas en vie/Si nos peres n'eussent foutu."[412]

Zahlreiche Beispiele aus der Tierwelt enthält auch das Sonett „Le pigeon f... la colombelle"[413], das wie „Et bien? on dit que je vous f..." (s.o.) mit einem Hinweis auf die vorbildliche Freizügigkeit der Väter schließt. Die Anrede erfolgt hier mit „compagnons" direkt an die imaginären Zuhörer im

---

[406] Vgl. das Epigramm „Je croyois que Marthe deust estre" von Vauquelin de la Fresnaye, *Le Cabinet satyrique* I. 99, das auf ganz ähnliche Weise spielt mit der Zweideutigkeit von „besongner à son cas".

[407] *Le Cabinet satyrique*, S. I. 141.

[408] *Le Cabinet satyrique*, S. I. 209–210. In späteren Ausgaben betitelt: „D'un courtisan parlant à une dame publique".

[409] Weder die äußerst keuschen Vestalinnen, noch die „unsittliche und brutale" Pasiphae kämen als Vorbild in Frage.

[410] *B.N. Ms.fr. 884*, f. 101v°–102r und f 273r–273v°. Auch abgedruckt in *Le Cabinet satyrique*, S. I. 209, Fn. 1.

[411] Diese Paarung „vertu-envie" findet sich auch in „Combien de souspirs esclatans", vgl. weiter unten unter diesem Gliederungspunkt.

[412] Der Verweis auf die Väter findet sich auch in „Le pigeon f. la colombelle", vgl. weiter unten unter diesem Gliederungspunkt.

[413] *La Quintessence satyrique*, S. 265.

Cabaret. Biologische und mythologische Rechtfertigung erfährt die Sexualität des weiteren durch die *Stances* „Le colomb est un bel oyseau"[414]. Taube und Täuberich können als schöne Vögel mit ihrem eleganten und zärtlichen Liebeswerben den Menschen zum Vorbild dienen, sowohl was das Küssen als auch das Weitere angeht. Deshalb sind sie auch Venus heilig. In der sechsten Strophe werden diese allgemeinen Überlegungen nun auf eine konkrete Situation übertragen, und das lyrische Ich beschreibt, zunächst poetisch verbrämt, dann immer direkter, das Liebesspiel mit seiner „Taube", wobei auch Raum ist für die Erwähnung der weiblichen Lust. Der nüchterne Schlußvers „Mais tout cela vient de mon vit" wirkt wie ein Kontrapunkt zu der vorherigen Bemühung um poetische Überhöhung und erfüllt die Funktion einer Pointe.

Der Bezug auf Mythologie und Vögel findet sich auch in den *Stances* „Le tout puissant Jupiter"[415]. Nach Fleuret/Perceau soll es sich dabei um eine Parodie einer Ode von Ronsard handeln.[416] Es lassen sich in der Tat Beziehungen zwischen beiden Gedichten aufzeigen. Beide bestehen aus Siebensilblern in Strophen zu sechs Versen mit identischem Reimschema (Paarreim und

---

[414] *Les Délices satyriques*, S. 26–28.

[415] *Le Cabinet satyrique*, S. I. 49–50.

[416] Fleuret/Perceau S. I. 49, Fn. 1
Odelette XV
Les espics sont à Cerés,
Aux chevre-pieds les forés
A Chlore l'herbe nouvelle,
A Phebus le verd Laurier,
A Minerve l'Olivier,
Et le beau Pin à Cybelle;
Aux Zephyres le doux bruit,
A Pomone le doux fruit,
L'onde aux Nymphes est sacrée,
A Flore les belles fleurs;
Mais les soucis et les pleurs
Sont sacrez à Cytherée
Pierre de Ronsard, *Œuvres complètes*, édition établie et annotée par Gustave Cohen, 1. Bd. Paris 1950, S. 554–555.
„Souci" bedeutet auch „Ringelblume", und Ronsard spielt hier mit den beiden Bedeutungen, die sowohl zu „fleurs" als auch zu „pleurs" passen. Vgl. auch das Sonett von Théophile „Saturne ayme le ciel, et Jupin son tonnerre" (Gaudiani, S. 96), das auch durch die Ode Ronsards inspiriert sein könnte. Zu einer elisabethanischen Nachahmung dieser Ode durch Barnabe Barnes vgl. Annemarie Nilges, *Imitation als Dialog: Die europäische Rezeption Ronsards in Renaissance und Frühbarock*, Heidelberg 1988, S. 128–129.

umschlungener Reim), allerdings ist Motins Version eine Strophe länger.
Ronsard ordnet in der ersten Strophe sechs antiken Gottheiten jeweils eine
Pflanze zu, in der zweiten Strophe werden vier weiteren Gottheiten ihre
traditionellen Attribute zugesprochen, die auch Elemente des *locus amoenus*
sein können, und im letzten Distichon wird der idyllische Kontext pointenhaft durchbrochen, indem Cytherée (Venus) die Sorgen und Tränen als
charakteristisch zugeteilt werden. Motin stellt in seinen *Stances* Verbindungen zwischen verschiedenen Vögeln und antiken Gottheiten her. Die erste
Strophe ist nur Jupiter und Juno gewidmet, in der zweiten werden weitere
fünf Götter mit „Wappenvögeln" bedacht, und in der dritten Strophe wird
Venus der Fruchtbarkeitsgott Priapos zugeordnet, der sich in der Pointe sein
Wappentier selbst auswählt („Print un Ase [sic] qui vous foute!").[417] Im Licht
dieses Schlußverses schwingt auch schon im ersten Vers eine entsprechende
Konnotation mit.

Eine merkwürdige Verquickung von dem sich Ergehen in sexuellen Vorstellungen und gleichzeitiger Entsagung findet sich in „Amour mon démon
tutelaire"[418]. Ein unglücklicher Liebhaber malt sich die körperliche Liebe des
anderen mit der Angebeteten aus. Die einzelnen Stationen der körperlichen
Liebe werden zwar direkt, aber in poetischer Sprache beschrieben. Der das
Begehren vergeistigende Rückzug auf „adorer" bekommt durch die genieße-
rische Beschreibung des Liebesaktes allerdings auch eine neidvolle Komponente. Die eigentlich zu erwartende Verbitterung bekämpft das lyrische Ich
jedoch im letzten Vers eines jeden der zehn Vierzeiler immer wieder aufs
neue und unterwirft sich in der ersten und letzten Strophe ausdrücklich
unter den Willen Amors, der ihm für den Vollzug seiner Leidenschaft einfach
nicht günstig gesinnt sei.

Eine interessante Konzeption der Ehre wird in „Combien de souspirs
esclatans"[419] dargelegt. Ungewöhnlich ist, daß nach der einleitenden ersten
Strophe ein weibliches lyrisches Ich das Wort erhält. Die Frau beklagt sich
über ihre Schönheit, die ihr nur zum Schaden gereicht.[420] Undankbare und
neugierige Neider, die eigentlich gern selbst von ihr geliebt werden würden,
erfinden Gerüchte über ihren Lebenswandel. Ihr Zimmer ist ein Gefängnis,
in dem sie belagert wird. Die Nachbarn spionieren sie aus und sagen ihr
nach, sie mache allen schöne Augen. Die Eltern glauben den Gerüchten, sie
glauben immer nur das Schlechte, und der Vater predigt Moral.

---

[417] Zum Esel als Sinnbild der Potenz vgl. oben Fußnote 316 zu „viedaze".
[418] *Les Délices satyriques*, S. 1–2.
[419] *Le Cabinet satyrique*, S. I. 94.
[420] Vgl. „La beauté, don du Ciel, est un malheur en elle:" in: „Quel horrible Demon
vous a l'ame tentee,", siehe oben unter 6.2.2.6 Verhöhnen des Hahnreis.

Nach der neunten Strophe erfolgt ein thematischer Einschnitt. Die Schilderung des „Falles" ist abgeschlossen, nun wird daraus die libertine Auffassung der Ehre entwickelt. Durch zuviele Verdächtigungen treibt man eine Frau nur erst zur Sünde. Was nutzt ihr ihre Tugend, wenn die Ehre sich durch ein Gerücht verliert? Die zentrale Aussage findet sich in Strophe 12: „L'honneur despend du bruit d'autruy." Soll der einzige Trost bleiben, daß sie weniger sündig als unglücklich ist? Nein, sie wird sich das Verhalten der Frauen dieser Zeit zum Vorbild nehmen: „Le mal n'est mal estant caché,/Le scandale fait le peché." Wieder erfolgt hier eine ironische Umwertung der gängigen Werte. Diese Sicht der Ehre ist jedoch kein origineller Einfall Motins, vielmehr verweisen Fleuret/Perceau (*Le Cabinet satyrique*, S. I. 97) in einer Anmerkung auf vier Belege gleichen Inhalts aus der Literaturgeschichte, von Ovid bis Regnier.[421] Bei letzterem heißt es in der *Macette*, Vers 144 ff.:

Le péché que l'on cache est demi pardonné
La faute seulement ne gist en la deffence.
Le scandale, l'opprobre, est cause de l'offense.

Motins Gedicht wird sehr kunstvoll eingerahmt durch die Reverenz an die *inconstance* sowohl in der ersten als auch in der letzten Strophe: „pensers inconstans" und „bruits inconstans". Der gleiche Gedanke über das Wesen der Ehre findet sich auch in einem Sonett betitelt „Pour une jeune dame": „Je n'eusse pas pensé que vous eussiez foutu,"[422]. Der erste *Quatrain* überrascht mit dem Vers „[...] il faut que je confesse/Que le vice vaut bien autant que la vertu". Das lyrische Ich bekräftigt weiter: „[...] l'honneur tant debattu/Soubs ombre d'un bon bruit a peu de gentillesse". Die Ehre wird sogar zu etwas Perversem, wenn das Vergnügen darunter leidet. Das Vergnügen wird im ersten Terzett näher erläutert, wodurch auch noch einmal seine Bedeutung unterstrichen wird. Durch diese radikale Umkehrung der traditionellen Werte gerät das Sonett zu einer Parodie auf die Erbauungsliteratur und auf die lange Tradition der Diskussionen über das Wesen der Ehre.[423] Diese junge Dame ist jedoch kein unschuldiges Opfer eines Gerüchts wie die junge Frau in „Com-

---

[421] Vgl. auch Strien-Bourmer, S. 41–42. Das von ihr S. 45 erwähnte Kurtisanengedicht Motins (*Discours d'une vieille maquerelle*: „Philon, depuis t'avoir quitté,") ist jedoch nicht von ihm, sondern von Regnier. Diese Attribuierung scheint bislang unbestritten zu sein, vgl. *Le Cabinet satyrique*, S. I. 38–43. Die im Gedicht vorgeführte Lebenseinstellung wird Molière später im frömmelnden Heuchler Tartuffe gestalten.

[422] *Les Délices satyriques*, S. 90.

[423] Vgl. z.B. das *Heptaméron* von Marguerite de Navarre, das in der Tradition von thematisch verwandten Abhandlungen seit dem Mittelalter steht: Marguerite de Navarre, *L'Heptaméron: Texte établi sur les manuscrits avec une introduction, des notes et un index des noms propres par Michel François, Paris 1967*.

bien de souspirs esclatans". Sie hat sich der körperlichen Liebe hingegeben. Erstaunlich bei derart libertinem Gedankengut ist allerdings die Empörung des lyrischen Ichs darüber, daß sie es für Geld getan hat, was wiederum ein altes literarisches Motiv ist.[424]

6.2.3 Trinklieder

Im Rahmen der allgemein zu feucht-fröhlichem Vortrag geeigneten Tavernendichtung hat Motin nur ein Trinklied im engeren Sinne verfaßt, das den Alkoholgenuß auch thematisiert. Die Stances „Nous sommes la troupe guerrière"[425] sind betitelt: „Le Ballet des Biberons". Über dieses *Ballet* ist sonst nichts bekannt, es könnte sich um ein Fragment handeln. In der Tat ist es gut vorstellbar, daß diese ausgelassenen Verse zur Aufführung bestimmt waren, sie passen von Inhalt und Ton zu anderen *Ballets*, ja sie parodieren sie in gewisser Weise sogar. Im berühmten *Camp de la Place Royalle*[426] z.B. treten verschiedene Gruppen von Kriegern auf, die sich in Gedichtform vorstellen, sich gegenseitig herausfordern und sich bekämpfen – in der kultivierten Form des Ringelstechens. Die „Kämpfer" dieses Gedichtes haben nun spezielle Waffen, Flasche und Glas. Sie vergleichen sich mit den Rittern der Tafelrunde: so wie jene die Ehre ihrer Damen verteidigten, verteidigen sie nun ihre Flaschen. So wie jene rotgewandet und mit feurigen Augen in den Kampf zogen, haben sie rote Nasen und blutunterlaufene Augen. In einer Hinsicht jedoch seien sie verschieden: jene hätten ihre Waffen außen am Körper getragen, während diese sie innen tragen. Für den Fall, daß sie jemand herausfordern wolle, drohen sie, daß sie mit dem Glas mehr Männer niedertrinken könnten, als der Angreifer mit dem Stoßdegen zu Boden bringen könne.

---

[424] Zu dieser negativen Einschätzung der Prostituierten vgl. oben unter 6.2.2.4 Bordell, Prostituierte, Zuhälter.

[425] *Le Cabinet satyrique*, S. II. 44.

[426] Honoré Laugier de Porchères, *Le Camp de la Place Royale, ou relation de ce qui s'est passé les 5ᵉ, 6ᵉ et 7ᵉ jour d'avril 1612, pour la publication des mariages du Roy & de Madame avec l'Infante & le prince d'Espagne. Le tout recueilly par le commandement de sa Majesté*, Paris: Jean Laquehay, 1612.
  Recueil des cartels publiez ès presence de Leurs M.M. en la place Royalle, les 5, 6 & 7 d'Avril 1612, Paris: Jean Micard 1612.
  Rosset, François de, *Le Romant des chevaliers de la Gloire, contenant plusieurs hautes et fameuses aventures des princes et des chevaliers qui parurent aux courses faictes à la Place Royale pour la feste des alliances de France et d'Espagne, avec la description de leurs entrées, équipages, habits*, Paris: Vve Pierre Bertault, 1612.

6.2.4 Anzuzweifelnde Attribuierungen

Einige Gedichte, für die teilweise auch Motin als Autor angenommen wird, sind hier nicht näher besprochen worden.

„Au milieu de mon bled, en une place verte"[427]: Es handelt sich um eine in ein Pseudo-Schäferstück eingebettete pornographische Szene. In der Tat ist das eine für Motin untypische Machart. Deshalb schließe ich mich den Zweifeln Lachèvres[428] und Fleuret/Perceaus (S. I.164) über die Autorenschaft Motins an. Fleuret/Perceau schreiben das Stück aufgrund der Erstveröffentlichung in den *Muses incognues* von 1604 und aufgrund stilistischer Merkmale Guy de Tours zu.

„Ce beau sonet est si parfait"[429]: Fleuret/Perceau (S. I. 99) attribuieren dieses Epigramm Vauquelin de la Fresnaye aufgrund der Erstveröffentlichung in dessen Werken.

Das Sonett „Nostre amy si frais et si beau"[430] schreibt Lachèvre[431] ohne weitere Begründung Motin zu, wohl wissend, daß es zwar im *B.N. Ms.fr. 884* anonym, aber im *Cabinet satyrique* mit „Sigognes" signiert ist. Inhaltlich könnte es von Motin sein, aber einen zwingenden Grund, es ihm zuzuschreiben, sehe ich nicht.

„Permettez-moy, ma grand'amie/belle Uranie"[432]. Dieses Gedicht wird im *Cabinet satyrique* von 1618 zwar mit „Motin" signiert, aber sowohl Lachèvre[433] als auch Fleuret/Perceau (S. I.88) zweifeln diese Attribuierung an, da das Gedicht erstmals in der *Muse folastre IIe liv.*[434] von 1603 erschienen ist, und zwar signiert mit R.F., was Lachèvre und Fleuret/Perceau als Initialen Raoul Forniers entschlüsseln. Das Thema, die Jagd nach einem Floh auf dem Körper einer Dame, ist ein tradtionelles Thema der erotischen Dichtung.

„Un homme estoit pres d'une Dame assis"[435]. Dieses Epigramm wird von Fleuret/Perceau (S. I. 58) Mellin de Saint-Gelais zugeschrieben, da es mit der Variante „Un Moyne estoit [...]" in dessen Werken veröffentlicht wurde. Lachèvre[436] ist ebenfalls dieser Meinung.

---

[427] *Le Cabinet satyrique*, S. I. 164.
[428] Lachèvre, *Recueils satyriques*, S. 311.
[429] *Le Cabinet satyrique*, S. I. 99.
[430] *Le Cabinet satyrique*, S. I. 247.
[431] a.a.O., S. 316.
[432] *Le Cabinet satyrique*, S. I. 88.
[433] a.a.O., S. 316.
[434] a.a.O.
[435] *Le Cabinet satyrique*, S. I. 58.
[436] a.a.O., S. 318.

6.3   Andere thematische Schwerpunkte

6.3.1   Herrscherlob

Herrscher- oder Mäzenatenlob ist ein Standardthema der traditionellen Lyrik[437], und es ist bei Motin um so mehr zu erwarten, als er zeitweise ausdrücklich im Auftrag des Königs tätig war.

Das Gedicht „Unique Amour du Ciel lumiere de nostre age,"[438] feiert die religiöse und politische Befriedung Frankreichs durch Heinrich IV:

> C'est vostre pieté qui a sauvé l'Eglise,
> Pour n'adorer qu'un Dieu & ne servir qu'un Roy.

Der König wird gelobt ob seiner kriegerischen Fähigkeiten: „Theatre à la valeur des plus vaillans guerriers,", „Mars en vostre courage,", „la force", „vostre bras vainqueur". Gleichzeitig werden aber auch seine friedvollen Eigenschaften gerühmt, von denen das Land ebenso profitiert: „Amour", „la douceur", „Qui fait fleurir le Lis, qui rend l'ame à la Loy,". Abschließend wird Heinrich mit Atlas verglichen, da er wie jener das Himmelsgewölbe sogar die Welt auf seinem Rücken trage, und er wird aufgefordert, sich nun selbst etwas Ruhe zu gönnen und sich ganz auf den Erhalt des nun eingekehrten Friedens zu besinnen.

Das umfangreiche Gedicht „Loin des flots indiens & de leur rive more"[439] wird durch den Titel: „Le Phœnix. Au Roy." der Kategorie der Huldigungsgedichte zugeordnet, ist aber zunächst der ausschweifenden Darstellung des Phœnix-Mythos gewidmet. Nach Goujet (S. 219) handelt es sich hier um eine Imitation oder paraphrasierende Übersetzung eines Werkes des spätlateinischen Dichters Claudianus.

---

[437]   Vgl. Ernst Robert Curtius, *Europäische Literatur und lateinisches Mittelalter*, Bern, München ⁷1969, S. 184–186.

[438]   *Muses ralliées*, Blatt 308v°.

[439]   *Nouveau recueil*, S. 213–221. Vgl. d'Estrée, S. XIV, zur Datierung dieses Gedichtes: da die Geburt des Kronprinzen (Ludwig XIII.) nicht erwähnt wird, muß es vor 1601 entstanden sein, d'Estrée nennt 1599 oder 1600. Über die literarischen Qualitäten urteilt der Autor: [...] son poème du *Phœnix*, qui certainement n'ajoutera rien à sa gloire, mais qui, en ce temps-là, contribua singulièrement à sa fortune." Colletet hingegen habe es, so Goujet (S. 219) in seinem *Discours de l'Eloquence & de l'imitation des anciens* gelobt (S. 33). Inhaltliche Elemente dieses Gedichtes finden sich wieder in einer an Margarete von Valois gerichteten Widmung von Jean Alary. Vgl. Michel Jeanneret, *Poésie et tradition biblique au XVIᵉ siècle. Recherches stylistiques sur les paraphrases des psaumes de Marot à Malherbe*, Paris 1969, S. 460–461, Anm. 26. Auch der Stil der dort zitierten Widmung, dem Jeanneret schon preziöse Einflüsse zuschreibt, und den er als typisch erachtet für das Umfeld der Königin Margarete, erinnert an Motins Gedicht.

Entgegen der Tradition, die die Heimat des Phönix in Heliopolis in Ägypten[440] oder Indien[441] sieht, wird der Aufenthaltsort des heiligen Vogels hier zu Beginn in den Libanon verlagert: „une forest, prez du lit de l'Aurore", „Des Cedres eternels". In Pelusium (S. 218, Vers 16) am Ufer des Nils jedoch übergibt der wiedergeborene Phönix die sterblichen Überreste seines Vaters den Flammen (S. 217–218). Gleich zu Beginn wird der Phönix für die barokke Inconstance-Thematik vereinnahmt: er lebt „Loin de l'air inconstant de la terre ou nous sommes," (S. 213, Vers 9). Das Gegenstück zu diesem Vers findet sich am Ende des Gedichtes im Rahmen des expliziten Herrscherlobes: „Prince asseuré, constant, sage, laborieux," (S. 220, Vers 23). Nach der detailreichen poetischen Schilderung der Altersmühsal und der Wiedergeburt des Phönix wird die traditionelle Deutung des Vogels als Christus-Symbol vorbereitet durch noch auf den Vogel bezogene Formulierungen wie: „de luy-mesme & le pere & l'enfant:" (S. 214, Vers 13), „Luy qui fut Pere, est Fils," (S. 217, Vers 2), „O bien-heureux Phenix seul exempt de la mort," (S. 218, Vers 21), „Immortel en ta mort," (S. 219, Vers 2; eindrucksvolles Paradoxon, das durch eine figura etymologica betont wird), „Sacré, devotieux, conoissant toutes choses," (S. 219, Vers 4). Aufgrund seines hohen Alters hat der Phönix schon Noah und die Leiden Christi miterlebt, und Christus gleicht ihm:

> Il s'offrit prestre ensemble, & victime propice,
> Nouveau Phenix luy-mesme, au Soleil de iustice. (S. 219, Verse 20–21)

Das sich anschließende Lob Heinrichs IV. ist ebenfalls schon subtil vorbereitet worden durch Benennungen des Phönix wie: „Roy du bois delectable" (S. 213, Vers 10), „Roy du vague de l'air" (S. 215, Vers 6), „son Roy glorieux", S. 217, Vers 15). Der König wird mit den römischen Herrschern Cäsar und Augustus verglichen, als mächtig und streng, aber dennoch gesetzestreu und gütig geschildert: „ce Roy seulement/Desire estre vainqueur, à fin d'estre clement" (S. 220, Vers 19–20). Schließlich, als Krönung des Lobes:

---

[440] Vgl. Hans Lamer; Paul Kroh, Wörterbuch der Antike: mit Berücksichtigung ihres Fortwirkens, Stuttgart ⁸1976, S. 560 (Stichwort „Phönix). Zum Phönix-Mythos im allgemeinen und zu seiner Bedeutung in der petrarkisierenden Liebeslyrik im besonderen vgl. Gisèle Mathieu-Castellani, „Le mythe du Phénix et la poétique de la métamorphose dans le lyrisme néo-pétrarquiste et baroque", in: Poétiques de la métamorphose. Equipe „Poétique" de l'Association d'Etudes de la Renaissance, de la Réforme et de l'Humanisme sous la direction de Guy Demerson. Institut d'Etudes de la Renaissance et de l'Age classique. Publications de l'Université de Saint Etienne 1981, S. 161–183. Zu Berührungspunkten mit der emblematischen Bedeutung des Schwans siehe darüberhinaus die Ausführungen derselben Autorin in ihrem Werk Mythes de l'éros baroque, Paris 1981, S. 214.

[441] Physiologus: Griechisch/Deutsch, übersetzt und herausgegeben von Otto Schönberger, Stuttgart 2001, S. 15.

Prince asseuré, constant, sage, laborieux,
Veritable, clement, grand & victorieux,
Dont la iuste loüange au ciel mesme cherie
Tant grande qu'elle soit n'est iamais flatterie: (S. 220, Vers 23–26).

Das barocke Schlüsselwort „constant" ist einerseits motiviert durch den literarischen Kontext (vgl. oben), andererseits hat es, gerade bezogen auf Heinrich IV., auch Aussagekraft in bezug auf dessen historisches Wirken, da er
Frankreich nach den Religionskriegen eine Phase der Beständigkeit bescherte.
Der Phönix wird als Garant für die Angemessenheit dieses Lobes angerufen:

Et toy-mesme, Phenix depuis que l'immortel
Te fait icy tout voir, tu n'as rien veu de tel. (S. 220, Vers 27 – S. 221, Vers 1).

Das Gedicht schließt mit dem traditionellen Wünschen für ein langes
Leben:

Puisse-il [d.i. „le Phenix", bzw. „le Roi"] à iamais vivre dans la memoire
Des races à venir, & renaistre en sa gloire,
Puisse-il de ses ans pleins de felicité
Doucement escouler le terme limité: (S. 220, Vers 2–5).

Unter Fortführung der Analogie zum Schicksal des Phönix ergeht schließlich
der Wunsch an den König, er möge in das Reich des ewigen Sonnenlichtes
eingehen:

Et qu'en fin son esprit ardant de vives flames
Comme un Phenix s'immole au grand Soleil des ames,
Qui tousiours sans nuage en son midy reluit,
Pour vivre à sa lumière, & n'avoir plus de nuict. (S. 221, Vers 6–9).

Klingt hier schon die Vorstellung vom *Roi Soleil* an?

Die „Hymne des Daufins": „En quel lieu du monde humide"[442] ist „Par le
commandement du Roy" entstanden. Es handelt sich um eine Übersetzung
eines lateinischen Originals des Père Vital Tairon[443]. Da es sich hier also nicht
um eine Originalschöpfung Motins handelt, sollen einige Anmerkungen
genügen, ohne daß ich mich d'Estrées pauschalen Wertungen anschließen
will. Auch hier wird ein Tier bzw. eine Tierart als zentrales Motiv benutzt.
Delphine, die Glücksbringer der Seefahrer, galten im Altertum als gottähnli-
che Wesen. Sie waren Spielkamaraden und Wegbegleiter von Göttern und
Mensch. Der Bezug zur Mythologie der Griechen findet sich auch hier (Arion;

---

[442] *Parnasse 2*, Blatt 277v°–284r.
[443] Auch „Théron" und „Teron" geschrieben. Vgl. d'Estrée, S. XIV, der das Gedicht
        aburteilt als: „dénué de toute espèce d'intérêt" und die Übersetzung als „d'une
        platitude déplorable" bezeichnet.

Amphitrite), neben Weisheiten aus der Volksmedizin wie der, daß Delphin-
zähne bei Zahnungsbeschwerden helfen, und solchen über die Schlafge-
wohnheiten der Delphine (282r: „Sans repos se reposant", durch eine *figura
etymologica* hervorgehobenes Paradoxon). Die Legende, daß die Delphine verliebte Seeleute seien, die wegen Amphitrite ins Meer sprangen und von den
Göttern in Delphine verwandelt wurden, paßt ins barocke Weltbild, da die
Tiere nun rastlos, „inconstans" (Blatt 282v°) ihr Schiff suchen und deshalb
immer wieder Schiffe begleiten. Betont wird die überlegene Intelligenz und
die Unantastbarkeit dieser Tiere. Schließlich wird der eigentliche Zweck dieses Gedichtes offenbart, es wird der neue Bourbonenkönig gefeiert, der mutig
wie ein Delphin ist und deshalb „Grand Dauphin" heißt. (Blatt 283r–284r).

> Ainsi des Dieux la sagesse
> Fist naistre un Daufin nouveau,
> De la Toscane Deesse,[444]
> Aux lieux surnommez d'un [sic] eau[445]

Dem Thronfolger wird eine ruhmreiche militärische Laufbahn ausgemalt,
und immer wieder werden Parallelen zum (angenommenen) Verhalten der
Delphine gezogen.

Anläßlich der Geburt des Bruders des *Dauphin* hat Motin auch ein
Horoskop in Versform verfaßt: „Quelle face du Ciel tous nos sens estonnant"[446]. Das dünne Bändchen enthält eine hebräisch beschriftete astrologi-
sche Zeichnung, lateinische und französische Gedichte. Bei Motins *Horoscope*
handelt es sich wie bei dem Gedicht mit gleichem Titel von Le Maine „Quelle
face agreable ont auiourd'huy les Cieux?" (S. 3–4) um eine Nachdichtung
des lateinischen Horoskops „Quae Coeli facies? magno quis maximus Astro"
(Eingangsmaterial, S. VII–VIII). Das Neugeborene wird als Augustus (S. 5,
Vers 5) bezeichnet, ihm wird eine ruhmreiche Zukunft vorausgesagt: „Verra
ses ans de gloire & de bon-heur [sic] comblez", (S. 6, Vers 18), und es wird
aufgerufen, dem Dauphin in Eintracht zum Wohle Frankreichs zur Seite zu
stehen. (S. 6, Verse 31–32 und S. 7). Motin bedient sich der astrologischen
Fachsprache („maison", S. 5, Verse 19 und 21) und, wie die anderen beiden
Autoren auch, zahlreicher Bezüge zur Mythologie. Der Vers 22 (S. 5) „Du
Belier renommé d'une blonde toison" spielt auf das goldene Vlies an.[447]

---

[444] Maria von Medici.

[445] Fontainebleau.

[446] Davide Sanclaro, *Ducis aurelianensis Genethliakon apotelesmatikon ad Margaritam
Valesiam Reginam*, Paris: David le Clerc 1607, S. 5–7.

[447] Dieses Motiv findet sich auch in einigen Gedichten, die unter 6.1.1.2 Haare und
6.1.1.7 Die Frau als Blume besprochen werden.

Zentrale Themen des lyrischen Werkes

Durch einen konkreten historischen Anlaß sind die *Stanses* „Vous qui pour le danger du plus grand Roy qui vive,"[448] motiviert, wie aus dem Titel deutlich wird: „Sur ce qui fut attenté contre le Roy, le Lundy 19. jour de Decembre". Hier fehlt ein lyrisches Ich, dafür wird der Leser als „Vous" angesprochen und in die Gefühle, die dieses Attentat auslöste, einbezogen. Das Gedicht feiert die Rettung des Königs aus der höchsten Gefahr und stellt die Bedrohung aufs eindringlichste dar, indem der König lobend überhöht wird:

> Puis qu'un Roy si parfait à son peuple doit estre
> Ce que l'ame est au cœur, & le cœur est au corps. (Blatt 33v°, Vers 17–18)

Die Anspielung auf einen sehr alten[449], noch heute gebräuchlichen, Zauberritus wird benutzt, um den Gedanken von der Untrennbarkeit von König und Staat eindringlich zu vermitteln[450] (Blatt 34r):

> On dit que par Magie en frapant [*sic*] une image,
> Celuy qu'elle figure en reçoit le dommage,
> Sentant au mesme temps le mesme coup sur soy:
> Tout le corps de l'Estat que le Roy seul asseure,
> De ce coup parricide eust senty la blessure,
> Et respandu son sang par les veines du Roy. (Blatt 34r, Verse 1–6)

Im folgenden wird sein Verhalten in der Attentatssituation und gegenüber dem Attentäter gepriesen, das von außerordentlichem Mut und den mit Majuskeln geschriebenen Tugenden „Clemence" (Blatt 34r, Vers 17, und Blatt 34v°, Vers 8) und „Prudence" (Blatt 34r, Vers 25) gekennzeichnet war. Dieses Verhalten kennzeichnete den König auch schon in den ruhmreich von ihm geschlagenen Schlachten. Der glückliche Ausgang des Anschlags gereicht auch jedem Untertanen zur praktischen Lehre:

> On doit außi iuger que la bonté celeste
> Souffrant a l [*sic*] Insensé l'entreprise funeste,
> De toucher ce grand Roy, doucement nous instruit
> D'offrir le cœur au Ciel qui nous sauve la teste,
> Et qui sans nous fraper [*sic*] des traits de sa tempeste
> S'est voulu contenter d'en faire oüir le bruit. (Blatt 35r, Verse 4–9)

Das Gedicht schließt mit der Bitte an Gott, über das Schicksal des Königs und über das des Thronfolgers zu wachen.

---

[448] *Parnasse 1*, Blatt 33v°–35r.

[449] Vgl. *Heptaméron* I,1.

[450] Diese alte Vorstellung vom König als Kopf und vom Volk als Bauch findet sich schon bei Solon. Zusammen mit der Idee vom Gottesgnadentum der Herrscher gipfelt sie in dem späteren Ausspruch „L'Etat c'est moi" von Ludwig XIV.

Zum traditionellen Repertoire der Enkomiastik gehören auch die Gedichte auf den Einzug eines Herrschers in eine Stadt, so auch Motins „Desia l'air n'estoit plus qu'un feu plain de menace,"[451], das betitelt ist: Au Roy, Sur son entrée à Paris. Vor der Ankunft des Königs wütete ein großes Feuer in der Stadt, wie vor dem Jüngsten Gericht. Heinrich IV. wird in direkter Nachfolge von Karl dem Großen gesehen[452], und Paris darf sich glücklich schätzen, daß er kommt. Mehrfach wird der König wieder in seiner Dualität von Härte gegenüber den Feinden und Liebe zu seinen Untertanen gepriesen.

Die vierte Strophe ist fast identisch mit der fünften Strophe des Attentat-Gedichtes „Vous qui pour le danger du plus grand Roy qui vive,"[453]:

Grand Roy que tout le monde en l'adorant[454] contemple,
Qui sert d'estonnement[455], & non pas d'une [sic] exemple,
Car un Roy comme luy ne peut estre imité:
Sans premier ny second seul pareil à soy-mesme,[456]
Dont le bon heur s égale [sic] à la valeur extréme,[457]
Et l'extréme valeur à l'extréme bonté.[458]

Bei diesen Varianten handelt es sich nur um Bedeutungsnuancen, und selbst die komplett ersetzte Zeile drückt den gleichen Gedanken nur anders aus. Die Verse:

Car s'il se fait cognoistre un Cesar à la guerre,
Il se fait recognoistre un Auguste à la Paix.

finden ihre Entsprechung in dem oben besprochenen Gedicht „Loin des flots indiens & de leur rive more"[459]:

Qu'à celuy qui dans France außi vaillant que iuste
Venu comme un Cesar, regne comme un Auguste.

Diese Entlehnungen aus anderen Gedichten sowie der ausgiebige Gebrauch gängiger Topoi dienen dazu, die dichterische Kunstfertigkeit in ihrem Variantenreichtum vorzuführen.

---

451 Sec. livre des délices, S. 424–426. Erwähnt von Goujet, S. 220.
452 S. 425, Vers 11. Vgl. ebenso oben in „Quelle face du Ciel tous nos sens estonnant", S. 7, Vers 3 und auch in „Quelle face agreable ont auiourd'huy les Cieux?" von Le Maine, S. 4, Vers 2.
453 Parnasse 1, Blatt 33v°–35r.
454 Variante Sec. livre des délices: „en prodige".
455 Variante Sec. livre des délices: „d'une merveille".
456 Variante Sec. livre des délices: „A nul autre pareil, si ce n'est à luy-mesme,"
457 Variante Sec. livre des délices: „le bon-heur s'égalle".
458 Variante Sec. livre des délices: „Et la valeur s'égalle à l'extréme bonté."
459 Nouveau recueil, S. 213–221.

6.3.2 Gedicht als Geschenk/ETRENNES

Der Gattungsname *Etrennes* soll hier im etwas weiteren Sinne verstanden werden, d.h. nicht nur als Bezeichnung für explizite Neujahrsgeschenke, sondern auch allgemein als Benennung für Begleitgedichte von Geschenken.[460] Génetiot[461] beschreibt die *Etrennes* als Untergattung der Briefgedichte. Ursprünglich begleiteten sie als Widmung die Neujahrsgaben, waren Bestandteil dieser Geschenke, dann verselbständigten sich diese Zeilen immer mehr und wurden zum eigentlichen Geschenk. Die Dichter schrieben *Etrennes* nicht nur, um sie selbst zu verschenken, sondern durchaus auch als Auftragsarbeit.

Diese Gedichte erfüllen somit die soziale Funktion des Gebens. Die Tatsache, daß das Gedicht das materielle Geschenk vollständig ersetzen kann, zeigt sich auch daran, daß es *Etrennes* gibt, die – Phantasiegeschenke oder sich selbst übermittelnd – im letzten Vers ein materielles Gegengeschenk einfordern. (S. 160) Génetiot sieht hier Parallelen zu Prozeduren von Schenken und gleichzeitiger Verpflichtung des Beschenkten zu einem höherwertigen Gegengeschenk in archaischen Kulturen und verweist auf anthropologisch-soziologische Forschungen über das System des *potlatch*. (S. 161 ff.). Der Adressat eines Gedichtes kann diese Verse ebensowenig ablehnen wie der Chef eines Clans einen *potlatch* und ist mit dem Annehmen verpflichtet, ein wertvolleres Gegengeschenk herzugeben, z.B. eine Geldsumme. Das gleiche Wetteifern zwischen Gabe und Gegengabe findet sich außer bei den *étrennes*[462] auch bei Einladungen und Feiern und läßt sich als im wahrsten Sinne des Wortes „hochherrschaftliches Verhalten" kennzeichnen. (S. 164) Man kann mit Génetiot hier Gemeinsamkeiten sehen zwischen archaischen Gesellschaften, mittelalterlichen Rittern, deren Prestigegewinn durch immer größeren Pomp sie bis in den Ruin trieb, und dem sozialen Verhalten der Pariser Aristokraten aus der Mitte des 17. Jahrhunderts. Deren allgemeine Geisteshaltung in bezug auf ihren Prunk war gekennzeichnet von: „la joie à donner en public; le plaisir de la dépense artistique généreuse; celui de l'hospitalité et de la fête privée et publique." (Mauss, S. 263, zitiert nach Génetiot, S. 164) Dieses Wetteifern im Luxus unterscheidet den Adeligen vom Bürger, der hauptsächlich darum bemüht ist, seinen Reichtum zu horten und weiter

---

[460] Vergleiche auch Martial, *Epigrams*, with an English Translation by Walter C.A. Kerr Cambridge (Massachusetts), 2 Bde., London 1979, Buch 13 *Xenia* und Buch 14 *Apophoreta*, und unter Motins Vorläufern die *Etrennes* von Marot und Ronsard.

[461] Alain Génetiot, *Les genres lyriques mondains (1630–1660). Etude des poésies de Voiture, Vion d'Alibray, Sarasin et Scarron*, Genève 1990, S. 159–166.

[462] *Etrennes* gab es nach M. Mauss (Essai sur le don etc., vgl. Génetiot, S. 163) schon bei den Thrakern.

zu mehren. In diesen Kontext passen meiner Meinung nach auch die zu Motins Zeit so beliebten *Ballets*, deren Veranstaltung Unsummen verschlungen haben muß.[463]

Die beiden Epigramme „Ces gands puissent en tout endroit"[464] und „Combien de cœurs remplis d'envie"[465] sind als Begleitschreiben zu Handschuhen konzipiert. Einer Dame Handschuhe zu schenken, birgt erotische oder sexuelle Elemente[466], die im ersten, traditionellen Gedicht vorgeblich ignoriert werden: es wird dem Geschenk nur der Wunsch mitgegeben, es möge die schönen Hände der Frau vor der Kälte schützen und das lyrische Ich vor ihrem Vergessen bewahren. Das Klischee der Frau, die ihren Verehrer vergißt, fügt sich ein in die barocke *Inconstance*-Thematik. Die sexuelle Konnotation des Handschuh-Geschenks scheint schon deutlicher durch im zweiten Epigramm, in dem die Schar der Verehrer dargestellt wird als von dem Verlangen beseelt, in Handschuhe verwandelt zu werden und so der Dame wiederholt die Hände küssen zu können. Zahlreiche *Etrennes* finden sich auch bei Passerat[467], so z.B. ein Sonett „Sur des gands": „Je me plains de vos yeus [sic], dont la flamme est glissée",[468] in dem der traditionell schmachtende Liebhaber die Handschuhe nur verschenkt, damit ihm das Herausreißen des Herzens aus seiner Brust weniger Schmerzen bereite. In Passerats „Ce premier iour du premier mois,"[469] (438) verschenkt das lyrische Ich mit einem Herzen bestickte Handschuhe.

Das Epigramm „Avec ce petit don ie ne me fais pas croire"[470] beginnt mit einer unterwürfigen Bescheidenheitsfloskel. Das Geschenk ist so klein – was es ist, wird nicht gesagt –, daß das lyrische Ich sich nicht anmaßt, damit der Frau im Gedächtnis bleiben zu können. Es reicht ihm schon, wenn das Geschenk statt seiner der Angebeteten die Hände küssen kann. Es scheint sich hier nicht um Handschuhe (über das Geschenk wird nur im Singular gesprochen), sondern vielleicht um einen Ring[471] zu handeln. Die Pointe

---

[463] Vgl. die Zeichnungen einiger Dekore und Kostüme in: Emile Magne, *Les fêtes en Europe au XVIIe siècle*, Paris s.d. (1930).

[464] *Sec. livre des délices*, S. 435.

[465] *Sec. livre des délices*, S. 436.

[466] Vgl. Bougard, *Glossaire*, a.a.O., S. 207: „gants: la virginité" Natürlich verschenkt der Mann keine Jungfräulichkeit, er setzt vielmehr auf die Analogie zwischen dem Überstreifen der Handschuhe und dem sexuellen Akt, so daß die Handschuhe hier „la perte de la virginité" symbolisieren.

[467] Claude Morel (Hrsg.), *Recueil des Œuvres poétiques de Ian Passerat*, Paris 1606.

[468] *Œuvres Passerat*, S. 283.

[469] *Œuvres Passerat*, S. 438.

[470] *Sec. livre des délices*, S. 434.

[471] Bougard, 201: anneau, bague: parties nobles de la femme. Ein *Anneau-Etrenne* gibt es auch bei Passerat: *Œuvres Passerat*, S. 435.

findet sich im letzten Doppelvers, der in der Verteilung von Substantiven und Attributen chiastisch angelegt ist und dadurch zunächst etwas rätselhaft wirkt. Doch läßt er sich dahingehend auflösen, daß die Angeredete nur die hinter dem kleinen Geschenk stehende Absicht für ihr Urteil zugrundelegen solle, so daß das Geschenk wie die „volonté" unschätzbar werde:

> Car en sa petitesse il est inestimable,
> Si par la volonté vous iugez du present.

Das Gedicht „Belle, & sage Princesse, afin de m'acquitter,"[472] begleitet einen zu verschenkenden Fächer. Die ersten zehn Zeilen erfüllen die Funktion einer Einleitung. Zunächst wird die Verpflichtung zum Schenken thematisiert, der das lyrische Ich hiermit nachkommt. Der Fächer wird von einem Boten überbracht. Damit dieser ob seines eigenen Liebesleides nicht die Geschichte des kostbaren Geschenks zu berichten vergißt, wird sie ihm in Gestalt des Gedichtes gleich mitgegeben. Detailreich wird die unglückliche Liebe des Hirten Timanthe zu der hochmütigen Lisenne geschildert. Timanthe, der lieber sterben als sich weiter vor Liebessehnsucht verzehren wollte, wurde von einem Wirbelwind in den Baum der Standhaftigkeit verwandelt, aus dessen Rinde die Hirten einen Fächer schnitzten. Diesen Fächer hält nun Lisenne gern in Händen, so daß sich ein barockes Paradoxon ergibt: er, der vor Leidenschaft brannte, erzeugt nun Kälte. Das Gedicht schließt mit einer Anrede an den Fächer. Auch ihm ist es in seiner neuen Gestalt nun möglich, die himmlische Schönheit der Angebeteten zu berühren, die mit dem Topos des Perlen- und Rosen-Antlitzes beschrieben wird. Die Länge des Gedichtes ist ungewöhnlich für *Etrennes*.

Ein immaterielles Geschenk bringt das Sonett „Je ne vous puis donner une plus riche estreine,"[473] dar. Das lyrische Ich verschenkt eine Liebeserklärung, es beschreibt sein Verlangen, das bis zum Himmel reicht. Es läßt sich jedoch nicht überwältigen von seiner Sehnsucht, sondern vergißt nicht die Topoi des Neujahrsgedichtes. Das zum Himmel aufragende Verlangen, bzw. das *Etrennes*-Gedicht darüber, ist eine Möglichkeit für das lyrische Ich, der Angebeteten den eigenen Namen ins Gedächtnis zurückzurufen. „Cieux" wird im zweiten Quartett wiederaufgenommen durch „la Bonté Souveraine", die um die Erfüllung typischer Neujahrswünsche angerufen wird: der Himmel soll die Adressatin des Gedichtes mit seinen wertvollsten Gaben beschenken, und die Zukunft soll ohne Sorgen, ohne Angst und Mühe sein. Die Liste der guten Wünsche wird fortgesetzt im ersten Terzett: ein langes, glückliches Leben, die Erfüllung aller Wünsche, ein Verharren der Feinde in furchtsamer Ver-

---

[472] *Sec. livre des délices*, S. 437–440.
[473] *Sec. livre des délices*, S. 433.

ehrung. Das letzte Terzett nimmt schließlich die Liebesthematik wieder auf. Gott möge der Frau auch auf diesem Gebiet ihre Begehrlichkeiten erfüllen, vorausgesetzt sie glaube, daß ihre Verehrer sie nicht so sehr verehrten wie das lyrische Ich es tue.

Das Epigramm „I'ay de vuide le cerveau"[474] spielt mit der Tradition des *Etrennes* und thematisiert außerdem den Prozeß des Schreibens:

I'ay de vuide le cerveau;
De vent sans plus ma bouche est pleine,
Et s'il faut qu'à cest an nouveau,
Ie te presente quelque estreine,
Moy qui ne puis rien dire à moy,
Puis que mon cœur est tout à toy,
Qu'un desir qui rien ne seconde,
C'est le plus cher de tout mon bien,
Ie te l'offre avec tout le monde,
S'il peut par desir estre mien.

Man sieht den Dichter am Tisch sitzen, sein Gehirn ist leer, sein Mund versucht Worte zu formen, aber nur Luft, „vent", kommt heraus. Durch „vent" erfolgt die Anbindung an die *Inconstance*-Thematik.[475] Es ist dem lyrischen Ich unmöglich, auftragsgemäß (Vers 3) ein „ordentliches" *Etrennes*-Gedicht zu schreiben, da er keinen klaren Gedanken fassen kann, als nur sein durch nichts begünstigtes Verlangen nach dem Du. Vers 7 „Qu'un" steht grammatisch für „Rien qu'un", bei „qui" scheint es sich um einen Druckfehler zu handeln, Sinn macht nur „que". Das einzige was er verschenken kann, ist dieses Verlangen.

Das Epigramm wirkt hermetisch durch den gewollt unklaren letzten Vers und den „desir", der wieder zurückverweist ins Gedicht. Grammatisch müßte „il" für „désir" stehen, doch ergibt der Satz dann keinen Sinn, da der Liebhaber ja noch zwei Verse vorher von seinem teuersten Gut, dem Verlangen gesprochen hat. Bliebe für „il" noch „tout le monde", doch die hat er soeben verschenkt. Das „il" meint also etwas außerhalb des Gedichtes Liegendes. Möglicherweise war dieser Bezug durch die Zeitgenossen leichter zu enträtseln, aber vielleicht bestand die barocke Dunkelheit dieses Verses auch für sie und wurde gerade deshalb von ihnen goutiert.

Hierher gehört auch die Parodie eines Geschenkgedichtes „Present d'un mirouer [sic] a une dame", Satyre: „Belle, de qui les yeux donnent mille

---

[474] *La Quintessence satyrique*, S. 47.

[475] Es schwingt auch die Bedeutung vent = souspirs mit, so wie in: „Seul & divin subject de mes contentements", *Sec. livre des délices*, S. 391.

trespas,"[476]. Schon die Länge ist ungewöhnlich: neun Vierzeiler aus Alexandrinern. Der noble Vers steht im Widerspruch zum teilweise bizarren Inhalt. Wie in der *Satyre* „La peur de l'advenir, et ses courtiers puniques"[477] und in der „Prophétie en Cocq à l'asne": „Peuple, malheur sur vous, quand le sanglant Gerfaut"[478] arbeitet Motin hier mit Anspielungen und der Kombination möglichst disparater Elemente, es handelt sich also um ein weiteres Beispiel für die *Coq-à-l'âne*-Technik.

Die erste Strophe beginnt mit einer traditionellen hyperbolischen Apostrophe an die grausame Schöne:

Belle de qui les yeux donnent mille trespas,
Et de qui le regard est un jour de bataille,.

Doch schon beim vorgeblichen Überreichen des Spiegels wird das Geschenk negiert: „que pourtant je n'ay pas," und „qui n'est point faict de pierre de taille." Ein besonderer Spiegel also, der möglicherweise den Blick auf die hinter dem schönen Schein liegende Wirklichkeit erlaubt.

Er ist einerseits schwer: „Il faut pour l'attacher une chaine [sic] de puits", andererseits trägt ihn ein Barbier als Goldwaage auf der Schulter (vierter *Quatrain*). Dieser Barbier hat eine äußerst disparate Kundschaft, er schneidet sowohl Erasmus von Rotterdam als auch Amadis de Gaule, dem Held der im 16. Jahrhundert ins Französische übersetzten Amadis-Romane, die Haare. Der Spiegel dient schon dazu, durchlittene Liebesnöte des lyrischen Ichs darzustellen, jedoch in geschriebener Form. In der dritten Strophe wird durch die Erwähnung eines „flageolet"[479] die sexuelle Thematik erstmals angerissen.

In den Strophen vier, fünf und sechs wird der Spiegel sogar direkt angesprochen, gleichzeitig ist die fünfte Strophe scheinbar eine Huldigung der „angelique Beauté", sie gipfelt jedoch höhnisch in der lächerlichen Vorstellung, daß Luzifer ihretwegen Ruhr bekommen habe. Ein ungleicheres Paar als das aus einer „angelique Beauté" und Luzifer ist kaum vorstellbar, wobei Luzifer ja selbst als ein in die Unterwelt gestürzter Engel gesehen wird. Ein „Traumpaar" gleichsam für ein Gedicht nach *Coq-à-l'âne*-Muster!

Der Spiegel ist am Rand bemalt mit den Reizen der Beschenkten. Der Vers „Et comme son regard faict trespasser les mors," knüpft an den *Incipit*-Vers

---

[476] *Le Cabinet satyrique*, S. II. 79.
[477] *Le Parnasse satyrique*, S. 95–99, (auch Spiegelthematik!). Vgl. unter 6.3.8.2 Wahrsagerei.
[478] *Le Cabinet satyrique*, S. II. 132–134. (ebenfalls Erwähnung des Pole Antarticq). Vgl. unter 6.3.8.2 Wahrsagerei.
[479] „flageolet: les parties nobles de l'homme", Bougard, S. 200.

des Gedichtes an. Die Sarabande greift das erotische Element wieder auf[480] und erweckt gleichzeitig, so nah bei „mors", die Assoziation „Totentanz".

Die Strophen sieben und acht bringen ein Sammelsurium rätselhafter Dinge mit teilweise symbolischer Bedeutung, die im Rahmen des Spiegels zu sehen sind und als wenig schmeichelhafte Attribute der Frau zu verstehen sind. Die sexuelle Thematik wird wachgehalten durch: „cornes, cocu, fendent (von „fendre", Assoziation „fente"), juments".

In der letzten Strophe wird die Frau gar als junger Esel bezeichnet, motiviert durch den sanften Blick, aber natürlich alles andere als schmeichelhaft:

> Recevez toutesfois, belle Dame aux yeux doux,
> Comme un petit asnon de cent graces ornee,
> Ce miroir de vapeurs: pendez le devant vous,
> Comme on faict un jambon à quelque cheminee.

Das Geschenk wird der so unattraktiv gewordenen Dame dann überreicht, wobei deutlich wird, daß es diesen Spiegel gar nicht gibt, denn es ist ein „miroir de vapeurs". Durch die Kombination zweier typisch barocker Bilder löst sich nicht nur das vorgebliche Geschenk in Luft auf, sondern auch die mit großer Geste eingeleitete Aktion des Schenkens wird entlarvt als Inszenierung einer Beschimpfung der Frau. Ganz im Sinne traditioneller Liebeslyrik hingegen löst das Sonett von Passerat: „Quand dedans un cristal vous mirés votre face"[481] die Spannung zwischen Wirklichkeit und dem, was ein Spiegel zeigen kann. Das Herz des Liebenden gibt das Bild der Angebeteten noch getreuer wieder als ein Spiegel, der ihren „divin esprit" und ihre „bonne grace" nicht zeigen kann. Es handelt sich hierbei zwar nicht um ein Geschenkgedicht, es kann aber doch als Beispiel dienen für die Art von lyrischer Grundhaltung, gegen die Motins Satyre sich absetzt.

6.3.3 BALLETS

Treffend und knapp werden die Ballets bei Furetière beschrieben:

> BALLET. s.m. Representation harmonique, & danse figurée & concertée qui se fait par plusieurs personnes masquées qui representent par leurs pas & postures quelque chose naturelle, ou quelque action, ou qui contrefont quelques personnes. [...] on fait des vers de Ballet pour expliquer le caractère ou l'action des personnes qui dansent. [...][482]

---

[480] „Im 16./17. Jh. war die S. als lebhafter, erot. Paartanz (Tanzlied) verbreitet. Sie wurde 1583 von der Inquisition verboten, aber dennoch 1618 am span. und 1625 am frz. Hof eingeführt." Brockhaus, Band 19, S. 187.

[481] Œuvres Passerat, S. 289.

[482] Furetière Band I, s.v. Ballet.

Ergänzt durch McGowans Erläuterungen zeigt sich die weitreichende
gesellschaftliche Bedeutung der Gattung:

> [...] un genre qui mêle harmonieusement des éléments de tous les arts, et
> qui, soutenu par l'allégorie, parvient à exprimer des notions philosophi-
> ques et morales et devient un instrument de stabilité politique.[483]

Die *Ballets* sind ein typisches Phänomen des literarischen Schaffens im Zeitalter des Barock, und das nicht nur in Frankreich.[484] Konserviert sind sie nur
als Textheftchen[485] (im glücklichsten Falle), als Teilabdrucke in gesammelten
Werken oder als Auszüge in Handschriften und auch in zeitgenössischen
Aufführungsberichten, z.B. in Briefen. Sie waren ja nur konzipiert für einen
konkreten Aufführungsanlaß (bestenfalls mehrere), der die Texte erst zusammen mit Musik, Tanz, Kostümen, Bühnenbild und selbstverständlich Akteu-
ren zum Leben erweckte. Danach waren sie nicht mehr aktuell, versanken im
Vergessen, es sei denn, ein interessierter Sammler wie der Duc de la Vallière
stellte solche Vorlagen für die Schauspieler einmal zu einem Sammelwerk
zusammen.[486]

Die *Ballets* bieten aber den Vorteil der manchmal möglichen exakten
Datierung, da für manche Stücke ein Aufführungsdatum angegeben, bzw.
rekonstruierbar ist, wenn sie sich auf ein historisches Faktum beziehen.

Von Motin sind nur einige *Ballets* erhalten. Es ist davon auszugehen, daß
er weit mehr verfaßt hat, da er ja während der Blüte der *Ballets* einige Zeit
„poète ordinaire du Roi" war und auch zum Kreis um Marguerite de Valois
gehörte.[487]

Es soll hier nur eine kurze bibliographisch-thematische, anlaßbezogene,
chronologische Übersicht der *Ballets* versucht werden, an denen Motin mitgearbeitet hat.[488] Dazu werden die Texte jeweils zu dem Datum ihrer sicheren
oder ungefähren Aufführung gruppiert und zusammen besprochen.

---

[483]   Vgl. Margaret M. McGowan, *L'art du ballet de cour en France: 1581–1643*, Paris 1963,
        S. 8.

[484]   *Ibid.*

[485]   Vgl. Henry Prunières, *Le Ballet de cour en France*, Paris 1914, S. 195 ff.

[486]   Louis-César de la Baume La Vallière, *Bibliothèque du théâtre françois, depuis son ori-
        gine*, Dresde: Michel Groell 1768.

[487]   Vgl. Simonne Ratel, „La cour de la Reine Marguerite", in: *Revue du seizième siècle* 11
        (1924), S. 1–29, 193–207, 12 (1925), S. 1–43.

[488]   Für eine Gesamtdarstellung und theoretische Aufarbeitung der verschiedenen As-
        pekte der *Ballet*-Gattung sei auf die Arbeit von McGowan verwiesen. Zur Bedeutung
        der Ballets für das höfische Selbstverständnis vergleiche auch David Whitton, *Le
        bourgeois gentilhomme*, London 1992, S. 16–18. Elise-Noël McMahon weist beson-
        ders hin auf den militärischen Ursprung der *Ballets*, der noch deutlich zutage trat
        in den Pferdeballetten am Anfang des 17. Jahrhunderts, und die darauf beruhende

Aufführungsjahr 1604:

Ballet de l'Inconstance, fait par M. de Nemours à l'Arsenal, le jour que M. de Rohan épousa la fille de Sully, le roy y étant[489]

> „Je suis l'esprit de tout le monde":
> *B.N. Ms.fr. 24355, fol.* 141
> *Parnasse 2, fol.* 268r–268v.

Aufführungsdatum 25. Februar 1605:

Der Text dieses *Ballets* ist in drei Werken erhalten:

Romant des chevaliers de Thrace, Paris: J. Gesselin 1605. (kurz: *Romant*)[490]

Recueil des cartels et deffis tant en prose qu'en vers pour le combat de la Barriere faict le XXV. de Fevrier en presence du Roy, de la Roine, des Princes, des Princesses, Seigneurs & Dames de la Cour en la grand [sic] salle de Bourbon, Paris: Abraham Saugrain 1605. (kurz: *Cartels Saugrain*)[491] und

Recueil des cartels et déffis, tant en Prose qu'en vers, pour le combat de la Barrière. fait le XXV. de Février en presence du Roy, de la Roine, des Princes, des Princesses, Seigneurs & Dames de la Cour en la grande salle de Bourbon, B.N. Ms.fr. *24353, fol.* 162r–184v°. (kurz: *Recueil Ms.*)

Vier Gedichte sind im *Romant* Motin zugeschrieben, in den *Cartels* nicht immer, im *Recueil Ms.* sind nur zwei der fraglichen Stücke enthalten:

---

staatstragende, politische Dimension dieser Kunstform: Elise-Noël McMahon, „‚Le Corps sans frontières': The Ideology of Ballet and Molière's Le Bourgeois Gentilhomme", in: *Papers on Seventeenth Century Literature* XX (1993), S. 53–72, besonders S. 56 ff.

[489] Vgl. zur *Inconstance*-Thematik weiter unten 6.3.9.1 *Inconstance* als beherrschendes Weltprinzip. Vgl. McGowan, S. 261.

[490] „ROMAN. s.m. [...] Maintenant il ne signifie que les Livres fabuleux qui contiennent des Histoires d'amour & de Chevaleries, inventées pour divertir & occuper des faineants. [...] En un mot toutes les Histoires fabuleuses ou peu vraisemblables passent pour des *Romans*." Furetière, Band III, *s.v. Roman*.

[491] „CARTEL. s.m. Escrit qu'on envoye à quelqu'un pour le deffier à un combat singulier, soit pour des tournois, soit pour un duel formé. Les cartels ne sont plus en usage depuis que le Roy a si severement deffendu les duels, si ce n'est figurément & en raillerie, quand on veut deffier quelqu'un à la dispute, & faire un assaut de reputation. L'usage des cartels & des deffis est fort ancien, & en voit divers exemples dans Homere, Virgile, & autres Poëtes Grecs & Latins." Furetière, Band I, *s.v. Cartel*.

„C'est moy qui vais donnant les Empires domtez[492]"

sig. Motin	*Romant* (S. 15–18, mit dem Titel: „La Victoire au Roy")
n.s.	*Cartels* (S. 6–7, mit dem Titel: „Autre cartel par les Thraciens – La Victoire au Roy")

„Qui peut de nos bras indomtez"

sig. Motin	*Romant* (S. 45–46), betitelt: „Cartel pour les chevaliers numides – Aux dames".
sig. Mottin	*Cartel* (S. 46–47, betitelt: „Cartel pour les chevaliers Numides – Aux dames")
sig. Mottin	*Recueil Ms.* (Blatt 180r–180v°). Der Titel lautet: „Cartel pour les chevaliers Numides, Aux dames".

„A vous qui les destins des François gouvernez"

sig. Motin	*Romant* (S. 49–51), überschrieben: „Pour le chevalier Argonthee – Au Roy"
fehlt	*Cartels*[493]

„C'est vous Beautez que ie reclame"

sig. Motin	*Romant* (S. 51–52, ohne Titel)
sig. Mottin	*Cartels* (S. 25–26, mit dem Titel „Cartel d'Agonthe, Chevalier François – Aux Dames. Pour Monsieur de Sommerives")
sig. Mottin	*Recueil Ms.* (Blatt 170v°–171r), betitelt: „Cartel d'Agonthée, chevalier françoiz – Aux Dames. Pour Monsieur de Sommerives".

Der Ritter stellt sich in diesem Gedicht als mutig wie ein Löwe dar, der wie jener die Flammen, einzig das Feuer aus den Augen der Frauen fürchtet. Er bietet den Damen die gefangenen Thraker an und läßt das über drei Sechszeiler ausgebreitete Lob seiner Kampfesstärke und seines Vernichtungswillens münden in das kurze, wie angefügt wirkende Lob der aus den weiblichen Augen sprechenden perfekten Liebe.

Im *Recueil Ms.* findet sich auf Blatt 184r ein Verzeichnis (von anderer Hand) der Überschriften, *Incipits* und Autoren, versehen mit der präzisen Aufführungszeit: „[...] Le dimanche 25 fev. 1605. a dix heures du soir [...]." Blatt 184v° enthält eine Auflistung der Charaktere und der sie darstellenden Adeligen.

---

[492] In den *Cartels* Schreibweise: „domptez".

[493] Möglicherweise wurde ihm das „Cartel au Roy: „A vous comme au plus grand des Rois" von Montgaillard vorgezogen.

Aufführungsdatum unbekannt:[494]

René Bordier, *Le Balet du hazard, des tourniquets, oublieux, crocheteurs, coupeurs de bourses, blanquiers, pescheurs, vignerons, couvreurs, chasseurs, etc.*, Paris: N. Rousset et S. Lescuyer s.d.[495]

Hier erscheinen Vertreter der verschiedensten Berufe, sowie personifizierte Glücksspiele vor dem Publikum, die alle, mehr oder minder geistreich verschlüsselt, die Dienste ihres „instrument" anpreisen. Keines der Gedichte ist signiert. Der *Tourniquet*[496] („Mesdames ce ieu vous doit plaire", p. 4)[497] spielt mit der Mehrdeutigkeit seiner „esguille droicte en tout temps". Das *Cartel* des *Oublieux* enthält wieder einen Seitenhieb gegen die Ärzte und deren vorwiegend sexuelles Interesse an Mädchen[498], und der *Chasseur* erinnert an die Verquickung von Liebe und Jagd in: „De quoy sert à mes yeux le retour de l'aurore".[499] Der *Coupeur de bourses* begegnet unter anderem im *Ballet de la Foire St. Germain*[500]. Ebenso der *Blanquier*, der dem dortigen *Tireur de blanque*[501] entsprechen dürfte. Und schließlich Motins *Arracheur de dents*: „Je tire les dents de la bouche" (S. 11–12).

---

[494] Das *Ballet* wird an dieser Stelle besprochen, da es thematisch dem folgenden *Ballet de la Foire St. Germain* verwandt ist.

[495] Die *Bibliothèque Nationale* besitzt drei Exemplare: Yf.986,7990; Rés.Yf.4255. Es findet sich auch in: Paul Lacroix, *Ballets et mascarades de Cour, de Henri III à Louis XIV (1581–1652): Recueillis et publiés d'après les éditions originales*, Genève 1868–1870, Nachdruck Genève 1968, Bd. II, S. 233–241.

[496] „[...], est aussi un jeu qui consiste en une aiguille de fer mobile dans un cercle, aux bords duquel il y a plusieurs chifres ou divisions, & où l'on perd ou on gagne suivant les nombres sur lesquels l'aiguille s'arreste. Le jeu du *tourniquet* est sujet à de grandes filouteries, à cause qu'on peut faire *arrester* l'aiguille où l'on veut par le moyen d'une petite pierre d'aimant." Furetière Bd. III, *s.v. Tourniquet*. Die übertragene Bedeutung „Les parties nobles de l'homme" von *aiguille* ist lexikalisiert in Bougard, *op.cit.*, Glossaire, S. 199, und für „aimant de la nature humaine" findet sich dort, S. 201, die Bedeutung: „Les parties nobles de la femme".

[497] Vgl. „A ce toton, ta main sçavante" (Le jeu du toton) unter: 6.2.2.3.2 Motins Tavernenlyrik: Spiel.

[498] Vgl. „Le medecin n'est qu'un railleur" unter: 6.2.2.1.1 Motins Tavernenlyrik: Anatomie.

[499] Vgl. unter 6.1.8.1 Vorübergehende Trennung durch Abwesenheit.

[500] Vgl. weiter unten in diesem Kapitel.

[501] „BLANQUE. s.f. Espece de lotterie, ou jeu de hasard où l'on achète certain nombre de billets, dans lesquels s'il y en a quelqu'un noir, ou marqué de quelque meuble qui est à l'estalage, on en profite. S'il n'y en a point, on perd son argent; & alors on dit qu'on a trouvé *blanque*, d'où ce jeu a tiré ce nom. [...]" Furetière Bd. I, *s.v. Blanque*.

Aufführungsjahr 1606 oder 1607:

Ballet de la Foire St. Germain, 1606 oder 1607.[502]

Dieses *Ballet* ist mehrfach überliefert, daraus läßt sich möglicherweise schließen, daß es besonders erfolgreich war. Die zahlreichen zweideutigen Verse und Figuren haben sicher ein größeres Publikum angesprochen als die heute oft eher leblos und steif wirkenden mythologischen Wesen anderer Stücke, die eher bei einem gebildeten Publikum Anklang finden konnten. Zu Erläuterungen über die *Foire* vgl. Magne[503]. Das *Livret* existierte sogar in zwei Exemplaren[504].

Weitere Veröffentlichungen
in: *B.N. Ms. fr. 2382*, fol. 36r–44v° (Anhang), allerdings nicht vollständig. Es beginnt erst mit „Almanach, Almanach nouveau", der einleitende *Récit* fehlt. Die an den *Almanach* anschließenden *Cartels* „Pour l'astrologue, aux Dames" finden sich zweimal, von verschiedener Hand, und die neue Handschrift wird für den Rest des Textes beibehalten. (fol. 40r–40v°). Da das Manuskript die Jugendwerke Motins enthält, könnte man annehmen, daß es im Besitz Motins war. Die Verse des *Ballets* könnten dann von ihm selbst stammen oder nur eine Kopie für den persönlichen Gebrauch darstellen. Thematisch würden die Gedichte immerhin zu seinen anderen Stücken mit Horoskop-Thematik passen. Handelt es sich bei den später hinzugefügten Stücken um zwei verschiedene Schreiber oder um eine Schrift in verschiedenen Lebensaltern? Am Schluß fehlen die „Affiges des grands operateurs de Mirlinde nouvellement arrivez" und die sich anschließenden Texte, die Lacroix (S. 224–235) wiedergibt. Die gesamte *2382*-Fassung dieses *Ballets* reproduziert d'Estrée stillschweigend nicht.

Des weiteren aber in:
B.N. Ms.fr. 25515, fol. 29–47[505]

> *Recueil des Masquarades et jeu du prix à la course du Sarazin, faits ce karesme-prenant en la présence de Sa Majesté à Paris.* Paris: Guillaume Marette, 1607. (Fragment)[506]

---

[502]   1607 sind erschienen: „Les Dauphins" sowie „Desseins au vent iettez, inutiles poursuittes", das Gedicht, das einen (tatsächlichen?) Bruch mit dem Hofleben suggeriert. 1606 wäre als Erscheinungsjahr für dieses *Ballet* also wahrscheinlicher. Vgl. demgegenüber aber den Brief von Malherbe in McGowan 50, er nennt das Aufführungsjahr 1607.

[503]   Emile Magne, *Les fêtes en Europe au XVIIᵉ siècle*, Paris s.d., S. 265–272 und Bild nach S. 272. Ein zeitgenössischer Stich findet sich auch in: Sylvie Chevalley, *Molière en son temps*, 1622–1673, Paris, Genève, 1973, S. 297.

[504]   B.N. Rés. Yf. 2271 und Maz: 35262, pièce 20. Angaben nach McGowan, S. 264.

[505]   Angaben nach McGowan, S. 265.

[506]   Angaben nach Lacroix, S. 193.

Recueil des plus excellens ballets de ce temps, Paris: Toussainct Du Bray 1612[507], S. 55–94. Den Text in dieser Anthologie druckt Lacroix (Bd. I, S. 204–235) vollständig ab. Seine Fassung liegt der leichten Zugänglichkeit wegen den folgenden Ausführungen zugrunde.

Dieses Ballet wird eingeleitet durch einen „Récit du Ballet de la Foire Saint-Germain par un petit garçon", der Bezug nimmt auf das trojanische Pferd. Daneben treten auf ein als Hebamme verkleideter Mann und eine dicke Frau, in der sich wie in einem trojanischen Pferd vier Astrologen, vier Maler, vier Chirurgen (*operateurs*) und vier Beutelabschneider verbergen. Die von diesen vorzutragenden *cartelz* enthalten mehrere Stücke, die mit unterschiedlicher Sicherheit Motin zuzuschreiben sind. Der „Almanach" der tatsächlich verteilt wurde, wie aus einer Notiz in Toussainct du Brays *Rec. exc. ballets* (S. 60) geschlossen werden kann, ist durch Überschriften in Gruppen gegliedert: Die „Predictions generales" sagen dem Herrscherhaus ein glückliches Jahr voraus. Mit „jeune Lys" könnte der Dauphin gemeint sein, mit „la belle fleur" Maria von Medici, mit dem „Guerrier indompté" Heinrich IV.[508]

Der Vierzeiler „Des jours heureux", dessen Pointe auf dem Paradoxon nuict = jour gründet, ist ein Beispiel barock verspielter erotischer Philosophie:

Ne cherchez point la cognoissance
Des jours heureux ou malheureux;
Car une nuict de jouyssance
Sera le jour des amoureux. (S. 208)

Auch die folgenden Weissagungen, voller mythologischer, gesellschaftlicher und astrologischer Anspielungen, drehen sich um die körperliche Liebe. „Du printemps" rechnet mit:

Autant de cornes sur les testes,
Comme de fleurs parmy les prez. (S. 209)

„De l'esté" orakelt anzüglich:

Le laboureur, durant l'Esté
De sa peine aura recompence:
Mais souvent l'amant mal traicté,
Perdra sa peine et sa semence. (S. 209)

Das burleske Element überwiegt hier. Mit McGowan 49 ist zu fragen, ob hier tiefgründige Philosophie gemeint ist.

---

[507] Das *Arsenal* besitzt zwei Exemplare: Ars.: 8 BL 14696 und Ars.: 8 BL 14695.
[508] Vgl. oben in den *Cartels Saugrain* etc.: „Qui peut de nos bras indomtez".

„De l'automne" sagt voraus:

> Que durant ces longues soireées
> On fera des maris cocus! (S. 210)

„De l'hyver" schließt schadenfroh:

> Les limas, en Hyver reclus,
> Recelent leurs cornes nouvelles,
> Pour les monstrer aux arondelles: [sic]
> Ainsi seront tous les cocus. (S. 210)[509]

In „Des comettes de ceste année" geht es um einen realen Kometen („la grande Comette"), der die Wiederauferstehung dreier (tatsächlich?) Verstorbener anzeigt: Triboulet, Sibilot, Caillette[510].

Die zweite Strophe verwendet das Bild des Kometen jedoch wieder auf originelle Weise für eine recht irdische, sexuelle Aussage:

> Les Dames, en quelque saison,
> Rendront la nature cogneuë
> De la Comette cheveluë
> Qui couche sous leur horison.

Es folgen die Vierzeiler „De l'eclipse de [sic] soleil" und „De la lune" (die Eifersüchtigen sind selbst auf den abwesenden Halbmond eifersüchtig, denken ihn sich mit einer anderen Hälfte vereint), sodann wird jedem Monat des Jahres ein Vierzeiler zugeeignet. Diese „Prédictions des douze mois" sind bewußt rätselhaft, nach „Coq-à-l'âne"-Manier. Dementsprechend wirken sie teilweise beliebig, nur manche nehmen Bezug auf den jeweiligen Monat oder das ihm zugeordnete Sternbild. Auch ein fiktiver, auf den modernen Leser unmotiviert wirkender, Bezug auf einen antiken Autor findet sich erneut:

> Octobre
> En octobre, l'eau de roses,
> Une espée, un chapperon,
> Ce seront diverses choses,
> Comme a predit Ciceron.

---

[509] Vgl. „la corne d'un limasson" in: „Perrette, la mort aux Pucelles,", *Le Cabinet satyrique*, S. II. 107. Vgl. unten 6.3.8.1 Perrette-Zyklus.

[510] Die Namen finden sich bei Tallemant nicht. Handelt es sich eventuell um sprechende Phantasienamen? z.B. „CAILLETTE. s.f. [...] Caillette [2], se dit figurément d'un homme sans cœur & sans vigueur, qui n'est capable d'aucun travail, d'aucune entreprise. En ce sens il est bas." Furetière Band I, *s.v. Caillette*.

Gänzlich Nonsens-Charakter bekommen die beiden letzten Monate für heutige Leser. Motins Zeitgenossen schätzten an diesen Nonsens-Rätseln möglicherweise subtile Anspielungen auf das gesellschaftliche Leben:

Novembre
Durant le mois de Novembre,
Des pluyes en divers lieux,
Le musc, la civette et l'ambre[511],
Lunettes aux hommes vieux.

Decembre
Si l'enfileur de pate-nostre
N'est pas sage, il n'est guere fin.
Le bout de l'an est à la fin
Et le commencement d'un autre. (S. 214)

Daran schließen sich an: „Predictions tirées du latin de Leonicius, qui n'en parle point".[512] Hierbei handelt es sich um Motins „Peuple, malheur sur vous, quand le sanglant Gerfaut", allerdings in verkürzter Fassung.[513] Die Schlußstrophe bezieht sich auf den gesamten Almanach und spricht ihm paradoxe übernatürliche Kräfte zu:

Cet Almanch qui predit les desastres
Et le bonheur aux mortels aveuglez
N'est pas reglé selon le cours des Astres,
Mais bien par luy les Astres sont reiglez.

Gleichzeitig hebt diese Strophe selbstironisch und spielerisch den Geltungsanspruch aller vorangehenden Prophezeiungen auf: Zum einen weist sie auf die geistige Blindheit der Menschen hin – nur verblendete Leser werden an die Voraussagen glauben; zum anderen verkehrt sie deutlich erkennbar die tatsächlichen Gegebenheiten – kein Menschlicher kann den Lauf der Gestirne, die das Schicksal jedes Einzelnen bestimmen, jemals zu beeinflussen hoffen.

---

[511] „Ambre" könnte eine sexuelle Konnotation enthalten im Lichte der Pointe von „Jeanne, qui s'adonnoit souvent à la vertu,". Vgl. oben 6.2.2.1.1 Tavernenlyrik: Anatomie.

[512] Unterstreichung von mir. Der fiktive Bezug auf eine antike Quelle führt sich gleich selbst augenzwinkernd *ad absurdum*.

[513] S. 214–215. Die beiden ersten Strophen sind die der Fassung des *Le Cabinet satyrique*, dann folgen jedoch drei Vierzeiler, die sich dort nicht finden, die restlichen Strophen der langen *Cabinet*-Fassung fallen weg. Die drei Quatrains drucken Fleuret/Perceau in einer Fußnote S. II. 132 ab und verweisen dabei auch auf die identische Fassung im *Recueil des Ballets* von 1612.

Nach dem Vortrag zweier Astrologen, zweier Alchimisten und von Blu-
menverkäufern spricht der Zahnausreißer: „Je tire les dents de la bouche"
(S. 219).[514]

Schließlich treten der „Tireur de blanque", die Beutelabschneider und
drei Maler[515] auf. Es folgen die umfangreichen, wundersamen Rezepte der
operateurs (S. 224–230), die folgendermaßen beginnen: „Eau de jouyssance
pour soulager la fievre amoureuse."

Die operateurs preisen noch einmal ihre Fertigkeiten an, gefolgt von
den Malern und Beutelabschneidern. Diese Verse der operateurs ähneln sehr
denen des ersten Auftritts, besonders in dem Spiel mit der doppelten Bedeutung von „bouche" und „instrument":

> Que sans crainte elle ouvre la bouche,
> Et ne me donne empeschement,
> Si du doigt tant soit peu j'y touche:
> J'y mettray bien mon instrument. (S. 231)

Sodann führt ein Merkur die allegorischen Figuren des „Amour volage" und
des „Amour constant ou arresté" ein, die mit einem Gefolge von jeweils acht
Rittern einen kunstvollen Kampf aufführen, der mit einem Triumph des
„Amour constant" endet.[516]

Aufführungsjahr 1609:

Ballet des Biberons, 1609.[517]

Daraus sind nur die *Stances* „Nous sommes la troupe guerrière" erhalten.
Vergleiche oben die ausführliche Besprechung im Rahmen der Tavernenlyrik
unter 6.2.2 Trinklieder.

Aufführungsdatum 28.2.1610:

Ballet de Monseigneur le Dauphin, Paris 1610.

Dem Anlaß entsprechend (Lob des jungen Thronfolgers: Ludwig XIII., geboren am 27.9.1601, König seit 1610), treten schicksalsträchtige allegorische
Figuren auf, so „Les Flambeaux des Furies", die ihre unheilvolle Herrschaft

---

[514] Vgl. oben 6.2.2.1 Phallische Motive.
[515] „Pour les coupe bourses": „Sy vos bourses estoient couppées" und „Le peintre": „Je
    scay peindre l'eau de nafe" finden sich auch noch im *Ms.fr.* 24322, fol. 50r–51r.
[516] „Les receptes merveilleuses desdits operateurs", die Gedichte für die Zahnausreißer
    und die Maler finden sich auch im *Ms.fr.* 24322, fol. 55v°–57v°.
[517] Erwähnt bei Lachèvre (*Rec. sat.*, S. 316) und bei McGowan (S. 268) „Vers. Motin".

über die Welt in an den Dreißigjährigen Krieg erinnernden Bildern beschreiben und so das *Ballet* mit einem düsteren Grundton eröffnen. Ihnen widerspricht „La Renommée":

> Que le Destin se veut changer,
> Et qu'en bon aspect s'est tourné
> L'Astre à la France infortuné.

Der neugeborene König wird als Hercule (S. 185 u. 187)[518] bezeichnet, der den Krieg kraftvoll beenden und dem Land den Frieden bringen wird. La Victoire, La Musique und Le chœur de la musique celeste feiern den glücklichen Tag der Geburt und loben auch den Vater („vostre grand Henry", S. 186, 187 u. 188). Die ohne Übergang angehängten „Articles de Mariage" sind eine Parodie auf die dem Advokaten Motin aus seiner täglichen Praxis sicher bestens bekannten Eheverträge. Es ist schwer vorstellbar, daß diese Parodie im Anschluß an das Herrscherlob vorgetragen werden sollte. Wahrscheinlicher wäre eher, daß beides Fragmente sind, die zufällig in dieser Handschrift (*B.N. Ms.fr. 24353*) zusammenstehen.

Es scheint gerechtfertigt, mit Lacroix und Prunières[519] diese Manuskriptfassung als Autograph anzusehen. Da dieses Ballet sehr kurz ist, könnte es sich um ein Fragment handeln, das möglicherweise gar nicht zur Aufführung gelangt ist. Aber es ist dazu auch Musik erhalten (Prunières, S. 110).

Auf eine einzige großartige Veranstaltung beziehen sich die drei folgenden Veröffentlichungen:

Aufführungsdaten 5., 6. und 7. April 1612:

Honoré Laugier de Porchères, *Le Camp de la Place Royalle*[520]*, ou relation de ce qui s'est passé les 5ᵉ, 6ᵉ et 7ᵉ jour d'avril 1612, pour la publication des mariages du Roy & de Madame avec l'Infante & le Prince d'Espagne: Le tout recueilly par le commandement de sa Majesté*, Paris: Jean Laquehay, 1612. (kurz: Porchères)

François de Rosset, *Le Romant des chevaliers de la gloire: contenant plusieurs hautes et fameuses aventures des princes et des chevaliers qui parurent aux courses faictes à la Place Royalle pour la feste des alliances de France et d'Espagne, avec la description de leurs entrées, équipages, habits*, Paris: Vve Pierre Bertault, 1612. (kurz: Rosset)

Recueil des cartels publiez ès presence de leurs M.M. en la Place Royalle, les 5, 6 & 7 d'Avril 1612, Paris: Jean Micard 1612. (Arsenal) (kurz: *Cartels* Arsenal)

---

518   Zur Figur des *Hercule françois/gaulois* vgl. oben 6.1.1.2 Haare.

519   „Publié par Lacroix (I. 183) d'après le Ms. original de l'auteur (Motin) provenant de la Coll. La Vallière." Henry Prunières, *Le Ballet de cour en France avant Benserade et Lully*, Paris 1914, S. 110. Vgl. oben unter 5.2.2 Mögliche Autographen.

520   Das ist die heutige *Place des Vosges*.

Anlaß für diese Ballets war die Verlobung von Ludwig XIII. mit Anna von Österreich. Stiche, die diese Inszenierung eindrucksvoll illustrieren, finden sich bei Magne[521], ebenso gibt der Autor eine Beschreibung des *Camp*. Vier Gedichte bzw. *Cartels* tragen darin teilweise die Signatur „Motin". Für die Biographie Motins (Fixierung seines wahrscheinlichen Todesjahres, s. oben 3 Versuch einer Biographie) nicht unerheblich ist die Authentizität der ihm hier zugeschriebenen Gedichte.

„Plus forte que le temps icy bas commandant"
sig. Motin	(Rosset)
n.s.	(Porchères)
n.s.	(*Cartels* Arsenal)

„C'est moy qui suis l'honneur des lettres & des Armes"
sig. Motin	(Rosset)
fehlt	(Porchères)
n.s.	(*Cartels* Arsenal)

„Le destin tout-puissant, qui la Terre modere" [*sic*]
sig. Motin	(Rosset)
fehlt	(Porchères)
fehlt	(*Cartels* Arsenal)

„Beautez dont les perfections"
fehlt	(Rosset)
sig. Motin	(Porchères)
fehlt	(*Cartels* Arsenal)

Die ersten drei Gedichte sind bei Rosset signiert mit „Motin", das vierte bei Porchères. Über die weitere Verteilung der Gedichte vgl. Übersicht.
Bei Rosset[522] wird das Stück zunächst ausführlich in Prosa beschrieben, bevor die Gedichte der verschiedensten Autoren abgedruckt werden. „Plus forte que le temps icy bas commandant" (Blatt 29r–30r) ist signiert mit „Motin" und trägt den Titel „La Renommee a [*sic*] leurs Majestez, pour le Chevalier du Phœnix". Es richtet sich an die Mutter und den jungen König. Das ebenfalls mit „Motin" unterzeichnete „Le destin tout-puissant, qui la Terre modere" (Blatt 42v°) findet sich nur bei Rosset. Es ist ein Lobgedicht, das Pallas auf den Sohn und die Mutter spricht. Auch „C'est moy qui suis l'honneur des lettres & des Armes" (Blatt 43r–43v°) trägt die Signatur Motins und ist wie das erste Gedicht an die Königin und den jungen Monarchen gerichtet.

---

[521] a.a.O., S. 16–17 und 32–33 (Stiche) und S. 17–48 Erläuterungen.
[522] Ich konnte nur eine Microfiche-Fassung einsehen.

Das Buch von Laugier de Porchères stellt insofern eine Besonderheit dar, als es sich nicht um ein Textheft für die Akteure handelt, sondern um einen nachträglichen Bericht über die Aufführung, was für den außergewöhnlichen Eindruck sprechen dürfte, den sie beim Publikum hinterlassen hat. Porchères beschreibt sehr detailliert, unter anderem das Dekor, die Kleidung und die Tanzschritte. Überwiegend verwendet er Prosa, aber er fügt auch einige der rezitierten Gedichte ein.

„Plus forte que le temps icy bas commandant" (S. 272–273) trägt den Titel: „La Renommée a [sic] leurs maiestez – Pour le Chevallier du Phœnix". Sowohl *Renommée* als auch Phönix sind als lyrische Gestalten in Motins Werk schon aufgetreten. Es gibt allerdings auch ein *Renommee*-Gedicht von D.R. – wahrscheinlich De Rosset – in den *Cartels Saugrain*, S. 35–36.

Im Anhang „Le Reste des vers faicts pour ces courses, comme il furent donnez au Camp" findet sich noch ein Gedicht, das möglicherweise von Motin stammt:
„Beautez dont les perfections" S. 11, betitelt „Aquilon – Aux Dames". Diese drei Sechszeiler sind mit einem Namen signiert, der eindeutig mit dem Buchstaben „M" anfängt, dessen weitere Buchstaben aber überkritzelt sind. Der Rest des Wortes könnte „otin" gelautet haben. Es ist versucht worden, den Rest des Namens später durch Überschreiben mit Tinte unleserlich zu machen, bzw. ihn in einen anderen umzuändern.[523] Nach Einsichtnahme in das Original[524] steht jedenfalls zweifelsfrei fest, daß dort zuerst Motin gestanden hat. Diese Adresse des kalten Nordostwindes Aquilon an die höfischen Damen bedient sich des barocken Standardrepertoires (Paradoxa wie „embrasé – froid, glace – flammes", Schlüsselwörter wie „plumes, ailes, legereté, inconstance") und könnte von Motin stammen, jedoch auch von einem seiner Zeitgenossen.

Im *Recueil des cartels* (Arsenal) trägt das nicht signierte Gedicht „Plus forte que le temps icy bas commandant" (S. 105–107) den gleichen Titel: „La Renommee a [sic] leurs Majestez – Pour le chevalier du Phœnix". Das ebenfalls nicht signierte Werk „C'est moy qui suis l'honneur des Lettres & des Armes" (S. 116–118) ist überschrieben: „Pallas, offrant une Navire à leurs Majestés pour les quatre Roys de l'Air".

---

[523] Vielleicht sollte das Gedicht damals nachträglich einem René de Menou zugeschrieben werden (Seigneur de Charnizay, 18.11.1578–10.5.1651, *Cioranescu 17ᵉ*, Nr. 47104 und *Arbour*, Nr. 7558).
[524] Vom Konservator der *B.N.* freundlicherweise gestattet trotz der vorliegenden Mikroverfilmung.

6.3.4 Hofleben

Mit seiner Kritik am Hofleben greift Motin ein Barockthema auf, das aber auch schon im 16. Jahrhundert als Hofflucht gestaltet wurde.[525] Der Topos des „Mépris de la cour" ist oft verbunden mit der Sehnsucht nach dem Landleben und wird oft wieder aufgenommen in der Hirtenlyrik und in Schäferspielen. In manchen Gedichten tritt der Wunsch des um seinen künstlerischen Freiraum besorgten Dichters nach Unabhängigkeit zutage.

Das Sonett „Dessains au vent jettez, inutiles poursuites"[526] trägt im *Cabinet satyrique* den Titel: „Sur l'adieu de Fontaine-Bleau [*sic*]", im *Parnasse*: „Du mal-content de la Cour". Der Titel im *BN Ms. fr. 12491* lautet: „Sur le depart dun [*sic*] gentilhomme qui partit de Fontenebleau [*sic*] mal contant de la cour en l'année 1608" (S. 20). Möglicherweise lassen sich aus diesen Titeln biographische Rückschlüsse ziehen.[527]

Neben der Hofthematik klingen unterschiedliche Aspekte aus dem Repertoire der Barockthemen an. Ein lyrisches Ich verabschiedet sich, es ist enttäuscht, da das Hofleben gekennzeichnet ist von charakterlicher Falschheit, Unbeständigkeit und Überbewertung des Scheins. Es versuchte, seine „desseins" und „poursuites" zu verwirklichen, war wie die anderen Höflinge auf der Suche nach „honneurs, faveurs, plaisirs", bemühte sich um „sages conduites". Doch alles dies ist von Vergeblichkeit gekennzeichnet, und die Wortwahl unterstützt diese *Inconstance*-Thematik: „vent, jettez, inutiles, espars, vains (*Vanitas*-Motiv), hasards, fortunez." Diese skizzenhafte Aufzählung ohne Verb in der ersten Strophe gibt zusätzlich die Rastlosigkeit des Lebens bei Hofe wieder:

> Dessains au vent jettez, inutiles poursuites,
> Pas espars, vains honneurs recherchez et rendus,
> Faveurs d'un seul regard, plaisirs trop chers vendus,
> Hasards mieux fortunez que les sages conduites;

Der erste Vers der zweiten Strophe überrascht mit einer Aufzählung von Tieren: „(Jardins), sines[528], faisans, canards, carpes et truites,". Die Nennung der Tiere ist zunächst hinreichend motiviert durch die als wahrscheinlich

---

[525] Vgl. z.B. Joachim du Bellay, „Marcher d'un grave pas", in *id.*, *Œuvres poétiques,* éd. critique préparée par Henri Chamard, Paris 1910, Bd. 2, S. 118. In unmittelbarer Nachbarschaft von Motins „Desseins" (s.u.) im *B.N. Ms.fr. 12491*, S. 18, finden sich zwei nicht signierte „Sonnets contre la vie de cour, 1606": „O malheureuse cour de tout bien ennemie" und „Je ne crains point en cour la furieuse rage".

[526] *Le Cabinet Satyrique,* S. II. 12. Vgl. den Vers „Et de serments au vent iettez" in: „A quoy servent tant d'artifices", *Délices de la poésie française,* S. 606.

[527] Vgl. oben: 3 Versuch einer Biographie.

[528] Fleuret/Perceau, S. II. 12, Anm. 3: „Lire: *cygnes.*"

anzunehmende Fauna des Parks in Fontainebleau. So gibt es dort noch heute einen enormen „étang des carpes"[529]. Alle erwähnten Tiere, auch die Schwäne, galten als Leckerbissen. Aber durch das doppelte „Adieu(x)" in den Versen 6 und 7 verbunden mit der Apostrophe an die „Courtisans" werden die Höflinge fast mit in die Aufzählung eingereiht und auf die Ebene der Tiere gezogen. Sie sind Dekoration wie diese, Statisten, und werden gegebenenfalls ebenso benutzt:

> Jardins, sines, faisans, canards, carpes et truites,
> Je vous dis cent adieux, que j'ay trop atendus [sic];
> Adieu, les Courtisans que l'espoir a perdus,
> Gens qu'il faut assommer à coups de pommes cuittes [sic];

Die Äpfel in Vers 8 haben zunächst wieder einen realen Bezug: Heinrich IV. ließ im Park Obstbäume pflanzen.[530] Den üblichen Konnotationen: verbotene Frucht des Paradieses und Apfel des Paris wird hier entgegengewirkt, indem präzisiert wird, daß es sich um Bratäpfel handelt. Sie sind zwar wohlschmeckend, aber zu weich und zu heiß, um in die Hand genommen zu werden und erst recht ungeeignet, um jemandem damit einen Schlag zu versetzen. Dieser Vers bleibt letztlich etwas rätselhaft.

Der merkwürdige Vers 8 legt dann endgültig nahe, auch die Tiere auf ihre sinnbildhafte Bedeutung hin zu untersuchen. Die beiden Wassertiere unter dem genannten Geflügel und die Fische verweisen durch ihr Lebenselement auf eines der Sinnbilder für die Unbeständigkeit, das Wasser. Der den Menschen täuschende Fasan steht im *Physiologus graecus* für den Teufel.[531] Der Schwan ist dort ein musikalischer Greis.[532] Diese Bedeutung stützt auch ein Emblem über die Tugend und Beredsamkeit des Alters, demnach auch der weiße Schwan erst im höchsten Alter singe.[533] Häufig ist der Schwan aber auch ein Sinnbild für den Dichter schlechthin[534] und dessen Reinheit[535]. Die Ente als Lockvogel im Fangnetz symbolisiert den Verrat an den Angehörigen[536]. Eine übertragene Bedeutung des Karpfens paßt harmonisch zum hier

---

[529]   Guide de tourisme Michelin, *Ile-de-France*, Paris ²1995, S. 101.
[530]   *Ibid.*
[531]   Vgl. *Emblemata*, S. 2087.
[532]   Vgl. *Emblemata*, S. 2107.
[533]   Vgl. *Emblemata*, S. 1625–26.
[534]   Vgl. *Emblemata*, S. 814, 815. Der Schwan war Orpheus heilig: *Emblemata*, S. 1611. Schwäne, die auf dem Gipfel des Parnaß sitzen: *Emblemata*, S. 612.
[535]   *Emblemata*, S. 817. Vgl. zu diesem Aspekt auch: Jean Chevalier, Alain Gheerbrant, *Dictionnaire des symboles, mythes, rêves, coutumes, gestes, formes, figures, couleurs, nombres*, Paris 1969, unter „cygne: „oiseau immaculé dont la blancheur, la puissance et la grâce font une vivante épiphanie de la lumière."
[536]   *Emblemata*, S. 837.

entworfenen Bild des Höflings: „La carpe signifie pour nous ignorance et ...
[sic] discrétion, les deux choses paraissant d'ailleurs liées."[537]
In den beiden Terzetten kommt der Aspekt der Kälte der Beziehungen
hinzu: „froid langage", „boules de neige":

Gens de qui les dessains n'auront jamais de bout,
Bien que vous vous teniez teste nuë et debout,
Mandiant [sic] un regard ou quelque froid langage,

Comme gueux assemblez dedans un carrefour:
Pour faire un Sainct de vous, il en faut davantage
Que de boulles [sic] de neige à rechauffer un four.

Durch die Wiederholung der Anrede „Gens" werden erstes Terzett und
zweites Quartett verknüpft, durch die Wiederaufnahme von „dessains"
und „regard" verweist das erste Terzett zurück auf das erste Quartett. So
betont es das identische Schicksal von lyrischem Ich und den zurückblei-
benden Höflingen: alle ihre Bestrebungen sind zum Scheitern verurteilt, wie
Bettler vegetieren sie dahin, nur um ein Zeichen der Aufmerksamkeit zu
erheischen. Doch ihr Bettlerdasein erhebt sie nicht etwa in den Heiligen-
stand.

Der letzte Vers, von dem man sich eine erklärende Pointe erwarten
würde, verrätselt vielmehr das Geschehen zu einer Szene der Verkehrten
Welt: Einen Ofen mit Schneebällen anheizen zu wollen ist paradox. Der
Schnee als ephemerer Zustand des Wassers fügt sich ein in die *Inconstance*-
Thematik der Quartette. Die Schneebälle stehen zusammen mit Seifenbla-
sen bei den Emblemata für leere Gerüchte.[538] Trotzdem bleibt der letzte
Vers (absichtlich?) dunkel. Die Schneebälle verweisen durch ihre Form und
eine mögliche jahreszeitliche Festlegung des Geschehens auf die Bratäpfel
(Gegensatz kalt-heiß), die im Kontext des Ofens weit weniger irritieren
würden.

Elemente dieses Sonetts finden sich in den erst 1620 erschienenen, sehr
viel boshafteren, *Stances au sieur Regnier*[539] von Motin wieder:

---

537   Chevalier/Gheerbrant unter „carpe".
538   Sie wächßt durch eigne Lügen.
      Diß ist der Fama Thun, sie bildet leere Blasen,
      Die durch die Lügen selbst man immer wachsen sieht,
      Und wann Leichtgläubige sie lang zieht bey der Nasen,
      Sie auch gnug aufgeschwellt in dünne Lüfft verflieht.
      Es steiget der Ballon, und rutscht ab die Schnee=Ballen,
      Die auf der Erden schmeltzt, der auf die Erd muß fallen.
      Emblemata, S. 1317.
539   *Délices satyriques*, S. 15. Lachèvre, Sat., S. 308, bezeichnet sie als „libertines".

Regnier quand je vois des plumes
Sur des corps pesans comme enclumes,
Cela me fait ressouvenir
De ce cahos du premier aage,
Que le pesant et le volage
Faisoit ensemble revenir.

Ce n'est qu'un peché d'eau beniste
D'estre atheiste et sodomite;
Des autres je n'en dis plus mot.
Mais qui à son amy n'est traistre
Et ne parle mal de son maistre,
On pense que ce n'est qu'un sot.

Pour tant d'inutiles poursuittes,
J'ayme mieux aller voir les truittes
Que le grand Henry fait nourrir,
Et voir ses faisans et ses canes,
Qu'avecque tant d'autres profanes
Vivre Turc et Perse mourir.

Noch ein weiterer Bezug ist denkbar. Der Herausgeber des 1916 erschienenen Nachdrucks der *Délices satyriques*, Bertrand Guégan, merkt zur ersten Strophe an:

Faut-il voir dans cette strophe une allusion au livre perdu du cardinal Duperron *De levi et gravi*, sur lequel Regnier fit d'ailleurs un quatrain?

Aber auch Anklänge an Du Perrons „Le temple de l'inconstance" finden sich:

[...]

De plume molle en sera l'edifice,
En l'air fondé sur les aisles du vent,
L'autel de paille, où je viendray souvent
Offrir mon cœur par un feint sacrifice.

[...]

Fille de l'air, Déesse secourable,
De qui le corps est de plumes couvert,
Fay que toujours ton temple soit ouvert
A tout amant comme moy variable.[540]

Einzelne Gegebenheiten bei Hof nimmt sich Motin in weiteren Gedichten vor.

---

[540] Rousset, *Anthologie*, Bd. I, S. 70–71.

Die an eine Irene gerichtete Elegie „Ce corps loin de vos yeux traîne encore sa vie"[541] ist zwar vornehmlich der Liebestod-Thematik zuzurechnen, da dort das Leiden eines Liebenden beschrieben wird, dessen Angebetete sich für den gesellschaftlich höhergestellten Rivalen entschieden hat, jedoch findet sich in diesem Zusammenhang auch eine bissige Charakterisierung der Höflinge (S. 12). Sie sind unfähig zu wahrer Liebe, leben nur deren lasterhafte Seite, ihre Gefühle sind von Falschheit gekennzeichnet. Sie sind machtbesessen, ehrgeizig und Meister im Verbergen. Den höfischen Örtlichkeiten verleiht die Schilderung einen düsteren, unfruchtbaren Charakter, bis hin zur Weltuntergangsstimmung. Ausführlich wird das schon aus den Jugendwerken bekannte Motiv des Armbands[542] gestaltet: „Vos cheveux que ie porte à mon bras attachez" (S. 11), das sie ihm als Zeichen ihrer Zuneigung überließ. Es scheint sich dabei um eine damals verbreitete Geste zwischen Liebenden zu handeln.

In „En fin [sic], il faut que je descouvre"[543] zeiht sich ein Mann als lyrisches Ich selbst der Falschheit in Liebesdingen, die er im Louvre gelernt habe, und er zieht Genuß aus der Aussicht auf Bloßstellung der Kokotte, die er soeben verführt hat, zumal da sie sonst ihre Verehrer nach heftigen Flirts immer abblitzen läßt.

In „Si j'ay touché ce sein, ce n'est point par malice"[544] muß der bekanntermaßen lockere Lebenswandel bei Hofe als Rechtfertigung herhalten für den Mann, der die Schöne nicht nur von ferne anbeten wollte. Motin geht sogar so weit, seine *Hymne du Maquerellage*: „Soit l'ignorance ou la malice"[545] den Höflingen zu widmen:

> Qu'au front la couleur ne te monte,
> Toy qui lis ces vers mesdisans,
> Car je les donne aux Courtisans,
> Qui, sans foy, sans ame et sans honte,
> Du maquerellage font gloire,
> Comme les Allemans de boire.

Die *Satyre d'un petit courtisan*: „Monstre du pays où nous sommes"[546] schließlich steht in der Tradition der Schmähgedichte. Sie zeichnet das böse Zerrbild

---

541 *Temple*, S. 10.
542 Zum Motiv des Armbandes als Symbol der Treue vergleiche auch das Sonett „Ce bracelet de musq qui le bras m'environne" in: *Œuvres inédites*, S. 38.
543 *Le Cabinet satyrique*, S. I. 207.
544 *Les Délices satyriques*, S. 16–17.
545 *Le Cabinet satyrique*, S. I. 14–20. Ausführliche Besprechung unter 6.2.2.7 Lebensweisheit aus sexuellen Ausschweifungen.
546 *La Quintessence satyrique*, S. 185–187.

eines „typischen" Höflings. Die Beschreibung ist grotesk übertrieben, so wie in den *Satyres contre les femmes*, und spart auch den Fäkal-Bereich nicht aus:

Ou bien nature qui s'escarte,
De son coustumier reiglement
La [d.h.: L'a, das Pronomen bezieht sich auf „Monstre"] fait de l'humain excrement,

Der Höfling ist klein, häßlich, dumm, redet Unsinn, will sich über seinen Stand erheben. Er wird in die Nähe von unbedeutenden, lästigen Tieren gestellt. Er sei „Fils d'une mouche & d'un [*sic*] fourmy". Die traditionelle Eigenschaft der Fliegen ist ihre Lästigkeit, die Ameise, die üblicherweise eher positiv besetzt ist (Fleiß, Zusammenleben im Ameisenstaat) wird hier wohl nur wegen ihrer Winzigkeit bemüht. Auch als Esel wird der Höfling noch bezeichnet und zuletzt heißt es wieder: „Tu ne vaux pas la moindre crotte,".

Mit „Je vis hier vostre voisine"[547] macht sich Motin über eine Hauptvergnügung bei Hofe lustig, nämlich die *Ballets*, für die er ja auch selbst Verse geschrieben hat. Der Ton wirkt spontan, direkt: „Je, vostre", der Leser wird mit einbezogen: „Ne parlons point", „Laissons", „Mettons" und das Geschehen wird in Zustimmung heischenden Fragen vorgestellt, die etwas gemeinsam Erlebtes suggerieren: „N'estoit-ce pas un beau spectacle/Que ces Dieux marins hors des eaux?". Neben den „Dieux marins" werden in *Coq-à-l'asne*-Manier noch weitere Stichwörter aus dem Wortfeld *Ballet* aufgezählt: „cartel, Carouselles, Carouseliers, Cavaliers, Amadis, Vulcan, oyseaux, Elephans". Durch das Ringelstechen wird eine erotische Komponente eingebracht, die in der absichtlich in Andeutungen verharrenden vorletzten Strophe die Phantasie des Lesers zu derben Vermutungen herausfordert:

Il se fit certaines querelles
Dont tout le monde marmottoit;
J'en voulus sçavoir des nouvelles,
Et l'on me conta que c'estoit
Un jambon qu'on avoit frotté
Contre une croute [sic] de pasté.

---

547 *Le Cabinet satyrique*, S. II. 70–71. Betitelt: „Fantaisies du carousel". Dort wird auch auf eine andere Fassung dieses Gedichtes verwiesen: „Madame, voicy le Caresme,". Zur Begriffsklärung vgl. Furetière: „CARROUSEL. s. m. Feste magnifique que font des Princes ou Seigneurs pour quelque resjouïssance publique, comme aux mariages, aux entrées des Rois, &c. Elle consiste en une cavalcade de plusieurs Seigneurs superbement vestus, & équippez à la maniere des anciens Chevaliers, qui sont divisez en quadrilles. Ils se rendent à quelque place publique, où ils font des courses de bague, des joustes, tournois, & autres exercices de Noblesse. On y adjouste quelquefois de chariots de triomphe, des machines, des danses de chevaux, &c, & c'est de là que ces festes ont pris leur nom. [...]" Furetière Band I, *s.v. Carrousel*.

In der letzten Strophe nennt der Dichter sein Ziel: „entretenir". Er sieht sich selbst als Handwerker („masson") und scheint sich in diesem Gedicht selbst nicht ernst zu nehmen. Die Leichtigkeit, Beliebigkeit dieses literarischen Amüsements erhellt auch durch die oben erwähnte andere Fassung des Gedichtes, in der die ersten acht Verse vollständig anders lauten.

Für die hier zusammengefaßten Gedichte ist der Hof zentrales Thema. Erwähnung findet die Hofgesellschaft aber auch in einigen anderen, nicht unter diesem Punkt besprochenen Versen Motins, so z.B. in dem unter 6.3.8.2. Wahrsagerei abgehandelten „La peur de l'advenir, et ses courtiers puniques". Das Hofleben wird auch erwähnt in „Cheres et fidelles pensées"[548]: „Aux courtisans aimans sans passion/Soit la discretion."

6.3.5 Rivalitäten zwischen Dichtern

Als Musterbeispiel ist hier zu nennen: „Philon, où prenez-vous augure,"[549]. Dieses Gedicht wird in Fromilhagues interessantem Aufsatz „Une parodie méconnue d'une pièce de Malherbe"[550] besprochen, und die Parallelitäten zwischen beiden Gedichten, die der Autor aufzeigt, sind wirklich überzeugend. In Malherbes *Stances* „Phylis, qui me voit le teint blesme", laut Ménage eine Auftragsarbeit „pour M. de Bellegarde, au sujet d'une fille qui s'estoit imaginée que M. de Bellegarde l'aimoit", wird die verliebte Frau recht unsanft und unmißverständlich zurückgewiesen. Motins Gedicht, das in der Handschrift *B.N. Ms.fr. 884* unmittelbar auf dasjenige Malherbes folgt, ist nun die selbstbewußte Antwort der derart zurechtgewiesenen Frau.

Diese Replik ist vor dem von Fromilhague dargelegten Streit zwischen Malherbe und der Dichtergruppe um Desportes zu sehen und bekommt erst dadurch ihren richtigen satirischen Biß, jedoch wäre Motins Stück vielleicht doch eher als Pastiche denn als Parodie zu bezeichnen, da Malherbes Gedicht an sich nicht lächerlich gemacht wird. Motin nimmt vielmehr den Ball auf und spielt ihn mit geistreicher Schärfe zurück, wobei natürlich für die damaligen Leser die durch die Sprecherin geäußerten Verunglimpfungen auf raffinierte Weise nicht nur Philon, sondern vor allem auch Malherbe bzw. Bellegarde treffen. Die angebliche Rivalin, Glicere, nimmt stellvertretend für den Leser die angebliche Warnung vor diesem Höfling entgegen:

---

[548] *Muses gaillardes*, S. 266–267. Vgl. oben unter 6.8.1.2 Erzwungene Trennung.
[549] *Parnasse satyrique*, S. 173.
[550] a.a.O.

Belle Glicere, prenez garde
Comme ce courtisan vous farde
Ses malignes pretensions:
Et par vos faveurs r'enchéries
Vangez vous de ses piperies
Et moy de ses detractions.[551]

Hierher gehört auch „Regnier quand je vois des plumes"[552], das wegen der inhaltlichen Verwandschaft zu einem anderen Sonett jedoch unter 6.3.4 Hofleben besprochen wurde.

6.3.6 Trauer- und Trostgedichte

Allgemein war der Tod in der geschichtlichen Periode der Religionskriege wieder sehr präsent in der Dichtung, besonders in einem Teilbereich: „On meurt beaucoup dans la poésie amoureuse pétrarquisante: [...]" (Lafay, S. 99). Diese „épitaphes, ‚tombeaux', ‚larmes', regrets, consolations" (Lafay, S. 99) sind oft der enkomiastischen Dichtung zuzurechnen, aber sie sind auch wirklich Zeichen der Freundschaft und der Zuneigung.

Die als „Tombeau Rohan"[553] bekannte Ode „A la douleur qui vous transporte"[554] ist überschrieben mit einer Widmung: „A Madame de Cimiers sur les sonnets precedents faicts par elle, sur la mort de Madame la Duchesse de Deux-Ponts". Madame de Cimiers[555] wiederum redet Madame de Rohan, die Mutter der Toten, an und betont in ihren beiden Sonetten die außerordentliche Tugend der Toten. (S. 16–17) Motin richtet seine Verse also an eine ganz bestimmte Trauernde, so wie Malherbe auch, anders als in heutigen, eher allgemein gehaltenen Nachrufen. Der Dichter versucht nicht, der trauernden Freundin ihren Schmerz auszureden, er gebraucht vielmehr ein Bild

---

[551] Zeilen 31–36, zitiert nach Fromilhague, S. 52.

[552] *Délices satyriques*, S. 15.

[553] Brockhaus: altes frz. Adelsgeschlecht aus der Bretagne, benannt nach dem Ort Rohan (Dép. Morbihan) [...], seit ca. 1100. [...] Das Geschlecht teilte sich später in die Linien R.-Guéménée [mit dem Kardinal de Rohan der Halsbandaffäre], R.-Gié, R.-Rochefort, R.-Chabot und R.-Soubise.

[554] La Ferté (Hrsg.), *Tombeau de tres haute, tres illustre et tres vertueuse Princesse Catherine de Rohan Duchesse de Deux-Ponts*, Paris 1609, S. 17–20. Diese Tochter der sehr gebildeten Catherine de Parthenay (von 1575–1586 verheiratet mit René II, Vicomte von Rohan) wird von Tallemant nicht selbst, sondern nur in einer Anmerkung der Pléiade-Ausgabe erwähnt (I. 1225).

[555] Zu Madame de Simier(s) (vor ihrer Hochzeit 1586 Mlle de Vitry) vgl. Tallemant I. 40–41 und besonders die Anmerkungen S. 713–714. Sie machte sich einen Namen durch „des liaisons nombreuses et éclatantes" und schrieb auch frivole Verse, bis zu ihrem devoten Lebensabend vor ihrem Tod am 6.4.1608.

aus dem medizinischen Bereich, um sie darin zu bestärken, dem Schmerz seinen Lauf zu lassen: „Avant que mettre l'appareil[556]/Il faut laisser seigner la playe." (Strophe 1) In der zweiten Strophe erfährt man, daß die Herzogin jung gestorben ist. Das Schicksal neidete sie, die so vollkommen und schön war[557], den Lebenden. (Strophen 2 und 3). Die Amoretten, die von ihren Augen aus ihre Pfeile verschossen, verlassen entsetzt ihre Festung (Strophen 4 und 5), und die einst so anmutigen Augen bieten Anlaß zu Betrachtungen über die Vergänglichkeit der Schönheit: „La grace est un fragile bien,/Ce qui fut si beau n'est plus rien" (Verse 38–39). In Strophe 6 erfährt man, daß die Schöne auch verheiratet war, und daß der Gatte sie beweint wie Orpheus seine Euridike. Das Ausmaß der mütterlichen Trauer wiederum, die mit „la Troyenne blesme"[558] verglichen wird, wird mit einem typisch barocken Paradoxon gefaßt: „Et son regret tousiours vivant/Luy tient lieu de sa fille morte." (Verse 63–64). Angesichts eines so großen Verlustes kann man keine Beherrschung verlangen: „Ce seroit inhumanité/Plutost que d'estre une constance." (Verse 71–72) Eine nur oberflächliche Standhaftigkeit, ein Haltung Bewahren angesichts von Schicksalsschlägen wäre also nicht im Sinne der barocken Tugend der *Constance*. Die zehnte und letzte Strophe enthält ein Kompliment an die schöne Freundin „Et comme l'on plaint son semblable,/Plaignez la mort de ses beautez," (Verse 75–76) und die Aufforderung, der Toten ewig zu gedenken: „Honorez en pitié leur cendre/Par un eternel souvenir,/Et qu'au nœud qui vous sceut unir/Le temps ne soit point l'Alexandre."[559] Diese Ode über Catherine de Rohan war recht erfolgreich. Sie hat nach ihrer Erstveröffentlichung 1609 in dem Bändchen *Tombeau Rohan* noch Aufnahme in drei weitere Anthologien gefunden, zuletzt 1630.[560] Sicher hat der Name Rohan dabei eine Rolle gespielt.

Noch einen jung Verstorbenen gilt es in dem Gedicht „Mon frere que le sort cruellement volage" (d'Estrée, S. 11) zu beklagen. Lafay (S. 99) erwähnt das Gedicht als bekannt. Es gehört zu einer Gruppe von vier Sonetten und einer elegischen Dichtung (*Stances*) in den Jugendwerken, die jeweils Verstor-

---

556   „appareil [2], en termes de Chirurgie, se dit de la premiere application d'un remede sur une playe qu'on pense [*sic*]. [...]", Furetière, Bd. I, *s.v. appareil*.

557   „d'œillets & d'albastre" (Vers 25) Motin variiert hier den Topos eines Teints „de rose et d'albastre".

558   Vers 57. Ist damit vielleicht die um Hektor trauernde Witwe Andromache gemeint? Vgl. die Trauerszene *Ilias* XXII, 445 ff. (Homer, *Homers Ilias: übersetzt von Johann Heinrich Voss*, Basel 1953, S. 376–378), in der Andromache in Ohnmacht fällt, als sie vom Tod des Gatten erfährt. Düstere Vorahnungen äußert sie schon in *Ilias* VI, 371 ff., S. 106 ff.

559   Verse 77–80. „Alexandre" steht hier für „vainqueur".

560   Vergleiche die Übersicht am Ende dieser Arbeit.

benen gewidmet sind. Der Titel dieses Sonettes lautet „Tumbeau de deffunct Jacques Motin mon frere". In traditioneller Weise beklagt das trauernde Ich alles, was nun nicht mehr ist, und auch der Topos der Würmer fehlt nicht. Im ersten Terzett erfährt man in poetischer Umschreibung, daß der Tote erst sieben Jahre alt war. Noch jünger ist der Beklagte in dem „Epitaphe de Perion": „Falloit-il que la Mort, trop soubdaine à te prendre," (S. 10). Es handelt sich um ein unschuldiges Neugeborenes unbekannten Namens, das noch keine Grausamkeit begehen konnte. Etwas gekünstelt wirkt das Einbringen der Wald- und Jagdthematik in diesen Kontext, und d'Estrée (S. 102) tadelt gar: „Cette pièce semble une traduction fruste et naïve d'une épigramme de l'Anthologie[561] [...]."

Das Sonett „D'un Nestor tant sçavant la cendre demeurée" (d'Estrée, S. 9) wurde anläßlich des Todes eines ehrwürdigen, gelehrten Alten geschrieben. Es handelt sich um M. le Doyen de Cambray, wie der Titel ausweist. Laut d'Estrée (S. 102) gehörten die De Cambrays zur Familie von Jacques Cœur und stellten einige Ratsmitglieder. Das vorliegende Gedicht ist J. de Cambray gewidmet, der 1586 starb. So läßt sich dieses Sonett recht genau datieren. Mit traditionellen Bildern aus dem biblischen Bereich („de manne et de miel") und aus dem klassischen Altertum („Parnasse", „bouche dorée" als Anspielung auf den Mund der Wahrheit, „olliviers" und Mercure) werden die eindrucksvollen und ihre Wirkung nicht verfehlenden Reden des ehrwürdigen Politikers gerühmt.

Auf den Tod seines berühmten Lehrers, des Juristen Cujas (gestorben 1590) hat Motin umfangreiche *Stances* verfaßt: „Umbre que le destin du corps a séparée," (d'Estrée, S. 63–65). Das lyrische Ich wendet sich an den nun in himmlischer Glückseligkeit lebenden Verstorbenen, während seiner Verkündung von Recht und Gerechtigkeit zum Trotz auf der Erde die Schrecken des Bürgerkrieges wüten. Motin vergleicht Cujas Lehre mit den Strahlen der Sonne, die auch Früchte wachsen lassen. Doch leider sei diese Sonne des Wissens nun für immer von der Erde verschluckt.

Einem Dichterkollegen namens Jehan Louvert, über den nichts Näheres bekannt ist, außer, daß es eine nicht unbedeutende Familie Louvert in Bourges gab (d'Estrée, S. 102), gestaltet Motin auch eine Grabinschrift: „Je voy ce lieu où de Louvert repose" (d'Estrée, S. 8). Die Bedeutung des Toten wird gespiegelt in der unermeßlichen Trauer des lyrischen Ichs.

---

[561] Das ist wahrscheinlich die *Anthologia graeca* (oder *palatina*). Vgl. *Die griechische Anthologie in drei Bänden*. Aus dem Griechischen übertragen von Dietrich Ebener, Berlin, Weimar 1981, 3 Bde. Denkt d'Estrée möglicherweise an das Epitaph Nr. 482 (Bd. 2, Buch VII–X, S. 132) eines unbekannten Dichters?.

Ein Spiel mit den Versatzstücken petrarkisierender Liebesdichtung und Bestandteilen traditioneller Trauerdichtung sind die *Stances* „Reprenez un peu vos esprits"[562]. Der erste Vers könnte der Anfang eines ernstgemeinten Trostgedichtes sein, doch schon „farouche" im zweiten Vers irritiert in diesem Kontext. Das Gedicht entwirft die groteske Szenerie eines Liebhabers, der neben der toten Geliebten (traditionell „Nays" genannt) erwacht, sich ihres Todes erinnert und sich mit einigem Bedauern über den beginnenden Verfall des einst von ihm so begehrten Körpers, jedoch ohne echte Trauer, von ihr verabschiedet.

In stilistisch glatten Oxymora offenbart sich der Hohn auf die verfallende Frau:

> Et je suis tout de feu pour vous;
> Et vous qui n'estes plus que cendre! (S. 63, Verse 15–16).

Ebenso Vers 31–32 (S. 64):

> Bien que ne me soyez plus rien,
> Vous m'estes plus que tout le monde!

Die letzte Strophe vereint schließlich traditionelle Elemente der Lobpreisung des weiblichen Körpers („sein", „lys", „rose") zu einem Naturalismus äußerster Respektlosigkeit:

> Beau sein, vos boutons sont paslis;[563]
> O l'estrange Metamorphose!
> Maintenant vous n'estes que lys,
> L'autre jour vous n'estiez que rose.

Auf die beiden Gedichte Motins in der *Oraison funèbre* von Cospeau[564] ist unter 3 Versuch einer Biographie schon kurz eingegangen worden, da sie vor allem für die Festlegung von Motins Todesjahr wichtig scheinen.

Die von Lafay eingangs erwähnten Schreibanlässe für die barocke Trauerdichtung finden sich also auch bei Motin, je nach Gedicht in unterschiedlicher Gewichtung: Auftragsdichtung und echte Betroffenheit aufgrund persönlicher Bekanntschaft mit dem Toten wechseln sich ab. Gleichzeitig scheint trotz des ernsten Themas immer wieder auch die Lust an dichterischen Stilübungen auf, bis hin zur parodistischen Verzerrung in den *Délices satyriques*.

Ein nach Lafay (S. 100) sehr häufiges Element für die Trauerdichtung dieser Epoche fehlt bei Motin, nämlich das Entsetzen vor dem Tode. Neben

---

[562] *Délices satyriques*, S. 63–64.
[563] Vgl. S. 63, Vers 20: „Caché dans le sein de la terre."
[564] a.a.O.

den Totenklagen gibt es deshalb aus dieser Zeit auch zahlreiche Gedichte mit makabren und düsteren Visionen, so auch von Motin. Auch die *Méditations de la mort* gehören hierhin, die den Bogen schlagen zur religiösen Dichtung, so von Motin *Memento homo* „Souviens-toy que tu n'es que cendre". (Lafay, S. 101).

6.3.7 Religiöse Gedichte

Als ein bei seinen Zeitgenossen berühmter Dichter hat Motin selbstverständlich auch zu dem zu seiner Zeit modernen Genre der Psalmenparaphrasen beigetragen. Diese Mode erklärt sich zum einen aus der Tradition der religiösen Dichtung und knüpft so auch an Marots Psalmenparaphrasen von 1543 an, zum anderen werden in dieser Epoche schärfster religiöser Auseinandersetzungen gerade Bibeltexte als Inspirationsquelle für religiöse Gedichte genutzt, da deren Bearbeitung die Gewähr bietet, bei den strengen Zensoren nicht negativ aufzufallen.[565] Zudem galt das Aufgreifen eines schon einmal behandelten Themas im Barock in keiner Weise als Mangel an Originalität.[566] Auch die Königin Margarete von Valois förderte im Kreis der von ihr favorisierten Dichter (darunter Motin) die Psalmenparaphrasen.[567] Jeanneret ordnet Motin den „Poètes catholiques et archaïsants" (S. 285–296) zu, deren Psalmenparaphrasen bis auf wenige Ausnahmen[568] trotz der individuell sehr unterschiedlichen Treue zum Original von einer dichterisch schmucklosen Uniformität bis hin zum Prosaismus gekennzeichnet seien. Diese Scheu vor poetischer Exzentrizität stellt der Autor bei den Dichtern des *Psautier huguenot* noch nicht fest (Vgl. Jeanneret, S. 293–294). Der Wunsch, sich auf diesem Gebiet der Lyrik nicht als dichtendes Individuum bemerkbar zu machen, erklärt sich möglicherweise auch aus dem von Leblanc erwähnten heiklen Dichten im Kontext der politisierten Religion. Die katholischen Psalmenparaphrasen wurden ja von der Geistlichkeit gefördert als eine Reaktion auf den erfolgreichen *Psautier huguenot* (Leblanc, S. 30–31) und hatten nun besonders orthodox zu sein. Aus diesem Grund war darin erst recht kein

---

[565] Vgl. Paulette Leblanc, *Les paraphrases françaises des psaumes à la fin de la période baroque (1610–1660)*, Paris 1960, S. 21 ff.

[566] „Cette conception de la poésie religieuse s'accordait d'ailleurs avec la tendance générale de l'époque à choisir des thèmes déjà traités par les anciens et à faire porter le travail de création artistique moins sur les sujets eux-mêmes que sur la mise en œuvre." Leblanc, S. 22. Diese aus der Renaissance stammende Sicht des dichterischen Schaffens legt auch Jeanneret sehr anschaulich dar. Vgl. Michel Jeanneret, *Poésie et tradition biblique au XVIe siècle. Recherches stylistiques sur les paraphrases des psaumes de Marot à Malherbe*, Paris 1969, S. 523–524.

[567] Vgl. Jeanneret, S. 460.

[568] Renouard und d'Huxattime, S. 293, Anm. 34.

Platz für gewagte dichterische Sprache und Metaphorik. Durch die Besinnung auf Marots Vorbild, an dem sich die katholischen Dichter trotz allem in bezug auf die sprachlichen Wendungen orientierten, erhält ihre Sprache archaisierende Züge. Metrum und Inhalt scheinen oft nicht zusammen zu passen, die dichterische Gestaltung insgesamt wirkt unbeholfen. So charakterisiert Jeanneret (S. 295) diese Dichtung abschließend:

> Le refus de chercher à plaire, le goût de l'archaïsme et l'inexpérience des auteurs font que les paraphrases étudiées ici ne présentent guère de charme [...].

Von dem sechsten Bußpsalm („De profundis ...), Psalm 130[569], existieren gleich zwei Fassungen von Motin: „Du profond de mon cœur, plein d'ameres angoisses,"[570] (kurz: „Cœur") und „Du profond des lieux pleins d'effroy"[571] (kurz: „Lieux"). Beide Fassungen sind signiert, überraschenderweise zitiert Motin sich jedoch nicht, wie er es sonst gelegentlich tut. Auch die metrische Gestaltung ist unterschiedlich: „Cœur": sieben Vierzeiler aus Alexandrinern, „Lieux": acht Sechszeiler aus Achtsilblern für acht Bibelverse.[572] Somit läßt sich vermuten, daß die beiden Paraphrasen zu verschiedenen Zeiten von Motins dichterischer Laufbahn entstanden sind. Die „Cœur"-Version entstammt dem Manuskript der Jugendwerke, so daß die „Lieux"-Fassung später entstanden sein müßte. Inhaltlich halten sich beide Gedichte eng an die biblische Vorlage, wobei in der „Lieux"-Version jedem Vers der biblischen Vorlage eine Strophe gewidmet ist, im kürzeren „Cœur"-Gedicht werden jedoch zweimal zwei Verse in einer Strophe zusammengefaßt. Beide Fassungen erweitern den alttestamentarischen Psalm in der letzten Strophe um die Perspektive auf das Blut Jesu, das für die Sünder vergossen wird. In bezug auf inhaltliche Details sollen einige Anmerkungen genügen. In den ersten beiden Versen von „Cœur" beeindruckt die chiastische *figura etymologica*, durch die die Tiefe der seelischen Not eindringlich hervorgehoben wird:

> Du profond de mon cœur, plein d'ameres angoisses,
> D'angoisseuse amertume et d'un profond esmoy,

---

[569] Die in dieser Arbeit angegebenen Psalmennummern beziehen sich jeweils auf die mir vorliegende *Stuttgarter Erklärungsbibel*, herausgegeben von der deutschen Bibelgesellschaft, Stuttgart, 1992. Die teilweise abweichende Zählung im 17. Jahrhundert ergibt sich daraus, daß die Protestanten den hebräischen Text, die Katholiken die *Vulgata* zugrundelegten. Vgl. Leblanc, S. 13.

[570] *Œuvres inédites*, S. 76–77.

[571] *Recueil Conrart*, Arsenal Ms. 4124, S. 594–596.

[572] Marot verwendete als längstes Metrum Zehnsilber, da er davon ausging, daß seine Psalmen auch gesungen werden sollten. Vgl. Leblanc, S. 27.

Die namentliche Erwähnung des Volkes Israel in der Vorlage wird in „Lieux" weggelassen, in „Cœur" wird dafür „l'Eglize" gesetzt. Vor dem zeitgeschichtlichen politischen Hintergrund ist zu vermuten, daß damit die katholische Kirche unter Abgrenzung von der protestantischen Kirche gemeint ist und Motin somit quasi nebenbei der *Ligue* seine Reverenz erweist.[573] Das Bild der Nachtwache aus Vers 6 des Psalms wird auch in „Cœur" verwendet:

Plus ardemment que ceux qui font la sentinelle
Ne desirent le jour affin de reposer, (S. 77).

In „Lieux" wird es verkehrt in das eines Wachpostens, der während des ganzen Tages die Stadtmauern verteidigt:

Comme le soigneux corps de garde
Du matin jusqu'au soir planté
Deffend les murs d'une Cité.

In „Lieux" entfernt sich Motin auch von der Vorlage, indem er den Gedanken der Erbsünde mit einfügt. Jeanneret (S. 294–295) nennt zwei Verse dieses Gedichtes als Beispiel für den typischen archaisierenden Stil:

Si tu voulois aussy d'un courage imployable
Te venger aussi-tost qu'on t'a fait courroucer (Verse 13–14).

Die Sprache ist noch die des 16. Jahrhunderts und auch noch dem Mittelfranzösischen verbunden.

Auch die anderen sechs Bußpsalmen Davids hat Motin paraphrasiert. Innerhalb eines Gedichtes variiert die Strenge der Zuordnung von Strophe und Bibelvers, im Sinne einer echten Paraphrase bleibt der Dichter jedoch inhaltlich in der Regel eng am Bibeltext. Als eher geringfügige Variationen oder Hinzufügungen fällt auf in „Au grand jour de vostre venuë"[574] (Psalm 6) die Ausmalung des Totenreiches als Fegefeuer (S. 574). In „O les mortels bien fortunez"[575] (Psalm 32) wird das Bekennen der Sünden (Vers 5 der Bibel) sehr ausführlich gestaltet (S. 576–577), ebenso wie in „Lors que ma faute vous irrite"[576] (Psalm 38), wo Vers 19 der Bibel als Anlaß dient (S. 582). „Voyez Seigneur un criminel"[577] (Psalm 51) hat einen von der Bibel abweichenden Schluß, aus Jerusalem wird „Sion, vostre Eglise affoiblie" (S. 588) und der Gedanke aus dem Bibelvers 19 (eine reuige Seele ist Gott willkommener als ein Schlachtopfer) wird anstatt Vers 21 noch einmal

---

573 Diese Vermutung hegt auch d'Estrée, S. 109.
574 *Recueil Conrart*, Arsenal Ms. 4124, S. 573–575.
575 *Recueil Conrart*, Arsenal Ms. 4124, S. 575–579.
576 *Recueil Conrart*, Arsenal Ms. 4124, S. 579–582.
577 *Recueil Conrart*, Arsenal Ms. 4124, S. 583–588.

bekräftigt. In „Seigneur monstrez vous favorable"[578] (Psalm 102): wird den von den Juden für unrein gehaltenen Vögeln Eule und Käuzchen[579] noch der im Christentum positiv besetzte Pelikan hinzugefügt (S. 589). „Escoutez moy quand je lamente"[580] (Psalm 143) schließt die Reihe der Bußpsalmen ab.

Noch ein weiterer Psalm ist von Motin dichterisch gestaltet worden. Die Psalmenparaphrase „O que celuy qui va chercher"[581] (Psalm 91) preist Gott als sicheren Zufluchtsort für den, der wirklich auf ihn vertraut. Die ersten zehn Verse des Psalms werden in vierzehn Strophen paraphrasiert. Die Elemente der Vorlage werden sehr ausführlich und in anderer Anordnung gestaltet. Selbst kriegerische Auseinandersetzungen, Pest und Tod können dem Glaubenden nichts anhaben, und er wird sich natürlich auch verschont sehen von dem göttlichen Zorn. Die letzten sechs Strophen halten sich auffallend genau an die biblische Vorlage (Psalm 91, 11–16). Die Engel werden den Gläubigen sogar auf Händen tragen, er wird gefährliche Tiere mit Füßen treten. Am Ende verspricht Gott selbst das himmlische Heil als Lohn für das hingebungsvolle Vertrauen. Durch die Widmung „Pour le Roy" wird das Du der Bibel hier als besonders an den König gerichtet interpretiert. Aus diesem Grunde wird auch der Schutz vor der Bedrohung durch Feinde etwas mehr betont als in der Bibel:

> Vous avez sans effect rendu,
> [...]
> Et la parole iniurieuse. (*fol.* 414r, Verse 15 und 17)
> [...]
> Tu sçauras vers luy te ranger,
> Si quelque courroux estranger
> En armes contre toy s'allume: (*fol.* 414r, Verse 24–26)

Somit rückt das vornehmlich religiöser Thematik gewidmete Gedicht in die Nähe der Huldigungsgedichte. (Vgl. oben 6.3.1)[582] Das würde auch seinen Erfolg erklären, denn es wurde über einen Zeitraum von 23 Jahren in insgesamt sechs Anthologien abgedruckt.

Die zweite Hälfte der eben besprochenen Strophe nutzt Jeanneret (S. 292), um eine charakteristische Technik der Psalmenparaphrase zu erläutern. Der *Vulgata*-Text („[...] sub pennis eius sperabis." Psalm 91, 4) wird durch eine amplifizierende Paraphrase wiedergegeben:

---

[578] *Recueil Conrart*, Arsenal Ms. 4124, S. 589–593.
[579] *Stuttgarter Erklärungsbibel*, S. 741.
[580] *Recueil Conrart*, Arsenal Ms. 4124, S. 596–599.
[581] *Parnasse 1, fol.* 413v°–415v°. Erwähnt bei Goujet, S. 220 (S. 181 Nachdruck).
[582] Diese Tendenz findet sich z.B. auch bei Bertaut, vgl. Leblanc, S. 32.

De te couvrir il aura soing
Comme l'oiseau vient au besoing
Couvrir ses petits de sa plume. (*fol.* 414r, Verse 27–29)

Das im Original nur knapp angerissene Bild wird von Motin zerlegt und durch einen Vergleich sprachlich noch weiter ausgedehnt.

Auch die „Méditation sur le *memento homo*": „Souviens toy que tu n'es que cendre"[583] war während elf Jahren erfolgreich und wurde in fünf Anthologien veröffentlicht.

Sie wirkt in ihrer nüchternen, nichts beschönigenden und dadurch drastischen Schilderung der menschlichen Vergänglichkeit auch heute noch überzeugend und erweckt geradezu den Eindruck von Todesbesessenheit.

Die erste und letzte Strophe sind bis auf den Imperativ identisch:

Souviens toy (bzw. „Pense donc") que tu n'es que cendre
Et qu'il te faut bien tost descendre
Dans le fonds d'un sepulchre noir,
Ou la terre te doit reprendre,
Et la cendre te recevoir.

Diese Strophe enthält Thema und zentrale Aussage des Gedichtes; sie fungiert am Anfang als Einleitung; ihre Wiederholung am Schluß hebt die realistische Ausmalung der Details des Verfalls wieder auf die Ebene der religiösen Lebensweisheit und betont durch die nahezu identische sprachliche Fassung deren Unausweichlichkeit. Passend zur Aussage nimmt die Buchstabenzahl trotz des durchgängigen achtsilbigen Metrums vom zweiten bis letzten Vers kontinuierlich ab.[584] In den zwischen Eingangs- und Schlußteil stehenden zwölf[585] Strophen wird ein düsteres Tableau des erbärmlichen menschlichen Lebens und Sterbens entworfen. Das Leben ist gekennzeichnet von beständiger Lebensgefahr, bedroht durch Kriege, Krankheiten und weitere „tausend Übel" (3 Strophen). Die nächsten drei Strophen schildern gewissenhaft die Abläufe nach dem Eintritt des Todes: Aussehen des Leichnams, Einsargung, Beerdigung. Die nächsten beiden Strophen widmen sich der Darstellung der Verwesung, sie erinnern in ihrer unerbittlichen Anschaulichkeit z.B. an Villons sogenannte „Ballade des pendus": „Frères humains qui après nous vivez", und an sein „Grand Testament" XL („Et meure Paris ou Elayne,") sowie XLI („La mort le fait fremir, pallir,")[586]. Die nächsten vier Strophen konzentrieren

---

[583] *Parnasse 1, fol.* 423v°–424v°.

[584] 29 – 27 – 24 – 20 Buchstaben.

[585] Hier wurde sicher absichtlich eine biblische Zahl gewählt.

[586] François Villon, *Le Lais Villon et les poèmes variés*, édités par Jean Rychner et Albert Henry, Genève 1977, Bd. I, S. 66–67. Außerdem: François Villon, *Le Testament Villon*, édité par Jean Rychner et Albert Henry, Genève 1974, Bd. I, S. 43.

sich auf das Schicksal der Seele. Auch ihr wird nicht etwa Erlösung versprochen, nachdem sie vor dem Jüngsten Gericht erschienen sein wird:

> Toute tremblante & desolee
> Mourra de peine apres ta mort.

Vielmehr ist ihr die Verdammnis zu ewigen Qualen in der Hölle gewiß, deren apokalyptischen Schrecken das Oxymoron: „le feu noir" zusammenfaßt. Gleichzeitig spielt hier natürlich auch die übertragene Bedeutung von „noir" (düster, unheilvoll) mit hinein. Angesichts all dieser Düsternis des menschlichen Schicksals bietet allein die dreizehnte Strophe eine Handlungsanweisung, um wenigstens der Hölle zu entgehen:

> Pense mortel à ceste rage,
> Et tu ne pecheras iamais.

Doch fehlt hier das Versprechen der ewigen Glückseligkeit. Vielmehr unterstreicht die letzte Strophe, daß selbst der Tugendhafte der Vergänglichkeit der irdischen Existenz nicht entgehen wird, und diese Verse haben nach der Lektüre des Gedichtes an Eindringlichkeit noch gewonnen.

In den Jugendwerken sind noch zwei kirchliche Lieder erhalten: „Si ma jeunesse mesprizée"[587] knüpft inhaltlich an die Bußpsalmen an. Das lyrische Ich stellt sich als reuigen Sünder dar, der seine Qualen freudig annimmt. Einige der beschriebenen Leiden lassen autobiographische Details vermuten[588]: seine Eltern (S. 81, Vers 3–4) und seine Brüder (S. 82, Vers 11–12) sind im Gefängnis und werden gefoltert; ein enger Freund[589] hat ihn wie ein Judas verraten; die anderen Freunde konspirieren gegen ihn (S. 81, Verse 1–2). Der so Gepeinigte schöpft Trost aus der Identifikation seiner und seiner Angehörigen Qualen mit dem Leiden Christi und bittet den Heiland, ihn nicht von seinem Unglück erdrücken zu lassen, damit er immer noch nach Christus streben könne.

Mit der Anrede des zweiten religiösen Liedes „Levez vos yeux, mortels, malencontreuse race"[590] werden die der Erbsünde verhafteten Menschen angesprochen, ihnen wird der für sie leidende Christus gegenübergestellt, was semantisch durch Gegensätze, oft innerhalb eines Verses, unterstützt wird, z.B. „Mais aux hommes ingrats il fut si debonnaire[591]" (S. 79, Vers 14).

---

[587]   Œuvres inédites, S. 80–83.

[588]   Vgl. d'Estrée, S. 110.

[589]   S. 82, Verse 4–9. Keine Geliebte, wie d'Estrée, S. 110, verbessern zu müssen glaubt, denn dann würde die Parallele zu Jesus und Judas nicht mehr stimmen.

[590]   Œuvres inédites, S. 77–80.

[591]   Das Adjektiv „debonnaire" ist hier nur in seiner heute veralteten Bedeutung zu verstehen, so wie sie sich findet in: Jean Nicot, Thresor de la langue françoise tant

Die letzten beiden Verse der ersten Strophe schlagen den Bogen vom Apfel-baum der Erbsünde zum Holz des Kreuzes:

Celuy qui, pour chasser le mal que fist un arbre,
Tout nud pend aujourd'huy à un arbre attaché.

Die folgenden Strophen ergehen sich in geradezu schmerzhaft naturalistischen Schilderungen des Leidens Christi, die in merkwürdiger Spannung stehen zu den teilweise verspielten, manieristisch gehäuften rhetorischen Figuren:

Il est donc prins celuy que l'on ne peut comprendre: (Periphrase, Parono-masie)
Celuy qui fist le ciel sur vos testes estendre (Periphrase)
S'est aujourd'huy pour vous sur la croix estendu; (Polyptoton) (S. 78, Verse 1–3)
On ne l'eust peu dompter ce grand prince indomptable; (*figura etymolo-gica*) (S. 79, Vers 10)

Die Kreuzigungsszene bietet auch Anlaß für die von Motin und seinen Zeitge-nossen beliebte Kombination von Tränen und Blut:

Qui de vous, ô mortelz, ne versera des larmes,
Puisqu'aujourd'huy pour vous il a versé du sang? (rhetorische Frage, Po-lyptoton) (S. 78, Verse 17–18).[592]

Der Gedanke wird in der sechsten Strophe (S. 79) mit drastischem Realismus wieder aufgegriffen: „Le sang et les crachatz, m'empeschent de la voir." [„la" steht für „la face"].

Wie zu erwarten, schließt das Gedicht mit einem Sündenbekenntnis, speziell eines „amour insensé" (S. 79, Vers 18), und dem Entschluß zur Buße angesichts des Leidens Christi. Aber auch hier, in der letzten Strophe, bezieht Motin Stellung zur Frage der wahren Religion. Jesus wird um Beistand für

---

ancienne que moderne, Paris 1621, Nachdruck Paris 1960: *„debonnaire,* quasi de bon aire, voyez Aire & Bonnaire", S. 177. *„Aire* [...] L'aire d'oyseau de proye. *Nidus.* Dont on dit, De bon aire, & sans malice, *Bono* ingenio esse, ingenui animi esse, can-didum esse", S. 24. *„Bonnaire* Qui est doux de nature & debonnaire", S. 83. Schon Richelet schreibt hingegen: „DEBONNAIRE, adj. Doux, de bonnes mœurs. Le mot de *débonnaire* se dit en parlant d'un de nos Rois qu'on a surnommé *Louis le debonnaire,* mais hors de là on ne se sert du mot de *débonnaire* qu'en riant & dans le stile le plus bas [...]." Pierre Richelet, *Dictionnaire françois, contenant les mots et les choses, plusieurs nouvelles remarques sur la langue française,* 2 Bde. in 1 Band, Genève 1680, Nachdruck Hildesheim, New York 1973, S. 211.

[592] Vgl. „Si ma jeunesse mesprizée", S. 82, und auch in der Liebeslyrik: „Pleurs, le sang distillant de ma playe amoureuse," in: *Parnasse 2, fol.* 238r–238v°, besprochen oben unter 6.1.8.1 Vorübergehende Trennung durch Abwesenheit.

seine dreifach leidende[593] Gattin, die Kirche, angerufen. Die Abtrünnigen werden als Judas bezeichnet[594], und ihnen wird der Tod gewünscht. Vorbereitet wurde dieses „Postscriptum" durch die achte Strophe:

> Garde que mon esprit, oublieux de sa gloire,
> S'amuse à la charogne et perde la memoire
> De retourner en l'arche ainsy que le corbeau.

In erster Linie geht es hier natürlich um die sündige Seele, jedoch könnte mit dem aasfressenden Raben auch die protestantische Kirche gemeint sein. „Charogne" findet man in 1. Mose 8 nicht, Motin ergänzt hier das biblische Bild um eine der üblichen Verhaltensweisen dieser Vögel.

6.3.8 Spiel mit mehreren Bedeutungsebenen

Natürlich läßt gerade Lyrik mehrere Bedeutungsebenen zu, und dieser Gliederungspunkt behauptet beileibe nicht, daß alle übrigen Gedichte Motins „flach" seien. Es sind vielmehr die Perspektive und der Wissenshorizont des heutigen Lesers, die ihm bei manchen Gedichten das Gefühl vermitteln, nur an der Oberfläche zu kratzen, weil ihm vermutete Anspielungen, die tieferliegende Bedeutungsdimensionen erschließen würden, verschlossen bleiben. Die hier zusammengeführten Stücke zeichnen sich dadurch aus, daß für deren tieferes Verständnis Wissen, manchmal nur banales Faktenwissen über Klatschgeschichten, erforderlich ist, das der Dichter bei seinen Zeitgenossen als selbstverständlich voraussetzen konnte.

6.3.8.1 Perrette-Zyklus[595]

Schon durch die äußere Form erregt das Gedicht mit dem Titel „Dialogue du Jacquemard et de la Samaritaine du Pont-Neuf": „Rare honneur du Pont-Neuf, belle Samaritaine"[596] die Aufmerksamkeit des Lesers, denn es ist in Dialogform gehalten. Zudem werden schon im Titel die Hauptpersonen Jacquemart und Samaritaine genannt und mit dem Zusatz „du Pont Neuf" für das Publikum der damaligen Zeit eindeutig identifiziert als Gestalten des Stadtbilds von Paris. Fleuret und Perceau[597] haben die Fakten zusammengetragen:

---

[593] „peines", „tourment", „mortel ennuy".

[594] Dadurch wird das Leiden der Kirche mit dem Leiden Christi vollends verquickt; Judas wurde schon auf S. 79, Vers 11, im Rahmen der Passionsgeschichte erwähnt.

[595] Der Terminus wurde für diese Gruppe von Gedichten gewählt, weil die Figur der Perrette dort häufig auftritt, wenn auch bisweilen inkognito. Die Beziehungen zwischen den Gedichten sind von vielfältiger Natur.

[596] Le Cabinet satyrique, S. II. 81–84.

[597] Fleuret/Perceau, Le Cabinet Satyrique, S. 81–82, FN 1.

Die unter dem zweiten nördlichen Brückenbogen befindliche hydraulische Pumpe, eine Konstruktion des flämischen Mechanikers Jean Lintlaër, füllte den höhergelegenen Wasserbehälter von St.-Germain-L'Auxerrois mit Seine-Wasser und versorgte so den Louvre und die Tuilerien bis 1813 mit Wasser. Sie wurde unter Heinrich III. gebaut/von Heinrich IV.[598] Auf dem Pont-Neuf war die elegante Fassade des auf Pfahlwerk stehenden Pumpenhauses von einem Brunnen geschmückt, der mit vergoldeten Kopien von Bronzeskulpturen des Bildhauers Germain Pilon gestaltet war. Sie zeigen die Frau aus Samaria, wie sie Jesus zu trinken gibt. Ein zierlicher Glockenturm mit Uhr auf dem Terrassendach beherbergte einen mechanisch angetriebenen Jacquemart, der mit einem Hammer zur vollen Stunde verschiedene Melodien auf einem Glockenspiel schlug.[599]

Zur Datierung: Der Pont-Neuf wurde 1604 vollendet[600], das Pumpenhaus wurde 1608 gebaut.[601] Die Pumpe und vor allem das Gebäude waren eine Attraktion. Es wurde schnell berühmt bei den Parisern, so haben unter anderem Scarron (1610–1660), Loret und Dassoucy den Jacquemart als eine Art Schutzheiligen des quirligen und ausschweifenden Lebens auf der Brücke dargestellt.[602] Der Jacquemart hatte nicht lange Bestand, schon Dassoucy schrieb eine „Complainte de la Samaritaine sur la perte de son jaquemart et sur le débris de la musique de ses cloches"[603] An die Existenz der gesamten Anlage erinnert noch der Name „Samaritaine" des Kaufhauses Cognacq-Jay am Seineufer.[604]

Der Dialog ist in Alexandrinern gefaßt, jede Replik besteht aus einem Vierzeiler. Das Gedicht beginnt und endet mit einer Anspielung auf die lockeren Sitten der Menge auf dem Pont-Neuf: „Rare honneur du Pont-

---

[598] Magne, S. 272/Fleuret/Perceau, S. II. 81 FN 1. Magnes Angabe (Bauherr Heinrich III.) ist dahingehend zu präzisieren, daß die Konstruktion der Pumpe zwar unter seiner Herrschaft begonnen wurde, das Pumpenhaus aber von Heinrich IV. fertiggestellt wurde.

[599] Vgl. Magne S. 272 (Bild!) – 275. Vgl. Bild von Callot: Jacques Callot, *Das gesamte Werk in zwei Bänden*, München s.a., II. 1494. Am linken Bildrand erkennt man das Pumpenhaus auf der Brücke. Vgl. auch Bild von Abraham de Verwer, La Porte Neuve et la grande galerie du Louvre, ca. 1640, in: Michèle et Michel Chaillou, *Petit guide pédestre de la littérature française au XVIIᵉ siècle 1600–1660*, Paris 1990, Tafel XIII.

[600] Magne, S. 7; Guide Michelin, S. 82.

[601] Magne, S. 275.

[602] Magne, S. 275.

[603] Fleuret/Perceau, S. 82.

[604] Guide Michelin Paris, S. 70 und 82.

Neuf, ...,"[605] „...: si je ne suis pucelle, n'esperez pas jamais en trouver à Paris!".
Der „rare honneur" der Samariterin findet ihre Entsprechung in den „rares
vertus" (Z. 15) des Jacquemart, sowie in den auf ihn bezogenen Appositionen
„la gloire universelle" und „l'honneur des maris" (S. 84, Verse 1–2).

Bemerkenswert ist die Kombination einer biblischen Gestalt (Jesus und
die Samariterin am Brunnen, Johannes 4) mit einer weltlichen Figur. Statt
mit Jesus unterhält sich die Frau mit dem Jacquemard.[606]

Motin personifiziert die Statuen und hebt die Samaritaine ganz aus dem
biblischen Kontext heraus. Der Jacquemart beginnt die Unterhaltung mit
einer Liebeserklärung. Das entbehrt nicht einer gewissen Komik. Ein mecha-
nischer Roboter schreibt galante Verse für eine Frau aus einer biblischen
Geschichte (Z. 3–4). Seine Liebe zu ihr besteht seit zwei Tagen (Z. 4) und
wird seit zwei oder drei Tagen erwidert (Z. 8 und 13). Bedingt durch ihre
Plazierung am bzw. auf dem Gebäude[607] können sich die Liebenden nicht
sehen. Deshalb bezeichnet die Samariterin das zierliche Glockentürmchen
auch als von Dämonen bewohnten Schloßturm, den der Jacquemart wie ein
Drache beherrscht (Z. 5–6). Als Boten dienen die lauen Winde der Seine (ein
Element des *locus amoenus*) (Z. 9) und eine Krähe (Z. 13). Die Gründe für die
Liebe ähneln sich: „grandeur de vos perfections" (Z. 10) und „rares vertus"
(Z. 15). Die Liebenden haben sich Geschenke füreinander ausgedacht: „un
beau nid de Crecerelles grises" (Z. 17) und „mitaines" (Z. 21). Die Handschuhe sind ein praktisches Geschenk: „A rechauffer vos mains qui tiennent le
batail" (Z. 22)[608]. Die auch im weiteren noch aufgezählten Tiere sind teilweise
motiviert durch die tatsächlich mögliche Fauna der Brücke wie „corneilles"
und „corbeaux". Andere wie „crecerelles, hibous, chat-huant, autour[609]",
eventuell auch noch „mastins" und „lou" passen zu dem von der Samariterin
evozierten Bild des „vieux donjon".

---

[605] Mit dieser Formulierung spielt Motin auf sein Herrscherlob an. Vgl. „Rare & premier honneur de l'Empire des Gaules," in: „Desja l'air n'estoit plus qu'un feu plain
de menace", *Sec. livre des délices*, S. 424–426.

[606] „Jacquemart" ist auch ein Vorname. Guide Michelin, S. 55.

[607] Vgl. die Darstellung bei Magne, S. 272.

[608] Die Handschuhe als Geschenk haben aber auch eine erotische Komponente, vgl.
oben 6.3.2 Gedicht als Geschenk/*Etrennes*. Eine sexuelle Konnotation für *Batail*
ist zwar nicht lexikalisiert, vgl. jedoch die Ausführungen am Ende dieses Unter-
kapitels. Das Nest mit Turmfalken könnte freiwilligen Gehorsam anmahnen. Vgl.
Arthur Henkel, Albrecht Schöne (Hrsg.), *Emblemata, Handbuch zur Sinnbildkunst des
XVI. und XVII. Jahrhunderts*, Stuttgart, Weimar 1996, S. 784: Falke, der zum Falkner
zurückkehrt: „Ie reviens de mon gré aux douls lacqs qui me serrent".

[609] Hier ist wohl diese von Fleuret/Perceau (S. 83, FN 2) angegebene Variante der *Bigarrures* vorzuziehen. „Vautour" des *Le Cabinet satyrique* scheint mir keinen Sinn zu
geben.

Die erste Äußerung des Jacquemard und die Replik der Samaritaine auf S. 83[610] entsprechen sich in interessanter Weise. Dies wird augenfällig, wenn man die Strophen zeilenweise einander verschränkt und so die Verse direkt gegenüberstellt (Fettdruck von mir):

J: Je veux que les grands vents vous donnent pour **aubades**,
S: Mon cœur, vous n'entendez rien qu'une triste **musique**,
J: **Les abois des mastins** et **les cris des hibous**,
S: **Les cris du chat-huant, les heurlemens** [sic] **du lou** [sic]
J: Et que **mille Demons facent des serenades**,
S: Et **dix mille laquais** qui **chantent le filou** (hier entsprechen dritter und vierter Vers einander)
J: Déguisez en **corbeaux**, tout à l'entour de vous.
S: Et moy j'entens siffler les **courtaux de boutique**

Im letzten Fall entsprechen einander vierter und dritter Vers; „corbeaux" und „courtaux" sind sowohl durch Alliteration als auch durch Binnenreim verbunden. Die „Demons" tauchen schon in der zweiten Strophe auf (S. 81, Vers 5). Dort sind sie dem „vieux donjon" des Jacquemard zugeordnet.

Die Samariterin zieht Parallelen zu einem historischen Liebespaar:

Ou que n'ay-je un vaisseau, comme avoit Cleopatre,
Pour chercher mon Antoine et mes yeux contenter? (S. 83, Vers 15–16).

Dies sowie die Antwort des Jacquemard ließe vermuten, daß Motin auf eine gegen die Konventionen verstoßende Liebesbeziehung der höheren Kreise anspielt, die damals allgemein bekannt gewesen sein mag:

Bien que le Ciel cruel contre nous deux s'irrite,
Je ne veux pas, pourtant, ceder à sa fureur,
Mais, imitant les Roys, dont l'orgueil je depite,
Je vous veux espouser comme eux, par Procureur. (S. 83, Verse 17–20)

Abschließend preist die Samariterin sich selbst, indem sie mit ihrer angeblichen Tugendhaftigkeit kokettiert. Die Bibel berichtet jedoch, daß sie nach-

---

[610]   JACQUEMARD
Je veux que les grands vents vous donnent pour aubades,
Les abois des mastins et les cris des hibous,
Et que mille Demons facent des serenades,
Déguisez en corbeaux, tout à l'entour de vous.
LA SAMARITAINE
Mon cœur, vous n'entendez rien qu'une triste musique,
Les cris du chat-huant, les heurlemens [sic] du lou [sic]
Et moy j'entens siffler les courtaux de boutique
Et dix mille laquais qui chantent le filou

einander mit sechs Männern unverheiratet zusammengelebt habe. Die Lüge ist zu offensichtlich: Sie dient nur der Pointierung des letzten Verses:

> Aymez moy de bon cœur: si je ne suis pucelle,
> N'esperez pas jamais en trouver à Paris! (S. 84, Verse 3–4).

Nimmt man diese „Liebesgeschichte" nur auf der oberflächlichen, wörtlichen Bedeutungsebene zur Kenntnis, wirkt sie zu blaß, zu spannungslos für eine Anthologie von Tavernenlyrik. Rudmose-Brown sieht sie nur als „lighthearted jest" und lobt die Naturbeobachtungen.[611]

Woran wäre eine tiefere Bedeutungsschicht festzumachen? Es gilt, nach Schaltstellen zwischen den Bedeutungen Ausschau zu halten. Ein erstes Allegoriesignal wäre die „banale" Geschichte.[612] Des weiteren lassen die Tiere aufmerken. Textimmanent arbeitend kommt man aber zu keinem zufriedenstellenden Ergebnis hinsichtlich der zweiten Bedeutungsebene. Es erscheint ratsam, andere zeitgenössische Texte hinzuzuziehen.

Anhaltspunkte dafür bietet vielleicht der „Dialogue de Perrette et de Macette": „Plus luisante que du verre," von Sigogne oder Regnier[613]. Diese Frauennamen hatten in der damaligen Zeit besondere Konnotationen. Mit Perrette ist Mademoiselle du Tillet gemeint, die als Intrigantin oder gar als Zuhälterin anzusehen war.[614] Sie wurde auch verdächtigt, in das Komplott zur Ermordung Heinrichs IV. verwickelt gewesen zu sein. Das Gedicht entwirft eine von enormer Häßlichkeit geprägte Karikatur der Mlle du Tillet: mager, kahlköpfig, eine Perücke tragend, maskenartig geschminkt, zahnlos, und sie wird mit einer Spinne, ja sogar mit einer Hexe verglichen. Macette erinnert zum einen an die Frömmlerin in der Satire XIII von Régnier[615], zum anderen ist der Name ein Synonym für den Typ der Kupplerin[616]. Von besonderem Interesse für das Verständnis von Motins Gedicht ist die zweite „Äußerung" von Perrette:

---

[611] T.B. Rudmose-Brown, „A French Précieux Lyrist of the early seventeenth century: Pierre Motin", in: *Seventeenth Century Studies presented to Sir Herbert Grierson*, Oxford 1938, S. 34–35.

[612] Vgl. Gerhard Kurz, *Metapher, Allegorie, Symbol*, Göttingen 1982, S. 27 ff.

[613] *Le Cabinet satyrique*, S. I. 20–29. Lachèvre, *Rec. sat.*, S. 334, hält die Attribuierung an Regnier für wahrscheinlicher. Die weitere Analyse wird jedoch zeigen, daß wohl doch eher Sigogne der Autor ist.

[614] *Le Cabinet satyrique*, S. I. 21–22, FN 3. Fleuret/Perceau beziehen sich in ihrer Anmerkung auf Tallemant des Réaux (*Histor. XVII*), l'Estoille (*Rec. divers* und *Mém. Journ.*) sowie d'Aubigné (*Confession de Sancy*, 1. Kap.). Im *Ms.fr. BN 24322 (fol. 4vᵒ–7vᵒ)* ist das Gedicht explizit betitelt: „Pasquin contre Charlotte du Tillet 1599".

[615] Vgl. Robert Aulotte, *Mathurin Régnier: Les Satires*, Paris 1983, S. 53.

[616] *Le Cabinet satyrique*, S. I. 24, FN 1.

Je suis la Samaritaine
Qui n'ay rente ny domaine
Que le fruict de ma vertu,
Aussy n'y a-t-il en France
Chevallier qui, à la lance,
N'ait contre moy combatu.

Die Aussage ist deutlich: Für ihren Lebensunterhalt muß die Sprecherin ihre Tugend verkaufen, und sie hat schon mit der „Lanze" eines jeden Ritters Frankreichs gekämpft.

Motins und Sigognes Gedicht sind nicht nur beide im *Cabinet satyrique* (1618) sondern auch schon in den *Bigarrures* (1614)[617] gemeinsam abgedruckt. Somit drängt sich die Vermutung auf, daß auch Motins Samaritaine die du Tillet meint.

Auch die sich anschließende „Sentence de caboche sur le debat de ces deux maquerelles": „Au plus creux des roches fortes,"[618] apostrophiert eine der Zuhälterinnen (Perrette) wieder als „Samaritaine":

A vous, la Samaritaine,
Qui d'un brin de Marjollaine
Les fesses vous couronnez,[619] [...]

Der Urteilsspruch fällt folgendermaßen aus:

Que l'une serve à la ville,
Et l'autre serve à la Cour.[620]

---

[617] *Les bigarrures et touches du Seigneur des Accords. Avec les apophtegmes du Sieur Gaulard: et les escraignes Dijonnoises, Dernière édition. De nouveau augmentée de plusieurs Epitaphes, Dialogues, et ingénieuses équivoques.* A Paris, par Jean Richer, ruë Sainct Jean de Latran, à l'Arbre verdoyant. 1614 ou 1615. Bibliographische Angaben nach Lachèvre *Rec. sat.* S. 30.

[618] *Le Cabinet satyrique*, S. I. 30–35. Auch dieses Gedicht wird im Titel Sigogne zugeschrieben, in einer früher erschienenen Anthologie (vgl. S. I. 30, FN 1) ist es jedoch signiert mit „Regnier", und Lachèvre (*Rec. sat.*, S. 332) optiert für diese Attribuierung.

[619] Vgl. *Emblemata*, S. 549–550. Schwein, das Majoran wittert. „Nicht für dich dufte ich – Für verkommene Seelen ist die heilsame Lehre ein Gift: So meidet das schmutzige Schwein den Majoran."

[620] Vgl. „Plus luisante que du verre", *Le Cabinet satyrique*, S. I. 27:
MACETTE
Dans Paris je tiens escolle,
Et chacun chez moy s'enrolle
Sous la banniere d'Amour,
Tenant, en mon art habille,
Et le bordel de la ville
Et la banque de la Cour.

Unter literaturgeschichtlicher Sicht dürfte es sich hier um einen frühen Beleg für die Dichotomie „la Cour et la Ville" handeln. Der Stadt zu Diensten sein soll „Celle de l'Isle du Palais" = Macette, dem Hof wird „Celle des Marets du Temple" = Perrette zugewiesen.[621]

Auch aus „Le Combat d'Ursine et de Perrette": „Ce n'est point des galands de France"[622] geht hervor, daß Mlle du Tillet reichlich Anlaß zu Klatsch geliefert haben muß. Sigogne schildert hier mit drastischem Realismus und unverhohlener Schadenfreude die handgreifliche Auseinandersetzung zwischen Perrette und Ursine[623].

Motin nimmt darauf direkten Bezug mit seiner „Responce au combat d'Ursine et Perrette, aux Augustins": „Perrette, la mort aux Pucelles,"[624]. Perrette und Ursine wird jeweils noch eine Genossin zugesellt, Ysabeau und Francisquine. Zwei der vier Frauen werden eindeutig durch die Appositionen „,la mort aux Pucelles," und „, l'heur des Maquerelles," als Prostituierte identifiziert. Das lyrische Ich lädt sie alle ein:

> Montez toutes sur mon eschine,
> Comme les Quatre Fils d'Aimon.

Die sexuelle Konnotation ist eindeutig, sie entweiht in gewisser Weise die Sage der vier Haimonskinder und ihres Zauberpferdes Bayard.[625] Statt mit Schwertern sollen sich die Reiterinnen mit Phallussymbolen bewaffnen:

> Armez vos devants de saucisses[626]
> Et de brayettes de Suisses:[627]

Die zweite Strophe enthält einen Seitenhieb auf Sigogne, der – das Wortspiel drängt sich ja geradezu auf – als Storch auf dem Turm des Hôtel de Bourgogne

---

[621] Die Samaritaine wird ebenfalls erwähnt in „Il est donc vray qu'elle soit morte," (*Le Cabinet satyrique*, S. II. 264–267), den „Regrets sur le trespas d'une des plus fameuses maquerelles de la cour", die jedoch laut l'Estoille auf die Zuhälterin Dumoulin anspielen (vgl. *Le Cabinet satyrique*, S. II. 264, FN 1). Dies wäre ein neuer Hinweis auf die Identität der in „Rare honneur du Pont-Neuf, belle Samaritaine," karikierten Frau. Verläßlich entscheiden läßt sich heute nicht mehr, ob Motin ein anderes „Opfer" als sein Rivale Sigogne gewählt hat.

[622] *Le Cabinet satyrique*, S. II. 100–105.

[623] Ein Vorfall, von dem auch Tallemant des Réaux berichtet, vgl. *Le Cabinet satyrique*, S. II. 100, FN 1.

[624] *Le Cabinet satyrique*, S. II. 105–113. „Aux Augustins" heißt hier: „sur le quai des Augustins", vgl. *Le Cabinet satyrique*, S. II. 100, FN 1.

[625] Die Haimonskinder erinnern an die Ritter in „Plus luisante que du verre,", vgl. oben, auf der vorhergehenden Seite.

[626] Vgl. Bougard, S. 201.

[627] Vgl. Bougard, S. 199.

sitzend karikiert wird.[628] Anschließend formuliert das lyrische Ich deutlich seine Intention: „Je veux venger vostre querelle;"[629] und bezeichnet den Gegner gleich als „cocu"[630].

Doch im Gegensatz zu der von Sigogne beschriebenen wahrhaftigen Schlammschlacht nimmt sich das lyrische Ich hier vor: „Combatons seulement du bec;"[631], neben der eigentlichen Bedeutung (ein Kampf mit spitzer Feder) wieder eine Anspielung auf den Gegner „Storch". Als Präludium des verbalen Schlagabtausches finden sich einige variierende „Echos" auf die anderen Gedichte dieses Perrette-Zyklus: „mule(s)" (S. II. 106, Verse 15 und 25) verweisen auf den „mullet qui est hors d'amble", in „Plus luisante que du verre" (S. I. 28, FN 1), und auf das breit ausgeführte Bild der Stute (S. I. 26).

Der Vers „D'un homme, beste, oyseau, poisson"[632] spielt an auf „Poire, pomme, femme, fille"[633].

Und schließlich diese beiden Verspaare:

J'escris sur la peau d'une poire,   Affin que j'escrive de crotte
De la corne d'un limasson.[634]   Ce duël sur un cuir de botte.[635]

Die folgenden Strophen gestalten sich zu einem Schmähgedicht voll beißenden Spotts auf Sigogne, das immer groteskere Formen annimmt. Diese Verse wimmeln von versteckten Anspielungen auf das Bezugsgedicht, auf andere Gedichte und auf die gesellschaftliche Realität. Es sollen hier nur einige Einfälle Motins exemplarisch vorgestellt werden. Sie kreisen zunächst um den „Vogel" Sigogne, um seine Aktivitäten als Zuhälter und um sein Hahnreitum. Die Strophen 10 und 11 fallen durch die ausgiebige Verwendung von Anaphern auf:

---

[628]   Der Turm des Hôtel de Bourgogne, la Tour de Jean-sans-Peur, steht noch heute. Das Gebäude hieß früher Hôtel d'Artois. Vgl. Michelin, *Paris, le guide vert touristique*, Paris ³1978, S. 127. Da Sigogne im Dunois geboren wurde, erklärt sich vielleicht die Wahl des Gebäudes.

[629]   *Le Cabinet satyrique*, S. II. 106.

[630]   Vgl. „Peuple, malheur sur vous, quand le sanglant Gerfaut", *Le Cabinet satyrique*, S. II. 134.

[631]   *Le Cabinet satyrique*, S. II. 106.

[632]   *Le Cabinet satyrique*, S. II. 106. „Poisson" bereitet den Vorwurf der „maquerellage" vor, vgl. S. II. 108.

[633]   In Regniers „Au plus creux des roches fortes", *Le Cabinet satyrique*, S. I. 33.

[634]   *Le Cabinet satyrique*, S. II. 107. Vgl. auch S. II. 106, FN 4. Eine hübsche Idee, mit einem Schneckenhörnchen die noch kommenden Riesenhörner des Hahnreis vorzubereiten.

[635]   *Le Cabinet satyrique*, S. II. 100.

Oyseau qui cherit le Printemps,
Oyseau qui se paist de reptiles,
Oyseau, vray trafiqueur de filles,
Qui donne à tous du passe-temps.

Oyseau unique en ton espece,
Oyseau tout parfumé de vesse,
Je te flanque dedans mes vers,
Je te fourre en capilotade,
Rosty, boully, en carbonnade,
De droict, de tors et de travers.

Diese Verse, die spielerisch mal den Vogel, mal den Menschen meinen, stehen einer Rauferei in Aggression kaum nach. Weiter geht die Häme in Strophe 12:

Des bestes il est la plus beste, (Diaphora)
Des cornus il est la cornette, (*figura etymologica*)
Des cocus le cheval leger;[636]
Ses cornes, si haut encornées, (*figura etymologica*)
Serviront, dans quelques années,
De crochetz au garde-manger.

Die Strophe 14 handelt vorgeblich sachlich von Makrelen, aber nur um in Strophe 15 wortspielend fortfahren zu können:

Tu sçais que les maquerellages
T'ont faict manger de bons potages;

Die Strophen 18 und 19, eine Reihung von sprachlichen Klischees und Stereotypen, rücken Sigogne in die Nähe der bizarren Charaktere aus manchen *Ballets*[637]:

Discret comme un coupeur de bource,
Effronté comme un maistre gueux.
[...]
Menteur en arracheur de dents.

Die Strophen 20 und 21 schreiben dem Gegner noch weitere groteske Berufe zu, um ihm als Lohn für diese „Tätigkeiten" dann anzubieten:

---

[636] Findet sich hier, neben der speziellen Bedeutung von „reiten", eine Anspielung auf die Affäre zwischen Heinrich IV. und der Marquise de Verneuil, in die Sigogne verwickelt war?

[637] Vgl. oben Gliederungspunkt 6.3.3 *Ballets*.

Je te donne, pour ton sallaire [sic],
Six pets et trois vesses à boire,
Et quatre crottes à manger;[638]

Pour cacher tes cornes si grandes,
Les peaux de cent chattes friandes, (Strophe 22)

Die Strophe 23 spielt mit dem Vers „Dans le bois de la trahison" auf Sigognes politischen Wankelmut an. Der Dichter war erst Mitglied der Heiligen Liga, wechselte nach der Schlacht von Ivry aber in das Lager Heinrichs IV.[639] In der Strophe 24: „Cest homme est poisson, beste, oyseau!" verweist Motin zurück auf die Strophe 7: „D'un homme, beste, oyseau, poisson". Er faßt so noch einmal die Schwerpunkte seiner „Argumentation" zusammen: das Fischhafte dieses Mannes wurde auf die Spezies „maquereau" festgelegt, das tierhaft Dumme auf sein Hahnreitum, und das Vogelhafte ergibt sich vor allem aus seinem Namen.

Abschließend schlichtet das lyrische Ich jedoch den Streit, indem es seinem Gegner voller Ironie vorschlägt, sich durch den Verkauf der Jungfräulichkeit der vier Damen sein Heim komfortabel einzurichten. Es ist jedoch mehr als wahrscheinlich, daß der Zuhälter keine Jungfrauen mehr anzubieten hat, so daß auch dieses vorgebliche Versöhnungsangebot wieder gehässig ist. Doch zum guten Schluß bietet sich das lyrische Ich noch als Türsteher für das einzurichtende Bordell an:

Si quelqu'un vous veut faire offence,
J'arresteray son arrogance,
Luy donnant le nez dans le cu;

Der mit förmlichen Floskeln durchsetzte Abschied ist noch einmal Ausdruck der Verachtung:

Adieu, gros marmot à guiterne,[640]
Salle mine de chat qu'on berne,[641]
Adieu, cocu du bas mestier;
A grand regret je me retire;
Je suis pressé de te le dire:
C'est qu'il me faut aller chier!

---

[638] Dieses Schwelgen in analer Bildlichkeit findet sich am Schluß des Gedichtes noch einmal.

[639] Vgl. *Le Cabinet satyrique*, S. II. 110, FN 3 von Fleuret/Perceau.

[640] Dies ist eine Anspielung auf „Faite en manche de guiterne,", S. I. 21 und „Et vous, manche de guiterne,", S. I. 33.

[641] Eine Anspielung auf „Souple comme un chat qu'on berne," S. I. 33.

Aufgrund der vorangegangenen Analyse scheint es mir gerechtfertigt, Lachèvres Attribuierung der beiden Perrette-Gedichte zu widersprechen. Er schreibt sie Regnier zu und stützt sich dabei auf den *Recueil des plus excellans vers satyriques* von 1617, der ebenfalls die Autorschaft Regniers behauptet. Die Attribuierungen dieser Anthologie befinden Fleuret/Perceau (S. II. 113, FN 5) jedoch für „assez fantaisistes".[642] Für Sigognes Autorschaft spricht zum einen die Tatsache, daß die Gedichte im *Cabinet satyrique* mit seinem Namen signiert sind, zum anderen und vor allem aber auch die Tatsache, daß Motin in seiner *Satyre* gegen Sigogne sich mehrfach mit Anspielungen und Zitaten auf die beiden Perrette-Gedichte bezieht. Es erscheint unlogisch, daß Motin in diese *Querelle* Regnier mit hineinziehen würde.

Die soeben untersuchten Boshaftigkeiten könnten auch neue Bezugsebenen für die Samaritaine eröffnen: Wird mit dem Jacquemard auf Sigogne angespielt? In der Nachbarschaft solcher Gedichte liegt durchaus auch die wortspielerische Assoziationskette „Jacquemard – braquemart[643] – maquereau" (= Sigogne) nahe. Wie der „Storch" Sigogne auf dem Turm des Hôtel de Bourgogne thront auch der Jacquemard unnahbar auf seinem „vieux donjon". Auch „le batail" (Z. 22) könnte eine neue, obszöne Konnotation bekommen, besonders wenn man dazu die Zeilen 33–36 sieht:

> Je ne fis rien icy que sonner une cloche,
> Au lieu de commander à quelque bataillon,
> Mais s'il plaist aux Destins qu'un jour je vous approche,
> Je m'attens de sonner un autre carillon.

6.3.8.2 *Wahrsagerei;* HOROSCOPES

Die folgenden Gedichte weisen Bezüge zu denen des Perrette-Zyklus auf, kaschieren ihre satirischen Absichten jedoch durch die Rahmenhandlung der Wahrsagerei.

Die *Satyre* „Clepton le Boesme effronté"[644] ist betitelt „La Cascarette" und verweist damit auch wieder über den Kontext des Gedichtes hinaus auf die gesellschaftliche Realität. Pierre de l'Estoille wählt den Titel „La bonne avanture de Cascarette" und konkretisiert erfreulicherweise diesen Bezug in einer Anmerkung zu seiner handschriftlichen Kopie des Gedichtes:

---

[642] Ein weiteres Perrette-Gedicht ist jedoch auch in dieser Anthologie mit „Sigognes" signiert: „Stances satyriques contre la fameuse Perrette": „Ne verray-je jamais l'ollivastre Perrette," *Le Cabinet satyrique*, S. I. 384. Inhaltlich fügt es sich ein in die Tradition der Schmähgedichte gegen häßliche Alte.

[643] Vgl. Bougard, S. 199. „braquemart" in dieser Bedeutung z. B. auch im Gedicht, „Un jeune amant pres sa Dame soupet," (Mellin de Saint-Gelais, *Le Cabinet satyrique*, S. II. 209).

[644] *Le Cabinet satyrique*, S. II. 239–241.

Cascarette est la ieune Beaulieu contre laquelle Motin irrité publia ceste buffonesque mesdisance qui couroit à Paris l'an 1606.[645]

Das Gedicht ist eine Verunglimpfung der Frau, aufgezogen als Prophezeiung, die jedoch nicht das lyrische Ich selbst, sondern ein „unverschämter Zigeuner" namens Clepton Cascarette ins Gesicht sagt und sich dafür auch noch bezahlen läßt. Das griechische Wort „Clepton" bedeutet „ich stehle" oder „ich verberge"[646]. Außerdem wird der „Wahrsager" noch als „Habille joueur de la harpe"[647] apostrophiert. Fleuret/Perceau erläutern in ihrem Glossar (S. II. 518), daß „joueur de harpe" als Synonym für „voleur" gebraucht wurde. Die „Vision" beginnt gleich damit, daß Cascarette der Sodomie bezichtigt wird (Strophen 4 und 5):

Petite, dit-il, je voy bien
Qu'homme jamais ne vous fist rien,
Bien qu'un chaud desir vous consomme,
Mais vous avez, un jour, baisé
Un grand vilain barbet frisé,[648]
Qui vous fit ce qu'eust faict un homme.

Et ce fut vous qui, de vos doigts,
Le mistes en ces doux abois,
Puis vous vous joignistes tout contre,
Remuant dessous ce mastin,[649]
Dru comme un resveille matin
Frappe le timbre d'une monstre [sic].

Die Strophen 6 und 7 enthüllen Cascarettes ausgiebigen Gebrauch eines selbstgebastelten *Godemichi* und ihre Männerbekanntschaften aus dem Bereich der Abortentleerer. Zum Ehemann wird sie immerhin einen Müllkippenwächter[650] wählen.

---

[645] *B.N. Ms.fr. 25560*, Blatt 82r.

[646] Vgl. Anmerkung von Fleuret/Perceau, *Le Cabinet satyrique*, S. II. 239.

[647] Ist das eine in diesem Kontext gewagte Anspielung auf den biblischen Harfenspieler David, dessen Bußpsalmen Motin ja auch bearbeitet hat?

[648] Ein *barbet* ist ein Griffon, ein Vorstehhund für die Entenjagd. Dieser Vorwurf wird entschärft in der Ausgabe von 1632: „barbier frizé", *Le Cabinet satyrique*, S. II. 240, FN 3.

[649] Motin spielt pikant mit der ursprünglichen Bedeutung von „aboi". Ein *mastin* ist ein „grand et gros chien de garde ou de chasse" *Petit Robert* s.v. „mâtin", S. 1166. Vgl. „Les abois des mastins" in: Rare honneur du Pont-Neuf, belle Samaritaine", *Le Cabinet satyrique*, S. II. 83.

[650] Dieser „Concierge d'une voirie" taucht schon in „Plus luisante que du verre" als „gueux de voirie" auf (*Le Cabinet satyrique*, S. I. 28).

Die Strophen 8–12 schildern das Hausen der beiden in einem Keller und den rapiden körperlichen Verfall der Frau, der ekelerregende Dimensionen annimmt:

Vostre front sera de safran
Et vostre nez de beste-rave[651];

Vos yeux de carpe morte en l'eau,
Vostre cuir d'ours ou de blereau,
Mouchetté comme de la frise;
Vos tetins laids et basannez,
Des fids de S. Fiacre au nez,[652]
Du cotignat dans la chemise;

Tousjours aux jambes quelques loups,
Au cul des galles et des clous,
Aupres d'un esgout effroyable,
Tousjours puant et distillant,
Sous un grand ventre brimballant,
Beau moulle à faire quelque Diable.

So häßlich und stinkend werde sie sein, daß sie einem Teufel zum Vorbild gereichen könne. Mit Eifersucht werde der Ehemann sich nicht herumplagen müssen, da selbst ein Leprakranker oder ein Henker[653] sie fliehen werden. Einzig ein Inkubus könnte dem Gatten Anlaß bieten, eifersüchtig zu sein.[654] Die letzte Strophe schließlich malt das Ende der Cascarette aus:

Puis, ayant passé quelque temps
Vous haïssans et vous battans,
Tousjours en eternelle noyse,

---

[651]   Vgl. den Anwurf „bette-rave" in: „Au plus creux des roches fortes", (*Le Cabinet satyrique*, S. I. 33).

[652]   Papillom. Vgl. Furetière, zitiert im Glossar von Fleuret/Perceau S. 514. Saint Fiacre ist der aus Irland stammende Heilige der Gärtner. Vgl. H. Bouchitté in: Duckett, William (Hrsg.), *Dictionnaire de la conversation et de la lecture: Inventaire raisonné des notions générales les plus indispensables à tous par une société de savants et de gens de lettres*, Paris ²1870, Bd. 9, S. 407–408. In der letzten Strophe wird ebenfalls auf Iren angespielt, vgl. dazu unten die drittnächste Fußnote.

[653]   Vgl. die häßliche Perrette, die aussieht wie „L'espousée d'un bourreau" in: „Plus luisante que du verre" (*Le Cabinet satyrique*, S. I. 26).

[654]   Vgl. die Beschimpfung von Perrette als Hexe in „Plus luisante que du verre" (*Le Cabinet satyrique*, S. I. 28) und in: „Au plus creux des roches fortes", (*Le Cabinet satyrique*, S. I. 33), wo Macette als Hexe tituliert wird.

L'habit poüilleux et deschiré,
Dessous le pont S. Honoré,
Vous mourrez en pauvre Hirlandoise.[655]

Insgesamt kommt die Cascarette also sehr schlecht weg. Die Verunglimpfungen werden jedoch elegant diesem zweifelhaften Wahrsager in die Schuhe geschoben.

Zwei weitere Gedichte benutzen den Vorwand der Wahrsagerei, um Klatschgeschichten auszubreiten und Persönlichkeiten des höfischen Umfeldes zu verhöhnen. „La peur de l'advenir, et ses courtiers puniques"[656] ist betitelt „Les visions de la Cour en suitte de ceux d'Aristarque – Satyre". Mit diesem Titel narrt Motin den gebildeten Leser, der seine Kenntnisse antiker Literatur vergeblich durchforstet, denn es gibt das angebliche literarische Modell der Antike gar nicht; ein Gelehrtenwitz, der noch im 21. Jahrhundert wirkt. Der Name wäre somit gar kein Verweis auf einen antiken Autor, sondern der Eigenname des Sehers, der als sprechender Name ausgesucht wurde: „Alter Adliger". Dem Titel bleibt Motin insofern treu, als er das lyrische Ich vorgeben läßt, einen Wahrsager aufgesucht zu haben, der ihn in einen magischen Spiegel blicken ließ. Entsprechend beginnt jeder Vierzeiler mit „J'apperceus" oder „Je vis".[657] Über zahlreiche der bizarren Details können nur Vermutungen angestellt werden, da sich das dafür erforderliche Hintergrundwissen größtenteils auch der Kenntnis der Geschichtsschreibung entzieht.

Mehrfach wird auf Verhältnisse zwischen Adligen und Kurtisanen angespielt. In diesem Kontext gibt es eine Scheinschwangerschaft (Strophe 2) und eine Beziehung, die am zu großen Altersunterschied scheitert (Strophe 13):

Je vis avec l'orme de la verdure fresche
Lier sa ieune vigne & prendre son apuy:[658]
De l'homme ridé la racine estoit seiche,
Donc la vigne eut frayeur & s'esloigna de luy.

---

[655] Zu dieser Anspielung vgl. die Fußnote 4 auf S. II. 242 des *Le Cabinet satyrique*. Es handelt sich um eine Kolonie von Geusen aus Irland, die die Passanten angriffen und beraubten und unter den unfertigen Pfeilern des Pont-Neuf hausten.

[656] *Le Parnasse satyrique*, S. 95–99.

[657] Bis auf Strophe 8, „J'apperceus" im zweiten Vers, und Strophe 11, in der stattdessen ein Vers mit einer persönlichen Wertung des Gesehenen steht. Vgl. die Häufung der Versanfänge mit „Und ich sah ..." in der Offenbarung des Johannes.

[658] Dieses Bild findet sich auch in einer *Satyre*, mit der die Dumoulin gemeint sein soll, den ‚Regrets sur le trespas d'une des plus fameuses maquerelles de la cour', „Il est donc vray qu'elle soit morte", *Le Cabinet satyrique*, II. 264–267 und Anm. 1, S. 264. Die Verse finden sich auf S. II. 266: „Son regard, [...]/Faisoit [...]/Sur l'ormeau la vigne ramper,".

Ein Bild aus dem Pflanzenreich verwendet auch Strophe 12:

> Ie vis la lietropie ardamment embrasee
> Sans l'oser faire voir d'un amour non pareil,
> Porter la teste basse à faute de rosee:
> Mourant de ne mourir aux rais de son Soleil.

Die Sonnenwende (Heliotropium) steht für eine in Liebe entbrannte Frau, die in Abwesenheit der Sonne, ihres Geliebten, wie die Blume den Kopf hängen läßt. Das Heliotrop ist die in die Blume verwandelte Clytie, Geliebte Apollos. In der Emblematik wird der Phototropismus bzw. Heliotropismus des Heliotrops zum einen häufig als Sinnbild für die Nachfolge Christi, zum anderen aber auch als repräsentativ für die Treue des Liebenden verwendet.[659] Der letzte Vers erinnert an das typisch barocke Paradoxon „ie meurs de ne pouvoir mourir" aus „Soleil cache ta tresse blonde"[660].

Immerhin gibt es zwei handschriftliche Fassungen dieses Gedichtes, im *B.N. Ms.fr. 25560* (Autograph von Pierre de l'Estoille) und im *Arsenal Ms. 3137*, in denen jeweils sechs Strophen mit (identischen) Anmerkungen versehen sind, die einzelne Episoden mit ihrer Anspielung auf zeitgenössische Personen für den damaligen Leser entschlüsseln. Der Titel lautet abweichend in beiden Handschriften: „Visions de Motin, qu'on apelle l'apocalypse. 1606". Diese Fassung ist wohl näher am Original: Von Sprache und Orthographie her scheint sie älter zu sein, und auch die inhaltlichen Varianten sind oft besser, direkter, frecher. Damit hätte man einen der seltenen Fälle der direkten Datierung eines Gedichtes, allem Anschein nach durch die Hand l'Estoilles. Der Titel ‚Apokalypse' verweist auf die stilistischen Anklänge an die biblische Offenbarung des Johannes (durch den schon erwähnten anaphorischen Strophenbeginn mit „Ie vis", oder auch teilweise sprachlich leicht variiert).

Gemäß den Anmerkungen ist der „Sapharon" aus Strophe 3 „Sapaion, le G. de Diion", der „homme armé" ist „le P.G. son Frere":

> Ie vis un Sapharon à la moustache rude
> Monter un dromadere, & le mener au rond,
> Ie vis un homme armé couché dans un estude,
> Portant comme Diane un croissant sur le front.[661]

Trotzdem bleibt die Bedeutung der Strophe heute unklar.

Die Spinne aus Strophe 16 könnte eine Anspielung auf Mlle du Tillet sein, die in „Plus luisante que du verre"[662] und in „Ce n'est point des galands de

---

[659] *Emblemata*, S. 311–313.
[660] *Sec. livre des délices*, S. 409–410. Vgl. oben 6.1.5.3 Die unbeständige Geliebte.
[661] *B.N. Ms.fr. 25560*, Blatt 77r.
[662] *Le Cabinet satyrique*, S. I. 27.

France"[663] als Spinne charakterisiert wird. Allerdings fehlt dieser Hinweis in der Handschrift von l'Estoille. Auch andere Tiere werden herangezogen, um die höfische Gesellschaft zu karikieren (Strophe 6):

> Ie vis mille animaux[664] dans les champs Elizées,
> Des taupes, des serpents se promener au soir:
> Des veaux chercher l'escho de leurs voix deguisées
> Porter des habits d'homme & sur l'herbe s'asseoir.

Die Kritisierten sind blind wie Maulwürfe[665] und voll wuchernden Neides wie die (Lernäische) Schlange[666]. Mit den Kälbern könnten die Schreiberlinge am Hof gemeint sein[667]. L'Estoilles Anmerkung identifiziert die „champs Elizées" mit „Les Tuilleries".

Das traditionelle Bild vom Liebeswerben als Jagd[668] findet sich in Strophe 11. Die beiden Frauen sind dort „biches", den beiden Jägern, die ihnen nachstellen, ist unterschiedliches Jagdglück beschieden:

> Deux chasseurs pousuivantz deux biches a la queste,
> I'en vis un qui blessa la sienne a coups de traictz,
> L'aultre suivant la sienne eut du poil de la beste,
> Si l'un est bon archer l'aultre n'est pas mauvais.[669]

Die „traictz" des „archer" bleiben im Bild des Jägers, rufen aber zugleich die Vorstellung vom Gott Amor wach. Doch auch die sexuelle Konnotation ist präsent. Der andere, in einer Variante der *Muses gaillardes* (S. 245) als „plus subptil" bezeichnet, kommt so nah an seine Beute heran, daß er einige Haare der Frau erwischt. „Poil" konnte zu Motins Zeit noch „Kopfhaar" bedeuten,[670] zum leicht anzüglichen Kontext würde jedoch auch die Lesart „Schamhaar" passen. Der letzte Vers mit der ironisch untertreibenden Wertung „pas mauvais" macht deutlich, wem die Sympathie des lyrischen Ichs gilt.

Das Motiv ‚Frau als Stute' wird zweimal benutzt. In Strophe 9 zeigt sie sich widerspenstig, der Versuch der sexuellen Vereinigung mißglückt:

---

[663] *Le Cabinet satyrique*, S. II. 101.

[664] Die Fassung des *Parnasse satyrique*, S. 96, lautet: „milles [sic] amoureux".

[665] Vgl. *Emblemata*, S. 490.

[666] Vgl. *Emblemata*, S. 628–629.

[667] Vgl. *Emblemata*, S. 835–836, wo in einem Emblem über die „Macht des geschriebenen Wortes" das Kalb das Pergament repräsentiert.

[668] Vgl. oben unter 6.1.8.1 Vorübergehende Trennung durch Abwesenheit: „De quoy sert à mes yeux le retour de l'aurore" und die Erwähnung dieses Themas in den *Ballets*.

[669] *B.N. Ms.fr. 25560*, Blatt 77v°–78r.

[670] Vgl. Furetière, Bd. 3, *s.v. „poil"*. Es könnte sich also um eine als Andenken verschenkte Haarlocke handeln.

Je veis une jument morveuse et forte en bouche,
Auprès d'un escuyer qui la vouloit monter,
Comme un jeune poulain faire de la farouche
Et d'un franc discoureur ne se laisser domter.[671]

In Strophe 18 wird das Bild in einen neuen Kontext gestellt:

J'apperceu atteller quatre jeunes cavalles
A un grand chariot nommé necessité:
Mais elles demeuroyent dans les bourbes plus sales,
A faulte d'un chartier d'un fouet [d'or] redoubté.[672]

Bei den vier jungen Stuten muß es sich um vier junge Frauen aus besseren Kreisen handeln, die sich aus Not in den Sumpf des Lebens (wohl Prostitution usw.) begeben haben. Doch konnte auch das ihren sozialen Abstieg nicht verhindern, da sie es an Gold, d.h. an Bestechungsgeldern, haben mangeln lassen. Die Peitsche paßt zum Bild des Pferdegespanns. L'Estoille identifiziert die Pferde mit „Les quatre Bacquevilles".

Das Motiv der Bestechung findet sich auch in Strophe 7:

Ie vis un grand maretz & dans son onde claire,
Chacun tendre sa ligne a [sic] pescher du poisson,
Mais chacun se trompoit & n'y pouvoit rien faire,
Pour n'avoir mis de l'or au bout de l'ameçon.

L'Estoille bietet für „un grand maretz" an: „La Grandmare".

Auch das Motiv Moor („les bourbes plus sales"; „marais") wird noch einmal verarbeitet, in der rätselhaften Strophe 19, in der „poix" und „febves de marais" kontrastiert werden:

Ie vis un champ de poix humecté d'apostumes
Que jamais le soleil n'eschauffoit de ses raiz,
Les poix n'y venoyent point, car c'estoit la coustume,
Qu'on y vouloit planter des febves de maraiz.[673]

---

[671] Das Indiz für die erotische Bedeutung dieses Bildes ist der Ausdruck „faire la farouche". Vgl. die Selbstcharakterisierung Perrettes in „Plus luisante que du verre" (*Le Cabinet satyrique*, S. I. 26). Die Variante des vierten Verses in der Handschrift *B.N. Ms.fr. 25560* lautet: „Et d'un fascheux discours ne se laisser dompter „(Blatt 77v°).

[672] Strophe 18, *B.N. Ms.fr. 25560*, Blatt 78v°. Die Hinzufügung [d'or] erfolgt in Anlehnung an die Variante im *Parnasse satyrique*, S. 97, und in den *Muses gaillardes*, S. 247. Der Kopist könnte diese aus metrischen Gründen erforderliche zusätzliche Silbe schlicht vergessen haben.

[673] *B.N. Ms.fr. 25560*, Blatt 78v°.

„Poix" (Erbsenstaude) bedeutet in der Emblematik „Hilfe annehmen", „febve" (Stangenbohne) „Überheblichkeit".[674]

Die letzte Strophe benützt wieder das Motiv des *Trou-madame*-Spiels[675] und verleiht ihm durch diese exponierte Stellung den Charakter einer Quintessenz des Liebestreibens bei Hofe:

> Ie vis un corps percé sembler un trou Madame,
> Servant de passe-temps aux amans sans soucy,
> Qui jouent jour & nuit au trou de ceste femme,
> Mais les bouletz estoyent d'olives de Poissy.[676]

Poissy dürfte in der damaligen Zeit noch mit dem königlichen Hof konnotiert gewesen sein,[677] „olives" jedoch bleibt dunkel.

In de l'Estoilles Handschrift findet sich noch ein weiteres Gedicht mit der Überschrift „Visions d'Aristarque": „Je passay curieux dans ceste Isle admirable", datiert 1606[678].

Die „Rahmenhandlung" beider Gedichte ist gleich: Das lyrische Ich geht zu einem „magicien sçavamment estimable" (l'Estoille) bzw. zu einem „homme aux charmes addonné" (Motin) und erblickt dann in einem „magique verre", einem „crystal" (l'Estoille) bzw. in einem „grand miroir magique" (Motin) die anschließend gestalteten Episoden. Der Zauberer bei l'Estoille erklärt noch, daß es ihm nicht erlaubt sei, deutlicher als in der „langage des Anges" zu sprechen. Fast jede der 51 Strophen wird durch eine Anmerkung entschlüsselt. Drei Anmerkungen haben beide Gedichte gemeinsam, die durch sie erläuterten Episoden ähneln sich jedoch nur entfernt, könnten sich allerdings tatsächlich auf die gleiche Person beziehen:

„le lieutenant civil":

> Ie vis mille valetz au juge s'aller plaindre
> D'un homme qui par tout de la chair marchandoit
> Et par ces vieux abuz que l'on debvoit retraindre,
> Ce qui valoit cinq solz dix escus le vendoit. (Motin)[679]

---

[674] *Emblemata*, S. 329–331.

[675] Zu diesem Spiel, das als zentrales Bild in dem Epitaph „Soubs ce tombeau gist une femme" (*Quintessence satyrique*, S. 180) verwendet wird, vgl. oben unter 6.2.2.2.1 Motins Tavernendichtung: Anatomie.

[676] *B.N. Ms.fr. 25560*, Blatt 78v°.

[677] Die königliche Residenz von Poissy wurde unter Karl V. abgerissen. Guide de tourisme Michelin, *Ile-de-France*, Paris ²1995, S. 149.

[678] *B.N. Ms.fr. 25560*, Blatt 60r–64r. Die Bezeichnung „Isle admirable" ruft noch die Assoziation ‚Insel der Seligen, Elysium' wach, doch wird sie zur „Isle maudite" (3. Strophe).

[679] Strophe 10, *B.N. Ms.fr. 25560*, Blatt 77v°.

Motin verhöhnt den *Lieutenant* als Zuhälter, der Wucherpreise nimmt, während l'Estoille ihn als lächerlichen, unter der Fuchtel seiner kratzbürstigen Frau stehenden Kahlkopf und Hahnrei darstellt:

> Je vis un Magistrat dont le chef venerable
> Par une gresle estoit despouillé de cheveux
> Et sa femme frapper de tempeste semblable
> Ceux qui vouloyent arriver en son port amoureux.[680]

„Beniamin avec la P.D. Con./La P. de Conti":

Bei Motin handelt es sich um einen Mann, der eine Mätresse angewidert fallen läßt:

> Ie vis un grand heron sur la rive deserte
> Surprendre une grenouille & l'aller devorant,
> Mais depuis qu'elle est eu les cuisses entrouvertes
> Il laissa s'estant peu à tous le demeurant.[681]

Bei l'Estoille geht es um eine Frau, die mit ihrem sexuellen Begehren schmählich alleingelassen wird:

> Ie vis une beauté ardamment allumée[682]
> Des feus de Cupidon mourir en languissant,
> Et luy vis presenter une endouille enfumée
> Pour prendre son repas maigre & peu friand[683]

Die sexuelle Konnotation von „endouille" ist offensichtlich.

„Les quatre Bacquevilles":

Zu Motins Gestaltung der Szene wird auf die Analyse der Strophe 18 im Kontext des Gedichtes etwas weiter oben verwiesen.
L'Estoille schreibt:

> Ie vis un grand troupeau d'execrables harpies
> Pleines de desespoir lever au ciel les yeux
> Mais leurs prieres n'estoyent pas trop bien assorties
> En vain ils reclamoyent les hommes & les Dieux.

Auch hier handelt es sich um eine in Not geratene Gruppe von Frauen, die sich jedoch nur auf Wehklagen beschränken. Ein lockerer Zusammenhang ist

---

[680] Strophe 37, *B.N. Ms.fr. 25560*, Blatt 62v°–63r.
[681] Strophe 17, *B.N. Ms.fr. 25560*, Blatt 78r.
[682] Vgl. Motins Vers aus Strophe 12: „Je vis la Lietrope ardamment embrazée", *B.N. Ms.fr. 25560*, Blatt 78r.
[683] Strophe 9, *B.N. Ms.fr. 25560*, Blatt 60v°.

auch zwischen Motins anderer Stutenepisode[684] und einer entsprechenden
Szene bei l'Estoille denkbar:

> Autour d'une jument j'advisay une troupe
> D'Escuyers vieux peléz qui l'ambloyent franchement
> Un des plus adviséz en demanda la croupe,
> Mais son piqueur disoit, elle va trop souvent.[685]

Diese „Stute" ist bei l'Estoille Mad. de Guise.
Die Quintessenz aus seinen Visionen hat l'Estoille schon in Strophe 20
verborgen:

> I'entendis une voix, disant, siecles prophanes,
> C'est aux seuls vitieux que la fortune rit.[686]

Die erwähnten Befunde legen die Vermutung nahe, daß l'Estoilles Gedicht
Motin als Vorlage gedient hat, umso mehr als der Autor dies ja schon im
Titel seiner Neuschöpfung anzeigt: „Les visions de la cour en suitte de ceux
d'Aristarque".

Das Spiegelmotiv ist auch bestimmend in der *Satyre*: „Present d'un mirouer a une dame": „Belle, de qui les yeux donnent mille trespas,"[687]. Auch dort
dient es als Vorwand für allerlei Verunglimpfungen.

Ebenfalls vorgeblich prophetisch kommt auch das Gedicht „Peuple, malheur sur vous quand le sanglant Gerfaut"[688] daher, das sich durch seinen Titel
„Prophétie en cocq a l'asne"[689] schon vorab dem Anspruch auf eine klare,
nachvollziehbare Gedankenführung entzieht. Da das Verworrene auch hier
geradezu Programm ist, sollen einige Anmerkungen genügen.

---

[684] Vgl. oben Strophe 9.

[685] *B.N. Ms.fr. 25560*, Blatt 62v°.

[686] *B.N. Ms.fr. 25560*, Blatt 61v°. Vgl. auch Strophe 25 (Rosni):
Ie vis un homme assis sur la roue de fortune,
Orgueilleux, mespriser les hommes & les Dieux
Et dedans le milieu d'une haine commune,
Estre honnoré de tous, comme venu des Cieux. Blatt 62r.

[687] *Le Cabinet satyrique*, S. II. 79. Vgl. Besprechung unter 6.3.7 Gedicht als Geschenk/
Etrennes.

[688] *Le Cabinet satyrique*, S. II. 132–134.

[689] Sebillet schreibt zum *Coq à l'âne*: „[...] et l'ont sés premiers autheurs nommé, Coq
a l'asne, pour la variété inconstante dés non cohérens propos, que lés François
expriment par le proverbe du saut du Coq a l'asne. Sa matiére sont lés vices de
chacun, qui y sont repris librement [...]. L'exemplaire en est chéz Marot, premier
inventeur dés Coqs a l'asne, [...]." Thomas Sebillet, *Art poétique françoys: éd. crit. avec
une introduction et des notes*, publ. par Félix Gaiffe, nouv. éd. mise à jour, 3e éd., Paris
1988, S. 167–168.

Der Ausruf eines „indompté guerrier" in der zweiten Strophe nimmt eine
Idee aus dem Epigramm „Jeanne qui s'adonnoit souvent à la vertu,"[690] wieder
auf, in dem auch auf die physikalischen Eigenschaften des Bernsteins angespielt wird:

> Jeanne qui s'adonnoit souvent à la vertu,
> Dit un jour à quelqu'un qui avoit petit membre:
> „Rejettez à la paille encore ce festu,
> Et ne prenez jamais ma nature pour ambre."

Hier heißt es nun:

> Ce malheur adviendra quand l'indompté guerrier,
> Vaillant et genereux ainsi qu'un pot de chambre,
> Viendra, sans dire mot, en sursaut s'escrier:
> Belle, je suis de paille et vous estes mon ambre!

Der „indompté guerrier" scheint eine auch damals nicht lexikalisierte
Umschreibung für den Penis zu sein. Pikanterweise nehmen die Verwick-
lungen beginnend mit diesem Ausruf, der eine Erektion begleitet, ihren
Lauf. Anders als die oben besprochenen „Visions de la Cour" enthält dieses
Gedicht offenbar eine Reihe von Anspielungen auf außenpolitische Ereignis-
se und deren Protagonisten.

Etwas verwunderlich im Kontext europäischer und morgenländischer
Herrscher ist die Anspielung auf Sigogne:

> Une beste à long bec dans le sommet des tours,
> Et aux lieux ennemis le plus souvent se niche,
> Sa femme, au lieu de Saincts adore des Amours;
> Et plante à sa colonne une belle corniche.[691]

Mit dem rätselhaften „corniche" könnte ein Syphilis-Geschwür gemeint
sein. Damit hätten Unterstellungen und Häme einen Gipfel erreicht. Dieser
Seitenhieb bietet auch einen Anhaltspunkt zur Datierung: wahrscheinlich
wurde das Gedicht nach dem Zerwürfnis mit Sigogne wegen dessen Rolle in
der Affäre zwischen Heinrich IV. und der Marquise de Verneuil geschrieben,
also nach 1604.[692]

Auch die Grammatik ist *Coq à l'âne*: das zu einer Prophezeiung pas-
sende Futur wird nicht durchgehalten, es finden sich mehrere Vergangen-

---

[690] *Le Cabinet satyrique*, S. II. 253. Vgl. oben 6.2.1.1.1 Anatomie.
[691] *Le Cabinet satyrique*, S. II. 134. Fleuret/Perceau entschlüsseln die Anspielung in ihrer
FN 2. Vgl. die Anspielung auf Sigogne in „Perrette, la mort aux Pucelles," S. II. 105.
[692] Vgl. oben 3 Versuch einer Biographie.

heitsformen. Diese Brüche in der vorgeblichen Sprechsituation sind als ein weiteres Indiz für die Uneigentlichkeit der Aussage zu werten.

Die Wahrhaftigkeit der Prophezeiungen wird jedoch noch einmal bekräftigt in der letzten Strophe, in der die Verantwortung für die Vorahnungen einer Heiligen und einem berühmten Hellseher übertragen wird:

> Voilà ce que m'a dit un grand nez tout camus,
> Que vous devez tenir pour une prophetie
> Ou de saincte Brigide, ou de Nostradamus,
> Escrit en lettre d'or dessus une vessie. (S. II. 134)

Der Seher mit Sattelnase könnte durch eine angeborene Syphilis gezeichnet sein, umso erstaunlicher, ja kühner, daß er in Verbindung mit Brigida, der Schutzheiligen Irlands[693], genannt wird. Der letzte Vers läßt zwei Verspaare aus dem Perrette-Zyklus anklingen:

> J'escris sur la peau d'une poire,   Affin que j'escrive de crotte
> De la corne d'un limasson.[694]   Ce duël sur un cuir de botte.[695]

Dies kann als Indiz gewertet werden für die tatsächlich bestehende Verwandschaft zwischen den hier gemeinsam abgehandelten Gedichten. Mit ihnen hält Motin seinem sozialen Umfeld den (Zerr-)Spiegel vor, hauptsächlich aus Spaß am Rätselhaften. Die gewagten Bilder sind jedoch auch ein Schutzmechanismus für den Dichter, der sich so Angriffe auf bekannte Persönlichkeiten leisten kann, vordergründig aber „nichts" gesagt hat. Beherrschendes Motiv, vor allem der Wahrsagerei-Gedichte, ist immer wieder die *Inconstance* des Schicksals.

6.3.9 INCONSTANCE

6.3.9.1 INCONSTANCE *als beherrschendes Weltprinzip*

Die *Constance*, bzw. der Mangel daran, war ein großes Thema in Motins Zeitalter der politischen Unsicherheit. Bei den immer wieder geradezu leitmotivisch wiederholten Anspielungen auf diese prägende existentielle Empfindung war es naheliegend, daß Motin auch ein Gedicht verfaßte, welches sich allein die *Inconstance* zum Thema nahm: „Toy qui gouvernes seule et

---

[693] Vgl. aber auch schon weiter oben Saint Fiacre sowie die „pauvre Hirlandoise" in „Clepton le Boesme effronté".

[694] *Le Cabinet satyrique*, S. II. 107. Die Nacktschnecke taucht in dieser „Prophétie" auch im zweiten Vers auf: „Et le bleu limaçon, mari de la linotte", scheinbar unmotiviert und mir völlig rätselhaft.

[695] *Le Cabinet satyrique*, S. II. 100.

le Ciel et la terre"[696]. Dieses Gedicht ist, zusammen mit seiner Neubearbeitung durch Etienne Durand, in mustergültiger Weise analysiert worden von
Rogers[697]. Da es sich um die barocke Thematik schlechthin handelt, sollen
im folgenden einige seiner Ausführungen referiert werden. In Motins *Stances*
läßt sich eine vage Gliederung in drei Teile erkennen. Sie beginnen wie ein
Huldigungsgedicht, und die ersten vier Strophen behalten den Charakter
einer Apostrophe bei. In den Strophen fünf bis acht entwirft Motin sein
tableau fantastique („Ie veux dans un tableau la Nature pourtraire,"), und die
Strophen neun bis fünfzehn behandeln die *Inconstance* in der Liebe. Die erste
Strophe wird von Rogers (142) einer genauen Stilanalyse unterzogen. Er zeigt
die von Motin bewußt erzeugten Stilbrüche zwischen formeller Feierlichkeit
und platter Banalität. Sie sind ein Indiz für die ironische Grundhaltung,
die das gesamte Gedicht prägt. Dieser Wechsel zwischen Überhöhung und
Banalisierung ist zudem ein typisches Merkmal der Satire. Auch das Thema
des dritten Teils klingt hier schon an. Die Heilige, ja Göttin *Inconstance*, treue
Schwester von Fortuna und Amor, wird als sicheres Gegengift zu Amors Pfeilen gepriesen. Das *tableau fantastique* zeigt die *Inconstance* als beherrschendes
Prinzip in der Natur. Nach *Coq-à-l'âne*-Manier werden disparate traditionelle
bildliche Elemente und barocke Paradoxa vermengt, die einzig durch das
Motiv der Unbeständigkeit zusammengehalten werden. Auch die Gedanken
(Strophe 7) und das Herz (Strophe 8) des lyrischen Ichs sind ihrem Wirken
unterworfen:

> Et si ie le pouvoy, i'y peindroy ma pensee,
> Mais elle est trop soudain de mon esprit passee,
> Car ie ne pense plus à ce que ie pensois.
> [...]
> Et lors si de mon cœur apparoist la figure,
> C'est trop peu de couleurs de toute la peinture,
> A peindre sa couleur qui n'a point de couleur.

Die Quintessenz des Naturtableaus findet sich in Strophe 9: „L'Ame de tout
le monde est le seul mouvement.". Entsprechend müsse die *Inconstance*
der weiblichen Liebe und der Frau an sich akzeptiert, ja positiv gesehen
werden. Indem man ebenso verfahre, gehe man allen Leiden aus dem Weg
und könne sich auf den körperlichen Genuß der Liebe beschränken (Strophe 13):

---

[696]   *Les Muses françoises ralliées*, Blatt 192v°–194r. Zur Geschichte der *Inconstance*-The-
        matik vgl. Rogers (1998), S. 121–162.
[697]   Rogers (1998), S. 139–145.

Car avant que iouyr i'ay desia donné gage
Apres avoir iouy ie n'attends davantage
[...]
Car tous les traicts d'Amour passent dedans mon ame,
Comme ceux qu'un Archer a decoché dans l'eau.

Durch das Schlußcouplet wiederum wird die *Inconstance* erneut in den (meteorologischen und mythologischen) Himmel gehoben:

Le ciel m'est un exemple à ma flamme legere,
Est-il rien de plus beau & de plus inconstant?

Auch in einem *Cartel* für das *Ballet de l'Inconstance* ist das populäre Thema verarbeitet worden: „Je suis l'esprit de tout le monde"[698].

6.3.9.2 INCONSTANCE *in der Liebe*

Die paradoxe Erfahrung der *Inconstance* des eigenen Schicksals als *Constance* des Unglücks bis hin zur Identifizierung damit („moy-mesme,/Qui suis le vray mal-heur vivant.") ist Thema in den *Stanses* „Ne serez-vous iamais contents"[699]. Das lyrische Ich wird als schon älter (dreimal spricht es wehmütig von den verflossenen schönen Tagen) und krank charakterisiert: „(Miserable paralisie)[Klammern im Text!]/Je n'ay plus de voix ny de main" (S. 388) und „Ie semble au malade ennuyeux" (S. 389). Es hadert mit den „Destins à mon malheur constants," die ihm in Liebesdingen aber auch allgemein nur deshalb Glück zuteil werden ließen, um ihn hinterher umso unglücklicher zu sehen. Aus den letzten beiden Strophen wird deutlich, daß der Mann erneut in einem „amoureux lien" gefangen ist. Er übergibt sein Schicksal den Augen der Geliebten, die allein darüber bestimmen werden, ob das Unglück, das ihn erwartet, groß genug ist, um ihm das Leben zu nehmen.

---

[698] *B.N. Ms.fr. 24355*, f. 141, *Parnasse 2*, f. 268r–268v.
[699] *Sec. livre des délices*, S. 387–390.

7 Gedichtformen und -gattungen

Während Motins Werk bisher überwiegend unter inhaltlichen Aspekten analysiert wurde, sollen nun formale Gesichtspunkte in den Mittelpunkt treten. Dabei ist es der Erfassung der Vielfalt des Werkes zuträglicher, sich nicht nur auf formal eindeutig definierte Gedichtformen wie z.b. das Sonett zu beschränken, sondern auch die formal variableren Gattungen und Kleingattungen hinzuzunehmen, die zum Teil so viele Spielarten zulassen, daß ihre Eigenarten eher wieder über thematische Stereotypen zu fassen sind, wie z.b. die *Plainte*[1].

Motins Dichtung weist eine Vielfalt von lyrischen Gestaltungsformen auf, so wie es zur damaligen Zeit üblich war. Schon vor einer genauen Auszählung läßt sich allerdings festhalten, daß Sonette, Oden, *Stances* und Epigramme den überwiegenden Anteil stellen.

Die *Stances* hatten gegen Ende des 16. Jahrhunderts einen raschen Popularitätsanstieg erlebt. Zunächst fanden sich nur *Stances amoureuses*, dann kamen auch andere Themen hinzu. Im 17. Jahrhundert wird es zunehmend schwieriger, *Stances* und *Ode* klar voneinander abzugrenzen.[2] Beide Formen befanden sich offenbar in einem Wandlungsprozeß, und deshalb wäre es der Erkenntnis eher hinderlich, auf strengen formalen Kriterien zu beharren. Wo vorhanden, wird bei der vorliegenden Betrachtung der formalen Gestaltung in Motins Werk die im Titel erfolgte Zuweisung zu einer speziellen Gedichtform übernommen. Fehlt sie, so wird in Analogie zu den explizit bezeichneten Stücken verfahren. Auch eine Poetik des 17. Jahrhunderts wie die von Colletet[3] enthält keine exakten Vorgaben mehr, betont vielmehr die mögliche Variationsbreite.

Motins Epigramme zeichnen sich ebenfalls durch eine große Vielfalt aus. Es gibt sie als Zweizeiler bis hin zu Siebzehnzeilern. Allen gemeinsam ist jedoch die mehr oder weniger überraschende Schlußpointe.

---

[1] Vgl. zur Geschichte der *(Com)plainte*, die in spezieller Ausformung als Populärgattung im 19. Jahrhundert ihre besondere Blüte erlebte: Monika Wodsak, *Die Complainte. Zur Geschichte einer französischen Populärgattung*, Heidelberg 1985, S. 25–94 „Die *Complainte* von ihren Anfängen bis zum Ende des 18. Jahrhunderts".

[2] Vgl. dazu Génetiot, S. 49–53, und Dieter Janik, *Geschichte der Ode und der Stances von Ronsard bis Boileau*, Bad Homburg, Berlin, Zürich 1968, S. 127–138. Nach Janik, S. 127/128, handelt es sich bei den *Stances* meist um vier- oder sechsversige Alexandriner.

[3] Guillaume Colletet, *Le Parnasse français ou l'Ecole des Muses*, Paris 1664, Nachdruck Genève 1970, S. 45–48.

Zwei Fragen ergeben sich aus den vorhergehenden Betrachtungen. Gibt es eine, zumindest tendenzielle, Korrelation zwischen bestimmten Formen und Inhalten? Fällt Motin durch bestimmte formale Vorlieben aus dem stilistischen Konsens seiner Dichterkollegen heraus oder schreibt er gemäß den künstlerischen Regeln seiner Zeit?

In bezug auf die Frage nach dem Zusammenhang zwischen Formen und Inhalten entsteht schon nach eher oberflächlicher Durchsicht von Motins Werk der Eindruck, daß die Sonette charakteristisch sind für sein Jugendwerk (allein 53 Sonette), welches sehr von der petrarkisierenden Tradition geprägt ist. Die kurzen Formen, wie Epigramme, Vierzeiler, finden sich hauptsächlich in der Tavernenlyrik. Beide Hypothesen bestätigen sich, wenn man einmal genauer durchzählt: von den insgesamt 66 Sonetten sind 53 der petrarkisierenden Tradition verpflichtet. 63 der insgesamt 66 Epigramme sind dem Themenbereich der Tavernenlyrik zuzurechnen. Diese inhaltliche Festlegung von Sonetten und Epigrammen entspricht voll und ganz den literarischen Gepflogenheiten von Motins Epoche.

Wenn man im Hinblick auf die zweite Frage die Häufigkeit aller verwendeten Gedichtformen in Motins Werk untersucht, so ergibt sich folgendes Bild:

Gesamtzahl[4] der Gedichte:	340	=	100%
Epigramme:	88	=	26%[5]
Stances[6]:	85	=	25%
Sonette:	72	=	21%
Oden:	37	=	11%
Cartels[7]:	22	=	6%
Chansons:	11	=	3%
Satiren:	10	=	3%
Elegien:	6	=	2%
Plaintes/Complaintes:	5	=	1%
Hymnen:	3	=	1%
Poèmes en Coq-à-l'âne:	1	=	0,3%

---

[4] Vgl. die Tabelle der Versanfänge im Anhang. Gedichte, deren Attribuierung von zwei Autoren angezweifelt wird, wurden nicht mit berücksichtigt.

[5] Die Prozentzahlen sind gerundet.

[6] Schließt die Fälle mit ein, die in manchen Anthologien als „Stances", in anderen aber auch als „Ode" bezeichnet wurden.

[7] Zu den Cartels sowie anderen weniger bekannten Gattungen vgl. Fritz Nies, Genres mineurs. Texte zur Theorie und Geschichte nichtkanonischer Literatur (vom 16. Jahrhundert bis zur Gegenwart), München 1978.

Um diese Befunde in Relation setzen zu können, benötigt man ähnliche Statistiken. Die Beliebtheit verschiedener Gedichtformen im Barock kann man, zumindest in Annäherung, aus den statistischen Angaben bei Lafay[8] herauslesen, der sich die Mühe gemacht hat, den prozentualen Anteil einiger verbreiteter Gedichte fester Form an den Anthologien der Zeit auszurechnen, und dies jeweils sogar nach einzelnen Erscheinungsjahren gestaffelt. Betrachtet man nun vor diesem Hintergrund die zahlenmäßige Verteilung aller bei Motin insgesamt vorkommenden dichterischen Formen, so ist ebenfalls im Großen und Ganzen keine Extravaganz festzustellen.

Die Zahl der *Stances* und Sonette variiert stark im Laufe der Jahre, aber sie sind insgesamt in den Anthologien stark vertreten, so auch bei Motin. Die Häufigkeit, mit der Chansons, *Cantiques*, Elegien, Hymnen und Vierzeiler vorkommen, bleibt im Laufe der Jahre in etwa gleich. Diese Resultate überraschen keineswegs, da, anders als heute, das Prinzip der Originalität eben nicht automatisch den Status eines Künstlers bestimmte. Morel[9] faßt die Dichtung der *Recueils collectifs* des ausgehenden 16. und frühen 17. Jahrhunderts in drei großen formalen Gruppen zusammen:

> Pour l'essentiel, il [le catalogue des genres poétiques] se réduit à trois grandes familles: la poésie strophique, ode, stances (fort mal distinguées du premier genre), psaume et chanson; la poésie en alexandrins à rimes plates, discours, élégie ou poème de louange; et la poésie à formes fixes, où le sonnet domine plus que jamais. (S. 59)

In den meisten Veröffentlichungsjahren der Anthologien erschienen nur etwa halb so viele Oden wie bei Motin insgesamt.[10] Das könnte den Schluß zulassen, daß der Dichter etwas mehr als andere der Tradition verhaftet war. Unerwartet ist jedoch das Ergebnis, daß Motin in bezug auf die Anzahl der Epigramme seiner Zeit in gewisser Weise voraus ist. Sie erlebten erst später im 17. Jahrhundert ihre Blüte[11] und wären dann Morels Systematik hinzuzufügen.

---

8   a.a.O., S. 78–91.

9   Yves Giraud, Marc-René Jung, *La Renaissance, Bd. 3: 1570–1624*, hrsg. Jacques Morel, Collection littéraire française, dirigée par Claude Pichois; 5, Paris 1973, S. 59–62.

10   Anteil der Oden an den Gedichten der Anthologien: 4 % im Jahre 1598, 1 % im Jahre 1599, 5 % im Jahre 1601, 3,5 % im Jahre 1603, 1,5 % im Jahre 1607, 6,5 % im Jahre 1609, 6,5 % im Jahre 1611, 5,5 % im Jahre 1613, 5 % im Jahre 1615, 17,5 % im Jahre 1618, 6 % im Jahre 1619, 3,5 % im Jahre 1620, 8 % im Jahre 1622, 17,5 % im Jahre 1627, 3 % im Jahre 1630, Lafay, S. 83.

11   Anteil der Epigramme an den Gedichten der Anthologien: 2 % im Jahre 1598, 0,5 % im Jahre 1599, 5 % im Jahre 1601, 1 % im Jahre 1607, 14 % im Jahre 1615, 2,5 % im Jahre 1618, 4,5 % im Jahre 1619, 6,5 % im Jahre 1620, 1,5 % im Jahre 1622, 38 % im Jahre 1627 (an erster Stelle), 43,5 % im Jahre 1643 (an erster Stelle), Lafay, S. 89.

8   Zusammenfassung

Das lückenhafte Bild Motins in der Sekundärliteratur, das im 17. Jahrhundert durch Boileaus heute unverständliches Urteil von anfänglicher Hochachtung in Geringschätzung umschlug, im 18. Jahrhundert so weiter Bestand hatte und im 19. Jahrhundert in seiner negativen Färbung noch verstärkt wurde durch moralische Empörung, erfuhr erst gegen Ende des 19. Jahrhunderts eine langsame Aufhellung. Doch auch trotz der dann vorurteilsfreieren Haltung der Forscher blieben noch wesentliche Aspekte unbehandelt. Die Autoren des 20. Jahrhunderts befassten sich nun zwar auch mit der Tavernenlyrik, bisher aber noch nicht schwerpunktmäßig mit Motins Beiträgen dazu. Wohlwollende Arbeiten zu Motin vermeiden das Thema in der Regel noch, bis auf Adam und Lafay. Es läßt sich also festhalten, daß die vorliegende Arbeit in mehrfacher Hinsicht überfällig war.

Zur Biographie Motins sind die verstreuten, teils widersprüchlichen Informationen erstmals gesammelt, strukturiert und diskutiert worden. Klarheit konnte in die Vermutungen um sein Todesjahr gebracht werden. Durch ein von anderen Sekundärautoren nicht berücksichtigtes Gedicht anläßlich des Todes Heinrichs IV. ist nun eindeutig belegt, daß Motin den 14.5.1610 noch miterlebt hat. Somit hat man einen *Terminus post quem* und einen Terminus ante quem: den 27.11.1614, Datum des Privilegs für eine Gedichtsammlung, die ein Gedicht von Bonnet, „nepveu du deffunct Sieur Motin" (Unterstreichung von mir) enthält.

Indem Motins Werke einmal (in Anlehnung an Lafay) rein statistisch betrachtet wurden, d.h. nach der Häufigkeit ihres Abdruckes in Anthologien, kam in einer Graphik eine interessante Beliebtheitskurve zustande, die der allgemein vorherrschenden Meinung widerspricht, Motin sei noch vor seinem Tod beim Publikum in Vergessenheit geraten. So konnte das Bild des angeblich unbedeutenden Dichters korrigiert werden.

Nach Auswertung mehrerer Spezialbibliographien (Lachèvre, Cioranescu, Arbour), unter Einarbeitung zahlreicher Hinweise in der Sekundärliteratur und aufgrund von eigenen Forschungen wurde eine Tabelle der *Incipits* mit den jeweiligen bekannten Veröffentlichungsorten erstellt. Einerseits entsteht so erstmals ein Überblick über die Gesamtheit des Werkes, andererseits wird jedes Gedicht durch dieses Instrument auch erst einmal greifbar. Allerdings bleiben manche Anthologien aufgrund ihrer Seltenheit weiterhin schwer zugänglich. Doch durch das anhand dieser Tabelle erstellte Arbeitskorpus ist bereits eine gute Grundlage für die geplante Textedition geschaffen worden. Durch eingehendes Studium der Manuskripte in der *Bibliothèque Nationale* konnten einige, bei einer Edition des 19. Jahrhunderts zensierte, Gedichte aufgefunden werden, sowie Gedichte, die als mögliche Autographen in Frage kommen. Wie zu erwarten, ist die Liebe ein zentraler Themenbereich in Motins Werk. Die Liebesgedichte wurden für die Analyse in zwei Gruppen aufgegliedert. Zunächst gibt es einige Gedichte, in denen die Angebetete auf petrarkisierende Weise porträtiert wird. Diese Gedichte lassen sich traditionellen Elementen eines Porträts zuordnen, und man kann aus ihnen, wenn man sie als Elemente eines Mosaiks betrachtet, dann ein ideales Porträt der Geliebten zusammenfügen. Die Augen sind sonnengleich, die Haare ein Netz, in dem sich der Liebende verfängt, die Stimme ist sirenengleich, der Busen ist schön, rein, aber auch gefährlich für den Liebenden. In ihrem Wesen wird die Frau häufig mit einer Blume gleichgesetzt, besonders gern mit einer Margerite (sicher auch eine Reverenz an die Herrscherfamilie).

Sowohl durch die Quantität als auch durch die Intensität der Gedichte wird das Leiden an der Liebe gegenüber den Liebesfreuden hervorgehoben. Dieses traditionelle Liebesleid-Thema ist ein besonderer Schwerpunkt in den Jugendwerken. Für das Liebesleid werden verschiedene Ursachen angeführt. Das Gefühl allein kann so stark sein, daß es den Liebenden verzehrt, oder er wird von Eifersucht zerrissen. Dann gibt es vielfältige externe Gründe, z.B. die gesellschaftlich unmögliche Liebe, die Unbeständigkeit der Geliebten, vorübergehende oder endgültige Trennung aus den verschiedensten Gründen. Auch das beliebte traditionelle Motiv des Liebestodes findet sich. Doch Motin gestaltet es auch untypisch in Analogie zum Tod Jesu am Kreuz. Alternativ kommt es auch zum Bruch mit der ehemals Liebsten. Interessant sind die Gedichte mit einem weiblichen lyrischen Ich, so z.B. die Klage der treuen Geliebten in dem Gedicht „Qui retarde tes pas enserrez d'une chaisne", das sehr erfolgreich gewesen sein muß, wenn man die Zahl der Nachdrucke betrachtet. Doch auch die Frau vollzieht in anderen Fällen selbstbewußt den Bruch mit dem Geliebten. Insgesamt betrachtet, ist dieser Themenbereich sehr der literarischen Tradition verpflichtet.

Einen weiteren großen Themenkomplex in Motins Werk stellt die Tavernendichtung dar. Neben dem Trinken (dazu liefert Motin nur ein Beispiel) kreist sie traditionell mehr oder weniger direkt um Sexualität. Phallische Motive spielen bei Motin eine große Rolle. Bisweilen wird der Penis unumwunden benannt mit „v.", meist aber mehr oder minder geistreich umschrieben, was zu beeindruckend langen Listen in den einschlägigen Glossaren über die erotische Dichtung des 16./17. Jahrhunderts führt. Die verschiedenen Benennungen bieten dem Dichter dann Anlaß zur Konstruktion entsprechender

Bildfelder (Kampf mit allen möglichen Waffen, Tierwelt, Naturphänomene, Gesellschaftsspiele). Auch vor der Vermischung von Religiösität und Sexgier schreckt Motin nicht zurück. Wichtig ist zudem die Anatomie: Größe und Beschaffenheit interessieren außerordentlich, ebenso wie die Potenz. Die Anatomie ist auch zentral bei der Beschreibung der weiblichen Sexualität. Unter dem Gesichtspunkt der Gebrauchsfähigkeit für den Penis interessiert vor allem die Weite der Vagina. Es findet sich also die für die Tavernendichtung typische Entpersönlichung der Charaktere: Die Männer werden reduziert auf den Penis, die Frauen auf die Paßform ihrer Vagina. Beide Geschlechter, die Frauen jedoch häufiger, werden zudem in die Nähe von Tieren gestellt. Die sexuelle Aktivität von Frauen wird überwiegend negativ gesehen. Für den Beischlaf werden manchmal Metaphern des Kampfes verwendet, allerdings ist es bisweilen ein spielerischer Kampf. Überhaupt findet sich, wie schon erwähnt, mehrfach die Analogie zum Spiel, die detailfreudig gestaltet wird: Kreisel, Kegel, *Trou Madame*.

Ein fester Bestandteil der Tavernenlyrik ist schließlich der Bereich Bordell, Prostituierte, Zuhälter. Motins Sicht der Prostituierten ist überwiegend negativ, den Beruf des Zuhälters glorifiziert er jedoch ironisch-burlesk in einem Gedicht. Auch die Tradition des mit Hohn überhäuften Hahnreis wird natürlich bedient.

Charakteristisch für die Tavernenlyrik ist, daß aus sexuellen Ausschweifungen ernstgemeinte oder vorgebliche Lebensweisheiten abgeleitet werden. Um moralische Bedenken zu zerstreuen, argumentiert Motin biologisch (Vögel) und mythologisch (Götter der Antike) und versichert den Leser so der Natürlichkeit seines Tuns. Durch die Überzahl mythologischer Gestalten in manchen Gedichten persifliert der Dichter allerdings gleichzeitig, ähnlich wie Berni und Tassoni, die hehre Dichtung; der Akzent liegt also auch hier auf dem literarischen Spaß. Die weibliche Sorge um die Ehre wird von Motin ebenfalls mehrfach ins Lächerliche gezogen. Eine weitergehende Konzeption der Ehre wird in zwei Gedichten entwickelt, mit der literargeschichtlich nicht neuen Quintessenz: „Le mal n'est mal estant caché,/Le scandale fait le peché".

Entgegen der in der Sekundärliteratur verbreiteten Vorurteile sind also auch diese Gedichte gelehrt, voller mythologischer Bezüge, und sie behandeln ihre derbe Thematik oft mit überraschendem Witz.

Neben diesen beiden großen Themenkomplexen (Liebe und Tavernenlyrik) lassen sich auch zu zahlreichen anderen verbreiteten Themen des 17. Jahrhunderts jeweils mehrere Gedichte finden.

Motins Lobgedichte sind traditionell, sie haben zum Inhalt das Lob Heinrichs IV. und des Thronfolgers. Auch die Gedichte, die Geschenke begleiten (*Etrennes*), haben eine lange Tradition. Sie stehen für eine utilitaristische Sicht der Lyrik. Doch gibt es auch den Fall, daß das Gedicht sich verselbständigt, selbst zum Geschenk wird, wofür sich auch bei Motin Beispiele finden. Durch die Parodie eines Geschenkgedichtes setzt Motin sich andererseits von der Gattung ab.

Bei den *Ballets*, an denen Motin mitgewirkt hat, ist besonders das *Ballet de la Foire St.* Germain hervorzuheben, das durch seine Zweideutigkeiten und durch die versteckten Anspielungen auf zeitgenössische Personen oder Ereignisse vom Publikum sicher ähnlich goutiert wurde wie die Gedichte mit Pseudo-Wahrsagerei-Thematik voller uneigentlicher Aussagen. Auch am *Camp de la Place Royalle*, dessen Aufführung man sich wohl äußerst spektakulär und pompös vorstellen muß, hat Motin mitgearbeitet.

In seinen Gedichten zum Thema Hofleben greift Motin den Topos „Mépris de la cour" aus dem 16. Jahrhundert wieder auf. Er verfaßt ein Schmähgedicht über den „typischen" Höfling sowie Gedichte über die Falschheit des Umgangs und besonders der Liebe bei Hofe. Desgleichen werden persönliche Animositäten zwischen Dichterkollegen bisweilen über satirische Gedichte ausgetragen. Sogar die *Ballets*, für die ja auch Motin Beiträge geliefert hat, werden lächerlich gemacht.

Die von Motin verfaßten Trauer- und Trostgedichte beziehen sich teils auf den Tod hochgestellter Persönlichkeiten, wobei es sich sicher meist um Auftragsdichtung handelt, teils aber auch auf den Tod Bekannter oder gar Verwandter, so daß sie auch Ausdruck persönlicher Betroffenheit sind.

Bei den Gedichten mit religiöser Thematik fallen am ehesten die Psalmenparaphrasen durch ihren Umfang auf. Die Gestaltung beschränkt sich auf das typische Stilrepertoire der Zeit.

Von großer dichterischer Finesse sind Gedichte, in denen eine tiefere Bedeutungsschicht verborgen ist, welche erst zu Tage tritt, wenn man sich kundig macht über den Gesellschaftsklatsch der damaligen Zeit. Den eingeweihten Zeitgenossen muß die Lektüre ein subtiles Vergnügen bereitet haben, die heutige Analyse steht manchmal am Rand ihrer Möglichkeiten. So gibt es zum einen mehrere Gedichte über zwei damals bekannte Prostituierte, genannt Perrette und Macette, zum anderen allegorische Satiren, die als Wahrsagerei kaschiert sind.

Einige Motive aus einem Gedicht Motins über die *Inconstance* sind etwas bekannter geworden durch die *Stances à l'Inconstance* von Etienne Durand, ohne daß dieser explizit auf Motin Bezug genommen hätte – was damals durchaus üblich und zulässig war. Hier konnte auf Forschungen von Hoyt Rogers[1] zurückgegriffen werden.

---

[1]   a.a.O.

Eine statistische Untersuchung der in Motins Werk vertretenen Gedichtformen und -gattungen konnte zeigen, daß seine formalen Vorlieben dem
dichterischen Konsens seiner Zeit entsprachen. Bei zwei Formen gab es
allerdings Abweichungen. Motin hat mehr Oden verfaßt, als nach dem
gemittelten Anteil dieser lyrischen Form an den Anthologien seiner Epoche
zu erwarten gewesen wäre, so daß man ihn im Vergleich mit seinen Zeitgenossen für stärker der Tradition verhaftet halten könnte. Andererseits, und da
sind die Zahlen noch deutlicher, hat er um ein Vielfaches mehr Epigramme
geschrieben als jeweils im Schnitt in den Anthologien veröffentlicht wurden,
so daß sein Werk hier deutlich seinen Schwerpunkt findet. Die Schwerpunkte
Motins scheinen also in der Tat in den satirischen Bereichen (einschließlich
der Tavernenlyrik) zu liegen, dort sind auch zugleich seine Stärken zu finden.
Der Quintessenz von Lafay[2] ist voll zuzustimmen: zumindest im Kontext des
17. Jahrhunderts ist Motin als „grand" zu bezeichnen, und das sowohl in
quantitativer wie in qualitativer Hinsicht.

---

[2] Vgl. die erste Seite der Einleitung.

9   Bibliographie[1]

Nachschlagewerke, allgemeine Information, Wörterbücher

Beaumarchais et al., *Dictionnaire des littératures de langue française*, Paris 1984, Bd. 2, S. 1691.

Boyer, Hippolyte; Latouche, Robert, *Dictionnaire topographique du département du Cher: Comprenant les noms de lieu anciens et modernes*, Paris, 1926.

Brockhaus-Enzyklopädie in 24 Bden, Mannheim 1991.

Callot, Jacques, *Das gesamte Werk in zwei Bänden*, Herrsching, München *s.a.*

Chaillou, Michèle et Michel, *Petit guide pédestre de la littérature française au XVIIe siècle 1600–1660*, Paris 1990.

Chevalier, Jean; Gheerbrant, Alain, *Dictionnaire des symboles, mythes, rêves, coutûmes, gestes, formes, figures, couleurs, nombres*, Paris 1969. (Chevalier/Gheerbrant)

Dubois, J.; Lagane, R., *Dictionnaire de la langue française classique*, Paris 1960.

Duchesne Alain, Leguay Thierry, *l'Obsolète: Dictionnaire des mots perdus*, Paris 1988.

Duckett, William (Hrsg.), *Dictionnaire de la conversation et de la lecture: Inventaire raisonné des notions générales les plus indispensables à tous par une société de savants et de gens de lettres*. 16 Bände, Paris ²1870.

Elwert, W. Theodor, *Französische Metrik*, München 1961.

Fer, N. de, *Plan de la ville et des fauxbourgs de Bourges, s.l.* 1703 (Bibliothèque municipale de Bourges, By Pl C·5 (double)).

Furetière, Antoine, *Dictionaire [sic] universel: Contenant généralement tous les mots françois, tant vieux que modernes, et les termes des sciences et des arts, augmenté par Basnage de Beauval, augmenté par Brutel de la Rivière*, 3 Bde., La Haye *s.d.*, Nachdruck Paris 1978. (Furetière)

Henkel, Arthur; Schöne, Albrecht (Hrsg.), *Emblemata: Handbuch zur Sinnbildkunst des XVI. und XVII. Jahrhunderts*, Stuttgart, Weimar 1996. (*Emblemata*)

Höfer, Josef; Rahner, Karl (Hrsg.), *Lexikon für Theologie und Kirche (LThK)*, Freiburg i.Br., 1958.

Huguet, Edmond, *Dictionnaire de la langue française du seizième siècle*, 7 Bde., Paris 1928, Nachdruck Paris 1967.

---

[1]   Jeweils mit der in den Fußnoten und in der Korpustabelle verwendeten Abkürzung.

Ders., *Mots disparus ou vieillis depuis le XVIe siècle. Nouvelle édition*, Paris 1967.

Hunger, Herbert, *Lexikon der griechischen und römischen Mythologie: mit Hinweisen auf das Fortwirken antiker Stoffe und Motive in der bildenden Kunst, Literatur und Musik des Abendlandes bis zur Gegenwart*, Wien [8]1988.

Kindlers Literaturlexikon im dtv, München 1974.

Kurz, Gerhard, *Metapher, Allegorie, Symbol*, Göttingen 1982.

Lamer, Hans; Kroh, Paul, *Wörterbuch der Antike: mit Berücksichtigung ihres Fortwirkens*, Stuttgart [8]1976.

Larousse, Pierre, *Grand dictionnaire universel du XIXe siècle*, Paris 1874. (Larousse 19e)

Ders., *Grand Larousse encyclopédique en 10 volumes*, Paris 1968.

Littré, Emile, *Dictionnaire de la langue française*, 7 Bde., Paris 1956.

Michelin, Guide de tourisme *Paris*, le guide vert touristique, Paris [3]1978.

Michelin, Guide de tourisme *Ile-de-France*, le guide vert touristique, Paris [2]1995.

Nicot, Jean, *Thresor de la langue françoise tant ancienne que moderne*, Paris 1621, Nachdruck Paris 1960.

Ranke-Graves, Robert von, *Griechische Mythologie: Quellen und Deutung*, übersetzt von Hugo Seinfeld, Reinbek bei Hamburg [13]2000. (Ranke-Graves).

Richelet, Pierre, *Dictionnaire françois, contenant les mots et les choses, plusieurs nouvelles remarques sur la langue française*, 2 Bde. in 1 Band, Genève 1680, Nachdruck Hildesheim, New York 1973.

Robert, Paul, *Le Petit Robert: Dictionnaire alphabétique & analogique de la langue française*, Paris 1977.

Ders., *Le Grand Robert de la langue française: Dictionnaire alphabétique et analogique de la langue française*, deuxième édition entièrement revue et enrichie par Alain Rey, 9 Bde., Paris 1985.

Le Grand Robert de la langue française: deuxième édition dirigée par Alain Rey du Dictionnaire alphabétique et analogique de la langue française de Paul Robert, Nouvelle édition augmentée, 6 Bde., Paris 2001.

Stuttgarter Erklärungsbibel, herausgegeben von der deutschen Bibelgesellschaft, Stuttgart, 1992. (*Stuttgarter Erklärungsbibel*).

Weber, Robert (Hrsg.), *Biblia sacra: Iuxta Vulgatam versionem*, Stuttgart: Deutsche Bibelgesellschaft 1994.

Wissowa, Georg (Hrsg.), *Paulys Real-Encyclopädie der classischen Altertumswissenschaft: Neue Bearbeitung begonnen von Georg Wissowa, fortgeführt von Wilhelm Kroll und Karl Mittelhaus. Unter Mitwirkung zahlreicher Fachgenossen hrsg. von Konrat Ziegler*, Stuttgart 1932 ff. 86 Bde.

Bibliographien

Apollinaire, Guillaume; Fleuret, Fernand; Perceau, Louis, *L'Enfer de la Bibliothèque Nationale: Bibliographie méthodique et critique de tous les ouvrages composant cette célèbre collection avec une préface, un index des titres et une table des auteurs*, Paris 1919, Nachdruck Genève 1970.

Arbour, Roméo, *L'Ere baroque en France: Répertoire chronologique des éditions de textes littéraires, (1585–1643)*, 4 Bde., Genève 1977–1985. (Arbour)

Cioranescu, Alexandre, *Bibliographie de la littérature française du XVIIᵉ siècle*, 3 Bde., Paris 1956–1967. (Cioranescu 17ᵉ)

Delisle, Léopold; Macon, Gustave, *Chantilly. Le Cabinet des livres: Manuscrits*, 3 Bde., Paris 1900 und 1911. (Delisle/Macon)

Desgraves, Louis, *Répertoire bibliographique des livres imprimés en France au 17ᵉ siècle*, Baden-Baden, Bouxwiller 1978–89.

Klapp, Otto, *Bibliographie der französischen Literaturwissenschaft*, begründet von Otto Klapp, bearbeitet und herausgegeben von Astrid Klapp-Lehrmann, Frankfurt/Main, seit 1956.

Lachèvre, Frédéric, *Bibliographie des recueils collectifs de poésies publiés de 1597 à 1700*, 5 Bde., Paris 1901–22, Nachdruck Genève 1967. (Lachèvre)

Ders., *Les Recueils collectifs de poésies libres et satyriques publiés depuis 1600 jusqu'à la mort de Théophile (1626)*, 2 Bde., Paris 1914–22, Nachdruck Genève 1968. (Lachèvre Sat.)

Ders., *Bibliographie des recueils collectifs de poésies du XVIᵉ siècle: du Jardin de Plaisance, 1502, aux Recueils de Toussaint du Bray, 1609*, Paris 1922, Nachdruck Genève 1967.

Lacroix, Paul, *Bibliothèque dramatique de Monsieur de Soleinne: Catalogue rédigé par P.L. Jacob, Bibliophile (Paul Lacroix)* Paris 1844, Nachdruck New York *s.a.* (Lacroix)

Lanson, Gustave, *Manuel bibliographique de la littérature française moderne*, Bd. II (XVIIᵉ siècle), nouvelle édition revue et augmentée, Paris 1921.

Mayer, Claude Albert, *Bibliographie des œuvres de Clément Marot*, 2 Bde., Genève 1954. (Claude Albert Mayer)

Paris, Paulin, *Les Manuscrits françois de la Bibliothèque du Roi: Leur histoire et celle des textes allemands, anglois, hollandois, italiens, espagnols de la même collection*, Paris 1848.

Pia, Pascal, *Les Livres de l'Enfer: Bibliographie critique des ouvrages érotiques dans leurs différentes éditions du XVIᵉ siècle à nos jours*, 2 Bde., Paris 1978.

Rancœur, R., *Bibliographie de la littérature française du Moyen Age à nos jours*, Paris, seit 1947.

Primärliteratur

d'Estrée, Paul (Hrsg.), *Œuvres inédites de Pierre Motin*, Paris 1882. (d'Estrée = Einleitung oder Kommentar/*Œuvres inédites* = Gedichttexte von Motin)

Motin, Pierre, *Traité de la préparation à la mort heureuse et de l'immortalité de l'âme*, tiré du latin du R.P.F.L. Blosius, *s.l.* 1604.

Handschriften

B.N. Ms.fr. 884
B.N. Ms.fr. 1662
B.N. Ms.fr. 1663
B.N. Ms.fr. 2382
B.N. Ms.fr. 12491
B.N. Ms.fr. 19145
B.N. Ms.fr. 19187
B.N. Ms.fr. 20032
B.N. Ms.fr. 24322
Recueil des ballets du duc de la Vallière, B.N. Ms.fr. 24352
B.N. Ms.fr. 24353
B.N. Ms.fr. 25550
L'Etoille, Pierre de, *Recueils divers du grave et du facétieux, du bon et du mauvais selon le temps, B.N. Ms.fr. 25560*
B.N. Ms.fr. Dupuy 736
B.N. Ms.fr. Dupuy 843
Arsenal Ms. 3137
Recueil Conrart, tome XIX, Arsenal Ms. 4124
Chantilly Ms. 534 (Ancien 666)

Anthologien

Angot, Nicolas (Hrsg.), *Trésor des plus excellentes chansons amoureuses et airs de court recueillies des plus insignes poetes de ce temps: Avec plusieurs autres chansons, tant amoureuses que plaisantes.* Rouen 1614. (Trésor)
Barbin, Claude (Hrsg.), *Recueil des plus belles pieces des poëtes françois, tant anciens que modernes, depuis Villon jusqu'à M. de Benserade,* Paris 1692, Band III. (Rec. Villon Benserade)
Baudouin, Jean (Hrsg.), *Le second livre des Délices de la poésie françoise ou nouveau recueil des plus beaux vers de ce temps par J. Baudouin,* Paris 1620. (Sec. Livre des Délices)
Blanchemain, Prosper (Hrsg.), *Le Petit Cabinet de Priape,* Neuchatel 1874. (Cab. Priape)
Bonfons, Nicolas et Pierre (Hrsg.), *Recueil de plusieurs diverses poésies tant de M. du Perron que des Sieurs de Bertaud, de Porchères et autres,* Paris 1598. (Recueil des Bonfons)
Bonfons, Nicolas et Pierre (Hrsg.), *Les Fleurs des plus excellents poetes de ce temps,* Paris 1599. (Fleurs)
Despinelle (Hrsg.), *Les Muses françoises ralliées de diverses pars: Dédiées à Monsieur le Comte de Soissons,* Paris 1599. (Muses françoises)
Despinelle (Hrsg.), *Les Muses ralliées,* Paris 1603. (Muses ralliées)

Du Bray, Toussainct (Hrsg.), *Les Délices de la poésie françoise, ou recueil des plus beaux vers de ce temps*, Paris 1615. (Délices de la Poésie)

Du Bray, Toussainct (Hrsg.), *Recueil des plus beaux vers de Messieurs de Malherbe, Racan, Monfuron, Maynard, Bois-Robert, L'Estoille, Lingendes, Touvant, Motin, Mareschal et autres des plus fameux esprits de la Cour: Par le commandement de Monseigneur le Comte de Moret*, Paris 1627. (Recueil MM.)

Du Brueil, Anthoine (Hrsg.), *L'Academie des modernes poetes françois: Remplie des plus beaux vers que ce siècle reserve à la postérité: A M. de Nervèze.* Paris 1599 (Academie)

Du Brueil, Anthoine (Hrsg.), *Les Muses gaillardes recueillies des plus beaux esprits de ce temps*, Paris 1609, Réimpression Paris 1864. (Muses gaillardes)

Du Petit Val, David (Hrsg.), *Le Cabinet des muses ou nouveau recueil des plus beaux vers de ce temps*, Rouen 1620. (Cabinet Muses)

Du Petit Val, Raphaël (Hrsg.), *Quatrième Recueil de diverses poésies des plus excellens autheurs de ce temps: Recueillis par Raphaël du Petit Val*, Rouen 1600. (Quatrième Recueil)

Du Petit Val, Raphaël (Hrsg.), *Le Temple d'Apollon ou nouveau recueil des plus excellens vers de ce temps*, Rouen 1611. (Temple)

Estoc, Antoine (Hrsg.), *Recueil des plus excellans vers satyriques de ce temps: Trouvez dans les Cabinets des Sieurs Sigognes, Regnier, Motin qu'autres, des plus signalez poëtes de ce siècle*, Paris 1617. (Rec. vers satyr.)

Estoc, Antoine (Hrsg.), *Les Satyres bastardes et autres œuvres folastres du Cadet Angoulevent*, Paris 1615. (Sat. bastardes)

Fernand Fleuret, Louis Perceau (Hrsg.), *Le Cabinet satyrique: D'après l'édition originale de 1618, avec une notice, une bibliographie, un glossaire, des variantes et des notes*, 2 Bde., Paris 1924. (Cabinet satyr. = Primärtexte, Fleuret/Perceau = Einleitung oder Kommentar)

Fornier, Henri (Hrsg.) *Le Premier Livre du labyrinthe d'amour ou suite des muses folastres: Recerchee des plus beaux esprits de ce temps*, Rouen 1610. (Labyrinthe)

Die griechische Anthologie in drei Bänden. Aus dem Griechischen übertragen von Dietrich Ebener, 3 Bde., Berlin, Weimar 1981.

Guedron, P. (Hrsg.), *Second livre d'Airs de Cour: A quatre et cinq parties*, Paris 1613.

Guégan, Bertrand (Hrsg.), *Les Délices satyriques ou suitte du cabinet des vers satyriques de ce temps*, Paris 1620, Nachdruck Paris 1916. (Délices Satyr.)

Guillebaud, Pierre (Hrsg.), *Jardin des muses où se voyent les fleurs de plusieurs aggréables poésies: Recueillis de divers autheurs, tant anciens que modernes*, Paris 1643 (Jardin des Muses)

Guillebaud, Pierre; Meturas, Gaspar (Hrsg.), *Hortus épitaphiorum selectorum, ou jardin d'épitaphes choisies: Où se voient les fleurs de plusieurs vers funèbres, tant anciens que nouveaux, tirez des plus fleurissantes villes de l'Europe: Le tout divisé en deux parties*, Paris 1647–1648. (Jardin d'Epitaphes)

Guillemot, Matthieu [sic] (Hrsg.), *Seconde partie des muses françoises r'alliees de diverses parts: A Mademoiselle de Guise*, Paris 1600. (Muses françoises r'alliees)

Guillemot, Mathieu (Hrsg.), *Le Parnasse des plus excellens poetes de ce temps*, Paris 1607. (*Parnasse 1*)

Guillemot, Mathieu (Hrsg.), *Le Parnasse:* Tome second, Paris 1607. (*Parnasse 2*)

La Ferté (Hrsg.), *Tombeau de très haute, très illustre et très vertueuse Princesse Catherine de Rohan, Duchesse de Deux-Ponts*, Paris 1609. (Tombeau Rohan)

La Motte, Martin de (Hrsg.), *Le Seiour des muses ou la cresme des bons vers: Tirez du melange & cabinet des Sieurs de Ronsard, du Perron, Aubigny Pere, & Fils, de Malerbe [sic], de Lingendes, Motin, Maynard, Theophile, de Bellan et autres bons autheurs*, Rouen 1627. (Séjour des Muses)

Le Parnasse satyrique [dit!]² *du sieur Théophile avec le recueil des plus excellens vers satiriques de ce temps: Nouvelle édition complète revue et corrigée*, 2 Bde., Gand, Paris 1861.

Les Muses en deuil en faveur du sieur [Antoine] Brun, sous le nom de Cleante, pour la mort de son Alcinde, Paris 1620

Le Villain, Claude (Hrsg.), *Le Second Livre de la muse folastre: Recherchée des plus beaux esprits de ce temps: De nouveau reveu, corrigé et augmenté*, Rouen 1603. (Muse folastre, IIe liv.)

Petit, Jean (Hrsg.), *Les Muses incognues ou la seille aux hourriers plaine de desirs et imaginations d'amour*, Rouen 1604, Nachdruck Paris 1862 (Muses incognues)

Richer, Jean (Hrsg.), *Les Bigarrures et touches du Seigneur des Accords: Avec les apophtegmes du Sieur Gaulard et les escraignes Dijonnoises: Dernière édition: De nouveau augmentée de plusieurs épitaphes, dialogues, et ingénieuses équivoques.* Paris 1614 ou 1615. (Sup. Bigarrures)

Rocolet, Pierre (Hrsg.), *Le Parnasse des poetes satyriques ou dernier recueil des vers piquans et gaillards de nostre temps: Tirez des œuvres secrettes des autheurs les plus signalez de nostre siecle*, Paris 1622. (Parnasse Satyr.)

Rocolet, Pierre; Sommaville, Anthoine (Hrsg.), *La Quint-Essence satyrique, ou seconde partie, du parnasse des poetes satyriques de nostre temps: Recherchez dans les œuvres secrettes des autheurs les plus signalez de nostre siecle*, Paris 1622. (Quint. Satyr.)

Rosset, François de (Hrsg.), *Nouveau recueil des plus beaux vers de ce temps*, Paris 1609. (Nouveau Recueil)

Ballets

Ballet de la Foire St. Germain (Livret), 1606 oder 1607, B.N. Rés. Yf. 2271 und Maz: 35262, pièce 20.

Ballet de la Foire St. Germain, 1606 oder 1607, in: B.N. Ms.fr. 2382, fol. 36r–44v° (Anhang) und B.N. Ms.fr. 25515, f. 29–47.

---

² Laut Adam, *Théophile*, S. 336–339, wurden sowohl die *Délices satyriques*, als auch der *Parnasse satyrique* und die *Quintessence satyrique* von Guillaume Colletet kollationiert. Die Argumente, die Adam vorbringt, sind überzeugend.

Ballet de Monseigneur le Dauphin, Paris 1610, B.N. Ms.fr. 24353.

Ballet des Biberons, 1609

Bordier, René, *Le Balet du hazard, des tourniquets, oublieux, crocheteurs, coupeurs de bourses, blanquiers, pescheurs, vignerons, couvreurs, chasseurs, etc.,* Paris: N. Rousset et S. Lescuyer *s.a.*

La Baume La Vallière, Louis-César de, *Bibliothèque du théâtre françois, depuis son origine,* Dresde: Michel Groell 1768.

Lacroix, Paul (Hrsg.), *Ballets et mascarades de Cour, de Henri III à Louis XIV (1581– 1652): Recueillis et publiés d'après les éditions originales,* 6 Bde., Genève 1868–1870, Nachdruck Genève 1968.

Laugier de Porchères, Honoré, *Le Camp de la Place Royalle, ou relation de ce qui s'est passé les 5ᵉ, 6ᵉ et 7ᵉ jour d'avril 1612, pour la publication des mariages du Roy & de Madame avec l'Infante & le Prince d'Espagne: Le tout recueilly par le commandement de sa Majesté,* Paris: Jean Laquehay, 1612. (Porchères)

Recueil des cartels et déffis, tant en Prose qu'en vers, pour le combat de la Barrière. fait le XXV. de Février en presence du Roy, de la Roine, des Princes, des Princesses, Seigneurs & Dames de la Cour en la grande salle de Bourbon, B.N. Ms.fr. 24353, fol. 162r–184vᵒ. (Recueil Ms.)

Recueil des cartels et deffis tant en prose qu'en vers pour le combat de la Barriere faict le XXV. de Fevrier en presence du Roy, de la Roine, des Princes, des Princesses, Seigneurs & Dames de la Cour en la grand [sic] salle de Bourbon, Paris: Abraham Saugrain 1605. (Cartels Saugrain)

Recueil des cartels publiez ès presence de leurs M.M. en la Place Royalle, les 5, 6 & 7 d'Avril 1612, Paris: Jean Micard 1612. (Cartels Arsenal)

Recueil des masquarades et jeu de prix a la course du Sarazin, faits ce karesme-prenant, en la présence de Sa Majesté, à Paris, Paris: Guillaume Marette, 1607. (Rec. Masquarades)

Recueil des plus excellens ballets de ce temps, Paris: Toussainct Du Bray, 1612. (Rec. exc. ballets)

Romant des chevaliers de Thrace, Paris: J. Gesselin 1605. (Romant)

Rosset, François de, *Le Romant des chevaliers de la gloire: contenant plusieurs hautes et fameuses aventures des princes et des chevaliers qui parurent aux courses faictes à la Place Royalle pour la feste des alliances de France et d'Espagne, avec la description de leurs entrées, équipages, habits,* Paris: Vve Pierre Bertault, 1612. (Rosset)

Werke mit Widmungsgedichten von Motin

Champlain, Samuel de, *Les Voyages du Sieur de Champlain, [...] divisez en deux livres, ou journal tres fidele des observations faites ès descouvertures de la Nouvelle France, [...],* Paris 1613. (Champlain)

Chenu, Jean, *Recueil de reglemens notables tant generaux que particuliers donnez entre ecclésiastiques [...],* Paris: Fouet, 1611.

Ders., *Recueil général des édicts, arrests et règlemens notables concernant les ecclé-siastiques, universités, baillifs, séneschaux etc.*, Paris 1630–1631. (Chenu reglemens)

La Roque, Siméon-Guillaume de, *Les Premières Œuvres de Siméon Guillaume de La Roque, de Clermont en Beauvoisis [...]*, hrsg. von Mamert Patisson, Paris, 1590.

La Roque, Siméon-Guillaume de, *Poésies: Amours de Phyllis et diverses amours (1590)*, éd. critique publ. par Gisèle Mathieu-Castellani, Paris 1983.

La Vallettrye, *Les Œuvres poétiques du sieur de la Valletrye*, Paris 1602.

Louvencourt, François de, *Amours et premières œuvres poétiques*, Paris 1595.

Régnier, Mathurin, *Premières œuvres de Régnier*, Paris 1608.

Ders., *Œuvres*, Paris 1780, 2 Bde.

Renouard, Nicolas, *Les Métamorphoses d'Ovide: De nouveau traduittes en françois. Avec XV. [sic] discours contenans l'explication morale des fables.* Paris: Guillemot, *s.a.*

Primärwerke anderer Autoren

Balzac, Jean Louis Guez de, *Les Œuvres de Monsieur de Balzac: divisées en deux tomes*, publiées par Valentin Conrart, Paris 1665, Nachdruck Genève 1971.

Boccaccio, Giovanni, *De claris mulieribus/Die großen Frauen*, ausgewählt, übersetzt und kommentiert von Irene Erfen und Peter Schmitt, Stuttgart 1995.

Boileau-Despréaux, Nicolas, *Œuvres complètes: Textes établis et annotés par Françoise Escal*, Paris 1966.

Jean Chenu, *Recueil des antiquités et privilèges de la ville de Bourges et de plusieurs autres villes capitales du royaume*, Paris, 1621. (Chenu *Antiquités*)

Colletet, Guillaume, *Le Parnasse françois ou l'escole des muses: Dans laquelle sont enseignées toutes les regles qui concernent la poësie françoise*, Paris 1664, Nachdruck Genève 1970.

Cospeau, Philippe, dit Cospéan, *Oraison funèbre prononcee dans la grande eglise de Paris aux obseques de Henry le Grand, Roy tres-chrestien de France & de Navarre, par messire P.C., Evesque d'Aire, premier aumosnier & conseiller de la serenissime Reyne Marguerite*, Paris: Barthélemy Macé 1610. (Cospeau)

Du Bellay, Joachim, *Œuvres poétiques*, éd. critique préparée par Henri Chamard, 3 Bde., Paris 1908–1912.

Durand, Etienne, *Poésies complètes: Edition critique par Hoyt Rogers et Roy Rosenstein*, Genève 1990.

Froissart, Jean, *Ballades et rondeaux: édition avec introduction, notes et glossaire*, Paris, Genève 1978.

Homer, *Homers Ilias: übersetzt von Johann Heinrich Voss*, Basel 1953. (*Ilias*)

Labé, Louise, *Œuvres complètes*, éd. par Enzo Giudici, Genève 1981.

La Fontaine, Jean de, *Œuvres: Sources et postérité d'Esope à l'Oulipo. Edition établie et présentée par André Versaille*, s.l.: Editions Complexe 1995.

232   Bibliographie

Malherbe, François de, *Poésies, édition présentée, établie et annotée par Antoine Adam,* Paris 1971.

Marot, Clément, *Blasons anatomiques des parties du corps féminin, invention de plusieurs poètes françois contemporains,* Lyon 1536 (ou 1537). [Diese Ausgabe ist leider verschollen. Vgl. Claude Albert Mayer, Bd. II, S. 80, Nr. 247.]

Martial, *Epigrams, with an English Translation by Walter C.A. Kerr,* Cambridge (Massachusetts), 2 Bde., London 1979.

Molière (Jean-Baptiste Poquelin), *L'Ecole des femmes: édition présentée, annotée et commentée par Myriam Boucharenc,* Paris 1998.

Navarre, Marguerite de, *L'Heptaméron: Texte établi sur les manuscrits avec une introduction, des notes et un index des noms propres par Michel François,* Paris 1967. *(Heptaméron)*

Passerat, Jean, *Recueil des œuvres poétiques de Ian Passerat, lecteur et interprète du Roy: Augmenté de plus de la moitié, outre les precedantes impressions,* hrsg. von Claude Morel, Paris 1606. (Œuvres Passerat)

Petrarca, Francesco, *Canzoniere: Testo critico e introduzione di Gianfranco Contini, annotazioni di Daniele Ponchiroli,* Torino 1964.

Physiologus: Griechisch/Deutsch, übersetzt und herausgegeben von Otto Schönberger, Stuttgart 2001.

Régnier, Mathurin, *Les Premières Œuvres de M. Regnier: Au Roy, hrsg. von Toussainct du Bray,* Paris 1608.

Renouard, Nicolas, *Les Métamorphoses d'Ovide: De nouveau traduittes en françois, avec XV. [sic] discours Contenans [sic] l'explication morale des fables,* Paris 1617.

Renouard, Nicolas, *Les Métamorphoses d'Ovide: De nouveau traduittes en françois. Avec XV. [sic] discours contenans l'explication morale des fables.* Paris: Guillemot, s.a.

Ronsard, Pierre de, *Œuvres complètes, édition établie et annotée par Gustave Cohen,* Paris 1950.

Saint-Clair, David, *Ducis Aurelianensis genethliacon apotelesmatikon ad Margaritam Valesiam Reginam, avec traduction par Motin,* Paris 1607. (Ducis aurelianensis)

Sigogne, Charles-Timoléon de Beauxoncles de, *Les Satyres du sieur de Sigogne extraites des recueils et manuscrits satyriques, choisies et réunies pour la première fois avec une biographie et des notes par Fernand Fleuret,* Paris 1911.

Sorel, Charles, *La Bibliothèque françoise,* Seconde édition revuë et augmentée, Paris 1667, Nachdruck Genève 1970.

Tallemant des Réaux, Gédéon, *Historiettes, édition établie et annotée par Antoine Adam,* 2 Bde., Paris 1990

Theron, Vital, *Delphin coronatus: Ad Augustissimum Principem Ludovicum, christianissimi Regis Henrici IIII filium, Viennensium Delphinum,* Paris: Sébastien Cramoisy, 1608/1628.

Vermeil, Abraham de, *Poésies, édition critique avec une introduction et des notes par Henri Lafay,* Genève, Paris 1976. (Vermeil, *Poésies*)

Viau, Théophile de, Œuvres poétiques, édition critique avec introduction et commentaire par Jeanne Streicher, 2 Bde., Genève 1958 und 1967. (Streicher I/II)

Villon, François, Le Testament Villon, édité par Jean Rychner et Albert Henry, 2 Bde. (I Texte, II Commentaire), Genève 1974.

Villon, François, Le Lais Villon et les poèmes variés, édités par Jean Rychner et Albert Henry, 2 Bde. (I Textes, II Commentaire), Genève 1977.

Moderne Anthologien

Allem, Maurice (Hrsg.), Anthologie poétique française du XVIIe siècle I, Paris 1965.

Chauveau, Jean-Pierre, (Hrsg.), Anthologie de la poésie française du XVIIe siècle, Paris 1987.

Fleuret, Fernand; Perceau, Louis (Hrsg.), Les satires françaises du XVIe siècle: Recueillies et publiées avec une préface, des notices et un glossaire, 2 Bde., Paris 1922.

Olivier, Paul (Hrsg.), Cent poètes lyriques, précieux ou burlesques du XVIIe siècle, Paris 1898, Nachdruck Genève 1971.

Rousset, Jean (Hrsg.), Anthologie de la poésie baroque française, 2 Bde., Paris 1961. (Rousset, Anthologie)

Schwob, Marcel (Hrsg.), Le Parnasse satyrique du XVe siècle, Paris 1905, Nachdruck Genève 1969.

Spezielle Sekundärliteratur

Adam, Antoine, Théophile de Viau et la libre pensée française en 1620, Paris 1935, Nachdruck Genève 1966. (Adam, Théophile).

Ders., Histoire de la littérature française au XVIIe siècle, Tome I: L'Epoque d'Henri IV et de Louis XIII, Paris 1956.

Aulotte, Robert, Mathurin Régnier: Les Satires, Paris 1983.

Auvity, F.; Roffignac, B. de, Histoire du grand séminaire, Paris 1932.

Baïche, André, La Naissance du baroque français: Poésie et image de la Pléiade à Jean de La Ceppède, Toulouse 1976.

Baillet, Adrien, Jugemens des savans sur les principaux ouvrages des auteurs, revus, corrigez, & augmentez par Mr. de la Monnoye, 4 Bde., Amsterdam 1725, Nachdruck Hildesheim, New York 1971.

Béalu, Marcel, La Poésie érotique de langue française, Paris 1971.

Bellenger, Yvonne, La Pléiade, Paris 1978.

Bellenger, Yvonne, „Pétrarquisme et contr'amours", in: Hempfer, Klaus W., Regn, Gerhard (Hrsg.) Der petrarkistische Diskurs: Spielräume und Grenzen, Stuttgart 1993, S. 353–373.

Boucher, Jacqueline, „L'Amour à la cour d'Henri III et d'Henri IV" in: Les Visages de l'amour au XVIIe siècle. 13ème Colloque du Centre Méridional de Rencontres sur le XVIIème Siècle, Toulouse, 28–30 janvier 1983, Université de Toulouse-Le Mirail, 1984, S. 15–23.

Bougard, Roger G., *Erotisme et amour physique dans la littérature française du XVIIe siècle*, Paris 1986. (Bougard)

Boyer, Hippolyte, „Motin (Pierre)", in: Hoefer, *Nouvelle biographie générale depuis les temps les plus reculés jusqu'à nos jours, avec les renseignements bibliographiques et l'indication des sources à consulter*, Paris 1861, Nachdruck Copenhague 1968, Bd. 36, S. 746/47. (Hippolyte Boyer in Hoefer)

Brun, Pierre, *Autour du dix-septième siècle*, Grenoble 1901, Nachdruck Genève 1970.

Ders., *Pupazzi et statuettes: Etudes sur le XVIIe siècle*, Paris 1908.

Chamard, Henri, *Les Origines de la poésie française de la Renaissance*, Paris 1920, Nachdruck Genève 1973.

Chauveau, Jean-Pierre, „Les Avatars de l'élégie au XVIIe siècle", in: Wentzlaff-Eggebert, Christian (Hrsg.), *Le Langage littéraire au XVIIe siècle: De la rhétorique à la littérature*, Tübingen 1991, S. 209–222.

Chevalley, Sylvie, *Molière en son temps 1622–1673*, Paris, Genève 1973.

Curtius, Ernst Robert, *Europäische Literatur und lateinisches Mittelalter*, Bern, München ⁷1969.

Floeck, Wilfried, *Die Literarästhetik des französischen Barock, Entstehung – Entwicklung – Auflösung*, Berlin 1979.

Forster, Leonard, *The Icy Fire. Five Studies in European Petrarchism*, London 1969.

Fournel, Victor, *La littérature indépendante et les écrivains oubliés au XVIIe siècle, s.l., s.a.*

Friedrich, Hugo, *Epochen der italienischen Lyrik*, Frankfurt/Main 1964.

Fromilhague, René, „Une Parodie méconnue d'une pièce de Malherbe", in: *Annales F.L. Toulouse*, I (1951–52), 49–57.

Fukui, Yoshio, *Raffinement précieux dans la poésie française du XVIIe siècle*, Paris 1964.

Gaudiani, Claire Lynn, *The Cabaret Poetry of Théophile de Viau: Texts and Traditions*, Tübingen 1981. (Gaudiani)

Génetiot, Alain, *Les Genres lyriques mondains (1630–1660): Etude des poésies de Voiture, Vion d'Alibray, Sarasin et Scarron*, Genève 1990. (Génetiot)

Giraud, Yves; Jung, Marc-René, *La Renaissance I: 1480–1548*. Littérature française. Collection dirigée par Claude Pichois, Paris 1972.

Dies., *La Renaissance III: 1570–1624*, hrsg. Jacques Morel, Littérature française. Collection dirigée par Claude Pichois; Bd. 5, Paris 1973. (Morel)

Goujet, Abbé Claude-Pierre, *Bibliothèque françoise, ou histoire de la littérature françoise*, Paris 1741–56, Nachdruck Genève 1966.

Grente, Cardinal Georges et al., *Dictionnaire des lettres françaises: Le dix-septième siècle*, Paris 1951.

Hempfer, Klaus W., „Probleme der Bestimmung des Petrarkismus: Überlegungen zum Forschungsstand", in: Wolf-Dieter Stempel, Karlheinz Stierle (Hrsg.) *Die Pluralität der Welten: Aspekte der Renaissance in der Romania*, München 1987, S. 253–277.

Hempfer, Klaus W., Regn, Gerhard (Hrsg.) *Der petrarkistische Diskurs: Spielräume und Grenzen*, Stuttgart 1993.

Höfner, Eckhard, „Modellierungen erotischer Diskurse und Canzoniere-Form im weiblichen italienischen Petrarkismus", in: Hempfer, Klaus W.; Regn, Gerhard (Hrsg.) *Der petrarkistische Diskurs: Spielräume und Grenzen*, Stuttgart 1993, S. 115–145.

Hoffmeister, Gerhard, *Petrarkistische Lyrik*, Stuttgart 1973.

Janik, Dieter, *Geschichte der Ode und der Stances von Ronsard bis Boileau*, Bad Homburg, Berlin, Zürich 1968. (Janik)

Jeanneret, Michel, *Poésie et tradition biblique au XVIᵉ siècle: Recherches stylistiques sur les paraphrases des psaumes de Marot à Malherbe*, Paris 1969.

Jones, F.J., *The Development of Petrarchism as the Modern Italian Lyric: An Inaugural Lecture*, Cardiff 1969.

Jung, Marc-René, *Hercule dans la littérature française du XVIᵉ siècle: De l'Hercule courtois à l'Hercule baroque*, Genève 1966.

Karpa, Louise, *Themen der französischen Lyrik im 17. Jahrhundert*, Homburg/Saar 1934.

Keating, Louis Clark, *Studies on the Literary Salon in France 1550–1615*, Harvard Studies in Romance Languages, Cambridge (Mass.) 1941.

Klesczewski, Reinhard, „*Les blasons du corps féminin* und die Liebeslyrik Giovan Battista Marinos", in: Winklehner, Brigitte (Hrsg.), *Italienisch-europäische Kulturbeziehungen im Zeitalter des Barock*, Tübingen 1991, S. 253–266.

Lachèvre, Frédéric, *Le Procès du poète Théophile de Viau (11 juillet 1623 – 1ᵉʳ septembre 1625): Publication intégrale des pièces inédites des Archives nationales: Le Libertinage au XVIIᵉ siècle Bd. I*, Paris 1909–1928, Nachdruck Genève 1968

Lafay, Henri, *La Poésie française du premier XVIIᵉ siècle (1598–1630): Esquisse pour un tableau*, Paris 1975. (Lafay)

Leblanc, Paulette, *Les Paraphrases françaises des psaumes à la fin de la période baroque (1610–1660)*, Paris 1960. (Leblanc)

Leiner, Wolfgang, *Der Widmungsbrief in der französischen Literatur (1580–1715)*, Heidelberg 1965.

Ders. (Hrsg.), *Onze nouvelles études sur l'image de la femme dans la littérature française du dix-septième siècle*, Tübingen, Paris 1984.

Ley, Herbert de, „<Dans les reigles du plaisir...>: Transformation of sexual knowledge in seventeenth-century France", in: Wolfgang Leiner (Hrsg.), *Onze nouvelles études sur l'image de la femme dans la littérature française du dix-septième siècle*, Tübingen, Paris 1984, S. 25–32

Lough, John, *Writer and Public in France: From the Middle Ages to the Present Day*, Oxford 1978.

Magne, Emile, *Les Fêtes en Europe au XVIIᵉ siècle*, Paris s.a. (1930). (Magne)

Mathieu [-Castellani], Gisèle, *Les thèmes amoureux dans la poésie française 1570–1600. Thèse présentée devant l'université de Paris IV le 12-5-73*, Service de reproduction des thèses, Université de Lille III, 1976. (Mathieu [-Castellani], *Thèmes*)

Mathieu-Castellani, Gisèle, *Mythes de l'éros baroque*, Paris 1981.

Dies., „Le mythe du Phénix et la poétique de la métamorphose dans le lyrisme néo-pétrarquiste et baroque", in: *Poétiques de la métamorphose*. Equipe „*Poétique*" *de l'Association d'Etudes de la Renaissance, de la Réforme et de l'Humanisme sous la direction de Guy Demerson*. Institut d'Etudes de la Renaissance et de l'Age classique. Publications de l'Université de Saint Etienne 1981, S. 161–183.

McGowan, Margaret M., *L'Art du ballet de cour en France, 1581–1643*, Paris 1963. (McGowan)

McMahon, Elise-Noël, „"Le Corps sans frontières': The Ideology of Ballet and Molière's Le Bourgeois Gentilhomme", in: *Papers on Seventeenth Century Literature* XX (1993), S. 53–72.

Michaud, J.Fr., *Biographie universelle ancienne et moderne, ou histoire, par ordre alphabétique, de la vie publique et privée de tous les hommes qui se sont fait remarquer par leurs écrits, leurs actions, leurs talents, leurs vertus ou leurs crimes*. Nouvelle édition, Paris 1854 ff, Nachdruck Graz 1968. (Michaud)

Morçay, Raoul; Müller, Armand, *La Renaissance*. Histoire de la littérature française 2, Paris 1960.

Morf, Heinrich, *Geschichte der französischen Literatur im Zeitalter der Renaissance*, Straßburg ²1914.

Neher, André, *Moïse et la vocation juive: Maîtres spirituels*, Paris 1956.

Neubert, F. „Zum Problem des Petrarkismus", in: *Französische Literaturprobleme* 1962, S. 449–460.

Niceron, Jean-Pierre, *Mémoires pour servir à l'histoire des hommes illustres dans la république des Lettres*. 22 tomes. Paris 1729–1745. Nachdruck (3 Bde.) Genève 1971.

Nies, Fritz, *Genres mineurs: Texte zur Theorie und Geschichte nichtkanonischer Literatur (vom 16. Jahrhundert bis zur Gegenwart)*, München 1978.

Nilges, Annemarie, *Imitation als Dialog: Die europäische Rezeption Ronsards in Renaissance und Frühbarock*, Heidelberg 1988.

Perrens, François Tommy, *Les Libertins en France au XVIIᵉ siècle*, Paris 1896, Nachdruck New York 1973.

Peters, Otto, *Die lyrische Gesellschaftsdichtung im Zeitalter Richelieu's und Mazarin's [sic]*, Leipzig, 1897.

Pintard, René, *Le Libertinage érudit dans la première moitié du XVIIᵉ siècle: Nouvelle édition augmentée d'un avant-propos et de notes et réflexions sur les problèmes de l'histoire du libertinage*, Paris 1943, Nachdruck Genève 1983.

Prunières, Henry, *Le Ballet de cour en France avant Benserade et Lully*, Paris 1914.

Ratel, Simonne, „La Cour de la Reine Marguerite", in: *Revue du Seizième Siècle*, XI, 1924, S. 1–29 und S. 193–207 sowie a.a.O., XII, 1925, S. 1–43.

Rathmann, Bernd, *Der Einfluß Boileaus auf die Rezeption der Lyrik des frühen 17. Jahrhunderts in Frankreich*, Tübingen, Paris 1979.

Regn, Gerhard, „Typische Merkmale des petrarkistischen Systems im Cinquecento", in: ders., *Torquato Tassos zyklische Liebeslyrik und die petrarkistische Tradition*, Tübingen 1987, S. 21–56.

Reichenberger, Kurt, „Der literarische Manierismus des ausgehenden 16. und beginnenden 17. Jahrhunderts in Frankreich. Ein Forschungsbericht", in: *Romanistisches Jahrbuch* 13 1962, S. 76–86.

Rigolot, François, „Pétrarquisme et antipétrarquisme", in: ders., *Poésie et Renaissance*, Paris 2002, S. 187–205.

Rogers, Hoyt, *Poetry of Change: Durand and his Milieu*, Diss. Oxford 1978.

Rogers, Hoyt, *The Poetics of Inconstancy: Etienne Durand and the End of Renaissance Verse*, Chapel Hill 1998. (Rogers 98)

Rothe, Arnold, *Französische Lyrik im Zeitalter des Barock*, Berlin 1974.

Rousset, Jean, *La Littérature de l'âge baroque en France: Circé et le paon*, Paris 1954, ⁷1970.

Rubin, David Lee (Hrsg.), *La Poésie française du premier 17ᵉ siècle: Textes et contextes*, Tübingen 1986.

Rudmose-Brown, T.B., „A French Précieux Lyrist of the Early Seventeenth Century: Pierre Motin", in: *Seventeenth Century Studies Presented to Sir Herbert Grierson*, Oxford: Clarendon Press, 1938, S. 31–46. (Rudmose-Brown)

Sage, Pierre, *Le Préclassicisme: d'après Raoul Morçay*, Paris 1962.

Saint-René Taillandier, Madeleine Marie-Louise, *Heinrich IV. von Frankreich*, [Henri IV avant la messe. L'école d'un roi (Bd. I), Paris 1934, Le cœur du roi. Henri IV après la messe. (Bd. II), Paris 1937, deutsch]. Übers. Hermann Rinn. München 1975. (Taillandier)

Schutz, A.H., „Ronsards Amours XXXII and the Tradition of the Synthetic Lady", in: *Romance Philology* I (1947–48), S. 125–135.

Sebillet, Thomas, *Art poétique françoys: éd. crit. avec une introduction et des notes*, publ. par Félix Gaiffe, nouv. éd. mise à jour, 3ᵉ éd., Paris 1988.

Sorel, Charles, *La Bibliothèque françoise: Seconde édition revüe et augmentée*, Paris 1667, Nachdruck Genève 1970.

Strien-Bourmer, Petra, *Mathurin Régnier und die Verssatire seit der Pléiade*, Biblio 17, Papers on French Seventeenth Century Literature, Paris, Seattle, Tübingen 1992.

Varchi, Benedetto, „Frammento di una Lezione sopra il sonetto del Petrarca, ‚Orso, è non furon mai fiumi né stagni'", in: ders., *Lezioni sul Dante e Prose varie. La maggior parte inedite. A cura di G. Aiazzi e L. Arbib*, Firenze 1841, 2 Bde.

Vianey, Joseph, *Le Pétrarquisme en France au XVIᵉ siècle*, Montpellier, Paris 1909, Nachdruck Genève 1969.

Weber, Henri, *La création poétique au XVIᵉ siècle en France, de Maurice Scève à Agrippa d'Aubigné*, Paris 1956.

Wentzlaff-Eggebert, Christian (Hrsg.), *Le Langage littéraire au XVIIᵉ siècle: De la rhétorique à la littérature*, Tübingen 1991.

Whitton, David, *Le bourgeois gentilhomme*, London 1992.

Winklehner, Brigitte (Hrsg.), *Italienisch-europäische Kulturbeziehungen im Zeitalter des Barock*, Tübingen 1991.

Wodsak, Monika, *Die Complainte: Zur Geschichte einer französischen Populärgattung*, Heidelberg 1985.

10 Anhang

Tabelle der Gedichtanfänge[1]

Erster Vers	Erschienen in:	Jahr	auch in:	Jahr
A/De celuy qui la cajolle	Rec. Vers Satyr. (n.s.)	1617	B.N. Ms.fr. 884	1618/20
			Délices Satyr. (sig.)	1620
			Quint. Satyr. (sig.)	1622
A ce Toton, ta main sçavante	Sup. Bigarrures (n.s.)	1614	Rec. Vers Satyr. (sig.)	1617
(Vgl.: Pour passer ma mélancolie)			Cabinet Satyr. (sig.)	1618
			B.N. Ms.fr. 884	1618/20
			B.N. Ms.fr. 19145 (sig.)	
Ainsi que la nature nous monstre	Chantilly Ms. 534 (sig. M.)	<1610		
A la douleur qui vous transporte	Nouveau Recueil	1609	Tombeau Rohan	1609
			Ms. 534 Chant. (sig.)	<1610
			Délices de la Poésie	1615
			Cabinet Muses	1619
			Rec. Beaux Vers	1627
			Recueil MM. (sig.)	1630
A la mort de ce Roy qui fut l'honneur	Cospeau	1610		
Alix, je veux (je suis) hors de servage	Rec. Vers Satyr. (n.s.)	1617	B.N. Ms.fr. 884 (n.s.)	1618/20
			Parnasse Satyr.	1622
Alix ne pouvant appaiser	Parnasse Satyr. (n.s.)	1622		
Alize ma chère merveille	Cabinet Satyr.	1618		
Allons voir les deux Marguerites	B.N. Ms.fr. 2382		d'Estrée (sig.)	1882
Amour, mon démon tutélaire	Cab. Priape (n.s.)	1611	Délices Satyr.	1620
Amour n'a plus de traictz; ils n'ont point/ plus de pointure	B.N. Ms.fr. 2382		d'Estrée (sig.)	1882
Après tant d'amoureux ennuys	Délices Satyr.	1620	Quint. Satyr.	1622

---

[1] Diese Übersicht basiert auf den drei Bibliographien von Lachèvre und auf derjenigen von Arbour. Ihre Funde wurden allerdings ergänzt durch nicht unwesentliche eigene Hinzufügungen. Aus Platzgründen sind lange erste Verse bisweilen gekürzt worden, da der Versanfang in der Regel schon ausreicht, um ein Gedicht sicher zu identifizieren.

Erster Vers	Erschienen in:	Jahr	auch in:	Jahr
A quoy servent tant d'artifices	Muses Gaillardes (n.s.)	1609	Nouveau Recueil (sig.)	1609
			Chant. Ms. 534 (n.s.)	<1610
			Satyr. Regnier (sig.)	1614
			Délices de la Poésie	1615
			Satyr. Régnier (n.s.)	1616
			Rec. Vers Satyr. (sig.)	1617
			Rec. beaux vers (sig.)	
			Recueil MM. (sig.)	1630
Audax, qui Mariae vultus effingere tentas,	B.N. Ms.fr. 2382		d'Estrée (sig.)	1882
Au grand jour de vostre venue	Rec. Conrart t. XIX			
L: ?; F/P: Guy de Tours? – Au milieu de mon bled, en une place verte	Muses incognues (n.s.)	1604	Muses Gaillardes Cabinet Satyr. (sig.)	1609 1618
L: ? – Au milieu des ennuis dont mon ame est la proye,	Ms. 534 Chant. (sig. M.)	<1610	Délices Satyr. (sig. Berthelot) Quint. Satyr. (sig. Berthelot)	1620 1622
Au moins si dans mon cœur tu choisis ta demeure	B.N. Ms.fr. 2382 d'Estrée		Parnasse (2e vol.) (n.s)	1607
Avec ce petit don, je ne me fais pas croire	Sec. Livre des Délices	1620		
A vous qui les destins des François	Romant (sig.)	1605		
Beauté, qui sur mon coeur exercez vostre Empire	Sec. Livre des Délices	1620		
Beauté trop innocente et trop pleine d'appas	Sec. Livre des Délices	1620		
Beautez dont les perfections	Porchères (sig.)	1612		
Beautez que tout le monde prise	Sec. Livre des Délices	1620		
Beaux jours du monde des délices	Sec. Livre des Délices	1620		
Beaux yeulx, sorciers et doux, mes uniques flambeaux	B.N. Ms.fr. 2382		d'Estrée (sig.)	1882
Beaux yeux du monde l'ornement	Nouveau Recueil	1609	Délices de la Poésie Séjour des Muses Rec. beaux vers (sig.) Recueil MM. (sig.)	1615 1626/27 1627 1630
Belle au rebelle cœur, au courage endurcy,	B.N. Ms.fr. 2382		d'Estrée (sig.)	1882

Erster Vers	Erschienen in:	Jahr	auch in:	Jahr
Belle de qui les yeux donnent mille trespas	Parnasse (2e vol.) (n.s.)	1607	B.N. Ms.fr. 25560 Arsenal 3137 Rec. Vers Satyr. (n.s.) Cabinet Satyr. (sig.) Cabinet Satyr. (sig.)	1617 1618 1666
Belle et sage déesse/Princesse, afin de m'acquiter	Chantilly Ms. 534	<1610	Sec. Livre des Délices Rec. beaux vers (sig.) Recueil MM. (sig.)	1620 1627 1630
L: ?; F/P: La Vallettrye – Belle remettant nostre affaire	Muses Gaillardes	1609	Cabinet Satyr.	1618
Blonds cheveux, filets redoutables	Chantilly Ms. 534	<1610	Sec. Livre des Délices Rec. beaux vers (sig.) Recueil MM.	1620 1627 1630
Cachez-vous à mes yeux, beaux yeux que j'aime tant	B.N. Ms.fr. 2382		d'Estrée (sig.)	1882
L: ?; F/P: Vauquelin de la Fresnaye – Ce beau sonnet est si parfait	Satyres Bastardes (n.s.)	1615	Cabinet Satyr. Rec. Villon Benserade	1618 1692
Ce bracelet de musq qui le bras m'environne	B.N. Ms.fr. 2382		d'Estrée (sig.)	1882
Ce corps loin de vos yeux traîne encore sa vie	Temple d'Apollon	1611	Cabinet Muses	1619
Ce jeune chevallier, si grand que tu le vois	B.N. Ms.fr. 2382		d'Estrée (sig.)	1882
Celle qui cause mon trespas	Sec. Livre des Délices	1620		
Ce masque, qui celloit tantost vostre beauté	B.N. Ms.fr. 2382		d'Estrée (sig.)	1882
Ce n'est vostre ignorance ou bien vostre sçavoir	B.N. Ms.fr. 884 (sig.)	1618/20		
Ce pénitent qui caressoit	B.N. Ms.fr. 2382		d'Estrée (sig.)	1882
Ce petit cholere archer	B.N. Ms.fr. 2382		d'Estrée (sig.)	1882
Ce poil qui sur un moule arengé se fait voir	B.N. Ms.fr. 2382		d'Estrée (sig.)	1882
Ce quatrain tout plein de diffame	Parnasse Satyr.	1622		
Ces gands puissent en tout endroit	Sec. Livre des Délices	1620		
Ces pas en vain espars affin que je te visse	B.N. Ms.fr. 2382		d'Estrée (sig.)	1882
Ces petits c. dont l'on faict feste	B.N. Ms.fr. 25560		Cabinet Satyr.	1618

Erster Vers	Erschienen in:	Jahr	auch in:	Jahr
C'est à moi qui suis la Victoire	B.N. Ms.fr. 24353			
C'est à toi mon Gayault que j'adresse ma plainte	B.N. Ms.fr. 2382		B.N. Ms.fr. 24353	
C'est bien pour perdre courage	B.N. Ms.fr. 2382 (Einband)			
L: ? – C'est doncques à ceste heure (maintenant) l'usage	Sup. Bigarrures (n.s.)	1614	Rec. Vers Satyr. (sig.) Cabinet Satyr. (sig. Sigognes)	1617 1618
C'est moy qui suis l'honneur des lettres	Cartels Arsenal (n.s.)	1612	Rosset (sig.)	1612
C'est moy qui vais donnant les Empires	Cartels (n.s.)	1605	Romant (sig.)	1605
C'est vo(u)s beautez que je reclame	Cartels (sig.)	1605	Romant (sig.) B.N. Ms.fr. 24353 (= Recueil Ms.) (sig.)	1605
Ceste eau beniste, madame	B.N. Ms.fr. 2382 (Einband)			
Ceste petite emplastre noire	B.N. Ms.fr. 2382		d'Estrée (sig.)	1882
Ceux qui parlent sans art parlent a l'adventure	Œuvres La Roque	1609		
Chères et fidelles pensées	Muses Gaillardes (n.s.)	1609	Chantilly Ms. 534	<1610
Cithère, qui de nom fais revoir Cytherée	B.N. Ms.fr. 2382		d'Estrée (sig.)	1882
Clepton, le boesme (de Boesme) effronté	Muses Gaillardes (n.s.)	1609	Rec. Vers Satyr. (sig. Sigognes) Cabinet Satyr. (sig. Sigognes) B.N. Ms.fr. 884 (sig.) B.N. Ms.fr. 19187 (n.s.) B.N. Ms.fr. 25560 (sig.) Arsenal Ms. 3137 (sig.)	1617 1618 1618/20
Colin à beaux deniers contens	Muses Gaillardes (n.s.)	1609	B.N. Ms.fr. 884 Cabinet Satyr. (sig.)	1618/20 1618
Combien de coeurs remplis d'envie	Sec. Livre des Délices	1620		
Combien de souspirs esclatans	Muses Gaillardes (n.s.)	1609	Cabinet Satyr. (sig.)	1618
Comment, ô belle Croix, sitost que je vous laisse	B.N. Ms.fr. 2382		d'Estrée (sig.)	1882
Cy gist une putain féconde	Sup. Bigarrures (n.s.)	1614	B.N. Ms.fr. 884 Délices Satyr. (sig.)	1618/20 1620
Dans le fonds (d'un val) ténébreux (d'un lieu ténébreux)	Chantilly Ms. 534	<1610	Rec. Vers Satyr. (sig.) Cabinet Satyr.	1617 1618

Erster Vers	Erschienen in:	Jahr	auch in:	Jahr
Denise d'un chacun plorée	Sup. Bigarrures (n.s.)	1614	Rec. Vers Satyr. (n.s.)	1617
			Cabinet Satyr. (sig.)	1618
			B.N. Ms.fr. 884	1618/20
De quoy sert à mes yeux le retour de l'aurore	Nouveau Recueil	1609	Chantilly Ms. 534	<1610
			Délices de la Poésie	1615
			B.N. Ms.fr. 884 (n.s.)	1618/20
			B.N. Ms.fr. 843 Dupuy (sig.)	
			Rec. beaux vers (sig.)	1627
			Recueil MM. (sig.)	1630
Déserts tesmoings de mes pensées	Chantilly Ms. 534	<1610	Sec. Livre des Délices	1620
Desjà l'air n'estoit plus qu'un feu plain de menace	Sec. Livre des Délices	1620	Rec. beaux vers	1627
			Recueil MM. (sig.)	1630
Désormais ny sage ny sotte/Jamais peu sage ny sotte	Cabinet Satyr.	1618	B.N. Ms.fr. 884 (n.s.)	1618/20
Desseins au vent jettez, inutiles pour-suittes	Parnasse (1ᵉʳ vol.) (n.s.)	1607	Cabinet Satyr.	1618
			B.N. Ms.fr. 884 (sig.)	1618/20
			B.N. Ms.fr. 12491	
De tous les tourmens amoureux	B.N. Ms.fr. 2382		d'Estrée (sig.)	1882
Dieux à qui les vents et l'orage	Nouveau Recueil	1609	Chantilly Ms. 534	<1610
			Délices de la Poésie (sig.)	1615
			Rec. beaux vers (sig.)	1627
			Recueil MM. (sig.)	1630
Dites-vous que l'amour parfait	B.N. Ms.fr. 884 (n.s.)	1618/20	Délices Satyr.	1620
			Quint. Satyr.	1622
Donnez luy de vostre pantoufle	Rec. Vers Satyr. (n.s.)	1617	B.N. Ms.fr. 884	1618/20
			Délices Satyr. (sig.)	1620
			Quint. Satyr. (sig.)	1622
			Arsenal Ms. 122 (sig. Théophile)	
Doux antre où mon âme (est) guidée/ Doux objet des âmes guidées	Chantilly Ms. 534	<1610	Rec. Vers Satyr. (sig.)	1617
			B.N. Ms.fr. 884 (n.s.)	1618/20
			Cabinet Satyr.	1618
Du beau coral jumeau de ceste belle bouche	B.N. Ms.fr. 2382		d'Estrée (sig.)	1882
D'un Nestor tant sçavant la cendre demeurée	B.N. Ms.fr. 2382		d'Estrée (sig.)	1882
Du point que le jour sort de l'onde	B.N. Ms.fr. 24353			

Erster Vers	Erschienen in:	Jahr	auch in:	Jahr
Du profond de mon coeur, plein d'ameres angoisses	B.N. Ms.fr. 2382		d'Estrée (sig.)	1882
Du profond des lieux pleins d'effroy	Rec. Conrart t.XIX			
Elle a donc changé ceste fois	Sec. Livre des Délices	1620		
Elle a medit, superbe, indiscrette, insensée	B.N. Ms.fr. 2382		d'Estrée (sig.)	1882
Elle avait ouvert son collet	B.N. Ms.fr. 2382		d'Estrée (sig.)	1882
Elle mesdit de moy vrayment	Délices Satyr.	1620	Quint. Satyr.	1622
Elle vous aime bien, mais quoy	Labyr. Amour, I Liv. (n.s.)	1610	Cabinet Satyr. (sig.)	1618
En fin il faut que je descouvre	Cabinet Satyr.	1618		
En quel lieu du monde humide (2 fois)	Parnasse (2e vol.)	1607	Delphin coron.	1608/28
En retirant vostre main blanche/Quand on vous prend vostre main blanche	B.N. Ms.fr. 884 (n.s.)	1618/20	Délices Satyr. Quint. Satyr.	1620 1622
Escoutez moy quand je lamente	Rec. Conrart t. XIX			
Esprit autant heureux, que sage,	Cospeau	1610		
Est-ce mon erreur ou ma rage	Muses Gaillardes	1609	Nouveau Recueil Chantilly Ms. 543 (sig. M.) Délices de la Poésie B.N. Ms.fr. 884 (n.s.) Cabinet Muses Rec. Beaux Vers (n.s.) Recueil MM. (sig.)	1609 <1610 1615 1618/20 1619 1627 1630
Et/Hé bien on dit que je vous f...	B.N. Ms.fr. 884	1618/20	Cabinet Satyr. (n.s.)	1618
Et/Eh quoy, madame Fredegonde	Muses Gaillardes (n.s.)	1609	Chantilly Ms. 534 (sig. B.) B.N. Ms.fr. 884 Cabinet Satyr. (sig.)	<1610 1618/20 1618
Et tout nud ici et sur l'heure	B.N. Ms.fr. 2382 (Einband)			
Et tu n'es pas venue, après ta foy jurée	B.N. Ms.fr. 2382		d'Estrée (sig.)	1882
Excusez moy, belle Cliante	B.N. Ms.fr. 884 (n.s.)	1618/20	Parnasse Satyr.	1622
Experts guides d'amour, maquereaux secourables	Cabinet Satyr. (n.s.)	1619	B.N. Ms.fr. 25560 (sig.) Arsenal Ms. 3137 (sig.)	
Faictes venir icy Nicole	B.N. Ms.fr. 884 (n.s.)	1618/20	Délices Satyr.	1620

Erster Vers	Erschienen in:	Jahr	auch in:	Jahr
Fallait-il que la Mort, trop soubdaine à te prendre	B.N. Ms.fr. 2382		d'Estrée (sig.)	1882
Faut-il donc, ô cruel effort	Nouveau Recueil	1609	Rec. beaux vers (sig.)	1627
			Recueil MM. (sig.)	1630
Fille du Ciel et de l'année	Rec. Vers Satyr.	1617	Cabinet Satyr.	1618
			(sig. Sigognes)	
			(sig. Motin)	
			Rec. beaux vers (sig.)	1627
			Recueil MM. (sig.)	1630
			Rec. Villon Benserade	1692
Fuyant la tirannie aux humains incroiable	B.N. Ms.fr. 2382		d'Estrée (sig.)	1882
Grand Apollon, par tes traictz, par ta lyre,	B.N. Ms.fr. 2382		d'Estrée (sig.)	1882
Grand/Quand Dieu qui voyez tout, qui voyez toutes choses	Parnasse Satyr.	1622		
Ha que vous estes timides	Chantilly Ms. 534 (sig. M.)	<1610		
L: ?; F/P: de Bèze – Hercule déconfit (fit voler) jadis/ Hercule et ceulx de jadis/ mit a mort jadis	Cabinet Satyr.	1618	Jardin d'Epitaphes B.N. Ms.fr. 1663 (sig.) B.N.Ms.fr.19145 (sig.) B.N. Ms.fr. 736 Dupuy B.N. Ms.fr. 843 Dupuy (sig. Th.D.B.)	1648
Icy gist une pauvre femme	Quint. Satyr.	1622		
Il a passé son meilleur temps	Muses Gaillardes (n.s.)	1609	Rec. Vers Satyr. (n.s.) Cabinet Satyr. (sig.)	1617 1618
Il est donc vray qu'Amour a fait place à la haine	Sec. Livre des Délices	1620		
Il est donc vray qu'elle soit morte	Muses Gaillardes (n.s.)	1609	Satyr. Regnier (sig.) Sup. Bigarrures (sig.) Sat. Regnier (n.s.) Rec. Vers Satyr. (sig.) B.N. Ms.fr. 884 (sig.) Cabinet Satyr. (sig.)	1614 1614 1616 1617 1618/20 1618
Il est vray, je souspire	Nouveau Recueil	1609	Délices de la Poésie Rec. beaux vers (sig.) Recueil MM. (sig.)	1615 1627 1630
Il fait bien le froid et le sage	B.N. Ms.fr. 884 (n.s.)	1618/20	Délices Satyr. Quint. Satyr.	1620 1622
Il fut banny du ciel, et sur la moite rive	B.N. Ms.fr. 2382		d'Estrée (sig.)	1882

Erster Vers	Erschienen in:	Jahr	auch in:	Jahr
J'accuse, en accusant une fille infidelle	B.N. Ms.fr. 2382		d'Estrée (sig.)	1882
Jacquette (Pasquette) quand vous me contez	Muses Gaillardes (n.s.)	1609	Cabinet Satyr. (sig.) B.N. Ms.fr. 884	1618 1618/20
J'aime une belle et simple Croix	B.N. Ms.fr. 2382		d'Estrée (sig.)	1882
Jamais Fredegonde ne cesse	Rec. Vers Satyr. (n.s.)	1617	Cabinet Satyr. (sig.)	1618
J'avois quitté Phoebus, sa bande charmer.	Louvencourt	1595		
J'ay/Jeu ce plaisir, Fradet, ô plaisir trop vollage!	B.N. Ms.fr. 2382		d'Estrée	1882
J'ay de sens (J'ay de) vuide (dans) le cerveau	B.N. Ms.fr. 884 (n.s.)	1618/20	Délices Satyr. Quint. Satyr.	1620 1622
J'ay esperance quelque jour	B.N. Ms.fr. 2382			
J'ay soustenu son honneur et son fait	Cabinet Satyr.	1618		
Jeanne cageolant ma franchise	B.N. Ms.fr. 884 (n.s.)	1618/20	Cabinet Satyr.	1618
Jeanne qui s'addonnoit souvent à la vertu	Cabinet Satyr.	1618		
L: ?; F/P: Malherbe – Jeanne tandis que tu fus belle	Rec. Vers Satyr. (n.s.)	1617	B.N. Ms.fr. 884 (n.s.) Cabinet Satyr. (sig. M.) Sec. Livre des Délices (sig. Malherbe) Cabinet Satyr. (sig. Motin)	1618/20 1618 1620 1632
Jeanneton/Françoise, sçais-tu point pourquoy	Cab. Priape (n.s.)	1611	Cabinet Satyr.	1618
Je chante les pacquettes,	B.N. Ms.fr. 2382		d'Estrée (sig.)	1882
Je cherche un lieu désert, aux mortels incognu	Nouveau Recueil	1609	Délices de la Poésie Rec. Beaux Vers (n.s.) Recueil MM. (sig.) Rec. Villon Benserade	1615 1627 1630 1692
Je dresse au desdain sacrifice	Muses ralliées (n.s.)	1603	Parnasse 1 (sig.) Temple d'Apollon Cabinet Muses	1607 1611 1619
J'estois allé voir l'autre jour	B.N. Ms.fr. 2382			
Je fusmes d'autrefois pucelle (sig. M.)	Chantilly Ms. 534 (sig. M.)	<1610		
Je le voyois se lever et baisser	B.N. Ms.fr. 2382		d'Estrée (sig.)	1882
Je m'en vais à Charlet, auprès du quay/guay aux Dames	B.N. Ms.fr. 2382		d'Estrée (sig.)	1882

Erster Vers	Erschienen in:	Jahr	auch in:	Jahr
Je n'ayme point à voir cette idole admirée	B.N. Ms.fr. 2382		d'Estrée (sig.)	1882
Je ne dorts de toute la nuit	Rec. Vers Satyr. (n.s.)	1617	Cabinet Satyr. (sig.)	1618
Je ne m'estonne point de la troupe indiscrette	B.N. Ms.fr. 2382		d'Estrée (sig.)	1882
Je n'entends point ces beaux discours	Cabinet Satyr.	1618		
Je ne sçay quel démon qui préside aux amours	B.N. Ms.fr. 2382		d'Estrée (sig.)	1882
Je ne sçay si je faulx en rien	B.N. Ms.fr. 2382		d'Estrée (sig.)	1882
Je n'eusse pas pensé que vous eussiez f...	B.N. Ms.fr. 884 (n.s.)	1618/20	Délices Satyr.	1620
Je ne vous puis donner une plus riche estreine	Sec. Livre des Délices	1620		
Je ne voy rien si beau comme elle	Cabinet Satyr.	1618		
J'entens sonner la cloche; allons nous retirer	B.N. Ms.fr. 2382		d'Estrée (sig.)	1882
J'estime beaucoup les belles	B.N. Ms.fr. 884 (n.s.)	1618/20	Délices Satyr. Quint. Satyr.	1620 1622
J'estime fort vostre doctrine	B.N. Ms.fr. 884 (n.s.)	1618/20	Parnasse Satyr.	1622
Je suis contraint de confesser	B.N. Ms.fr. 884 (n.s.)	1618/20	Délices Satyr.	1620
Je suis le plaisir et la vie	Délices Satyr.	1620	Quint. Satyr.	1622
Je suis l'esprit de tout le monde	Parnasse (2e vol.)	1607		
Je tire les dents de la bouche	Rec. Masquarades	1607	B.N. Ms.fr. 24322 (n.s.) Satyres Bastardes Cabinet Satyr. (n.s.) Ms. 2382 B.N. (sig.) Rec. exc. ballets Lacroix, Ballets	1608/10 1615 1618 1612 1868
Je venais de laisser ma Jehanne qui despouille	B.N. Ms.fr. 2382		d'Estrée (sig.)	1882
Je veulx, mon coeur, maulgré ce populaire	B.N. Ms.fr. 2382		d'Estrée (sig.)	1882
Je veulx passer toutte ceste sepmaine	B.N. Ms.fr. 2382		d'Estrée (sig.)	1882
Je veulx prendre congé de ces belles sorcières,	B.N. Ms.fr. 2382		d'Estrée (sig.)	1882
Je vis dix mille feux dedans ses yeux reluire;	B.N. Ms.fr. 2382		d'Estrée (sig.)	1882

Erster Vers	Erschienen in:	Jahr	auch in:	Jahr
Je vis hier vostre voisine	Muses Gaillardes (n.s.)	1609	Cabinet Satyr. (sig.) B.N. Ms.fr. 25560 (n.s.) Arsenal Ms. 3137 (n.s.)	1618
Je vouldrois qu'un heureux daimon	B.N. Ms.fr. 2382		d'Estrée (sig.)	1882
Je vous donne une aiguille, une aiguille qui mieux	B.N. Ms.fr. 2382			
Je voy ce lieu où de Louvert repose	B.N. Ms.fr. 2382		d'Estrée (sig.)	1882
Je voy bien à vostre mine	Parnasse Satyr.	1622		
Je voy maint amant qui s'enflamme	B.N. Ms.fr. 884	1618/20	Délices Satyr. Quint. Satyr.	1620 1622
La beauté des beautéz, mon bien-aimé tourment	B.N. Ms.fr. 2382		d'Estrée (sig.)	1882
La Croix qui doibt estre premiere	B.N. Ms.fr. 2382			
La douceur de vos chantz et celle de vos yeux	B.N. Ms.fr. 2382		d'Estrée (sig.)	1882
L'amour et le destin que chacun va blamant	Chantilly Ms. 534 (sig. Motin)	<1610		
La peur de l'advenir, et ses courtiers puniques/J'ay peur de l'advenir, car les terreurs paniques	Muses Gaillardes (n.s.)	1609	Chantilly Ms. 534 (n.s.) Satyr. Regnier (sig.) Satyr. Regnier (n.s.) B.N. Ms.fr. 884 (n.s.) Parnasse Satyr. B.N. Ms.fr. 25560 (sig.) Arsenal Ms. 3137 (sig.)	<1610 1614 1616 1618/20 1622
Larmes de vif argent qui baignez son visage	Chantilly Ms. 534 (sig. M.)	<1610		
La vertu d'une Goutte admirable et divine	B.N. Ms.fr. 2382		d'Estrée (sig.)	1882
Le beau désir de la course et du prix	Chantilly Ms. 534 (sig. M.)	<1610		
Le colomb est un bel oyseau	B.N. Ms.fr. 884 (n.s.)	1618/20	Délices Satyr.	1620
Le destin tout-puissant, qui la Terre	Rosset (sig.)	1612		
L'enfant aisle de Dieu porte sagette	B.N. Ms.fr. 2382			
Le gris est la couleur de cendre	B.N. Ms.fr. 2382			
Le hibou de vos yeux que sans cesse (Par le Comte d'Auvergne)	B.N. Ms.fr. 884		Délices Satyr. Quint. Satyr.	1620 1622

Erster Vers	Erschienen in:	Jahr	auch in:	Jahr
Le médecin n'est qu'un railleur	B.N. Ms.fr. 884 (n.s.)	1618/20	Délices Satyr. Quint. Satyr.	1620 1622
Le pigeon f... la colombelle	Quint. Satyr.	1622		
Le prince Daniel a le tupart bien sec	B.N. Ms.fr. 2382			
Le soleil en tous lieux decouvre sa lumière	B.N. Ms.fr. 2382		d'Estrée (sig.)	1882
Les Dieux par le conseil de l'oracle et du sort	B.N. Ms.fr. 24353			
Les ondes pures de la mer	Chantilly Ms. 534 (sig. M.)	<1610		
Les serpens ne vont que du ventre	B.N. Ms.fr. 884 (n.s.)	1618/20	Délices Satyr. Quint. Satyr.	1620 1622
Les soldatz sont trompeurs: ceux qui suivent la guerre	B.N. Ms.fr. 2382		d'Estrée (sig.)	1882
Le tiran des humains, Amour, qui tout surprend	B.N. Ms.fr. 2382		d'Estrée (sig.)	1882
L; F/P: Regnier – Le très (Le tout) puissant Jupiter	Muses Gaillardes (n.s.) Satyr. Regnier	1609 1616	Satyr. Regnier (sig. Regnier) Cabinet Satyr. (sig.) B.N. Ms.fr. 884 (n.s.)	1613 1618
Lève, bel arbre au ciel la teste	Nouveau Recueil	1609	Chantilly Ms. 534 (sig.) Délices de la Poésie Rec. beaux vers (sig.) Recueil MM. (sig.) Rec. Villon Benserade	<1610 1615 1627 1630 1692
Levez vos yeux, mortels, malencontreuse race	B.N. Ms.fr. 2382		d'Estrée (sig.)	1882
Lisette jure asseurement	Satyres Bastardes (n.s.)	1615	Cabinet Satyr. (n.s.) Œuvres Regnier (sig.)	1618 1733
Loin des flots indiens et de leur rive more	Nouveau Recueil	1609	Délices de la Poésie Séjour des Muses Rec. beaux vers (sig.) Recueil MM. (sig.)	1615 1626/27 1627 1630
L'on ne s'enquiert jamais d'une chose certaine	Cabinet Satyr.	1618	B.N. Ms.fr. 884 (n.s.) B.N. Ms.fr. 843 Dupuy (n.s.)	1618/20
L'orgueil suit la beauté, comm' le frère la seur;	B.N. Ms.fr. 2382		d'Estrée (sig.)	1882

Erster Vers	Erschienen in:	Jahr	auch in:	Jahr
Lorsque, fâchée, ta cruaulté j'accuse	B.N. Ms.fr. 2382		d'Estrée (sig.)	1882
Lorsque ma faute vous irrite	Rec. Conrart t. XIX			
Lucresse et Didon, comme on sçait	Cabinet Satyr. (n.s.)	1618	Œuvres Regnier (sig.)	1733
Ma belle et chere fueille morte,	B.N. Ms.fr. 2382		d'Estrée (sig.)	1882
Ma bouche est toute en feu: je sens par ma chemise	B.N. Ms.fr. 2382		d'Estrée (sig.)	1882
Madame a bonne affection	B.N. Ms.fr. 2382		d'Estrée (sig.)	1882
Madame je ne puis tant ma force est petite	Délices Satyr.	1620	Quint. Satyr.	1622
Madame, voicy le Caresme/ Je vis hier voste voisine	Muses Gaillardes (n.s.)	1609	Cabinet Satyr. (sig.) B.N. Ms.fr. 25560 (n.s.) Arsenal Ms. 3137 (n.s.)	1619
Mais à quoy sert tant de finesse	Muses Gaillardes (n.s.)	1609	Cabinet Satyr. (sig.) B.N. Ms.fr. 884 (n.s.)	1618 1618/20
Mais pour quel estrange péché	Sec. Livre des Délices	1620		
Manceron, je vous pry, lisez Artemidore	B.N. Ms.fr. 2382		d'Estrée (sig.)	1882
Marie à vray dire, tu es la plus galante	Parnasse Satyr.	1622		
Mariez vous c'est chose honneste	Cabinet Satyr. (n.s.)	1618	Œuvres Regnier B.N. Ms.fr. 19145	1733
Mes pensers sont pareils aux chandelles de cire	B.N. Ms.fr. 2382		d'Estrée (sig.)	1882
Mignonne, enfin, voilà que c'est:	B.N. Ms.fr. 2382		d'Estrée (sig.)	1882
Mon âme est de dueil poursuivie	Quint. Satyr.	1622		
Mon amour n'est de ces amours	Cabinet Satyr.	1618	B.N. Ms.fr. 25560	
Mon Dieu, que le penser est un peintre sçavant	B.N. Ms.fr. 2382		d'Estrée (sig.)	1882
Mon Dieu, qui l'a trouvée? hélas! je l'ai perdue,/Qui peult l'avoir trouvée	Cabinet Satyr. (n.s.)	1618	Œuvres Regnier (sig.) B.N. Ms.fr. 884	1733
Mon frère, que le sort cruellement volage	B.N. Ms.fr. 2382		d'Estrée (sig.)	1882
Mon œil d'hier espris d'une beauté nouvelle	Parnasse (1er vol.)	1607	Temple d'Apollon Cabinet Muses	1611 1619
Monstre du pays où nous sommes	Délices Satyr.	1620	Quint. Satyr.	1622
Ne ferois ie pas folie	B.N. Ms.fr. 2382 (Einband)			

Erster Vers	Erschienen in:	Jahr	auch in:	Jahr
Ne parler qu'avec gravité	Chantilly Ms. 534 (sig.)	<1610	Temple d'Apollon (n.s.)	1611
			Rec. Vers Satyr. (sig.)	1617
			Cabinet Satyr. (sig.)	1618
			Cabinet Muses	1619
Ne serez-vous jamais contents	Chantilly Ms. 534 (sig.)	<1610	Sec. Livre des Délices	1620
			Rec. beaux vers	1627
Ne verray-je jamais le temps	Nouveau Recueil	1609	Chantilly Ms. 534 (sig.)	<1610
			Délices de la Poésie	1615
			Cabinet Muses	1619
(Non, il n'est pas de femme à l'amour si contraire: vgl. „Soudain que j'eus l'honneur [...]")	B.N. Ms.fr. 884 (n.s.)	1618/20		
Nostre amy si frais et si beau	B.N. Ms.fr. 884 (n.s.)	1618/20	Cabinet Satyr. (sig. Sigogne)	1618
Nostre voisine qui desbauche	B.N. Ms.fr. 884 (n.s.)	1618/20	Délices Satyr.	1620
			Quint. Satyr.	1622
Nous sommes des flambeaux luisans	B.N. Ms.fr. 24353			
Nous sommes la troupe guerrière	Muses Gaillardes (n.s.)	1609	Cabinet Satyr. (sig.)	1618
Nous sommes légers dites-vous	B.N. Ms.fr. 884 (n.s.)	1618/20	Cabinet Satyr.	1618
O belles chesnes d'or, mes liens honnorables	B.N. Ms.fr. 2382		d'Estrée (sig.)	1882
O ciel, des dieux l'hoste et le pere	B.N. Ms.fr. 2382		d'Estrée (sig.)	1882
O Croix, qui de la croix ton beau surnom retire	B.N. Ms.fr. 2382		d'Estrée (sig.)	1882
O les mortels bien fortunez	Rec. Conrart t. XIX			
O nuict tant de fois desirée,	Nouveau recueil (n.s.)	1609	Chantilly Ms. 534 (n.s.)	<1610
			Délices de la Poésie	1615
			Séjour des Muses	1626/27
			Rec. beaux vers (sig. M.de Cremail)	1627
O que celuy qui va chercher	Parnasse (1er vol.)	1607	Nouveau Recueil	1609
			Temple d'Apollon	1611
			Délices de la Poésie	1615
			Cabinet Muses	1619
			Séjour des Muses	1626/27
			Rec. beaux vers (sig.)	1627
			Recueil MM. (sig.)	1630
O que l'humeur est bien funeste	Sec. Livre des Délices	1620		

Erster Vers	Erschienen in:	Jahr	auch in:	Jahr
O qu'il pleuvoit ce jour-là	Chantilly Ms. 534 (sig. M.)	<1610	Sec. Livre des Délices Rec. beaux vers	1620 1627
O siècle d'injustice et d'infidélité	Délices Satyr.	1620	Sec. Livre des Délices Rec. beaux vers (sig.) Recueil MM. (sig.)	1620 1627 1630
Où sont les beaux jours de ma gloire	Chantilly Ms. 534 (sig. Motin)	<1610		
O vous qui passez par la voye	Nouveau Recueil	1609	Chantilly Ms. 534 (sig.) Délices de la Poésie Rec. beaux vers (sig.) Recueil MM. (sig.) Jardin des Muses	<1610 1615 1627 1630 1643
Pan/Lan qui de Doris jouyssoit	B.N. Ms.fr. 884 (n.s.)	1618/20	Délices Satyr. Quint. Satyr.	1620 1622
Par charité garce/fille trop grasse	Chantilly Ms. 534 (sig. R.)	<1610	B.N. Ms.fr. 884 (sig.) Délices Satyr. Quint. Satyr.	1618/20 1620 1622
Peintre, qui de ta main découvre un million	B.N. Ms.fr. 2382		d'Estrée (sig.)	1882
Penseriez-vous que dans un lit	Délices Satyr.	1620	Quint. Satyr.	1622
L: ?; F/P: Raoul Fornier – Permettez-moy, ma grand'amie/belle Uranie	Muse folastre, II liv. (sig. R.F.)	1603	Cabinet Satyr. (sig.)	1618
Permettez-moy que je souspire	Chantilly Ms. 534 (n.s.)	< 1610	Temple d'Apollon B.N. Ms.fr. 884 Cabinet Muses	1611 1618/20 1619
Perrette, la mort aux Pucelles	Rec. Vers Satyr. (sig.)	1617	Cabinet Satyr. B.N. Ms.fr. 884 (n.s.) B.N. Ms.fr. 19187 (n.s.) B.N. Ms.fr. 25560 (n.s.)	1618 1618/20
Petite bergère incrédule	Chantilly Ms. 534 (sig.)	<1610		
Peuple(s), malheur sur vous quand le sanglant Gerfaut	Rec.exc.ballets (n.s.)	1612	Rec. Vers Satyr. (n.s.) Cabinet Satyr. (sig. Sigognes) B.N. Ms.fr. 884 (sig. Motin) Ms. 2382 B.N. (sig.)	1617 1618 1618/20
Peuple dont l'erreur et le vice	Chantilly Ms. 534 (sig.)	<1610		

Erster Vers	Erschienen in:	Jahr	auch in:	Jahr
Philidor (Polidor) amoureux d'une beauté sauvage	Rec. Vers Satyr. (n.s.)	1617	B.N. Ms.fr. 884 Cabinet Satyr. (sig.)	1618/20 1618
Philon, vous prenez vostre augure	B.N. Ms.fr. 884 (n.s.)	1618/20	Délices Satyr. Parnasse Satyr.	1620 1622
Place à l'amour qui tout surmonte	B.N. Ms.fr. 24322 (n.s.)	1608/10	Chantilly Ms. 534 (sig. M.)	<1610
Pleurs le sang distillant de ma playe amoureuse	Parnasse (2e vol., n.s.)	1607	Nouveau Recueil Chantilly Ms. 534 (n.s.) Délices de la Poésie (sig.) Rec. beaux vers (sig.) Recueil MM. (sig.)	1609 <1610 1615 1627 1630
Plus inconstante qu'un fuseau	Rec. Vers Satyr. (n.s.)	1617	Cabinet Satyr. (sig.)	1618
Plus forte que le temps icy bas	Cartels Arsenal (n.s.)	1612	Porchères (n.s.) Rosset (sig.)	1612 1612
Pour m'esloigner, mais dites-moy	Cab. Priape (n.s.)	1611	Cabinet Satyr.	1618
Pour passer ma mélancolie (Vgl.: A ce toton, ta main sçavante)	Sup. Bigarrures (n.s.)	1614	Rec. Vers Satyr. (sig.) Cabinet Satyr. (sig.) B.N. Ms.fr. 884 B.N. Ms.fr. 19145 (sig.)	1617 1618 1618/20
Pourquoy me dittes-vous, quand je suis en humeur	Rec. Vers Satyr. (n.s.)	1617	Cabinet Satyr. (sig.) B.N. Ms.fr. 884	1618 1680/20
Pourquoy ne fuis-tu le jour	Rec. Vers Satyr.	1617	Cabinet Satyr.	1618
Pourquoy ne me veux-tu donner sans jalousie	Parnasse Satyr.	1622		
Pour vanger le forfaict de nostre premier	Chenu reglemens	1611		
Prince qui sçavez tout si vous ne sçavez pas	B.N. Ms.fr. 884	1618/20		
Puis-je te voir, ingrat, après m'avoir laissée	Chantilly Ms. 534 (sig. M.)	<1610		
Puis je vivre et m'en séparer	Nouveau Recueil	1609	Délices de la Poésie Cabinet Muses Rec. beaux vers (sig.) Recueil MM. (sig.)	1615 1619 1627 1630

Erster Vers	Erschienen in:	Jahr	auch in:	Jahr
Puis que le cordage est deffait	Muses Gaillardes	1609	Nouveau Recueil	1609
			Chantilly Ms. 534	<1610
			(sig. M.)	
			Délices de la Poésie	1615
			Rec. Vers Satyr. (sig.)	1617
			Cabinet Satyr.	1618
			B.N. Ms.fr. 884 (n.s.)	1618/20
Puis que ses beautez et ses armes	Sec. Livre des Délices	1620		
Puissante accoustumance à qui rien ne resiste	Chantilly Ms. 534 (sig. M.)	<1610	Temple d'Apollon	1611
			Cabinet Muses	1619
Quand on vous prend vostre main blanche/En retirant vostre main blanche	B.N. Ms.fr. 884 (n.s.)	1618/ 20	Délices Satyr.	1620
			Quint. Satyr.	1622
Quand verras-tu finir le cours	Nouveau Recueil	1609	Délices de la Poésie	1615
			Rec. beaux vers (sig.)	1627
			Recueil MM. (sig.)	1630
Qu'ay-je veu, qu'ay-je faict? Que de rares beautez	Chantilly Ms. 534 (sig. Motin)	<1610		
Que c'est fait sagement aux hommes d'empescher	Rec. Vers Satyr. (sig.)	1617	Cabinet Satyr.	1618
Que de douleurs pour une absence	Nouveau Recueil	1609	Délices de la Poésie	1615
			B.N. Ms.fr. 884	1618/20
			Rec. beaux vers (sig.)	1627
			Recueil MM. (sig.)	1630
Que de grâces, d'attraicts et de jeunes beautez	Nouveau Recueil	1609	Délices de la Poésie	1615
			Rec. Beaux Vers (n.s.)	1627
			Recueil MM. (sig.) (sig.)	1630
Que desire tu, voir encore	Champlain (sig.)	1613		
Que j'ayme ces petits rivages	Muses Gaillardes (n.s.) (sig. spätere Hand)	1609	Cabinet Satyr. (sig.)	1618
			B.N. Ms.fr. 19145 (sig.)	
Que je l'estime audacieux	Nouveau Recueil	1609	Délices de la Poésie	1615
			Cabinet Muses	1619
Que je te hay penser trop arresté	Sec. Livre des Délices	1620		
Que le soleil naisse ou meure sous l'onde	Nouveau Recueil	1609	Délices de la Poésie	1615
			Séjour des Muses	1626/27
			Rec. beaux vers (sig.)	1627
			Recueil MM. (sig.)	1630
Que l'espoir est lasche et trompeur	Sec. Livre des Délices	1620	Rec. beaux vers (sig.)	1627
			Recueil MM. (sig.)	1630

Erster Vers	Erschienen in:	Jahr	auch in:	Jahr
Quel horrible démon vous a l'âme tentée	Chantilly Ms. 534 (sig.)	<1610	Rec. Vers Satyr.	1617
			Cabinet Satyr.	1618
			B.N. Ms.fr. 884 (sig.)	1618/20
Quelle chaisne d'aimant, quelle puissante loy?	Chantilly Ms. 534 (sig. M.)	<1610		
Quelle face du Ciel tous nos sens	Ducis aurelianensis	1607		
Quelle infortune (injustice) a le pouvoir	Délices Satyr.	1620	Sec. Livre des Délices	1620
Quelqu'un d'avarice saisy	B.N. Ms.fr. 2382		d'Estrée (sig.)	1882
L: de Muret; F/P: de Muret – Quelqu'un, voulant se gausser un petit/ ... plaisanter gayement/... un petit/Besze voulant plaisanter un petit	Satyr. Regnier (n.s.)	1616	Cabinet Satyr. (sig.) B.N. Ms.fr. 1662 (sig. Jodelle)	1618
Que ne t'enflames-tu, toi qui peux enflamer	B.N. Ms.fr. 2382		d'Estrée (sig.)	1882
Que pour luy le Soleil sans nuages éclaire,	B.N. Ms.fr. 23453			
Que sont devenus vos serments	Nouveau Recueil	1609	Chantilly Ms. 534 Délices de la Poésie Rec. beaux vers (sig.) Recueil MM. (sig.)	<1610 1615 1627 1630
Que vous estes heureux, si vous pouvez connoistre	B.N. Ms.fr. 2382		d'Estrée (sig.)	1882
Que vous estes heureux, vous qu'un amour semblable	B.N. Ms.fr. 2382		d'Estrée (sig.)	1882
F/P: Fl. de Birague – Que vous sert posséder Royaumes et Provinces	Cabinet Satyr.	1618		
Qui de nous se pourroit vanter	Sat. Regnier	1614	Sat. Regnier (sig.)	1616
Qui n'eut creu sa bouche et ses yeux	Chantilly Ms. 534 (sig. M.)	<1610	Sec. Livre des Délices	1620
(Qui peult lavoir trouvée, hélas je l'ai perdue Vgl.: „Mon Dieu qui l'a trouvée [...]")	Ms. fr. 884 B.N. fol. 248	1618/20		
Qui peut de nos bras indomptez	Cartels (sig.)	1605	Romant (sig.) Ms. fr. 24353 B.N. (= Recueil Ms.) (sig.)	1605

Erster Vers	Erschienen in:	Jahr	auch in:	Jahr
Qui retarde tes pas enserrez d'une chaisne	Recueil des Bonfons	1598	L'Académie	1599
			Les Fleurs (n.s.)	1599
			Muses franç. ralliées	1599
			Second Recueil (n.s.)	1599
			Quatrième Recueil	1600
			Les Fleurs	1601
			Muses ralliées (n.s.)	1603
			Parnasse (1er vol.)	1607
			Cabinet Muses	1619
Qui veult peindre Marie au lieu de ses cheveulx	B.N. Ms.fr. 2382		d'Estrée (sig.)	1882
Qui vit jamais embrasement	Nouveau Recueil	1609	Chantilly Ms. 534 (sig.)	<1610
			Délices de la Poésie	1615
			Cabinet Muses	1619
			Rec. Vers Satyr. (sig.)	1617
			Cabinet Satyr.	1618
			B.N. Ms.fr. 884	1618/20
			Rec. beaux vers (sig.)	1627
			Recueil MM. (sig.)	1630
			Doux entretiens (n.s.)	1667
Qu'on me cache le ciel de vostre beau	Chantilly Ms. 534 (sig. M.)	<1610	Cabinet des Muses	1619
Qu'on ne se (s'en) mocque désormais	Passerat Œuvres	1606	Rec. Vers Satyr. (sig.)	1617
			B.N. Ms.fr. 884 (n.s.)	1618/20
			Cabinet Satyr.	1618
L: ?; F/P: A. de Cotel – Quoy que cet esbarbé vous cause	Cabinet Satyr.	1618		
Qu'un homme endure doucement	B.N. Ms.fr. 2382		d'Estrée (sig.)	1882
Rare honneur du Pont-Neuf, belle Samaritaine	Sup. Bigarrures (n.s.)	1614	Rec. Vers Satyr. (sig.)	1617
			Cabinet Satyr. (sig.)	1618
			B.N. Ms.fr. 884	1618/20
Regnier quand je vois des plumes	Délices Satyr.	1620		
Reprenez un peu vos esprits	Délices Satyr.	1620		
Retire-toy, perfide amant	Muses Gaillardes (n.s.)	1609	Nouveau Recueil (sig.)	1609
			Chantilly Ms. 534	<1610
			Temple d'Apollon	1611
			Délices de la Poésie	1615
			Cabinet Satyr. (sig.)	1618
			Cabinet Muses	1619
			Rec. beaux vers (sig.)	1627
			Recueil MM. (sig.)	1630
			B.N. Ms.fr. 19145	

256

Anhang

Erster Vers	Erschienen in:	Jahr	auch in:	Jahr
Retirez vos feux, et vos armes	Sec. Livre des Délices	1620		
Rien ne vit de constant, et l'homme fait paroistre	B.N. Ms.fr. 2382		d'Estrée (sig.)	1882
Sans aller voir si le Ciel danse	Chantilly Ms. 534 (sig. M.)			
Sans vous mon cher Dupont je me fusse	Ms.fr. 2382 B.N.			
Seigneur monstrez vous favorable	Rec. Conrart t. XIX			
Seraine belle et doulce, à la voix doulce et belle	B.N. Ms.fr. 2382		d'Estrée (sig.)	1882
Serez-vous désormais à ma plainte rebelle	Chantilly Ms. 534	<1610	Temple d'Apollon Cabinet Muses Cabinet Muses	1611 1619 1619
Seul et divin subject de mes contentements	Sec. Livre des Délices	1620		
L: ?; F/P: La Vallettrye – Si ce jour monstré vous avez	Muses Gaillardes (n.s.)	1609	Cabinet Satyr. (sig. Motin)	1618
Si jamais un amant remply d'impatience	Délices Satyr.	1620	Sec. Livre des Délices Quint. Satyr.	1620 1622
Si j'ay touché ce sein, ce n'est point par malice	Délices Satyr.	1620		
Si le feu vous desplaist dont vous voyez la cendre	Chantilly Ms. 534 (sig.)			
Si les esprits sont amusez	Rec. Vers Satyr. (n.s.)	1617	Cabinet Satyr. (sig.)	1618
Si le soleil vous brusle amoureuses fleurettes	Parnasse (2e vol.) (sig. M.)	1607	B.N. Ms.fr. 2382	
S'il faut baiser comme l'on dit	Cabinet Satyr.	1618		
Si ma jeunesse mesprizée	B.N. Ms.fr. 2382		d'Estrée (sig.)	1882
Si Marie ne se contente	B.N. Ms.fr. 2382		d'Estrée (sig.)	1882
Si pour vous estre trop fidelle	Parnasse Satyr.	1622		
Si tost que je voy ma maistresse	Rec. Vers Satyr. (sig.)	1617	Cabinet Satyr.	1618
Si vostre confesseur vous tence	B.N. Ms.fr. 2382		d'Estrée (sig.)	1882
Si vostre maison n'estoit vuide	B.N. Ms.fr. 884	1618/20	Délices Satyr. (n.s.) B.N. Ms. fr. 843 Dupuy (sig.)	1620

Erster Vers	Erschienen in:	Jahr	auch in:	Jahr
Soit l'ignorance ou la malice	Chantilly Ms. 534	<1610	Rec. Vers Satyr. (sig.) Cabinet Satyr. Ms. 884 B.N.	1617 1618 1618/20
Soleil cache ta tresse blonde	B.N. Ms.fr. 884 (n.s.)	1618/20	Sec. Livre des Délices	1620
Soubs ce tombeau gist une femme	Sup. Bigarrures (n.s.)	1614	Rec. Vers Satyr. (n.s.) B.N. Ms.fr. 884 Délices Satyr. (sig.) Quint. Satyr. (sig.)	1617 1618/20 1620 1622
Soudain que j'eus l'honneur de vostre cognoissance	Chantilly Ms. 534	<1610	Temple d'Apollon Rec. Vers Satyr. (sig.) Cabinet Satyr. B.N. Ms.fr. 884 (sig. D.L.) Cabinet Muses	1611 1617 1618 1618/20 1619
Souvenir, ange de ma vie	Chantilly Ms. 534 (sig. M.)	<1610		
Souviens-toy que tu n'es que cendre	Muses ralliées II. P.	1600	Les Fleurs Muses ralliées Parnasse (1er vol.) Temple d'Apollon Cabinet Muses	1601 1603 1607 1611 1619
Sur toutes les coulleurs j'ayme la feuille morte	B.N. Ms.fr. 2382		d'Estrée (sig.)	1882
Sur un mont le plus eslevé	Chantilly Ms. 534 (sig. M.)	<1610		
Tant de brulans espritz parmy l'air espanduz	Chantilly Ms. 534 (sig. M.)	<1610		
Temeraire grandeur, trop superbe et trop haulte	B.N. Ms.fr. 2382		d'Estrée (sig.)	1882
Ton chose ce (me) dy-tu	Rec. Vers Satyr. (sig.)	1617	Cabinet Satyr.	1618
Tousjours belle âme impatiente	Chantilly Ms. 534 (sig. M.)	<1610		
Tousjours la flame bleue est la plus chaude flame	B.N. Ms.fr. 2382		d'Estrée (sig.)	1882
Tousjours tu seras de ma lire	B.N. Ms.fr. 2382		d'Estrée (sig.)	1882
Tout ce que les amants souffrent en apparence	Chantilly Ms. 534 (sig.)	<1610		

Erster Vers	Erschienen in:	Jahr	auch in:	Jahr
Toy qui gouvernes seule et le Ciel et la terre	Muses ralliées (n.s.)	1603	Parnasse (1er vol., sig.)	1607
			Temple d'Apollon	1611
			Cabinet Muses	1619
Umbre que le destin du corps a séparée,	B.N. Ms.fr. 2382		d'Estrée (sig.)	1882
Un amant n'est jamais seur	B.N. Ms.fr. 2382		d'Estrée (sig.)	1882
Un chastré devisant un jour	Cabinet Satyr.	1618		
L: ?; F/P: Chaulvet – Une trouppe de damoiselles	Cabinet Satyr.	1618	Cabinet Muses (sig. Chaulvet)	1619
			Cabinet Muses	1619
L: ?; F/P: Mellin de Saint-Gelais – Un homme/Un moyne estoit près d'une dame assis	Cabinet Satyr.	1618	Œuvres Mellin	16e
Unique amour du Ciel, lumière de nostre âge	Muses ralliées (n.s.)	1599	Muses ralliées (sig. M.)	1603
			Parnasse (2e vol., sig. P.M.)	1607
			Temple d'Apollon	1611
F/P: 16e – Un jeune amant plain d'amoureuse flame	Cabinet Satyr. (sig.)	1618		
Un matin j'escoutois dans le Sénat de France	B.N. Ms.fr. 884 (sig. Nervèze)	1616		
Veulx tu que mon amour ne bouge	B.N. Ms.fr. 2382			
Vos beaux yeux, que l'Amour a choisis pour retraicte,	B.N. Ms.fr. 2382		d'Estrée (sig.)	1882
Vostre amour est vagabonde	B.N. Ms.fr. 2382			
Vostre beauté sans seconde	Cabinet Satyr. (n.s.)	1618	Œuvres Regnier (sig.)	1733
Vostre mine froide et austère	B.N. Ms.fr. 884 (n.s.)	1618/20	Délices Satyr.	1620
			Quint. Satyr. (n.s.)	1622
			B.N. Ms.fr. 19145	
Vous avez bon temps de me dire/médire	Rec. Vers Satyr. (n.s.)	1617	Cabinet Satyr. (sig.)	1618
Vous estes fine et fort habile	B.N. Ms.fr. 884 (n.s.)	1618/20	Délices Satyr.	1620
			Quint. Satyr.	1622
Vous faites languir vos amans	Délices Satyr.	1620	Quint. Satyr.	1622
Vous qui pour le danger du plus grand Roy qui vive	Parnasse (1er vol.)	1607	Nouveau Recueil	1609
			Temple d'Apollon	1611
			Délices de la Poésie	1615
			Cabinet Muses	1619

Erster Vers	Erschienen in:	Jahr	auch in:	Jahr
Vous voulez, dites-vous, estre religieuse	Quint. Satyr.	1622		
Vous voulez que je vous saluë	B.N. Ms.fr. 884	1618/20	Cabinet Satyr.	1618
Voyez Seigneur un criminel	Rec. Conrart t. XIX			

Verzeichnis der Abkürzungen:

F/P: Fleuret/Perceau als Hrsg. des *Cabinet Satyrique.*
L: Lachèvre in *Recueils [...] satyriques.*
sig. = signé „Motin".   ?: Autor hält Attribuierung für fraglich.
n.s. = non signé.   (Name eines anderen Dichters): Autor hält
                                          andere Attribuierung für wahrscheinlicher.

Die fehlende Angabe zur Signatur nach dem ersten Veröffentlichungsort bedeutet, daß das Gedicht an dieser Fundstelle nicht signiert ist. Abweichungen davon werden dann gegebenenfalls nach den später erschienenen Anthologien angegeben. Für den Fall, dass ein Gedicht bei seiner Erstveröffentlichung signiert ist (der Vermerk „(sig.)" nach dem frühesten Erscheinungsort, werden ebenso nur eventuelle spätere Abweichungen hiervon verzeichnet.

Biblio 17 – Suppléments aux Papers on French Seventeenth Century Literature

Buford Norman (éd.)

Formes et formations au dix-septième siècle

Actes du 37ᵉ congrès annuel de la *North American Society for Seventeenth-Century French Literature*, University of South Carolina, Columbia, 14-16 avril 2005

Biblio 17, Bd. 168, 2006, 306 Seiten, € [D] 64,–/SFr 108,–
ISBN 3-8233-6223-2

Ces essais, fruits d'un colloque sur le thème «formes et formations au dix-septième siècle», sont groupés autour de deux pôles : d'une part, les formes littéraires et artistiques qui ont marqué le siècle classique en France et, d'autre part, la formation des auteurs et la constitution de leur(s) public(s). Les formes sont examinées dans des textes de Sorel, Pascal, Bossuet, La Fontaine, Villedieu, Boileau, Corneille, Boyer, Molière (Tartuffe en particulier) et Quinault. Parmi les influences sur les auteurs et le public on peut trouver Arioste, Le Tasse et Surin aussi bien que la musique, la correspondance, la poste, et le confessionnel.

 Narr Francke Attempto Verlag
Postf. 2567 · D-72015 Tübingen · Fax (0 70 71) 7 52 88
Internet: www.narr.de · E-Mail: info@narr.de

Biblio 17 – Suppléments aux Papers on French Seventeenth Century Literature

Jean Garapon (éd.)

Armées, guerre et société dans la France du XVIIe siècle

Actes du VIIIe colloque du Centre International de Rencontres sur le XVIIe siècle

Biblio 17, Bd. 167, 2006, 336 Seiten, € [D] 68,–/SFr 115,–
ISBN 3-8233-6222-4

Dans la France du XVIIe siècle comme dans l'Europe entière, la guerre est un fait de société universel, touchant à tous les domaines de la vie privée et publique, imprégnant les mentalités, marquant de son empreinte les Lettres et les Arts. Ce fait majeur de la vie collective à l'âge classique n'avait fait le sujet d'aucun colloque à date récente. Ici, vingt spécialistes de nombreux pays confrontent leurs points de vue, dans une suite d'analyses novatrices et touchant par exemple à l'histoire de la mentalité aristocratique, avec son idéologie et ses livres de chevet, à l'histoire de la littérature, au théâtre musical, à l'histoire de la sculpture et du décor peint.

 Narr Francke Attempto Verlag
Postf. 2567 · D-72015 Tübingen · Fax (0 70 71) 7 52 88
Internet: www.narr.de · E-Mail: info@narr.de

Biblio 17 – Suppléments aux Papers on French Seventeenth Century Literature

Jennifer Perlmutter (ed.)

Relations and Relationships in Seventeenth-Century French Literature

Actes du 36ᵉ congrès annuel de la North American Society for Seventeenth-Century French Literature

Biblio 17, Bd. 166, 2006, 341 Seiten, div. Abb.,
€ [D] 68,–/SFr 115,–
ISBN 3-8233-6152-X

This volume is devoted to the wide variety of relationships that defined France and its citizens. Man's connection with God is explored, the travel relation and the particular hierarchy that exists between a director and a dramatist, respectively. These themes are further addressed in the articles that follow on relationships of authority, Catholics and Protestants, books and illustrations, literary genres, travel relations, aesthetics and ethics, and family relationships.

 Narr Francke Attempto Verlag
Postf. 2567 · D-72015 Tübingen · Fax (0 70 71) 7 52 88
Internet: www.narr.de · E-Mail: info@narr.de

Biblio 17 – Suppléments aux Papers on French Seventeenth Century Literature

Eva Erdmann / Konrad Schoell (éds.)

Le comique corporel

Mouvement et comique dans l'espace théâtral
du 17e siècle

Biblio 17, Bd. 163, 2006, 178 Seiten, € 39,–/SFr 67,50
ISBN 3-8233-6188-0

Sous le titre « Le comique corporel au théâtre du 17e siècle »
se trouvent réunies onze études sur la comédie française du
17e siècle de Troterel, Rotrou, Mairet et Corneille à Scarron
et Molière en passant par *Le Recueil Gherardi* et Domenico
Biancolelli et qui aboutissent à la réception de Molière en
Allemagne, à la présence du 17e siècle dans le cinéma du 20^e
siècle et aux questions plus théoriques des rapports entre
texte prononcé et jeu corporel. Les auteurs sont des
romanistes allemands, autrichiens, italiens et français, tous
intéressés par les études théâtrales et spécialisés dans la
littérature classique.

 Narr Francke Attempto Verlag
Postf. 2567 · D-72015 Tübingen · Fax (0 70 71) 7 52 88
Internet: www.narr.de · E-Mail: info@narr.de